U0923524

北京师范大学刑事法律科学研究院
中 国 刑 法 学 研 究 会
组织编写

“十二五”普通高等教育本科国家级规划教材

中国刑法学研究会推荐教材

犯罪学

（第四版）

主　编　张远煌

副主编　吴宗宪　袁　林

撰稿人　（以撰写章节先后为序）

张远煌　吴宗宪　袁　林

衣家奇　袁　彬　周东平

郭理蓉　赵　军　于国旦

中国人民大学出版社

·北京·

作者简介

张远煌 法学博士，北京师范大学刑事法律科学研究院教授、博士生导师、院长；北京师范大学中国企业家犯罪预防研究中心主任。法国巴黎第十大学访问学者（1994.9—1995.8）、巴黎第二大学犯罪学研究所高级访问学者（1999.12—2000.6）；兼任中国法学会理事、北京企业法律风险防控研究会会长。代表性学术成果：《现代犯罪学的基本问题》（中国检察出版社，1998）、《犯罪学原理》（第二版，法律出版社，2008）、《犯罪学》（第二版，荣获首届“1984—2014 全国刑法学优秀学术著作”优秀教材奖，入选“十二五”普通高等教育本科国家级规划教材，中国人民大学出版社，2011）、《犯罪研究的新视野：从事实、观念再到规范》（法律出版社，2010）、《中国未成年人犯罪的犯罪学研究》（北京师范大学出版社，2012）、《企业家犯罪分析与刑事风险防控报告》（2013—2018 卷）（北京大学出版社）、《宽严相济刑事政策与刑法改革研究》（中国人民公安大学出版社，2010）、《中国非暴力犯罪死刑限制与废止研究》（法律出版社，2006）等；发表论文一百二十余篇。撰写本书第一、四、九、十、十一章及第五章第一、二节。

吴宗宪 法学博士，北京师范大学刑事法律科学研究院二级教授、博士生导师，犯罪与矫正研究所所长、社区矫正研究中心主任；北京师范大学法学院学术委员会主任；兼任中国犯罪学学会副会长、中国预防青少年犯罪研究会副会长。曾任司法部预防犯罪研究所研究员、监狱学研究室主任。系首批“新世纪百千万人才工程国家级人选”，入选教育部“新世纪优秀人才支持计划”。代表性学术成果：《西方犯罪学史》（第二版，4 卷本，中国人民公安大学出版社，2010）、《西方犯罪学》（第二版，法律出版社，2006）、《国外罪犯心理矫治》（中国轻工业出版社，2004）、《当代西方监狱学》（法律出版社，2005）、《罪犯改造论》（中国人民公安大学出版社，2007）、《社区矫正比较研究》（入选首届“国家哲学社会科学成果文库”，中国人民大学出版社，2011）、《犯罪心理学总论》（商务印书馆，2018）、《犯罪心理学分论》（商务印书馆，2018）等；发表文章一百余篇。撰写本书第二、六章。

袁　林 法学博士，西南政法大学法学院教授、博士生导师，西南政法大学特殊群体权利保护与犯罪预防研究中心主任，主要学术兼职：中国犯罪学学会副会长，中国银行法学会理事、中国银行法学会金融犯罪研究专业委员会副主任。主要学术著作：《犯罪学通论》（第二版，四川人民出版社，2004）、《以人为本与刑法解释范式的创新研究》（法律出版社，2010）、《民间融资刑法规制完善研究》（法律出版社，2016）等二十余部；发表论文五十余篇。撰写本书第三章，第五章第三、四、五、六节。

衣家奇 南京工业大学法学院教授。主要学术成果：《犯罪学》（湖南大学出版社，2005）等；发表论文四十余篇。撰写本书第七、十二章。

袁 彬 法学博士，北京师范大学刑事法律科学研究院教授、博士生导师。主要学术成果：《刑法的心理学分析》[荣获首届“全国刑法学优秀学术著作奖（1984—2014）”专著类一等奖，中国人民公安大学出版社，2008]、《死刑民意研究》（北京师范大学出版社，2012）、《情绪犯原理》（中国人民大学出版社，2014）等；主编、合著、参编著作三十余部，发表论文一百余篇。撰写本书第八章。

周东平 历史学博士，厦门大学法学院教授。主要学术成果：《犯罪学新论》（第二版，厦门大学出版社，2006），发表论文四十余篇。撰写本书第十三章。

郭理蓉 法学博士，北京师范大学刑事法律科学研究院副教授。主要学术成果：《刑罚政策研究》（中国人民公安大学出版社，2008）；合著、参与编写教材二十余部，发表学术论文五十余篇。撰写本书第十四章。

赵 军 法学博士、社会学博士后，北京师范大学刑事法律科学研究院教授，博士生导师，北京师范大学中国企业家犯罪预防研究中心研究员，中国人民大学性社会学研究所兼职研究员，兼任中国犯罪学研究会理事。主要学术成果：《惩罚的边界——卖淫刑事政策实证研究》（中国法制出版社，2007）、《边缘的权利——女性性工作者被害问题经验研究》（中国法制出版社，2011）、《未成年人犯罪相关因素定量研究》（人民日报出版社，2017）等；发表论文六十余篇。撰写本书第十五章。

于国旦 法学博士，中国政法大学刑事司法学院副教授、犯罪学研究所所长，兼任中国犯罪学研究会理事，中国预防青少年犯罪研究会理事。主要学术成果有：合著《少年司法制度的理论与实务》（中国人民公安大学出版社，2012），参编《新犯罪学》（高等教育出版社，2016），发表论文三十余篇。撰写本书第十六章。

第四版修订说明

人类与犯罪作斗争的全部历史始终在严肃地告诫我们，除非努力探寻犯罪的原因，尤其是犯罪的社会根源并把握其发生机理，进而理性而科学地有所作为，才能真正减少犯罪，维系、促进社会的和谐与安宁。否则，面对犯罪的不断侵袭，我们永远只能陷入手足无措与被动应付的恶性循环。犯罪学正是顺应从本源上减少犯罪的社会需要而产生和发展起来的专门知识体系。

纵观犯罪学的发展历程，犯罪学固然是一门力求科学解释犯罪“是什么”与“为什么”的理论学科，但更是指导国家与社会如何科学施策降低犯罪风险、减少犯罪危害的应用学科，同时也是提升刑事政策决策与刑事立法科学性、促进刑事司法良性运行的决策学科。犯罪学的特性与功能决定了，较之主要关注犯罪发生后如何反应的刑事规范学科，其发展和应用需要更多的主客观支撑条件。犯罪学需要借助于有关人的和社会的相关学科的发展来提升认识十分复杂的犯罪现象的能力，开发新的犯罪预防对策，更为重要的是，在经济社会发展尚处于为基本生存而奋斗的水平时，提倡科学犯罪观与推动犯罪预防实践，往往会成为不合时宜的奢侈之举。面对政治动荡、疾病与饥荒或者解决温饱等这些更为现实和紧迫的问题，依赖显示度高、操作相对简单并且可以“立竿见影”的事后打击来应对犯罪，就往往成为政治决策者的自然选择，即使明知唯有预防才能收治本之良效，但因预防活动需要精心策划、科学实施和久久为功，也只能将其纳入未来的蓝图之中。正是在这种意义上，是否重视和推动犯罪预防，不仅仅涉及犯罪治理的成效问题，同时也是衡量一个社会治理水平与健康发展程度的重要分水岭。

人类的历史发展一直伴随着以暴力、欺诈、腐败、恶性事故等为基本形态的犯罪现象，这些现象引发了挑战、困惑与痛苦和不安。犯罪现象周而复始地发生，不仅动摇了公平正义这一维系社会良性发展所依赖的根基，阻碍了社会的稳定与发展，增加了社会资源的内耗，降低了经济活动的效率，而且最终导致包括犯罪人在内的人类生活质量的降低。如何才能既理性又科学地减少犯罪现象的发生或者减轻犯罪行为的现实危害，以增进人类的福祉？对此，人类经历了从远古时期的被动承受到学会“亡羊补牢”的事后补救，再到近现代“预防为本”观念的提倡，直至当代预防实践的制度化、机制化推进这一漫长的认知水平与治理能力不断提升的过程。“防为上、救次之、戒为下”，是人类与各种灾难、事故和反社会现象作斗争的智慧结晶，更是与犯罪现象作斗争并取得建设性成效的基本规律。当代犯罪学在犯罪预防领域已超越了应然或空谈阶段，基于对犯罪现象的客观描述和犯罪发生机理的科学诊断，着力阐明“何谓防”“为何防”“谁来防”“如何防”的原理、原则与方法和步骤，以此培育“从我做起”“从现在做起”的预防观念，并为预防实践的展开提供路径指引与策略构想，已成为犯罪学的基本使命。在我国已进入注重高质量发展的今天，国家治理现代化的进程已经开启，注重从源头上解决包括犯罪问题在内的各种棘手社会问题，作为治国理政的一种战略选择与科学方式日益受到重视。由此，对以预防犯罪为己任的犯罪学知识的社会性渴求日趋显现，犯罪学知识的传播与犯罪学意识的培育，比先前任何时候都变得更加紧迫和重要；犯罪预防的体系性推进也具备了比先前任何时候都更加良好的社会条件。这正是对本教材进行不断修订与完善的最深层动因。

自2007年本教材出版，已过去12个年头，承蒙读者和同行专家厚爱，第二版入选“‘十二五’普通高等教育本科国家级规划教材”，并荣获首届“全国刑法学优秀学术著作奖(1984—2014)”教材类优秀奖。第四版修订继续秉持系统性、原理性与着力反映犯罪学最新进展的编写原则，力求维护其在传播犯罪学观念、促进理论研究与推动预防实践方面的先进性，主要对第三版中的相关章节进行了更新、补充与完善。

一是对以下章节由新的参编者重新撰写，并由主编统一修改后定稿：第三章“犯罪现象的构成”；第五章“犯罪的主要类型”第三、四、五、六节；第十六章“犯罪的综合治理”。

二是对以下各章的内容进行了修改和充实：第二章“犯罪学的主要理论”；第六章“犯罪原因概述”；第八章“性别、年龄与犯罪”；第十一章“犯罪预防概述”。

感谢各位编著者对第四版修订给予的支持与认真付出；感谢出版社编辑的持续鼓励和帮助，尤其要感谢读者朋友们对本教材修改提出的宝贵意见。

张远煌

2019年11月

第一版前言

严谨的犯罪学理论始于19世纪后半期的意大利实证主义学派，距今已有百余年的历史。在我国，自20世纪70年代末开始，犯罪学研究走过了近三十个年头。应当说，犯罪学知识的传授，目前在不少院校已经具有了一定的基础。因此，加强犯罪学教材建设，提升犯罪学教学和研究水平应当是时候了。

本书作为一部兼具知识性和学术性的本科生和研究生教材，正是基于这种考虑，在注意保持内容的系统性的同时，着力反映了当代犯罪学发展的最新趋势。

首先，在犯罪原因论中，引入了“社会反应”的概念，确认在影响犯罪的诸多因素中，传统上只被视为控制犯罪的积极因素的刑事立法和刑事司法，也是促成犯罪的因素之一。同时，在对影响犯罪现象的传统因素进行分析的基础上，进一步阐述了犯罪行为生成模式理论。这两方面内容的引进，不仅使犯罪学的批判理性得以增强，而且构成了从宏观犯罪现象原因到微观犯罪行为发生机制的犯罪解释论体系，从而进一步提高了犯罪学解释犯罪的科学性和严密性。

其次，在犯罪预防论方面，系统地阐述了情境预防理论。在犯罪预防模式上突破了传统的“社会预防与刑罚预防”的二元模式，确立了社会预防（针对犯罪的深刻诱因）、情境预防（针对实施犯罪的具体条件）和刑罚预防（针对犯罪人的再犯）三位一体的预防对策体系，使预防理论对预防实践的指导能力得以提升。

再次，在犯罪现象论中，基于准确描述犯罪现象的需要，对犯罪现象的测量手段和犯罪现象的分析方法，也予以了较充分的论述。

上述特点赋予了本教材较鲜明的时代性和前沿性。也正因如此，其中的不足之处在所难免，敬请读者批评指正。

本教材的编著者多数为处于犯罪学教学和研究一线并具有良好学术积淀的中青年学者，少数为具有博士学位的优秀教师。教材的写作分工如下（以撰写章节先后为序）：

张远煌：撰写第一章、第四章、第九章、第十章、第十一章；

吴宗宪：撰写第二章、第六章；

刘广三：撰写第三章、第五章；

衣家奇：撰写第七章、第十二章；

袁　彬：撰写第八章；

周东平：撰写第十三章；

郭理蓉：撰写第十四章；

梁国良：撰写第十五章。

本教材由主编提出编写大纲，在与两位副主编磋商后拟订。初稿经主编调整、修改后定稿。袁彬博士及硕士研究生孙世华、赵珊珊协助进行了文字校对。本教材得以顺利完成，有赖于各位同人的大力支持与协作，在此谨致以诚挚的谢意！

张远煌

2007 年 4 月 11 日于北京师范大学

目　　录

第一编　导　论

第一章　犯罪学概述 …… 3
　第一节　犯罪学的概念与功用 …… 3
　第二节　犯罪学的视角：什么是犯罪 …… 11
　第三节　犯罪学与相邻学科的关系 …… 18
　第四节　犯罪学的研究方法 …… 24
　第五节　犯罪学发展的历史阶段 …… 31
第二章　犯罪学的主要理论 …… 37
　第一节　犯罪学理论流派概述 …… 37
　第二节　犯罪生物学理论 …… 48
　第三节　犯罪心理学理论 …… 51
　第四节　犯罪社会学理论 …… 53
　第五节　其他犯罪学理论 …… 57

第二编　犯罪现象论

第三章　犯罪现象的构成 …… 65
　第一节　犯罪现象概述 …… 65
　第二节　犯罪人 …… 69
　第三节　犯罪行为 …… 75
　第四节　犯罪被害人 …… 81
第四章　犯罪现象的测量 …… 89
　第一节　犯罪测量的价值 …… 89
　第二节　犯罪测量中的犯罪黑数 …… 92

第三节 我国的犯罪黑数调查 …… 95
第五章 犯罪的主要类型 …… 102
第一节 未成年人犯罪 …… 102
第二节 有组织犯罪 …… 110
第三节 恐怖主义犯罪 …… 115
第四节 毒品犯罪 …… 118
第五节 环境犯罪 …… 121
第六节 无被害人犯罪 …… 123

第三编 犯罪原因论

第六章 犯罪原因概述 …… 129
第一节 犯罪原因的概念 …… 129
第二节 犯罪原因的结构层次 …… 133
第三节 犯罪原因研究的原则 …… 139
第七章 社会因素与犯罪 …… 143
第一节 文化因素与犯罪 …… 144
第二节 大众传媒与犯罪 …… 150
第三节 微观环境与犯罪 …… 152
第八章 性别、年龄与犯罪 …… 160
第一节 性别因素对犯罪的影响 …… 160
第二节 年龄因素对犯罪的影响 …… 166
第九章 时间、空间与犯罪 …… 172
第一节 时间因素对犯罪的影响 …… 172
第二节 空间因素对犯罪的影响 …… 175
第三节 城市与农村犯罪比较 …… 178
第十章 犯罪生成机制 …… 183
第一节 犯罪生成机制概述 …… 183
第二节 犯罪人格的形成 …… 185
第三节 犯罪情境 …… 191
第四节 社会反应 …… 199

第四编 犯罪预防论

第十一章 犯罪预防概述 …… 211
第一节 犯罪预防的概念 …… 211

第二节　犯罪预防的价值 …… 216
第三节　犯罪预防的分类 …… 221
第四节　犯罪预防的实施 …… 224
第十二章　犯罪的社会预防 …… 230
第一节　社会预防的概念及功能 …… 230
第二节　宏观社会预防 …… 233
第三节　微观社会预防 …… 243
第十三章　犯罪的情境预防 …… 251
第一节　情境预防的概念 …… 251
第二节　情境预防的根据 …… 257
第三节　情境预防措施 …… 264
第四节　情境预防理论实证分析 …… 267
第十四章　犯罪的刑罚预防 …… 273
第一节　刑罚预防的概念 …… 273
第二节　刑罚的预防价值 …… 276
第三节　刑罚预防的实现 …… 279
第十五章　犯罪预测 …… 288
第一节　犯罪预测的概念与分类 …… 288
第二节　犯罪预测的原理与局限 …… 291
第三节　犯罪预测的方法示例 …… 296
第十六章　犯罪的综合治理 …… 303
第一节　综合治理的内涵 …… 303
第二节　综合治理方针的提出与发展 …… 305
第三节　综合治理的基本原则 …… 308
第四节　综合治理的领导体制与工作机制 …… 312

第一编

导论

第一章
犯罪学概述

内容导读

犯罪学是一门跨学科的、对犯罪现象和犯罪行为进行综合研究的事实性学科，它基于对犯罪现象原因和犯罪行为发生规律的理性认识，提出旨在预防、减少犯罪的对策和措施体系。本章主要包括五个方面的内容：犯罪学的概念与功能、犯罪学中的犯罪、犯罪学与其他刑事学科的关系、犯罪学的研究方法以及犯罪学的历史阶段。本章学习的重点：犯罪学的研究对象；犯罪学视野中的犯罪概念；犯罪学与刑法学的关系，以及犯罪学各发展阶段的主要特点。

第一节　犯罪学的概念与功用

犯罪学是一门跨学科的、对犯罪现象和犯罪行为进行综合性研究的事实性学科。自 19 世纪中后期在欧洲大陆产生以来，犯罪学经历百余年的发展，已经形成了自己庞大的学科体系。由于犯罪学的学科性质和研究对象的复杂性，犯罪学的研究内容一直存有争议，所以，在犯罪学文献中，不存在一个表述完全一致的犯罪学定义。这种定义上的差异不仅表现在人们对犯罪学的外延有不同理解，而且表现在人们对犯罪学的内涵即犯罪学学科体系的基本构成要素往往也有不同见解。

学者在回答“什么是犯罪学”这个问题上所呈现的地域、时代和文化上的差异，并不意味着犯罪学是一门不成熟的学科。相反，这正表明了犯罪学作为事实性学科发展的蓬勃生机和力图不断认识犯罪真实的开放式发展特性。对于犯罪学定义的多样性，可以从相互联系的两个方面进行理解。

一方面，犯罪学作为一门注重经验型研究的，主要集社会学、心理学、生物学和法学于一体的综合性学科，总是随着社会及相关学科的发展，随着人们对犯罪现象的认识深度和广度的扩展，不断调整自己的研究层次和研究视野。因此，在犯罪学发展的不同历史阶段，有着与之相适应的不同的犯罪学定义。同时，来自不同领域的学者，从自己熟悉的基本理论出发探讨犯罪现象，其研究的角度和着重点也有所不同，于是形成了各种犯罪学流派，这自然也导致在对犯罪学的理解上出现差异。此外，犯罪学作为一门国际交流与合作十分频繁的科学，由于各国法律制度及文化传统的差异，因而不同国籍的犯罪学家在对犯罪学的界定上难以达到完全一致。

另一方面，犯罪作为一种十分复杂的社会现象，它本身为人们从不同角度运用不同方法对之进行研究提供了可能，从而也使以它为研究对象的不同学科的建立成为可能，于是便形成了研究犯罪的刑事学科群，如刑法学、刑事诉讼法学、刑事政策学、刑事侦查学、犯罪学、刑罚学等。要在这些以同一客体为研究对象、客观上又相互借鉴和制约的不同学科之间准确地界定自己的领域而避免相互交叉，便自然成为有关学科研究的难点。加之，犯罪学本身并非一门规范性科学，并不局限于对刑事法律规范的演绎和解释，而是立足于实证研究和科学思辨，服务于有效预防犯罪的终极目的，由此决定了其研究领域的相对灵活性。

在正确认识犯罪学概念的差异性的同时，我们需要注意的是，不应将这种差别人为地扩大，更不应把各种犯罪学的界定理论看成是彼此孤立存在和相互排斥的。事实上，从犯罪学的历史发展来看，自犯罪学作为一门独立的学科诞生之时起，其核心内容始终是犯罪原因和犯罪预防。犯罪学也正是以其独特的研究对象和不可取代的学科价值独立于刑事学科之林，并成为推动其他刑事学科发展的基础性力量的。从这种意义上讲，犯罪学的概念在本质上又是趋于统一的，即对犯罪学的概念理解上的不同，始终是围绕“原因与预防”这对轴心的，因研究者的研究角度、研究的侧重点和研究层次的不同所表现出来的差异，是对“原因与预防”这对轴心的不同程度的演绎的结果。正因如此，各种犯罪学的概念之间不仅有着历史的渊源关系，而且彼此间相互包容和启迪，引导着犯罪学研究紧紧把握住时代的脉搏，并力图始终走在犯罪控制实践和刑事立法与司法的前面。

犯罪学定义的演变，标示着一部犯罪学的发展史。从犯罪学定义入手，是剖析犯罪学发展过程、把握犯罪学实质的一种重要分析路径。

一、犯罪学的外延

犯罪学研究所涉及的范围究竟有多大，即如何界定犯罪学的外部边界？对这一问题，可以概括出如下有代表性的表述。

（一）菲利的犯罪学概念

犯罪学的创始人之一，意大利学者恩里科·菲利（Enrico Ferri，1856—1929）在 1881 年发表了其代表作——《犯罪社会学》。从该书的理论构架上看，菲利实际上提出了一个外延十分广泛的犯罪学概念。对菲利来说，“犯罪社会学”不仅已变成了犯罪学的同义语，而且是包含刑法学、刑事政策学、刑罚学和刑事诉讼法学内容在内的集所有刑事科学之大成者。菲利把刑事科学组合在一个体系中的犯罪学思想，尤其将刑事政策学与刑罚学包含在犯罪学中的主张，为欧美不少犯罪学家所承袭。[①]

① 参见［意］恩里科·菲利著，郭建安译：《犯罪社会学》，北京，中国人民公安大学出版社，1990。

(二)奥地利学派的犯罪学概念

以汉斯·格罗斯(Hans Gross)、格拉斯贝尔格(Grassberger)及塞利格(Seelig)为代表的一批犯罪学家,不同意菲利将刑法学也包括在犯罪学之内的思想,并对刑法学与犯罪学的区别加以认真研究。在他们看来,应当在犯罪现象中区分出两个不同的方面:一是犯罪现象的规范方面,它属于刑法学的范畴,也即刑法学是一门关于如何将现实的案件归属于刑法规范,并阐述和运用这些规范的科学;二是犯罪现象的事实或实体方面(形成和影响犯罪现象的客观环境及与此相联系的犯罪人个性),它是专属犯罪学的内容。由此,他们认为犯罪学是一门关于犯罪现象的原因和同犯罪现象作斗争的科学。这样,除了刑法学之外,刑事侦查学、监狱学、刑事政策学等均被包括在犯罪学之中。奥地利学派的犯罪学思想对后来西方犯罪学的研究及理论构架产生了较大的影响。他们关于刑法学与犯罪学的区别的观点已基本为后世所认同;把犯罪学与监狱学合为一体的思想,已成为当代犯罪学研究的一个重要趋势,在美国,这种趋势表现得尤为突出;同时,他们有关犯罪学应当包括刑事侦查学和刑事政策学的观点,至今在德语区国家仍为一些学者所赞同。

(三)美国经典学派的犯罪学概念

美国经典学派的代表人物埃德温·H. 萨瑟兰(Sutherland)和其学生唐纳德·R. 克雷西(Cressey)提出了自己的犯罪学概念。他们在其代表作《犯罪学原理》一书中,将犯罪学定义为是研究作为社会现象的犯罪的科学,从而把立法、违法以及由违法所引起的社会反应过程纳入犯罪学的研究领域,并由此划分出犯罪学的三个分支学科:刑法社会学、犯罪原因学及刑罚学。

萨瑟兰的犯罪学概念先盛行于北美,随后几乎传遍了整个西方世界,并对现代西方犯罪学产生过重大影响。从萨瑟兰的犯罪学思想中,可以找到在20世纪60年代盛行的相互学习理论和"烙印"(标签)理论,以及随后在20世纪70年代出现的激进犯罪学或批判犯罪学的萌芽。

(四)传统(狭义)犯罪学派的犯罪学概念

传统的犯罪学派理论都承认犯罪学与刑法学及其他刑事科学是既密切联系又相互独立的学科,彼此不存在包容关系,并把犯罪学视为研究犯罪原因或主要是研究犯罪原因的科学,但在具体确定犯罪学的外部边界时,持上述观点的学者又并非完全一致。

刑事社会学派的主要代表人物弗兰茨·冯·李斯特(Frantz von Liszt,1851—1919)认为,犯罪学是刑事法律科学的组成部分,其任务在于阐明犯罪行为的原因,因而其与犯罪侦查学、刑法学、刑事政策学为并列学科。

法国学者现代犯罪学家居什(Cuche)借鉴李斯特的思想,指出犯罪学是研究犯罪原因与犯罪规律的科学,并将犯罪学界定为纯理论学科而与作为应用型学科的刑事政策学相分离。居什的这一定义后为于1950年在巴黎召开的第二届国际犯罪学大会所采纳,并且自20世纪初以来,一直为不少学者所坚持。

但也有不少学者不同意居什的观点,认为犯罪学既是一门理论学科,又是一门应用学科。法国现代著名犯罪学家皮拉德尔(Pinatel)认为,犯罪学固然应当以研究犯罪行为的形成因素和机理为限,但同时必须对实践问题予以充分的关注。在他看来,如同医学一样,犯罪学除非有它自己的实际功能,否则便没有存在的意义。由此,他认为犯罪学应当包括两个分支学科:一是一般犯罪学,即理论科学,其任务是分析、整理所收集的有关犯罪行为的形成因素及机理的材料;二是临床犯罪学,即实践科学,其任务在于以犯罪人的处遇和再犯的预防为研究目的，对个案进行多学科综合性研究。[①] 皮拉德尔的上述观点，对于促进犯罪学，尤其是犯罪学应用理论研究的深入发展起了积极的作用。法国的犯罪学著述基本承袭了这一思维模式。

从当代西方犯罪学学科体系来看，随着学者们对刑事立法、刑事司法在犯罪控制中的作用性质和作用效果的日益关注，将刑事政策与刑罚制度纳入犯罪学的研究范围已成为一种主流趋势。

二、犯罪学的内涵

犯罪学的内涵应当如何确定，也即犯罪学研究对象的构成要素是什么，也是一个颇有争议的问题。从犯罪学的历史发展来看，主要有以下几种观点。

（一）关于犯罪人的科学

将犯罪学视为研究犯罪人的科学，是伴随着犯罪学的诞生就存在的一种认识。犯罪学的主要创始人——龙勃罗梭就以从人类学角度研究犯罪人而著称。他于 1876 年出版的传世之作就名为《犯罪人论》。在该书序言中，龙勃罗梭写道：“直接从体质上和心理上分析犯罪人，将他同相对正常的人和精神病人作一比较是适宜的。”[②] 自此以后，犯罪学是“关于犯罪人的科学”的思想便成为在犯罪学领域中占主导地位的思想。至 20 世纪 50 年代，这一思想在欧洲大陆仍保持着旺盛的生命力。在不少犯罪学家看来，犯罪学作为刑事科学的综合体，同时也是一门关于犯罪人的科学。因为，人们所接触的是犯罪人，所要解决的也是犯罪人问题。事实上，自龙勃罗梭之后，实证主义的立场为后来的大多数犯罪学家所接受，他们基于“犯罪人与非犯罪人之间存在着巨大差别”这一假定，在早期犯罪学家的研究基础之上，继续借助各种不同的理论（除生物学理论外，更主要的是社会学、心理学理论）研究和解释犯罪人为什么和如何实施犯罪，以及应当如何区分犯罪人与非犯罪人。犯罪学研究视野的这种局限性，在 20 世纪 50 年代末已引起了一些犯罪学家的注意。美国学者杰佛在 1959 年论及过去的犯罪学只重视个体犯罪人而忽视刑法在犯罪产生过程中的作用这一现象时就曾正确地指出：“实证主义学派的重要意义在于把注意力集中在犯罪动机和个体犯罪人身上。它在犯罪人那里而不是在刑法那里寻找对犯罪的解释。当今任何一种在教科书上讨论的关于犯罪行为的理论都是如此，即使这种解释是根据社会和群体因素而不是根据生物学因素。”[③]

（二）关于犯罪行为的科学

在 20 世纪 50 年代中期，一些学者效仿古典刑法，提出了一个客观主义的犯罪学概念，将犯罪行为作为犯罪学的研究对象。现代犯罪社会学的重要奠基者——法国学者迪尔凯姆（Durkheim）就曾将犯罪学定义为研究犯罪行为的科学。他指出：“我们注意到在社会生活中存在着某些行为，因为这些行为所表现出的外在特征，一旦实施社会就将以被称之为刑罚的这种特殊方式作出反应。人们将这些行为归入非正常的特殊行为之列，并强加于所有

---

① 转引自［法］西蒙·加桑：《犯罪学》，30 页，巴黎，达洛兹，1994。

② 转引自［波兰］霍维斯特著，冯树梁、刘兆琪等译：《犯罪学的基本问题》，175 页，北京，国际文化出版公司，1989。

③ 转引自［美］理查德·昆尼、约翰·威尔德曼著，陈兴良等译：《新犯罪学》，84 页，北京，中国国际广播出版社，1988。

这类应受处罚的行为一个共同的称谓：犯罪。犯罪学，作为一门专门科学正是以这类行为作为研究对象的。”① 由此可以看出，客观主义的犯罪学概念是否认在犯罪人与非犯罪人之间存在重大差别的。在这类观点看来，犯罪行为与其说是由于犯罪人方面的缺陷而形成的，不如说是犯罪人拒绝接受现存社会规范的一种反抗行为。随后，这一犯罪学概念在英、美国家的激进犯罪学或批判犯罪学理论中又得以再现和发展。

（三）关于犯罪原因的科学

对于犯罪行为为什么会产生、犯罪的根源何在这类问题，早期的犯罪学家们实际上也进行了阐述。龙勃罗梭在人类学和心理学研究的基础上得出的基本结论是：犯罪行为是一种由实施者的体格和心理特征所决定的自然现象。菲利则从更广泛的角度提出了犯罪原因的“三元论”。在他看来，人类行为，无论是诚实的还是不诚实的，是社会性的还是反社会性的，都是一个人的自然心理机制和生理状况及周围生活环境相互作用的结果；并且，就人类学因素（个人因素）、自然因素和社会因素对犯罪所起的作用而言，对此没有一个普遍适用的明确答案，因为人类学因素、自然因素和社会环境的相对作用，随着每一种违法行为的心理学和社会学特征的不同而不同。菲利关于犯罪原因的基本认识，无疑具有相当科学的成分，并为传统犯罪原因论的历史发展奠定了基础。在这些早期犯罪学家的研究的基础上，后来的犯罪学家们以极大的兴趣从不同角度运用不同方法对犯罪原因进行了更深入的探讨，并形成了有关犯罪原因的众多理论学派。

（四）关于社会反应的科学

从犯罪学的发展史来看，在对犯罪学的理解上，无论是将它视为研究犯罪人的科学，还是将它视为研究犯罪行为的科学，犯罪学始终被视为一门解释犯罪的学科。也即，犯罪学的特殊任务在于系统地说明为什么一些社会成员面对社会的禁令和惩罚的威慑，仍然不能约束自己的行为而去以身试法。虽然不能说传统犯罪学对犯罪的社会反应方面毫无研究兴趣，但可以肯定地说，这种关注十分有限，并带有自发主义的倾向。因为传统犯罪学所注意到的对犯罪的社会反应问题，主要集中于监禁刑的负面作用这一十分有限的方面。但随着时代的发展，在20世纪的最后30年，在以美国为代表的西方犯罪学界，越来越多的犯罪学家走上了一条与传统犯罪学相逆的改革之路，最终形成了现代犯罪学中的一个重要理论——社会反应理论。

所谓“社会反应”② 理论，并不是一个单一的犯罪学理论流派，而是20世纪后期所出现的一些以强调犯罪行为与社会组织、社会规则之间的相互作用关系为特征的社会学和社会心理学理论的统称。其中，构成社会反应理论核心的是三种犯罪学理论：权力冲突论、标签论和激进的或批判的犯罪学理论。这三种理论都在不同程度上强调非正式的和正式的社会反应对犯罪生成的作用，因而被统称为社会反应理论。时至今日，注重从社会反应角度探讨犯罪原因和犯罪对策，已成为现代犯罪学研究的当然视角。

社会反应理论的基本观点是：不是偏离行为引发了社会控制，相反，正是社会控制本身导致了偏离行为；偏离行为并不是指行为人实施的行为真正具有偏离性，而是指行为人之外的第三者适用规则及制裁于“违法者”的结果。由此，持这种观点的犯罪学家认为，不应把刑法所规制的行为作为犯罪学的对象；犯罪学的任务在于对社会反应机制进行系统

---

① 转引自［法］西蒙·加桑：《犯罪学》，25页，巴黎，达洛兹，1994。

② 社会反应，实质是指有关处罚犯罪规则的制定和运用与犯罪的产生和变化之间的互动关系问题。

的社会分析，包括从制定刑事法律直至通过警察机关、检察机关、法院的职能作用，以及借助于受害人、与受害人关系亲近者和新闻媒介的反应来适用刑事制裁的全过程，由此表明和论证刑事司法系统是如何在“制造”犯罪的。目前，社会反应理论在西方国家比较活跃，并对传统犯罪学理论形成了冲击。

三、犯罪学的研究对象

上述有关犯罪学概念的演变，大致勾画出了犯罪学发展的历史轨迹。不同的犯罪学概念，其实质在于对犯罪学应有研究内容有不同的理解。而这种不同理解，既表现了犯罪学发展的阶段性特征，也显示了犯罪学力求克服历史局限性、不断接近犯罪真实的开放式发展个性。

纵观犯罪学的历史发展，立足于21世纪的今天，从犯罪学所特有的研究任务和学术职能出发，可以将犯罪学研究的核心内容归纳为四个问题。

（一）什么是犯罪

犯罪是犯罪学的基础性概念，它既决定着犯罪学研究内容的可能范围，也决定着犯罪学研究的应有视角。对此，最简单的定义就是仿照刑法的规定，将犯罪定义为：犯罪是应当受到刑罚处罚的行为。

然而，是否如此定义犯罪学中的犯罪，构成了传统犯罪学与现代犯罪学重要的分水岭。把犯罪理解为仅仅是法律规定的行为，正是传统犯罪学研究的逻辑起点，也是传统犯罪学因视角局限难以更接近犯罪真实的重要原因所在。由于传统犯罪学过分局限于现行立法和司法，缺乏就社会对犯罪行为的反应过程本身进行系统分析，犯罪学研究与刑事立法和刑事司法完全处于同一平面上，难以从犯罪与对犯罪的社会反应的互动角度，解析犯罪的形成过程和探讨应然的犯罪对策，其结果只能是在很大程度上满足于对现行实践的解释。这样，就难以保证犯罪学研究对刑事立法和刑事司法的运作过程提出自己的诊断意见和富有建设性的改良对策。现代犯罪学则坚持自己独立的价值取向，不依附于法定的犯罪概念，而是基于有效预防和减少犯罪这一终极目的，对什么是犯罪的问题提出自己的判断，为尽可能客观分析和有效解决犯罪问题奠定坚实的基础。

（二）犯罪如何存在

为了回答犯罪存在的状态（规模、分布、结构及变化趋势），必然引申出以下基本问题。

1. 作为社会现象的犯罪，能在多大程度上对其真实状况进行测量？
2. 官方犯罪统计所反映的犯罪，能否代表社会生活中实际发生的犯罪？
3. 除了官方犯罪统计之外，还有无其他测量犯罪存在状态的手段与途径？
4. 犯罪测量的范围除了参照刑法规定的犯罪类型外，还应关注哪些行为类型？

有关上述问题的回答，构成了犯罪学中的犯罪现象论的基本内容。

（三）犯罪为什么存在、如何发生

由于这一问题的提出，一系列相互关联问题得以不断展开。

1. 犯罪是否是一种正常的社会现象？
2. 作为宏观社会现象的犯罪，其存在和变化究竟应归因于哪些因素？
3. 作为微观社会现象的犯罪行为，究竟是如何发生的？

4. 意图控制犯罪的立法与司法以及犯罪被害人是如何参与犯罪生成过程的?

5. 有哪些原理和方法可以保证对上述问题的回答是科学的?

有关上述问题的回答，构成了犯罪学中的犯罪原因论（犯罪解释论）的主体内容。

(四) 如何预防犯罪

这是犯罪学最终要回答的问题。前述三方面的问题固然有其自己独特的价值，但在逻辑上，它们最终归结为犯罪预防的前提性和基础性问题。正是对如何预防犯罪问题的回答，使犯罪学既是致力于对犯罪进行理性解读的理论学科，又是力求运用自己的科学认知，推动犯罪预防实践发展的应用学科。

对上述内容作一简单概括，可将犯罪学定义如下。

犯罪学是描述犯罪状态、阐明犯罪原因与生成规律，并据此提出预防犯罪对策及措施的专门知识体系。

四、犯罪学的功能

学习犯罪学，不仅在于掌握一门新的知识，而且在于通过学习犯罪学思考和处理犯罪问题的方式，激发自己的联想与问题意识，拓展自己的思维能力与解决实际问题的能力。

在学习和了解犯罪学之前，面对一桩盗窃案，人们根据自己的耳闻目睹或亲身经历，大抵上也能产生一些联想，如盗窃是一种比较普遍的犯罪；盗窃多发生在夜间或公共场所；盗窃犯多来自社会下层；盗窃犯如“过街老鼠”，令人厌恶；等等。但凭借生活常识和经验产生的这些联想，不仅包含着由于习以为常而引起的错误，而且联想的广度与深度也十分有限。

当学习了犯罪学观察和看待犯罪问题的方式后，透过一桩普通的盗窃案，人们可以形成更为丰富也更有意义的系列联想，由此产生有深度的问题意识，并开启理性解决问题的思索之门。

1. 盗窃为何容易发生?

2. 官方犯罪统计往往表明盗窃犯主要为社会下层人员，这一认识与实际情况相符吗?

3. 不同阶层和不同身份的盗窃犯，遭受查处的概率有无差异?

4. 男性盗窃与女性盗窃有何不同? 为何会出现差异?

5. 现实生活中，为什么有的人有多次或反复被盗的经历?

6. 盗窃是危害社会的行为，如何理解盗窃又是刺激防盗技术升级与保安业发展的因素?

7. 刑法把盗窃归入财产犯罪，盗窃的主要社会危害果真是具体的财物损失?

8. 盗窃具有“秘密窃取”的手段特征，盗窃案件的揭露率会高吗?

9. 把初次盗窃的人投入监狱，会导致他向其他囚犯学习犯罪心理和盗窃技术吗?

10. 盗窃犯可恶，但盗窃现象的发生都可以归因于盗窃犯本身吗?

11. 为了切实减少盗窃现象，社会、国家和公民个人应当或可以做些什么?

…………

一旦基于犯罪学视角产生上述联想和认识，就会对先前的习惯性认识产生疑问与反思，从而促进对问题的进一步思考。

这种借助于犯罪学思维方式促成有关犯罪的联想、疑问与反思的过程，实际上就是学习如何把犯罪问题置于更广阔的背景下进行思考的过程。推而广之，学习犯罪学的过程，也就是训练透过现象看本质的能力的过程，就是提高洞察力，养成在生活和学习中善于突破常识和惯例约束的思维习惯，拓展自己思维能力的过程。对那些并非立志以犯罪预防事业为职业的人而言，这正是学习犯罪学的主要功效所在：通过学习和掌握犯罪学的思维方式，使自己成为一个更为睿智的人。

当然，犯罪学的研究对象决定了，它对于社会、国家和公众而言，均具有多方面的实践与理论价值。

1. 引导刑事政策制定与犯罪预防规划

犯罪作为一种复杂的社会现象，总是社会自身结构缺陷和运行不良的极端表现。犯罪学通过描述犯罪的存在状况，剖析决定或影响犯罪如此存在、如此变化和如此发生的原因与机理，并据此提出防治的对策。其研究结论构成了国家和社会层面组织与实施预防和惩治犯罪活动的重要依据。

人类在与犯罪作斗争方面的策略选择，无外乎两条路径：一是治本性的事前预防，二是治标性的事后惩罚。前者旨在消除或限制犯罪的诱因与条件，能显著减少犯罪，换来社会的长治久安，故为思考和拟订反犯罪对策之根本；后者通过刑罚及类似措施的运用，打击现行犯罪，可遏止犯罪形势恶化，并预防犯罪人之再犯，也是反犯罪对策中不可或缺的补救手段。但无论是事前预防政策的构想，还是事后惩罚对策的拟定，要想发挥减少或遏制犯罪的效果，都离不开犯罪学知识的指导与支持。

就我国而言，在现阶段的刑事政策制定与犯罪预防实施中，强调确认并充分反映犯罪学的下列基本观念，具有特殊的现实意义。

(1) 犯罪预防程度的有限性。犯罪的存在具有必然性。任何社会形态下，都不可避免地存在着与该社会的结构和运行机制相适应的犯罪规模与犯罪形态。任何反犯罪对策的目标，都只能定位于如何将犯罪控制在维护基本秩序所必需的范围内，而不能幻想根除或消灭犯罪。

(2) 犯罪的最大现实诱因不在其他方面，而在于社会自身的结构不良和运行机制缺陷。只有对症下药地改革和完善现行社会结构、运行机制和各种制度性缺陷，才有可能最大限度地减少犯罪的主要诱因，将犯罪控制在人们可以“安居乐业”的比较理想的范围内。

(3) 刑法及其运用不仅仅是遏制犯罪的手段，也是诱发或促成犯罪的重要因素。借助于刑罚的压制与威慑，虽然可收短期阻止犯罪形势恶化之功效，但刑事制度的非理性设计与不当运用，不仅会现实地诱发或促成犯罪，而且还会带来广泛而深刻的负面社会效应。能否坚守“刑法是应对犯罪最后的和迫不得已的手段”这一底线，既是衡量刑事政策科学性的基本标准，也是衡量国家犯罪治理能力的重要参照。

(4) 预防犯罪不是国家的专属权，而是涉及社会各个方面的公共事务。为此，刑事政策的制定与犯罪预防的实施，应充分考虑政府、社会和公民三方面的角色定位与功能区分，而不是政府单方面的大包大揽。唯有形成科学的犯罪预防运行机制，才能调动和协调各方力量，形成与犯罪原因的多层次性相适应的犯罪预防体系。

2. 推动刑事立法完善

犯罪学的研究成果，构成了推动立法完善的重要事实基础。

从世界刑事立法史看，有关未成年人犯罪、有组织犯罪、法人犯罪、计算机犯罪等犯罪类型的规定，无不来源于犯罪学中的犯罪分类研究结论；在犯罪人类型的规定方面，少年刑法得以从普通刑法（成人刑法）中脱离出来自成体系，正是奠基于犯罪学对少年犯罪的原因与特征的揭示。同样，刑法中有关惯犯及精神病犯罪人的规定，也是直接来源于犯罪学有关犯罪人类型特征的揭示。

在刑罚规定方面，无论是刑罚观念的革新还是刑罚方法的完善，都与犯罪学有关刑罚预防效果的实证分析和经验性评价息息相关。

3. 增强社会公众抵御犯罪的意识和提高预防被害的能力

从犯罪的主体性因素看，人为什么会犯罪？因为犯罪具有满足人的非正常需要的功能。

人类一切活动的原动力都源于对人的生物性与社会性需要的满足。但由于人的需要的满足具有无限扩张的属性，因而需要社会规则对个人欲求的满足程度与满足方式进行限制和约束，这种约束具体表现为规定了与人们的身份和地位（角色）相对应的社会活动原则与活动方式，以此形成人人可以满足其正常需要的社会秩序。当人们放纵自己的某种欲求时，在态度上就会对旨在限制不合理需要的满足的社会规则表现出不尊重或抵触，在行动上就会倾向于按照不良方式去应对社会规则。这种行为态度与行为倾向的累积过程，就是犯罪心理的形成过程。有了这种内在心理，一旦遇到适合的条件，犯罪便会符合逻辑地发生，个人也就成了犯罪之人。从这种意义上讲，犯罪也是个人欲求突破社会规则限制的典型反映。

学习和理解犯罪学知识，有助于提醒和反思我们自己：在现行规则体系下，自己满足需要的限度是否合理？满足需要的方式是否正确？有了这种基本的自省，在心理上就会对过度满足某种需要的心理冲动自觉进行抑制，在行动上就会注意适时调整或矫正对社会规则的不良适应方式，由此远离犯罪，为自身赢得自由生存与发展的基本条件。可以说，预防犯罪，不仅仅是社会和国家的任务，也是社会成员实现自身健康发展的内在要求与责任。

同时，在犯罪学视野中，犯罪发生与实施的常态，并非犯罪人单方面作恶的过程，而是犯罪人与被害人相互作用的过程。“犯罪为何针对我发生”？“犯罪为何针对我如此地发生”？这是因为在我们自己身上或所处生活、学习和工作环境中，存在着这样的诱因或条件。因而，自己是否会成为犯罪被害人，自身遭受犯罪侵害的方式与可能程度，与每个社会成员日常的心理倾向、行为方式和所处生活情境密切相关。要想有效降低遭受侵害的概率，除了社会和国家层面的努力外，更有赖于每个社会成员“从我做起”和“从身边做起”，消除自身的日常性被害诱因和条件。

第二节　犯罪学的视角：什么是犯罪

一、犯罪学基于自己的犯罪概念认识犯罪

相对于其他刑事学科，尤其是刑法学，犯罪学有其看待犯罪问题的独特方式。犯罪学研究和处理犯罪问题视角上的独特性，奠基于犯罪学对“什么是犯罪”这一问题的回答，这不同于刑法中对犯罪的规定。

长期以来，对什么是犯罪的问题，无论在社会观念里，还是在刑事科学中，大抵上都是依据刑法的犯罪定义来回答的。这也是传统犯罪学定义犯罪时的一般方法。在我国，犯

罪学发展的起点低、时间短，加之促进犯罪学研究和成果运用的支撑条件比较缺乏，导致社会中的犯罪学意识还普遍比较缺乏。人们对犯罪的理解，基本上还局限于刑法中的犯罪定义；有关犯罪的观念，也主要是刑法学观念。这种状况十分不利于全面揭示犯罪的本质和确立科学的犯罪观与犯罪对策观，并制约了理论研究深度的拓展和学生反思意识与创新能力的培养。正是由于这种现实，正确认识什么是犯罪学中的犯罪，明确犯罪学与刑法犯罪概念区别的实质，成为学习和研究犯罪学的主要出发点。

在科学研究中，对于同类事物，人们可以形成几种不同的概念。这些不同概念分别反映了同类事物不同方面的属性。同类事物的概念之所以可以相异，从根本上说，是因为任何学科都是用本学科所特有的观点来研究相应的自然或社会客体，只有这种观点才有利于解决本学科所承担的理论和实践任务。对犯罪学和刑法学而言，犯罪虽然是二者共同的基本范畴，但对于什么是犯罪的问题，由于犯罪学与刑法学的学科性质和研究任务不同，基于各自特殊的理论和实践需要，它们只能从不同角度来回答。也即，犯罪学着力从事实层面来认识和把握犯罪，而刑法学则着眼于刑法规范层面来理解犯罪。由此，犯罪概念就有了犯罪学犯罪概念与刑法犯罪概念之分。犯罪学只有立足于自己的犯罪概念，才能完成本学科所担负的任务。

二、犯罪学犯罪概念的不同见解

关于何为犯罪学中的犯罪，学者也有不同见解。有关犯罪学中的犯罪概念的分歧，主要是围绕犯罪学犯罪概念与刑法中的犯罪定义的关系来展开的。

在刑法语境内，犯罪的含义是相当确定的。因为我国刑法对犯罪的内涵——社会危害性、刑事违法性、应受刑罚处罚性作了明确规定，所以将犯罪定义为具有严重社会危害性的、触犯刑法的、应受刑罚处罚的行为，就成为刑法理论的通说。但在我国犯罪学研究中应当如何定义犯罪，理论上存在多种不同看法。就与刑法学犯罪定义的距离看，有关犯罪学犯罪定义的观点可以分为三类。

其一为"等同说"。认为刑法学的犯罪定义也就是犯罪学的犯罪定义，即犯罪学研究的危害社会行为，必须是刑法上已经构成犯罪的行为。这种观点见于 20 世纪 80 年代的某些犯罪学论著中，但在刑法理论中则为通说。"等同说"的实质是：确认犯罪学研究的犯罪现象只应局限于刑法规定的范围，对犯罪原因与犯罪预防的研究，不应背离刑法规定的犯罪概念。

其二为"包容说"。认为犯罪学中的犯罪与刑法学上的犯罪，都以刑法的规定为依据，二者基本相同，但前者又不局限于刑法规定的范围。因为犯罪学基于预防犯罪的需要，必须完整地把握犯罪的发展过程，所以，其犯罪概念中还包括违法行为和某些不良行为。这种犯罪定义一般表述为：犯罪是严重危害社会，应受制裁（或应受处罚）的行为。这种观点在现阶段为不少学者所主张。"包容说"的实质在于，确认犯罪学对犯罪的理解原则上应遵从犯罪的法律定义，但同时又不必严格受制于刑事违法要素，从而扩张了犯罪学犯罪概念的外延。

其三为"交叉说"。认为犯罪学中的犯罪概念与刑法学中的犯罪概念各自服务于不同的研究目的，它们在内涵和外延上既不相互包容，更不等同，而是存在着一种交叉关系。在内涵方面，犯罪学的犯罪概念以严重的社会危害性为唯一要素，不受刑事违法性制约；在外延上，犯罪学上的犯罪包括绝大多数法定犯罪、准犯罪（如精神病人实施的危害行为）和待犯罪化的犯罪。这种犯罪定义一般表述为：犯罪是自成体系的，具有严重社会危害性的客观存在。

上述三种观点中，“等同说”将犯罪学的研究内容局限于犯罪的法律定义，混淆了刑法学与犯罪学的学科性质，忽视了犯罪学所特有的研究对象和学术职能，因而是一种不科学的认识。“包容说”虽然指出了犯罪学与刑法学中的犯罪概念应有所区别，但这种区别的提出仅仅是为了满足犯罪学对犯罪动态过程进行完整分析的实用需要，而不是基于二者对犯罪有着各自不同的独立理解这一基本点。这种观点虽然注意到了犯罪学上的犯罪概念在外延上应大于法定的犯罪概念，但未能把握住犯罪学犯罪概念与刑法学犯罪概念的本质区别，因此依然存在明显缺陷。“交叉说”强调犯罪学应当有自己的区别于刑法学的犯罪概念，并且其立论基础是确认犯罪学有着不同于刑法学的理论与实践任务。因此，这种主张是正确的。

作为犯罪学基石的犯罪概念，不能受制于刑法规定的限制，应当基于自己的学科属性和研究任务来回答什么是犯罪的问题。这是养成犯罪学思维，并有效处理犯罪学自身所要解决的问题的基本前提。

对此，我们从以下犯罪学犯罪概念与刑法犯罪概念的比较分析中，可以获得更明确的认识。

三、犯罪学犯罪概念与刑法犯罪概念的区别

以下以我国法定犯罪概念的三个基本特征为参照，具体分析犯罪学犯罪概念与刑法学犯罪概念的区别，以便读者深刻认识犯罪学犯罪概念的本质，并以此养成犯罪学观察犯罪问题的独特视角。

（一）二者对犯罪的本质特征理解不同

对于“社会危害性”的理解不同，既是犯罪学中的犯罪与刑法规定的犯罪区别的关键点，也是认识和把握两种犯罪概念的功能，或者说两种犯罪概念何以并存的基本依据所在。

犯罪的本质属性在于其严重的社会危害性。犯罪概念中必须包含这一要素。对此，刑法学和犯罪学均无争议。诚然，如果某一行为对社会没有严重危害，刑法就不会将其规定为犯罪并力图通过社会制裁体系中最严厉的手段——刑罚加以遏制，犯罪学也不会去探讨其存在的状态、原因和预防对策。这样，这种行为就既不会成为刑法上的犯罪，也不会成为犯罪学上的犯罪。但是，对于“社会危害性”这一犯罪最本质的特征，二者是否是在同一意义上理解的？回答是否定的。

在刑法学视野中，社会危害性是先基于立法的需要，即作为立法者回答“什么行为应当被判定为犯罪以及对所规定的犯罪应当如何处罚”这一问题的依据而提出的。但作为刑事立法依据的社会危害性，不仅取决于其本身的客观性，而且取决于立法者对这种客观危害性的主观认定。换言之，正是犯罪行为客观的社会危害性连同它的其他非客观属性一起，才是承认这种行为是犯罪和应当受刑事处罚的根据。这里的“其他非客观属性”，集中体现在以下两个方面。

1. 刑法中的社会危害性被赋予了鲜明的政治内涵。

刑法是由掌握国家政权的阶级（阶层）根据自身的意志和利益需要而制定，并为其统

治服务的。刑法反映统治意志的本质决定了立法者在决定是否以及如何将一定行为规定为犯罪时，难以只从该行为对社会的客观危害角度去考虑，而必须同时充分顾及维护现行统治关系的需要，即必须对行为的社会危害性从阶级或阶层利益出发进行评价。在作为统治者代言人的立法者看来，应当在刑法上被规定为犯罪的只能是这样一些行为：一方面，这些行为对社会具有一定的客观危害性；另一方面，这些行为对统治者力图建立和维护的政治、经济和其他方面的社会秩序构成了现实的严重危害。也就是说，这些行为的客观侵害性与主体意志（统治意志）具有明显的不相容性。刑法上的犯罪只能是二者结合的产物，并且在正常情况下，二者之间越接近，行为被规定为犯罪的可能性就越大，对其配置的刑罚就越重。这是古往今来立法者创制法律的定式。

刑法在规定犯罪方面遵从于行为社会危害的客观性，体现了犯罪的社会性，即犯罪具有对某一社会形态中的各阶层利益以及整体利益造成危害的事实特征。这也是刑法得以实施的必要条件。如果将根本没有社会危害性的行为规定为犯罪，刑法就会因缺乏最基本的正当性基础而无法实施，立法创设罪名本身也就失去意义。而基于统治意志对社会危害性进行评价，则反映了刑法规定犯罪的政治色彩。如此，刑法作为实现统治意志工具的作用才能发挥。加之，刑法是产生和存在于阶级社会中的，因此在规定犯罪的社会性与阶级性方面，两者之间不可能完全吻合：前者始终会受后者制约。这种制约性表现在：刑法只能从社会生活中存在的各种危害行为中间，基于包括统治意志在内的综合价值判断，有选择地将其中一部分行为宣布为犯罪。任何社会形态下的立法者在规定犯罪方面均只能追求社会性需要与阶级性需要之间的最大近似值，而不可能将客观上具有严重社会危害性、应当被规定为犯罪的行为都规定为刑法上的犯罪，甚至也难以避免在一定条件下将不具有或只有较小社会危害性的行为也规定为刑法上的犯罪。这决定了刑法中的犯罪在本质上是难以完整地反映犯罪的真实全貌的。

2. 刑法中的社会危害性具有主客观相统一的属性。

刑法将某一行为规定为犯罪，目的在于通过追究行为人的刑事责任（表现为各种刑罚或非刑罚处罚方法）来遏止这类行为的发生。而遏止的前提是：行为人具有辨别是非和控制自己行为的主观能力。否则，刑事责任的追究不仅难以实现再犯的预防，而且背离了刑法保障人权的宗旨。因此，应当追究刑事责任的社会危害性的内部结构必然是主客观的统一，即只有一定的人在罪过心理支配下实施的危害社会的行为，才具有应当追究刑事责任的社会危害。“作为刑法学对象的人在成为负担作为对犯罪行为进行法律非难的责任的主体时，同时也成为包含改善要素、赎罪要素的刑法的主体。”① 如果离开了行为人的罪过心理，只注重行为的社会危害性，则制定和适用刑法所追求的这种改善要素和赎罪要素就失去了存在的基础。因此，纵然行为有严重的社会危害性，但行为人并无罪过心理，则该行为就不是刑法意义上的危害行为，从而排除了其犯罪性。

由上可见，刑法上所谓的社会危害性，其实并非原本意义上的社会危害性，而只是客观危害性与统治意志不相容性的统一，是主观罪过和客观危害的统一。这决定了以刑法为研究对象的刑法学，只能戴着这层面纱去理解能表征犯罪社会危害性的各种法律要素。然而，从犯罪学角度看，对社会危害性的这种理解是不适宜的，与犯罪学的研究任务也是不相容的。

---

① ［日］大塚仁著，冯军译：《犯罪论的基本问题》，3页，北京，中国政法大学出版社，1993。

在犯罪学视野中，某些行为之所以被规定为（被视为）犯罪，不在于立法者的判定，而在于它对社会的客观侵犯属性。这种客观危害既不因统治者的注意力而转移，也不因行为人有无主观罪过而发生变化。犯罪学坚持从客观事实角度考察行为的社会危害性，并以此确定自己的研究对象与研究内容。

1. 犯罪学定义犯罪，首要考虑的是所定义犯罪的真实性。

所定义的犯罪必须具有真实性，即被定义为犯罪的行为必须具有相当的客观社会危害性，这是犯罪学研究犯罪问题的逻辑出发点。这种真实性，既是保证犯罪学科学性的根本所在，也是对犯罪学完成自己任务的基本保障。如果所定义的犯罪不真实，犯罪就会成为变动不居、难以捉摸的现象，我们就难以在广泛的时间和空间范围内对被称为犯罪的行为进行比较，去发现和把握犯罪规律，从而也就无法寻求能有效预防犯罪的途径和对策。因此，犯罪学所应关注的问题，重点不是什么行为已经在刑法上被规定为犯罪，而是依据自己的原则去努力甄别什么性质与何种表现形式的行为，才是需要或应当被社会视为犯罪并妥当应对的行为。如果忽视了犯罪学回答“什么是犯罪”这一问题的特殊功能需要，将犯罪学的研究视野局限于立法者预先划定的行为范围内，犯罪学研究不仅有可能出现方向性的错误，即把并不具有客观危害的行为纳入自己的研究范围，而且也难以透过法定犯罪现象，去揭示犯罪发生的自然过程，尤其是难以深刻揭示最具普遍意义的犯罪原因——犯罪的社会原因。这样，犯罪学所担负的促进社会理性认识犯罪和有效预防犯罪的任务就无法实现。

因此，犯罪学为了解决自己学科范围内的问题，在理解犯罪的本质——社会危害性时，既不能附加具有政治偏见的价值判断，也不能去考虑造成社会危害的人有无主观罪过，只能尽量从本来意义上去把握具有社会危害性的行为的范围和表现形式，并将其中应由社会和政府采取恰当行为和措施予以预防的行为纳入自己的研究视野。例如，在刑法中无责任能力的精神病人和儿童实施的危害社会的行为，是被排除了犯罪性的，但在犯罪学领域，研究者却将其作为两类具有独立意义的犯罪进行研究。因为这两类人的反社会行为与其他人实施的反社会行为，都同样具有犯罪的质的规定性，也必须对其进行预防。在这类问题上，犯罪学所看到的唯一差别，仅仅在于行为发生的原因具有特殊性，在预防上需要采取有针对性的特别措施，但不存在否认其犯罪属性从而不需要进行社会预防的理由。

同时，犯罪学不仅对已为刑法规定为犯罪的行为不能理所当然地认同，要以审慎的态度看待刑法规定的犯罪其客观的社会危害性究竟如何，而且还要着眼于社会的动态发展，将那些尚未被刑法规定为犯罪但社会危害性比较显著的行为纳入自己的研究范围。这也是保持和发挥犯罪学的犯罪概念对刑事政策和刑法观念引领功能的重要保障。

2. 犯罪学定义犯罪的初衷与目的，在于有效预防社会危害现象。

从犯罪学产生的历史过程看，它并不是出于维护统治秩序的现实需要才产生的，而是基于刑法在犯罪控制方面的苍白无力状态，力图通过探讨社会中为何存在犯罪、犯罪如何发生以及怎样才能控制犯罪发生的概率与危害，来改善人类社会的生存和发展条件的初衷而诞生的。这样，犯罪学在探讨犯罪时，自然就会从是否有利于预防和控制犯罪发生的角度，对体现统治者意志的政治和法律制度进行批判性评价，以此促进社会和政府对犯罪的理性认识，推动犯罪预防实践不断发展。仅在这一点上，犯罪学上的犯罪概念不仅不能被动地接受刑法对犯罪的社会危害性的规定（理解），而且还要对其合理性与预防犯罪的实际功效作出分析和评价。

此外，危害社会的行为自人类社会产生以来就自在地存在着，而刑法上的犯罪则是伴随着社会的阶级分化和国家机器的产生才出现的。对于注重通过犯罪的自然起源和演变过程来把握犯罪真相的犯罪学，自然难以附和刑法既定的犯罪目录。

总之，在确定自己研究的逻辑起点时，只尊重犯罪的“社会危害性”的客观属性，是保证犯罪学的科学性和完成自己学术使命的前提性保障条件。有了这一基本认识，对于下述的“为什么犯罪学所指称的犯罪不受‘刑事违法性’和‘应受刑罚处罚性’要素的制约”，也就容易理解了。

（二）犯罪学中的犯罪不受“刑事违法性”要素制约

从刑法学角度看，犯罪概念中必然包含刑事违法性要素，而犯罪学的犯罪概念不能包含这一要素。这是二者对犯罪的本质特征——社会危害性从不同角度进行把握的逻辑结果。

其一，立于立法者的立场，犯罪固然是具有严重社会危害性的行为，但在社会生活中，对于某一危害社会的行为是否达到了“相当严重”的程度，不同阶层的人，尤其是居于不同权力阶层的人的认识往往是不一致的。统治阶层为了避免这种认识的不一致导致对统治秩序的破坏，就需要通过立法的形式对“什么是具有严重社会危害性的行为”加以明确的规定。于是，刑法中的犯罪基于社会危害性特征，派生出第二个基本特征——刑事违法性。这一特征除了具有深刻的社会政治内容外，客观上也赋予了犯罪以明确的法律形式特征。这样，现实生活中发生的危害行为，只有符合刑法规定的特定样态（构成要件）时，才能被认定为犯罪；如果不具备刑法规定的特定样态，即使行为具有严重的社会危害性，也不能被认定为犯罪。显然，刑法对犯罪行为的类型与范围予以明确限定，主要是为了满足两方面的功能需要：一方面为司法实践中认定已发生的危害行为是否达到了刑法所标示的“严重危害社会”程度提供统一的权威标准，避免出现认定上的混乱。另一方面，在现代国家，刑法秉持“法无明文规定不为罪”的原则，也是为了体现限制国家刑罚权滥用和保障基本人权的价值追求。由此，犯罪必须预先由法律予以明确规定，就成为刑法中犯罪概念不可或缺的要素，也成为刑法学思考和处理犯罪问题理所当然的出发点。

但是以犯罪学的视角观察，刑法中规定的犯罪，只不过是立法者对客观存在的社会危害行为，主要基于当下时局和体现统治意志的需要进行筛选和分类的结果。但犯罪的客观危害性并不依赖于刑法的规定而具有独立存在的属性。也即，犯罪未必只是违反刑法的行为，或者刑法规定的犯罪未必就是真实的犯罪（真正具有相当社会危害或值得动用刑罚的行为）。同时，犯罪学基于完成认识犯罪真相、提出预防犯罪对策的基本学术职能的需要，它所指称的犯罪必须与刑法规定的犯罪保持适当的距离。对犯罪学而言，“从犯罪中主要应当看到的并不是由刑法规定的法律实体，而是应当看到这一实体所掩盖的‘人的现象’与‘社会现象’”①。或者说，立于犯罪学视角应当看到的是，犯罪不是法律规定的产物，而是构成社会的人实施的侵犯社会秩序的现实；犯罪首先是一种社会危害现象，其次才是一种法律现象。

其二，从人类社会发展和刑法产生的历史看，刑法上的犯罪作为阶级社会所特有的产物，仅仅是对在此之前已经实际存在的严重危害社会行为的规范性确认，在时间序列和因果关系顺序上，严重危害社会的行为是先于刑法犯罪定义的出现而存在的，先有实质性（事实性）的犯罪，后才有对实质性犯罪的刑法确认。这也决定了将犯罪作为一种社会事实

---

① ［法］卡斯东·斯特法尼等著，罗结珍等译：《法国刑法总论精义》，55页，北京，中国政法大学出版社，1998。

或客观现象进行考察的犯罪学，在界定犯罪和确定自己的研究范围时，必须以审慎的态度看待“刑事违法性”要素。这样，刑法学意义上的犯罪具有刑事违法性的“当然性”，在犯罪学中就表现为刑法将某种行为规定为犯罪的“合理性”，即是否应当或有必要赋予某种行为刑事违法性。

由此，严重危害社会的行为是否存在是一回事，立法上是否将严重危害社会的行为命名为犯罪行为或者其规定的犯罪是否真正具有严重的社会危害性，则又是另外一回事。刑法学中的犯罪概念遵从法的规定性，是保障司法机关认定犯罪的统一性和实现司法公正的必然要求；犯罪学揭示犯罪概念只遵从社会危害的客观性，则是实现理性选择犯罪预防路径和提高犯罪预防效率的必然要求。

可以说，在回答什么是犯罪的问题上，超越刑法规定，并把“犯罪的法的规范性”本身也纳入自己的犯罪原因与犯罪对策体系中进行考察和评价，是犯罪学完成自身任务的重要保证。

（三）犯罪学中的犯罪不与刑罚处罚相互对应

在刑法学中，刑罚是作为犯罪的对应物而存在的。一个行为如果是犯罪，必然具有应受刑罚处罚性。对立法者而言，只有当一行为的社会危害性程度超过了通过其他手段处理的界限，应当动用刑罚相威胁方能防卫时，才会被规定为犯罪；对司法者而言，已发生的危害社会行为，只有达到了触犯刑律的程度，并且应当受到刑罚处罚时，才会被判定为犯罪。正是基于刑罚与犯罪之间的这种内在联系，“应受刑罚处罚性”成为刑法学犯罪概念中不可或缺的要素。

由于刑法学犯罪定义中的“刑罚处罚”具有特殊的再犯预防功能，以预防犯罪为目的的犯罪学，并不否认犯罪包含“应受刑罚处罚性”要素。在这一点上，二者存在着包容与被包容的关系，即刑罚手段包含在犯罪学的犯罪预防体系之中，刑罚方法是在事前预防未能奏效，即犯罪行为实际发生之后，作为最后的补救手段介入的。只不过在刑事政策层面，这种预防属于事后的消极预防，有别于犯罪学所强调和倚重的事前预防，即通过消除诱因或限制犯罪条件来显著减少犯罪。

由上所述，犯罪学犯罪概念与刑法学犯罪概念之间的差别集中体现在：对于犯罪的本质特征——社会危害性，两种犯罪概念服务于各自研究的特殊需要，是从自己的学科性质、研究任务和学术职能出发进行理解的。刑法学中犯罪的社会危害性，是经过政治与法律两个方面“主客观相统一”的评价后予以确定的。这意味着刑法学中的犯罪，其社会危害性是经过多层过滤的，包含了较多的人为“包装”成分，与犯罪的客观危害性质之间已有一定的距离。而作为犯罪学中的犯罪，其对社会危害性的把握，是在努力淡化统治阶级意志的关注和注意，消除法律规范的“过滤”作用，在尊重犯罪的自然起源和犯罪的客观危害性基础上进行把握的。

正是由于对犯罪本质特征的把握方式与把握程度的不同，刑法学犯罪概念中的“违法性”要素，在犯罪学犯罪概念中，是作为被评价的对象而存在的；而刑法学犯罪概念中的“应受刑罚处罚性”要素，则被包含在犯罪学的犯罪预防体系之中。

由上所述，在犯罪学视野中，犯罪是具有社会危害性的、应当从国家和社会层面组织预防活动的行为。

这一犯罪概念具有如下几个特征。

其一，行为的社会危害性的有无及大小，应以对人和社会造成的客观危害为判断的基准。尽量超脱于意识形态的羁绊，克服统治意志的偏见，从对人的尊严、自由与社会可持续发展具有实质性危害的角度来把握行为的社会危害性，是犯罪学犯罪概念的本质和生命力所在。

其二，并非任何危害行为都应被纳入犯罪学的研究范围。具有客观危害性的行为，只有当其影响范围较广、出现频率较高，不采取预防对策会出现恶性发展趋势时，才成为社会问题，才有从国家和社会层面组织实施预防活动的必要。如果某种危害行为只是低频率、小范围地发生，则这种危害行为不会进入犯罪学的视野。

其三，客观上需要被作为犯罪加以预防的行为，与现实中国家实际预防的犯罪行为是存在距离的。因为，国家作为社会生活的最重要组织者，对哪些危害行为需要动用和动员国家与社会力量进行预防，以及预防的优先顺序如何，采取何种方式进行预防，要经过国家主导的刑事政策上的斟酌与评价。犯罪学研究的基本学术职能，就是及时指明社会中需要作为犯罪加以预防的行为类型并提出相应的预防对策。至于对犯罪学研究结论和所提建议的认识态度和取舍程度，则取决于政治决策者的犯罪观念、治理犯罪的能力与所处的现实环境。

其四，就外延而言，相对于刑法中所规定的犯罪，犯罪学中的犯罪由三部分构成：刑法已规定的大多数犯罪；刑法应当规定但尚未规定的危害行为；无须刑法规制但需要采取其他措施进行预防的危害行为。

当然，犯罪学犯罪概念与刑法犯罪概念是两个不同的基本范畴，前者必须注意保持与后者的应有距离，但并不意味着否认刑法犯罪概念对于犯罪学研究的意义。一方面，现代立法原则限制了刑法立法者的专横意志，刑法中规定的犯罪，不仅在相当程度上真实反映了犯罪的社会危害性程度，而且鲜明地表达了政治当局在犯罪预防领域的关注重心。这对于犯罪学确定和选择自己的研究范围与研究重点，具有重要的提示和参照作用。毕竟，只有注重服务于当下的犯罪预防实践，犯罪学的实践功能才能得以充分发挥。另一方面，以刑法规定的犯罪概念为基础的官方犯罪统计资料，不仅依然是测量犯罪状况的重要依据，而且借此对刑法运行状态进行考察，也是犯罪学形成预防犯罪的新思路和提出刑法完善建议的重要基础。

第三节　犯罪学与相邻学科的关系

犯罪是一种极为复杂的社会—法律现象，涉及社会生活中的各个领域，从而成为众多学科的研究对象。例如，除刑事学科以外，社会学、心理学、生物学、统计学、伦理学、医学等非刑事学科，也从不同的角度、运用不同的方法对犯罪予以研究，但唯有犯罪学把犯罪现象作为一个有机整体从不同侧面进行综合考察和研究，进而形成自己有关犯罪现象的完整认识的理论体系，并依此引导社会的犯罪观念和指导犯罪预防实践。同时，犯罪学研究内容的综合性，必然要求与之相适应的研究手段的多样性。这决定了犯罪学与其他法学学科和非法学学科之间会形成某种密切联系。这种联系具体表现为：或者在研究对象上相互渗透，如犯罪学与刑法学、侦查学等刑事学科之间；或者在研究方法及基本理论上的运用与借鉴，如犯罪学与社会学、心理学、统计学等非刑事学科之间。

研究犯罪学与其他学科的关系，不仅在于更好地把握犯罪学的研究内容和理解犯罪学的基本任务，而且还有助于通过进一步明确犯罪学思维的特点，养成犯罪学的思维方式。同时，基于对犯罪学与相邻学科关系的解读，可以使犯罪学研究者和学习者认识到，只有密切关注相关学科的进展，并对其研究成果加以创造性地引入，使之适合描述犯罪现象和揭示犯罪原因的需要，才能保证犯罪学研究始终走在犯罪预防实践前面，切实发挥自己推动预防实践和其他刑事学科发展的功能。

一、犯罪学与刑法学

在所有刑事学科中，唯有犯罪学与刑法学之间的关系最为密切，联系也最为紧密。不仅在犯罪学发展初期，犯罪学理论与刑法学理论是混为一体的，而且二者在自身发展的基石——犯罪概念上也有交叉，各自的研究成果也相互发生直接的影响。此外，从学术传统看，犯罪学家往往同时兼任刑法学家。这都表明了二者之间的亲近关系。

但犯罪学与刑法学作为两门独立的学科，其学术职能和所承担的任务不同，因而其区别是本质性的。

（一）学科性质不同

从学科性质上看，刑法学是一门规范性学科，它着眼于犯罪、刑事责任与刑罚等核心概念，以刑法规范为依据，研究犯罪的法律特征及犯罪与刑罚之间的相互关系。其根本任务在于：系统解释刑法规范，并把生活中的实际案情准确地归属于刑法规范。或者说，刑法学的任务在于："将犯罪与刑罚间之关系，由成文法之立场，作为法律规范加以规定及解释……其主要任务，乃阐明现行刑法之意义及内容，以助刑事司法及刑事行政之完成。"[①]

犯罪学作为事实性或陈述性学科，它着眼于犯罪现象、犯罪原因、犯罪生成机理和犯罪预防这些基本概念，研究犯罪的存在状态与犯罪的原因和规律。其根本任务在于为消除、限制犯罪的诱因与条件提供观念指导与行动方案。

正是由于刑法学与犯罪学学科性质的不同，二者提出犯罪问题的方式与解决犯罪问题的思路也有所不同。于刑法学而言，"犯罪是什么"的问题，是一个不容争辩的前置性问题，其答案必须源自对刑法既存规定的解读；其解决犯罪问题的基本路径与方法也是确定的：通过对现行案件的处理，努力达成罪、责、刑三者之间的统一，使犯罪人受到应有的刑罚处罚，使其不致再犯，并试图以此形成遏制犯罪动机的社会威慑力量。对犯罪学而言，"犯罪是什么"的问题，始终是一个需要不断甄别的现实问题，对其解读必须依据某一行为对实现人与社会持续发展需要产生的实际危害；其解决犯罪问题的路径选择与方法是开放性的：通过揭示犯罪存在的社会、心理及生物原因与犯罪的发生机理，提出与之相适应的预防原则与预防方案，使尽可能多的社会成员不想犯罪、不便于犯罪或犯罪后能及时被发现，由此显著减少犯罪或有效降低犯罪的实际危害。

（二）研究视野不同

虽然犯罪学与刑法学都涉及对犯罪行为和犯罪人问题的研究，但因学科性质和所承担任务的差异，犯罪学的视野比刑法学的视野更为广阔。总体上看，犯罪学对犯罪和犯罪人

---

① 张甘妹：《刑事政策》，3页，台北，三民书局，1980。

的考察，是一种全景式的动态考察；而刑法学对犯罪和犯罪人的考察，是一种局部性的静态考察；犯罪学视野中的犯罪人，是生活情境决定的"现实人"，而刑法中的犯罪人，是为刑法塑造的"法律人"。

刑法学视野中的犯罪行为，表现为现行刑法规定的固定行为样态，是一个相对静止和封闭的概念，并且它在刑法学中始终处于最重要的中心位置。因为，要赋予某人犯罪人身份的前提是：他实施的行为必须是刑法禁止的行为类型，并且事关行为人刑事责任轻重程度的许多要素（如主观罪过、前科等），也只能依据行为事实去判断。但在犯罪学视野中，犯罪行为是一个动态的演变过程，它不是行为人生活的全部，而只是行为人在其人生经历中所发生的一个事件而已。犯罪行为对于犯罪学的价值在于为描述犯罪状态、揭示犯罪原因和发生机理提供可资利用的基本素材。由此，在犯罪学研究中，比犯罪行为更为重要的是犯罪人。

就所涉及的犯罪行为的范围来看，刑法学视野中的犯罪只能局限于刑法明确规定的行为类型，不能突破法定的范围，但犯罪学视野中的犯罪不能以此为限。一方面，犯罪学不仅要有甄别地研究已经被刑法规定为犯罪的行为，而且也要研究那些未被刑法规定但同样需要社会予以防治的危害行为。如早在 20 世纪 40 年代，公司企业的危害现象就进入了犯罪学研究视野，但直至 20 世纪末，反映这一事实性犯罪的法人犯罪概念才进入刑法领域。另一方面，刑法学中实际面临的犯罪，只是官方依据刑法规定作出反应的犯罪，而犯罪学所要应对的犯罪，不仅包括已为刑事司法系统作出反应（侦查、起诉及审判）的犯罪，而且也包括实际触犯了刑法规定，但刑事司法系统未作出反应的犯罪。

同时，刑法学自身不会研究刑法及其运用所涉及的诱发或促成犯罪的问题，但犯罪学在揭示犯罪原因和发生机理方面，必须将刑事立法和刑事司法本身作为影响犯罪的重要因素纳入自己的研究视野。唯有如此，犯罪学方能着眼于如何达成有效预防犯罪的目的，对刑事立法和刑事司法进行分析和评价，提出自己的诊断意见，促进刑法及其运行的完善与改革。这也是犯罪学具有批判性与反思性学术品质的由来。

关于犯罪人，它是犯罪学关注的重心所在。因为，面对犯罪行为的发生，犯罪学只有通过追溯和解析行为人的生活轨迹与生存环境，才能揭示究竟是哪些因素诱发或促进了行为人选择实施反社会行为，并据此提出减少社会成员通过实施犯罪来满足其需要的对策与措施。这样，犯罪学对犯罪人的研究，呈现出一个因循时间序列的延伸过程：以行为人现实犯罪的时间为基点，回溯至其出生之前，延续至其刑罚执行完毕之后；从研究内容看，既包括犯罪人的个性因素，如年龄、性别、种族、性格、气质和智力特征等，也包括犯罪人的生活场景，如成长环境、工作学习环境、受教育程度、社会交往特征以及刑罚执行完毕后的生活情形等。

相比之下，刑法学中的犯罪人要单纯和简单得多。因为，它是经过刑法规范高度抽象、去掉了个性特征和生活情境差异后的犯罪人，或者说是被模式化的犯罪人。这决定了刑法学对犯罪人的研究，主要关注的只是成为犯罪人的法定要件，如年龄、身份以及主观罪过等因素，至于其他体现犯罪人实际存在状况的因素，则不是刑法学关注的重心。显然，对犯罪人进行这种教条式的解读，也是由刑法学的基本任务，即由满足司法中严格依法追究犯罪人刑事责任的需要所决定的。

（三）研究方法不同

从研究方法来看，虽然在方法论层次上，有些方法是不同学科都要采用的，如历史分析方法、比较研究方法以及理论联系实际方法等；但在具体研究方法上，犯罪学与刑法学则存在重要差别。这种差别也是由如何更好地完成本学科承担的任务所决定的。

犯罪学为了描述犯罪的实际状态和揭示犯罪原因，不能像刑法学那样，以孤立的犯罪行为为对象就事论事，必须将不同时空范围内的犯罪行为进行有机整合，并将其放到现存社会大环境中进行考察，才能探寻到犯罪如此存在的关联因素，才能进一步去界定这些因素的影响范围与作用性质。而要保障这一过程的顺利完成，就必须依据充分的犯罪事实说话。由此，犯罪统计分析、抽样调查、深度访谈等实证研究方法，始终是犯罪学获取经验素材的基本方法。而刑法学研究因涉及的只是规范层面的犯罪，对实证研究方法的需要则相对有限。

有些研究方法虽然犯罪学与刑法学研究都在运用，但运用的侧重点也不相同。例如对于逻辑分析方法的运用，刑法学侧重于从法律原则到具体犯罪行为的演绎，以便将刑法规范适用于具体的犯罪案件；而犯罪学更多的是为了从纷繁复杂的犯罪行为中归纳出犯罪的现象特征，以便揭示产生或出现这种特征的根据。

在注意到犯罪学与刑法学区别点的同时，也应正确对待二者的相互影响。尤其在我国犯罪学意识尚不发达的现阶段，应充分认识犯罪学研究成果对促进刑事立法和司法改革，推动刑法学研究深入发展的引导与推动作用。

首先，犯罪学作为综合研究犯罪现象的学科，它所提供的是关于犯罪如何存在、犯罪为何如此存在和如何减少犯罪问题的完整论述与总体概念。因而，犯罪学的研究成果，是作为一般观念与原理运用于其他刑事学科的研究之中的。犯罪学的学术职能决定了，它作为重点关注如何减少犯罪发生的“犯罪前学科”，对于包括刑法学、刑事诉讼法学、侦查学等在内的重点关注犯罪发生后如何处置的“犯罪后学科”，发挥着观念引导和对策设计指导的功能。

其次，犯罪学有关犯罪真实状况及变化趋势的揭示，能够及时指示出刑法学研究中应当重点关注的新型危害行为类型，拓展刑法学研究的视野，并为刑法学检讨现行理论和形成新的理论构想奠定基础。

最后，犯罪学有关刑法适用效果的评价分析，有助于明确司法实践中存在的突出问题并提出改进的思路，促进刑法适用质量的提高。

在强调犯罪学对刑法学影响的同时，也不应忽视刑法学知识对促进犯罪学研究的积极作用。这主要表现在：刑法学有关犯罪的法律特征的阐述，有助于犯罪学研究正确甄别刑法犯罪概念中所包含的客观社会危害性，从而明确自己应与刑法犯罪概念保持的距离。同时，犯罪个案的定罪与刑罚适用问题，是刑法学研究的基本内容。这方面的研究成果，可为犯罪学及时发现和评价刑法犯罪分类与罪名设立的科学性和刑罚适用的针对性等问题，提供研究素材和有价值的引导。此外，具备相应的刑法学知识，也是保障犯罪学研究所提出的刑事对策具有可操作性的重要条件。

二、犯罪学与侦查学

侦查学，是以犯罪行为特点、侦查活动及其规律为研究对象的学科。就学科分类而言，在欧美国家并没有“侦查学”这一专用学科名称，其相关的实体性内容或者被纳入犯罪学（犯罪现行论或犯罪预防论）之中，或者成为法庭科学的组成部分（如刑事技术）；在实践层面，“侦查学”主要作为一种操作技能，成为警察职业培训的讲授内容。我国承袭了苏联的传统，将侦查学确立为一门独立的学科，并且不限于在警察院校讲授。

侦查学的基本任务在于：通过查明犯罪事实和查缉作案人，以助刑事追究活动之完成。这决定了犯罪学与侦查学之间存在密切的联系，具体表现在以下方面。

首先，二者都属于不以部门法为研究对象的非规范性学科。

其次，二者在研究对象上存在交叉。犯罪学既关注宏观的犯罪现象，也关注微观的犯罪行为。侦查活动是围绕现实的刑事案件展开的，揭示不同类型犯罪行为的特征，是组织和实施侦查活动的必要前提。由此，犯罪行为也是侦查学的当然研究对象。

最后，二者在研究成果上相互影响或转化。一方面，侦查学有关刑事案件分类特征、犯罪方法以及个案预防的研究，是犯罪学研究借以了解犯罪现状、变化趋势和完善预防措施的重要素材。另一方面，犯罪学有关犯罪和犯罪人的规律性认识，则有助于侦查学更深刻地理解和完成自己所承担的任务。例如，犯罪学关于犯罪和犯罪人的共性特征、情境因素对实施犯罪行为的影响等方面的研究成果，对于解决侦查学面临的建立侦查假设和查缉犯罪嫌疑人等问题，具有基础性的指导意义。

此外，在犯罪学视野下，侦查活动具有将抽象的刑罚处罚转化为现实刑罚威慑的功能，因而侦查学研究的揭露犯罪和查缉犯罪人的方法，也被包含于犯罪学的犯罪预防对策之中。同时，由侦查学基本任务所派生出来的犯罪个案预防，也是犯罪学所研究的犯罪预防的有机组成部分。

至于犯罪学与侦查学的区别，主要表现在以下方面。

其一，学科职能不同。犯罪学对犯罪的研究，旨在减少犯罪的发生，关注的重心是如何“防患于未然”，因而属于“犯罪前学科”；而侦查学着重研究犯罪发生之后的犯罪事实调查及查缉作案人的原则和方法，涉及的是犯罪发生后如何应对的问题，与刑法学、刑事诉讼法学一样，均属于“犯罪后学科”。这也决定了侦查学研究犯罪的视野只能局限于刑法的规定。

其二，侧重点不同。在微观层面上，犯罪学与侦查学都关注犯罪行为的构成要素（何时、何地、何人、何事、何因、何果），但两者研究这些要素的目的和方式是不同的。以研究犯罪行为发生的时间和空间特征为例，对侦查学而言是为了确定作案人的范围，对犯罪学而言则是为了了解犯罪的分布状况，以便采取有针对性的预防措施。又如，对于“犯罪为何发生”这一问题，犯罪学的回答是为了通过考察具体案件所反映出来的同类犯罪乃至所有犯罪的共同原因，提出消除或抑制这些因素的对策。而侦查学对该问题的回答，则是为了借助于是否具备相应的作案动机条件，进一步缩小犯罪嫌疑人的范围。

其三，对犯罪预防的指导价值不同。犯罪学与侦查学虽然都具有预防犯罪的指导功能，但两者对预防的关注程度有明显区别。如何预防犯罪始终是犯罪学的核心问题，犯罪学力图通过揭示和消除犯罪的共同性原因来实现普遍性的犯罪预防。而如何揭露和证实犯罪，则是侦查学关注的核心问题。因此，侦查学的犯罪预防价值也是由其基本任务派生出来的。也即，侦查学在研究如何查明犯罪事实和查缉作案人的基础上，针对个案侦查中发现的利于犯罪人实施犯罪的薄弱环节提出具体的堵塞漏洞、防止犯罪再次发生的对策或建议。

其四，研究方法不同。学术职能的不同决定了，在犯罪学中，社会学、心理学和统计学的方法占主导地位；侦查学研究虽然也涉及犯罪学的主导研究方法，但技术方法和自然科学方法起着重要作用。

三、犯罪学与刑事政策学

关于犯罪学与刑事政策学的关系，可以从两个方面来理解。

一方面，刑事政策作为应对犯罪的一种策略，本身包含于犯罪学基于犯罪原因研究所提出的预防对策体系之中。从学术传统上看，英美法系国家，虽有刑事政策方面的理论研究，但并无“刑事政策”这一专门术语，其内容大体上是包含在犯罪学中的。另一方面，在大陆法系国家，“刑事政策”一词最早于18世纪末19世纪初出现在德国，经冯·李斯特在20世纪初对刑事政策理论的发展，至第二次世界大战后，刑事政策最终在法国获得了自己独立的学科地位，成为与刑法学、犯罪学并列的学科。由此，也就相应产生了犯罪学与刑事政策学的关系问题。

刑事政策，根据其主要代表人物马克·安塞尔的理解，既是一门“观察的科学”，也是一门指导与犯罪作斗争的“方法论战略”。就这种战略的内容而言，它不拘泥于刑法，而是有组织地协调运用法律的各个部门。① 据此，可以将刑事政策学定义为：基于自己的观察结论，研究如何综合运用以刑法为中心的各种法律制度同犯罪作斗争的学科。

从上述概念中可以看出，犯罪学与刑事政策学在研究内容上有部分重叠，如刑事政策学也要在一定程度上研究犯罪现象和犯罪人问题，并在此基础上提出相应的刑事对策。但两者的学科属性、研究范围和侧重点是不相同的。

首先，从学科属性看，犯罪学是一门努力追求客观认识犯罪现象的经验性学科，无论在评价犯罪态势、认识犯罪原因，还是在提出犯罪对策方面，都立于通过减少犯罪促进“人与社会和谐发展”的终极关怀立场，力求排除各种非理性的，尤其是专横的统治意志影响。而刑事政策作为刑法及类似制度的指导者，本质上是政治决策者反犯罪意志的集中体现，这决定了刑事政策学固然也以对犯罪的实际观察为基础，但其观察的重心往往在于现行刑事制度是否能够满足维护现行统治秩序的需要，所提出的以刑法为中心的法律对策，难以摆脱反犯罪的政治意志的影响。从这种意义上说，刑事政策所研究的反犯罪对策，只能是预防犯罪的社会需要与控制犯罪的统治意志需要二者之间的妥协与调和。

其次，在研究内容上，刑事政策学主要研究为预防犯罪而应采取的各种刑事法上的对策（立法对策、行刑对策或实体法对策与程序法对策）。其主要任务在于剖析现行刑罚及相关制度的运行效果，以此完善刑罚及其他制裁手段。而犯罪学基于对犯罪原因的全方位揭示，不仅所提出的预防犯罪对策具有整体性和系统性，而且刑事政策学所研究的刑事对策本身的科学性和实效性，也被置于犯罪学的评价之中。

最后，从研究的重点来看，刑事政策学侧重研究如何通过运用和改进现行处罚方法来打击犯罪、预防再犯，而犯罪学则从诱发犯罪的原因和实施犯罪的条件出发，注重探讨如何组织社会、国家和社会成员三方面的力量，减少社会中的犯罪现象。从这种意义上讲，刑事政策学研究主要服务于改进惩治已然之犯罪的刑事对策的需要，而犯罪学研究主要服务于促进防范未然之犯罪的综合性对策的需要。

即使在确认“刑事政策学”为独立学科的前提下，刑事政策学为剖析和改良刑事政策，也需要研究犯罪原因问题，而犯罪学对犯罪原因的研究也正是为了提出自己的包括刑事在

---

① 参见卢建平：《刑事政策与刑法》，191页，北京，中国人民公安大学出版社，2004。

内的犯罪预防对策体系。只不过犯罪学对犯罪原因及犯罪对策的探讨较之刑事政策学的要更为广泛和全面，并且犯罪学本身也对刑事政策进行研究。

需要注意的是，即使在犯罪学与刑事政策学同为独立学科的前提下，也不能把犯罪学视为主要研究犯罪原因的理论科学，而将刑事政策学视为专门研究犯罪对策的应用科学。犯罪学虽然更倚重通过消除或限制犯罪的社会性诱因与条件来显著减少犯罪的各种非刑事对策，不像刑事政策学那样系统地考察刑事政策的发展和运行轨迹，但它同样关注刑事政策的制定和实施对犯罪现象的实际影响，并基于满足犯罪预防的社会性需要对其给出自己的评价意见与改革建议。

总之，二者从各自不同的角度出发，共同完成预防犯罪对策的研究。刑事政策学的研究成果有助于犯罪学考察刑事对策的运用效果和处理刑事对策与非刑事对策之间的协调问题；而犯罪学的研究成果则为刑事政策学的发展提供了更加广阔的视野和更为充分的事实基础，成为刑事政策学发展的必要动力。

除了上述传统的刑事学科外，在20世纪60年代伴随着犯罪被害人调查的发展，又产生了一门与犯罪问题密切相关的综合性学科——犯罪被害人学。犯罪被害人学以犯罪被害人及被害规律为研究对象。尽管这一学科在刑事科学中的地位存在争议（是犯罪学的分支学科，还是与犯罪学并列的独立学科），但犯罪被害人学的诞生为犯罪学的发展注入了新的活力，则是不争的事实。犯罪被害人学的发展，使“消极的犯罪被害人”角色意识被彻底改变，而使犯罪是“犯罪人与被害人之间互动的结果”的认识得以普遍确立，由此克服了传统上仅从犯罪人角度探索犯罪原因和预防对策的视野局限，形成了犯罪被害预防的新构想，开辟了犯罪被害预防的新途径。

第四节 犯罪学的研究方法

一、犯罪学研究方法的特点

在了解了犯罪学的研究对象后，随之而来需要解决的问题是：犯罪学如何才能科学地解决自己学科领域内的问题？这一问题正是犯罪学研究方法所应回答的。

在一般意义上，研究方法是指基于一定的价值判断和目的追求，采用的发现真实和求证真实的手段、方式。研究方法本身需要解决的，是相互联系的两方面问题：一是具体研究手段、方法的选择及选择的依据；二是研究的路径及其求真价值。这两个方面固然也是犯罪学研究方法中所应涉及的，但犯罪学研究方法又具有自己的特点。

与犯罪学既是一门理论学科又是一门应用学科的特点相联系，犯罪学考察犯罪问题的方式有三个鲜明的特点。

1. 广泛采用归纳推理方法。犯罪学本质上是一门建立在对犯罪现象真实状态的考察和经验验证基础上的事实性学科，而犯罪现象又是由表现形式各异的具体犯罪事实组合而成的，只有透过分散的个别行为才能把握犯罪整体。因此，在对犯罪现象进行描述和对影响犯罪的因素进行分析时，犯罪学采取的是从个别到一般的思维模式。这与规范性学科尤其是刑法学研究中采用的从一般到个别的思维模式形成对比。在犯罪学研究中，这种“从个别到一般”的思维模式具体表现为：借助于各种方法大量搜集和获取犯罪经验素材，通过对其进行分析、概括并借助于一定的理论模式，把握这些经验材料所蕴含的共性特征及相互之间的关联性，由此形成有关犯罪状态、犯罪规律、犯罪趋势以及影响犯罪诸因素的作用性质和作用方式的理性认识。

2. 广泛借鉴社会学、心理学、生物学和统计学等学科的理论和研究方法。犯罪，并非物质意义上的自然现象，而是一种人的现象和社会现象。或者说，犯罪是由生活在一定社会环境中的人所实施的危害该社会的行为。为此，超越于一般经验常识和意识偏见，立足于人和社会的复杂互动过程，创造性地引入“关于人的科学”和“关于社会的科学”的基本理论和研究方法，收集、描述和解读能反映犯罪本质和规律的经验材料，就成为犯罪学构建科学的犯罪原因理论和提出有针对性的犯罪预防对策体系的基本方法论保证。

3. 多元研究方法的高度整合性。犯罪现象的复杂性必然要求研究方法的多元性，但这种多元方法在犯罪学体系中，并不是彼此孤立存在和运作的，而是表现出高度的整合性：一方面，它们表现为以获取原始研究素材为宗旨的实证方法与以概念的自我运动为内容的思辨方法（抽象推理）的统一，另一方面，多学科交叉研究最终高度统一于“把握犯罪真实和有效预防犯罪”的主题之中；并且，这些多元方法经过与犯罪学任务相适应的改造，形成了犯罪学方法论的有机统一体。

就犯罪学的具体研究方法而言，自龙勃罗梭和菲利将实证主义方法引入犯罪学中以来，伴随着相关学科的发展和犯罪学自身发展的需要，犯罪学研究方法也在不断发展。目前，在西方犯罪学研究中，犯罪学研究方法已经达到了高度复杂化和技术化的程度。这一方面使犯罪学理论在把握犯罪真实的深度和广度两个方面得以不断精进；但另一方面，也为学习、掌握因此形成的派别林立的犯罪学理论带来了实际困难。了解犯罪学研究方法的特点，无疑是克服这种困难的重要方法。

二、犯罪学实证研究的主要方法

犯罪学是基于实证方法论的运用而产生和发展的。正如菲利在其代表作《犯罪社会学》的引言中论及犯罪学产生的历史条件时所阐述的那样：19 世纪后半叶的实证哲学，与人类学和心理学以及对人类社会的自然研究相结合，创造了一种特别适合对个人及社会犯罪现象进行实际调查的学术氛围。这些条件再加之刑法完善与犯罪不断增加之间的明显对比，使产生一门新学科成为十分自然的现象。这个新学科的基本目标就是：从犯罪人本身及其生活的自然和社会环境中研究犯罪的起源，并针对各种不同的犯罪原因采取最有效的防治措施。①

上述菲利的论述及其后犯罪学一百余年的发展史清楚地表明，由犯罪学的学科性质和学术职能所决定，尽量贴近犯罪现实和努力揭示犯罪真实的实证研究，既是其得以产生的基础条件，也是其理论不断深化，并据此指导和推动人类反犯罪活动的观念与实践不断更

---

① 参见［意］恩里科·菲利著，郭建安译：《实证派犯罪学》，引言第 1 页，北京，中国人民公安大学出版社，1990。

新和发展的动力。

在我国，犯罪学实证研究尚面临着缺乏实证传统、实证研究的自觉与自省精神不够、实证方法运用得比较粗糙以及实证研究保证条件不足等一系列因素的制约。这不仅直接制约我国犯罪学研究的理论创新，而且也阻碍了其实践指导功能的发挥。

（一）现场调查法

这是贴近社会生活的实际情况，为了查明或验证犯罪原因、描述犯罪生涯、分析犯罪亚文化、提出犯罪预防措施或者检验现有预防措施的效果而采取的研究方法。犯罪学研究中常用的现场调查法主要有两种。

1. 现场实验法

这种方法主要用于推断因果关系，查明某一因素与犯罪发生的关联性或者验证某项预防措施的实际效果。例如，为了查明照明条件与夜间犯罪的关联性，可以在其他条件近似的情况下，比较照明条件好和照明条件差的两个街区的发案数和发案类别，通过分析和解释出现差异的原因，确定照明条件与夜间犯罪的关联程度。又如，将犯罪性质、犯罪情节、犯罪原因等接近的青少年罪犯分成对照组，分别采取社会帮教和关押隔离的反应形式，并考察其犯罪心理和行为方式的变化情况，以此探讨不同社会反应方式对青少年犯罪者的矫正效果。

这种方法由于接近社会生活的真实情况，实验结果的证明力量较强，也易于以点带面地进行推广。但采用这种方法时，研究者应注意实验条件的可比性，并与有关方面建立协作关系，控制好可能干扰实验结果的其他因素，以尽可能地避免实验结果的特殊性和偶然性。

2. 现场观察法

这种方法主要是围绕某一犯罪群体的日常活动进行连续性的系统观察，以获取用于分析犯罪心理、犯罪过程和犯罪亚文化的第一手材料。现场观察法又分为直接观察法和间接观察法。在直接观察的场合下，研究者通过隐瞒自己的真实身份和研究目的，直接进入研究对象的社会环境和社会关系中，取得被观察者的认同感，获得被观察者在自然状态下的事实材料。例如，研究者深入毒品或抢劫犯罪团伙，在获得团伙成员的信任后，对犯罪团伙的价值观念、心理特点和行为方式进行直接观察与测试。间接观察不要求研究者深入被观察者内部，而是在不被观察者察觉的情况下进行隐蔽观察。如美国的犯罪学家为了验证街头和汽车里的卖淫活动是一种杂乱无章的现象，还是受一种有条不紊的亚文化调节，隐藏在一辆汽车中对纽约市的这种卖淫活动进行了长达两年的现场观察。我国早期的犯罪学家严景耀先生，在中华人民共和国成立前也曾自愿以犯人的身份，深入监狱对犯罪人进行调查。由此获得的调查资料，在其代表作《中国的犯罪问题与社会变迁的关系》中得到了比较充分的反映。①

这种方法的最大优点在于：对所研究的对象没有施加任何非正常的影响，能够在真实状态下掌握研究对象的稳定的心理活动和行为特征等多方面的材料，并且资料的可靠性强、分析价值高。

（二）社会调查法

社会调查法是有计划地通过实际调查，获取一定时空范围内犯罪的原始资料，用于描述犯罪现象、分析犯罪原因和提出解决犯罪问题对策的研究方法。

---

① 参见严景耀：《中国的犯罪问题与社会变迁的关系》，209 页以下，北京，北京大学出版社，1986。

1. 社会调查的主要类型

（1）全面调查，即对一定时期内的犯罪现象进行尽可能接近真实的调查。其范围可以是全国性的，也可以是地区性或区域性的。全面调查的范围广，获取的资料全面，有利于获得有关犯罪现象的完整了解。但这种调查投入大，组织复杂，除了美国等少数国家有由官方组织的类似调查外，在犯罪学研究中，如果离开官方或社会组织的大力支持，一般难以在较大区域内进行。

（2）抽样调查，即概率抽样，是从犯罪现象的总体中依照一定方式和规则抽取犯罪现象的部分作为样本进行调查[①]，并依该调查结果推论犯罪现象的整体特征的调查。抽样调查虽然不是全面调查，但因抽样误差少，依据概率统计原理，通过样本的分析统计推断犯罪现象整体时，其准确性高于其他非全面调查方法的准确性。

（3）典型（重点）调查，也叫非概率抽样，是在对一定范围的犯罪现象进行初步了解的基础上，选取典型的或重点的犯罪行为、犯罪人和被害人，进一步深入、细致地调查，借以把握整体犯罪现象的全部或一部分的调查。运用这种调查方式的关键是选取的典型或重点准确，真正具有代表性。否则，调查结论就难以反映所调查犯罪现象的真实情况。

（4）个案调查，即对特定犯罪人、被害人的特征或者某一特定案件发生的全过程进行详细描述和定性分析，据此推论其所代表的同类现象的调查。实践中，个案调查多用于研究犯罪人的犯罪生涯或预测犯罪人未来的行为倾向。例如，通过剖析一名惯偷的犯罪史，不仅可以发掘其步入犯罪之途并不断堕落的原因，而且可据此推断出由初犯到惯犯的大致历程；通过追踪调查犯罪人在监禁场所和解除监禁后的行为轨迹，可以确定矫正的效果和预测其再犯的可能性。

2. 社会调查的具体方式

（1）问卷法，即由研究人员依照调查目的，事先设计出以问答为主要形式的书面调查表，在调查对象填写或由调查者代为填写后，再对资料进行分析归纳，从中得出相关结论的方法。

（2）访问法，即与调查对象直接交谈获取相关资料的方法。访问的形式可以是个别交谈，也可以是召开座谈会。如为了多方面了解犯罪人的社会背景和心理特点，可以访问犯罪人的亲属、朋友、同学、老师、案件承办人、监管人员或者同案犯。

（3）文献法，即通过阅读讯问笔录、法院报告、司法统计、狱政档案、犯罪人日记和反省材料等，从中搜集、引证可用于分析研究对象的资料的方法。

（三）统计研究法

1. 统计研究的意义

统计研究法，是在科学的犯罪指标体系基础上，运用各种具体的统计分析方法，对犯罪现象的数量关系及数量特征进行研究的方法。

统计研究法具有标准化程度高、综合性强和时空涵盖面广的特点，对于犯罪学研究把握犯罪的真实状态和预测其变化趋势，具有重要的方法论意义。在犯罪学发展史上，正是统计研究推动了犯罪学研究由定性分析向定量分析的迈进。在这方面，近代统计学之父雅克·凯特勒和犯罪社会学大师菲利的研究，充分说明了统计研究在犯罪学中的价值。凯特

---

① 抽样调查中，抽选调查对象的方法主要有：简单随机抽样、分层抽样（类型抽样）、等距抽样（系统抽样）、整群抽样和阶段抽样。参见卢淑华编著：《社会统计学》，531页以下，北京，北京大学出版社，1989。

勒认为，犯罪现象中也有和人口统计中一样稳定的常数，在犯罪事件与人口因素（年龄、性别、季节、气候、职业、教育等）、社会因素（经济、政治、道德等）和自然环境因素之间存在着一定的统计规律，并据此在人类历史上第一次对犯罪趋势作出了准确预测。马克思对此曾给予高度赞赏。① 如果说凯特勒对犯罪统计研究的贡献主要表现在对犯罪的预测方面，菲利则借助于对19世纪初期至中后期欧洲主要国家近五十年的犯罪统计资料的深入研究，在犯罪原因和犯罪预防研究方面促进了犯罪学具有划时代意义的发展。现代犯罪学的进步，尤其是将社会控制本身与犯罪被害人引入犯罪学研究视野，也直接源于犯罪统计研究的推动。

2. 统计研究的内容

统计研究的内容十分广泛。为了保证研究的规范性，统计研究的具体内容依据犯罪统计的指标体系而确定。犯罪统计指标体系按照其功能可分为以下几类。

（1）犯罪现象的状态和结构。显示这方面情况的指标包括：犯罪绝对数，犯罪绝对增长或减低数，犯罪率，犯罪增长或降低率，犯罪频率，以及犯罪成员的年龄比、性别比、职业比、教育程度比等。

（2）犯罪原因。用以揭示犯罪原因的素材包括两个层面：其一，犯罪行为层面（微观层面）：包括犯罪人方面，如生理、心理因素、家庭背景、婚姻状态、居住环境、学校和社区环境等方面的统计分析资料，以及被害人方面的相关资料；其二，犯罪现象层面（宏观层面）：包括社会因素，如文化因素、政治制度、经济制度、法律制度、社会成员的道德法律意识、刑事政策导向等，以及自然环境方面的因素。

（3）预防措施的实施与评价。这借助于以下资料：犯罪的时间与空间分布，犯罪手段，犯罪侵害对象，惩罚犯罪人的效果，组织、实施预防活动的效果等。

（4）犯罪危害。这通过经济损失、人身危害以及公众安全感等指标进行测定。

（5）犯罪趋势。根据过去犯罪的变化规律、现行犯罪的数量特征、结构特征及社会环境的变化趋势，预测在未来一定时间段内犯罪的变化轨迹。

应当指出的是，犯罪学是通过对犯罪现象的剖析，在把握犯罪原因的基础上提出预防犯罪的对策和措施的。也就是说，犯罪学研究的中心内容是犯罪解释论，而犯罪解释论又主要是建立在影响犯罪现象的各种因素之间的关系特征之上的。而这种关系特征的复杂性和非直观性决定了仅仅依靠统计研究的定量分析是不够充分的，有时甚至是不切合实际的。因此，在注重统计分析的同时，必须充分运用各种定性分析方法，才有可能把握真实的犯罪原因规律。“由于社会现象的因果关系往往是复杂的、不明显的，研究者不能从直接观察中得出，因此，考察这些现象只能用比较方法，这是社会学研究唯一适用的方法。”② 迪尔凯姆的这一论断，对于犯罪学研究而言是十分重要和完全适用的。因为，比较研究法不仅是犯罪学研究的一种具体方法，而且其本身也具有方法论意义。

除了前述研究方法外，犯罪学研究中还经常采用历史分析法、心理分析法和生理分析法等。

三、犯罪学实证研究的基本步骤

研究的步骤是为了保证研究的过程严谨和结果真实而必须遵循的程序。一项典型犯罪

---

① 参见《马克思恩格斯全集》，第8卷，579～580页，北京，人民出版社，1961。

② ［法］埃米尔·迪尔凯姆著，胡伟译：《社会学方法的规则》，102页，北京，华夏出版社，1999。

学研究任务的完成，包括提出假设并在收集、占有和分析相关犯罪资料的基础上进行求证的过程。

（一）确定研究课题

研究课题即研究的主要问题。确定研究课题应解决两个方面的问题：如何从复杂多样的犯罪现象中选择所要研究的对象？如何根据所选择的研究对象的性质确定相应的研究类型？

选择课题应遵循以下主要原则。

1. 课题研究应当具有理论和社会价值。理论价值即所确定的课题能够证伪或进一步证明犯罪学现有的某一理论，或者能对现有理论的某一方面有所充实、发展和创新。社会价值即课题的选择和确定源于回答犯罪现实提出的问题，具有较强烈的时代感，能够服务于描述、解释当前突出的犯罪问题，或促进犯罪预防实践的发展。当然，在选择和确定有社会价值的课题时，也必须了解同类研究的现状（已经达到的水平和尚存在的不足），避免同一层次、同一水平的重复研究。

2. 课题研究应考虑现有的主、客观条件。选择的课题大小和难易程度，应充分考虑研究者自己的知识背景、研究专长和已有的研究积累；同时，还要考虑人力、财力和时间方面的保障。

3. 课题研究应选择适当的研究类型。研究类型依据研究功能的不同可分为四类：（1）描述性研究，即对犯罪现象的存在状态、结构和犯罪现象的特征、规律进行分析和表述；（2）解释性研究，即通过剖析和比较犯罪现象与环境因素和个人因素的关联性，揭示犯罪现象之所以如此存在和变化的具体原因；（3）预测性研究，即在对犯罪现象进行横向和纵向把握的基础上，对犯罪现象的状态和结构在未来某段时间内的变化趋势作出推断；（4）对策性研究，即在把握影响犯罪的因素以及犯罪变化趋势基础上，评估现行对策的科学性与可操作性，并就如何改善现行对策和采用新的对策提出具体的建议与构想。

上述四种研究类型之间存在着逐层递进的关系，但在具体研究方法上并无专属性，可以综合运用定性分析与定量分析，或者思辨方法与实证方法。

（二）建立研究假设

研究假设，是在确定研究课题，并在初步研究基础上提出的假定或推测。研究假设虽然带有主观的成分，但它与主观猜想有本质区别。因为这种假设是在对现有犯罪资料有所研究的基础上，基于已有的背景知识和相关经验，通过理性思维而提出的，所以具有相当的合理性；但假设又不同于公理，因为它有待实践的充分验证。建立研究假设的主要目的在于明确需要收集的材料范围、收集途径和方法。

例如，如果确定的课题是盗窃犯罪的原因，通过探索性研究发现，邻里间关系和谐、能够相互照应的住宅区和管理规范的场所发案率低，而邻里间缺乏相互照顾意识的住宅区和管理混乱的场所即使有防盗设施，发案率仍然较高。再考虑到盗窃犯罪“秘密窃取”的行为特征，就可提出如下的研究假设：盗窃主要是机遇性犯罪。有了这一研究假设作导向，收集研究数据和材料的范围、重点与方法也就明确了。

在犯罪学研究中，应强调研究假设的提出既需要具有严谨的科学态度，也需要具有不盲从现有理论、只尊重犯罪事实真相的探索精神。

（三）确立研究的概念体系

科学研究中，需要根据研究目的和研究类型采用适当的术语来表述和说明所要研究的问题，例如前例中与盗窃犯罪的原因相联系的“犯罪机会”“邻里意识”等。概念是进行研究的基本单位，犹如大厦建筑中的基石。只有采用适当的概念，并通过各概念之间的串联，分散的研究资料才能紧密地围绕研究对象凝结成有机的整体。

研究中所采用的概念，不仅包括已为专业圈内熟悉或习惯的术语，而且包括根据研究需要设计或借用的术语。但对后者，研究者在使用中必须给出自己的定义，避免发生歧义和混淆。

由于概念具有抽象性，为了进一步开展定量研究，还必须通过一系列可以观察和测量的客观指标对其进行模拟，将概念由抽象定义转化为操作性定义。这种转化对于提高犯罪学研究的艺术性和精确性具有重大意义。例如，在探讨都市化进程与犯罪的关系时，必须对“都市化”进行定义，而由抽象定义向操作性定义的转化可表现为：抽象定义——都市化是现代社会生活的一种形态；操作性定义——人口密度、人际交往、交通状况、通信手段、家庭结构、人口受教育程度、文化及医疗设施等。通过对这些能表征都市化内涵的概念进行分析，就能揭示出都市化现象对犯罪的具体影响。

综上可见，概念的可操作化实际上在定性研究与定量研究之间架起了桥梁，它为准确描述和解释犯罪现象，增强研究结论的说服力和证明力提供了有力的手段。

（四）制订研究计划

在前述步骤基础上，应当拟订具体研究计划，对完成课题的时间、课题研究的人员组成，尤其是收集研究资料的方法、途径和处理研究资料的方法等作出明确安排。

（五）收集、整理与分析、综合研究资料

研究资料的质量是决定研究结论是否正确的基础，收集和审查犯罪学研究资料时，应注意以下问题：（1）资料的完整性；（2）资料的准确性；（3）资料的针对性；（4）资料的可比性；（5）资料的时效性。只有注意到了所获得的研究资料在多大程度上具备了上述特征，才能正确评价研究结果的实际价值。

对占有的资料进行审查后，还应按照研究资料的关联性对资料进行分类，并将不同类别的资料汇总，以此反映研究资料的总体状况和内部结构，以利于在随后的研究工作中对资料进行整合和必要的补充。

对占有的研究素材进行分类和汇总后，应当运用相关犯罪学理论和分析方法找出研究材料彼此之间的关系，确定研究材料所能证明的问题以及证明的程度，并通过对材料的综合判断，验证所提出的研究假设，由此形成新的观念、理论或完成对已有理论的检验或证伪。

（六）提出研究成果

对所形成的研究结论，要以适当形式转化为研究成果，如调查报告、建议书、预测报告、预防方案以及学术论著等。

严谨的犯罪学实证研究，难以在书斋内完成，它需要一定的人力和物力支持以开展相关的调查活动，获取第一手的经验素材。因此，进行本土性的犯罪学实证研究应注意这方面的限制条件，否则，所选择的实证研究课题会有名无实。由于许多犯罪现象在国际社会中具有共性特征，考虑到犯罪学在中国的发展尚处于初级阶段，在强调立足我国犯罪实践从事研究的同时，积极而慎重地借鉴或移植国外犯罪学研究成果，使之适合我国的实际，不仅有助于促进中国犯罪学的发展，而且有助于提高研究效率。同时，在没有条件进行较大规模的统计研究或长期追踪研究的情况下，以科学的方法对便于获取的司法案例进行统计分析，不失为现阶段学术研究中可以广泛采用的实证研究方法。

第五节　犯罪学发展的历史阶段

一、犯罪学发展概述

自从人类社会存在犯罪现象以来，便产生了有关犯罪的思想。这一点，在东西方的哲学、政治学乃至文学等知识领域内都不乏其例。但犯罪学作为一门专门知识体系，萌芽于18世纪欧洲开展争取人道主义刑罚的运动中，最终在19世纪后半叶诞生于欧洲大陆。在此之前有关犯罪问题的关注和考察只能是非专业性的。

依据在不同历史时期，犯罪学理论认识犯罪真实的基础、方法及视野的不同，并兼顾不同时期犯罪学理论的时代特征，可以将犯罪学一百多年的发展史划分为三个时期：18世纪的古典犯罪学、19世纪末的实证犯罪学以及20世纪中叶以来的当代犯罪学。对于犯罪学发展的这三个历史阶段的主要特点，以对犯罪原因的认识水平为标准，可简要概括如下。

（一）古典犯罪学的基本观点

在古典犯罪学理论看来，犯罪原因应当从人的自由意志中去寻找。因为人是与以古典经济学为基础的经济人相对应的理性人，他们均基于快乐、痛苦的计算而采取其认为合理的行为。由此，理性是人的基本特征，是解释所有社会行为的基础。由于理性人也有经不起诱惑的时候，所以便有犯罪存在。但即使在这种场合，犯罪人也是在合理计算了实施犯罪所能得到的快乐和因犯罪将受惩罚的痛苦之后，基于自己的意志而选择和实施犯罪的。因此，社会对于犯罪行为的理智回答就是：提高犯罪的代价，降低行为人因犯罪收益获得的快乐，从而促使社会成员采取顺应社会的理智行为。

（二）实证主义犯罪学的基本立场

实证主义犯罪学先将自然科学中的实证方法引入对犯罪问题的研究之中，并基于经验研究结论，否认古典犯罪学在犯罪原因问题上所持的观点。他们确认人的行为，无论是反社会行为还是顺应社会的行为，都是由人的体质、心理及所处社会环境决定的。犯罪学的任务不在于从空泛的自由意志中寻找犯罪原因，而在于对犯罪人的体质、心理和社会特征进行调查，并根据犯罪的原因，采取比事后惩罚更为广泛的预防措施。

（三）当代犯罪学的新发展

20世纪中叶以来的当代犯罪学理论，较之上述两个时期，在对犯罪行为的研究方面开拓了新的领域。这就是：将犯罪被害人和社会控制（社会监督）本身引入了犯罪学的视野。当代犯罪学不仅仅看到了社会监督系统的犯罪预防任务，而且对它们在促成犯罪发生过程中的作用进行批判性评价；不仅看到了犯罪被害人的被害事实，而且看到了被害人对犯罪的诱发或促进作用。由此，当代犯罪学不再单纯地从犯罪人角度探究犯罪原因，而是把犯罪理解为一种由作案人、被害人和社会反应共同参与的社会互动过程。这种研究视野上的扩展，使当代犯罪学在回答“犯罪是什么”、“犯罪如何存在”与“犯罪为何发生”等核心问题上，较之传统犯罪学的认识实现了质的飞跃。

同时，随着研究视野的转换，当代犯罪学将传统犯罪学所难以认识的内容也纳入了自己的研究范围，开始注意研究把行为和个人定义为犯罪和犯罪人的社会过程，也即展示立法者、警察、法院、监狱及相关组织和人员参与犯罪命名的过程，并揭示犯罪命名与犯罪生成之间的内在关系。由此，传统上注重事实性陈述的犯罪学，又具有了鲜明的反思性和批判性的学术品格。

二、18世纪的古典犯罪学

古典犯罪学理论被认为是18世纪人道理性主义所达到的最高顶点，代表了19世纪前犯罪学思想中最主要的观点。在研究人的行为方面，古典学派的学者从人是有理性的和具有控制自己命运的能力这一假设出发，把注意力集中于个人与国家法律之间的联系上，抗议当时的刑法及其实施的不一致和不公正，并设想对其进行改革，使其与他们宣称的人性观念相符合。

犯罪学古典学派最主要的代表人物是意大利法学家切萨雷·贝卡里亚（Cesare Beccaria，1738—1794）。他在1764年，尚未满26岁时发表了一本使其一举成名的小册子——《论犯罪与刑罚》。这一经典著作的问世，一般被认为是犯罪学古典学派诞生的主要标志。贝卡里亚是一位深受18世纪启蒙思想家，是尤其受卢梭、孟德斯鸠和伏尔泰的否定和批判精神影响的学者。其中，又尤其以卢梭的社会契约理论，对古典学派的诞生影响重大。

贝卡里亚针对当时欧洲国家的刑法及其适用的残忍和不确定性，以富有逻辑性的论证提出了一系列刑法改革思想，极力主张按照“人的自然权利”，即人民不通过国家便拥有的权利重新制定刑法，强烈要求刑法的表述应当简明扼要，坚决反对法官在判决中任意解释和适用刑法。在那时，他已睿智地注意到：不是刑罚的抽象严厉程度，而是刑罚的确定性以及犯罪后刑罚处罚的及时性，才是有效遏止犯罪的力量；并且指出，刑法的制定与适用应当与本国犯罪的规模相适应。

贝卡里亚的思想为后来在欧洲和北美进行的刑事实体法和程序法的改革奠定了重要基础。由于在其改革刑法制度的思想中，包含了较丰富的犯罪原因认识，尤其是涉及如何才能发挥刑罚预防作用的问题，因而其思想在犯罪学的启蒙阶段占有显著的地位。

除了贝卡里亚之外，犯罪学古典学派的代表人物还包括英国的杰里米·边沁和德国的路德维希·费尔巴哈等人。综合这些代表者的观点，可以将古典犯罪学派的主要认识概括如下。

1. 追求私利的本性使所有人都有犯罪的可能，因而犯罪无法避免。

2. 为了防止“所有人反对所有人的战争”，以保护私有财产和个人幸福这种一致的要求为条件，人们自愿与国家签订契约，让渡自己的部分权利交由国家行使，用以维护社会和平。

3. 必须用惩罚来阻止任何个人伤害他人的利益。如果承认人们都通过签订社会契约把权利授予国家，那么制裁这些伤害行为就应该是国家的特权。

4. 惩罚必须与犯罪所得的非法利益相适应，惩罚不能超越后者，也不能用于使罪犯改过自新的目的。因为这样会使社会的权利超越社会契约。

5. 由于人们只根据已经领教过的恶果的反复作用来节制自己，而不受未知恶果的影响，因而只有惩罚具有坚定性并且惩罚的恶果大于犯罪所带来的好处时，惩罚才能收到预期的效果。

6. 法律应尽可能地少；法律的实施应当根据正当程序予以严格规定，以此防止司法擅断。

7. 在法律面前，任何人无论其社会地位如何都是平等的，每个人都要对自己的行为负责。

由上可见，古典犯罪学派关于犯罪原因的认识，是以人的自由意志为基础的。它将犯罪主要归因于个人的理性选择。这种单纯而幼稚的犯罪原因理论决定了，在犯罪防治对策上，古典学派只能提出以刑罚的心理威慑为中心的严格法律控制论。不过，较之当时刑法中的封建专断，它代表了正在兴起的资产阶级的利益，具有自己的历史进步性。

此外，在犯罪学发展早期，英国的约翰·霍华德在犯罪矫正方面作出了历史性贡献。1777年，他在访问和考察了欧洲三百余所监狱后，自费出版了《监狱状况》一书，针对当时将债务人、罪犯、失业者、娼妓、精神病人和战俘都不加区别地关押在牢房里的现状，积极倡导制定监狱法，呼吁改善犯人的生活和劳动条件，把囚犯按年龄和性别分别关押。他的主张推动了英国乃至整个欧洲大陆监狱管理制度的改革，促进了行刑制度的科学发展。

三、19世纪末的实证主义犯罪学

实证主义犯罪学是在19世纪中期以前的生物学、实证主义哲学、进化论和精神病学基础上建立起来的，它标示着严谨意义上的犯罪学理论的开端。其主要代表人物是龙勃罗梭、菲利和加罗法洛。由于他们均为意大利人，因而犯罪学实证主义学派又被称为意大利学派。

切萨雷·龙勃罗梭（Cesare Lombroso，1835—1909）是犯罪学实证学派的创始人。他在充分吸收先前研究成果的基础上，结合自己对犯罪人的大量临床研究和人体测量调查资料，于1876年出版了其代表作——《从人类学、法学及监狱管理学论犯罪人》（简称《犯罪人论》），构建了其犯罪人类型理论。这一理论后来一直被称为“天生犯罪人”理论。除《犯罪人论》外，龙勃罗梭的论著还包括：《犯罪、原因及矫正》、《天生犯罪人》、《政治犯罪与革命》（合著）、《女性犯罪人：卖淫者及普通妇女》（合著），但最能代表其犯罪学基本思想的则是《犯罪人论》一书。该书先后5次再版，并被译成法、德、英等文字。其篇幅也由最初的252页扩展至1903页（共3卷）。

除了天生犯罪人外，龙勃罗梭还划分出偶发性犯罪人等犯罪人类型。但犯罪生物学理论始终是其犯罪学思想的核心。在他看来，的确存在着一种天生就倾向于犯罪的犯罪人类型。这种犯罪人由于隔代遗传、生理退化等原因，以其一系列体格、生理和心理等方面的异常而区别于非犯罪人。从人类学角度看，这类犯罪人是一种返祖现象，是人类中的一种变种，是在体格和生理上倒退到低级的原始人类型。同时，犯罪基于天赋而产生，因此，犯罪行为具有遗传性，龙勃罗梭进而着重从人类学角度来解释这种现象。

龙勃罗梭的学说曾为许多学者所追随，在历史上形成了一种持续性的影响。龙勃罗梭学说的问世，标志着人类真正开始了把犯罪作为一种客观现象进行描述和分析的科学历程。正是龙勃罗梭先摆脱了古典学派有关犯罪问题的思辨性论述，将实证研究方法引入了犯罪学领域，并对犯罪人展开了系统研究。在他一生中，共检验了383具犯人的颅骨和5 907个犯罪人的身体，完成了对士兵和小学生的系列调查，据此写成了《犯罪人论》一书。应当说，龙勃罗梭以其漫长而富有耐心的探索，成为科学犯罪学的主要奠基者。同时，他力图以犯罪人格的剖析为基础来合理地解释犯罪现象，这种努力方向也被沿袭并得到发展。此外，龙勃罗梭关于犯罪类型的划分以及针对不同类型犯罪人采取不同对策的思想，对促进犯罪学理论的发展也产生过积极影响。

但是，龙勃罗梭的巨大历史贡献并不意味着可以掩饰其理论的时代性缺陷。这一点突出表现在：过于强调犯罪的生物学原因，对主要影响犯罪的社会环境因素明显注意不够；尽管对犯罪人格特征有很精细的描述，但这种描述本身也是不准确的。正因为如此，龙勃罗梭的学说产生以后，一直不断地受到抨击，尤其是随着犯罪社会学理论的创立与发展，其主要理论观点已被人们所摒弃。

恩里科·菲利是实证主义学派的另一位重要创始人。他在1878年仅22岁时，出版了第一本著作——《谴责及否认自由意志的理论》。这本书的标题就鲜明地反映了他对古典学派犯罪原因论的反对态度。重视犯罪的社会原因，是菲利犯罪学思想的重要特征。

菲利的主要贡献在于，历史性地提出了犯罪原因的"三元论"，即确认包括犯罪在内的所有行为，都是由以下三种原因造成的：(1) 环境原因，包括地理、气候、温度等；(2) 人类学原因，包括体质及心理等；(3) 社会原因，如经济、政治以及教育、宗教等。犯罪成因"三元论"的提出，使人类在科学认识犯罪原因问题上前进了一大步，并为日后传统犯罪原因理论的发展奠定了基础。菲利的另一重大贡献是，基于所提出的犯罪原因论，第一次正面论证了一直被视为预防犯罪利器的刑罚方法，其预防犯罪的实际效果十分有限；提出了以刑罚替代措施和广泛的社会改革为中心的犯罪预防论，由此确立了事前预防在犯罪控制中的中心地位。此外，菲利虽然接受了龙勃罗梭的"天生犯罪人"概念，但他用心理因素尤其是社会因素对其犯罪人类型理论进行了扩展和补充。

菲利的犯罪学思想对后世形成了持续而深刻的影响。尤其在欧洲大陆，菲利至今仍是一位备受推崇的犯罪学家。这位才华横溢的罗马皇家大学的教授，作为科学犯罪学的重要奠基者，其许多主张即使在今天看来，仍然具有指导意义。

拉斐尔·加罗法洛（Raffaele Garofalo，1851—1934）是实证主义学派的第三位创始人。他在继承了龙勃罗梭"天生犯罪人"理论的同时，又有所创新。奠定加罗法洛历史地位的研究成果，是他1885年以专题论文为基础编辑出版的《犯罪学》一书。这本书的书名，对"犯罪学"的学科命名产生了决定性影响。此外，加罗法洛首次提出了与"法定犯罪"相对应的"自然犯罪"理论。在他看来，自然犯罪触犯了人的两种基本感情：一是怜悯之心，即避免给他人造成痛苦之心；二是正直之心，即尊重他人的所有权之心。也即，自然犯罪的本质在于对怜悯和正直的冒犯。由此，"自然犯罪者"成为一种人类学类型，这是一种不能产生利他主义感觉的、处于低劣发展状态中的人。自然犯罪与法定犯罪的区别在于：前者的本质是恶劣的，后者的本质则不一定恶劣。因此，对两种犯罪的处罚方式应当区别开来：对于自然犯罪人（真正的罪犯），如暴力犯、惯犯、职业盗贼等，因其不能适应社会环境，必须通过死刑或监禁使其不能再危害社会。而对于那些身上缺少利他主义但道德失常现象不是那么严重的犯罪者，应当通过赔偿损失等比较轻缓的方法进行处置。这一识别犯罪人类型的犯罪人分类方法，成为现代刑事处罚个别化的重要理论基础。

由上可以看出，犯罪学古典学派与实证主义学派的区别主要表现在：(1) 从研究视角看，古典学派主要着眼于罪行、行为人的过去和罪责，强调对犯罪的依法治理，可以说它尚未脱离刑法学的理论视野；实证主义学派则更关注犯罪人及其未来危害社会的危险性，强调应依据犯罪原因的不同"对症下药"，采取比刑罚制裁更为广泛的预防措施。(2) 从方法论看，古典学派强调犯罪也是人理性选择的结果，因而研究方法上具有浓厚的思辨色彩；

实证主义学派则倾向于生物学和社会学观点，注重用实证方法来研究犯罪。(3) 从研究内容看，古典学派注重的是客观行为，而实证主义学派则更加注重实施犯罪的人。上述区别决定了二者在理解犯罪问题的深度和广度上，存在着时代性差别。

也正是由于上述区别，在犯罪学的发展历史中，古典学派只能被视为犯罪学的萌芽时期或前科学时期；实证主义学派的诞生，则标志着科学探讨犯罪原因和犯罪对策时代的开始。龙勃罗梭、菲利和加罗法洛的贡献改变了人类认识犯罪的方法，唤起了对犯罪问题的科学研究。三位意大利人著作的问世，象征着认识犯罪的信仰时代的结束和科学时代的开始。不断发展的当代犯罪学理论，即使不是直接源于 19 世纪实证主义者的思想，也在很大程度上受到实证主义者的传统影响。

四、20 世纪中叶以来的当代犯罪学

20 世纪上半叶是西方犯罪学发展的鼎盛时期。在这一时期，犯罪学研究在许多国家蓬勃发展，各种犯罪学流派竞相产生。其中，犯罪社会学和犯罪社会心理学理论独领风骚，犯罪人类学理论则开始处于次要位置。

犯罪学研究起源和发展于欧洲大陆的格局，直至 20 世纪初期一直没有被打破。但自 1909 年在芝加哥成立“美国刑法和犯罪学研究所”开始，世界的犯罪学研究中心开始转移到美国。由于深受 19 世纪欧洲犯罪学家思想的影响，美国犯罪学研究的一个突出特点，是把犯罪学研究纳入社会学领域，把犯罪学看成社会学研究的一个部分；同时，在研究方法上，十分重视实证主义的经验型研究。

20 世纪 20 年代至 30 年代，是美国犯罪学研究空前发展的时期。在这一时期，大批犯罪学论著出版问世。其中，代表性的研究成果包括以下内容。

1. 莫里斯·帕米利在芝加哥“美国刑法和犯罪学研究所”成立后，出版了美国第一部犯罪学教科书。该书不仅包含了论述犯罪规模、表现形式和犯罪原因的内容，而且包括了分析刑事司法系统（警察、法院、监狱）、预防犯罪和犯罪矫正方法的章节。该教科书成为后来美国犯罪学教科书的模本。

2. 埃德温·H. 萨瑟兰的《犯罪学原理》问世。在该书中，萨瑟兰提出了经典的犯罪解释理论——差别交往理论。同时，萨瑟兰发表的关于白领阶层犯罪现象的报告，使犯罪学家开始注意到了现代社会中管理阶层或“体面阶层”的犯罪行为。

3. 以谢尔顿·格吕克和埃利诺·格吕克夫妇为代表的犯罪预测研究，开辟了犯罪学研究的新领域，使犯罪预防对策设计更加具有前瞻性。

4. 以克利福德·R. 肖和亨利·D. 麦凯为代表的犯罪生态学研究，拓展和丰富了犯罪学关于物理和人文环境与犯罪关系的认识。

从 20 世纪 30 年代末至 50 年代初，美国犯罪学的研究范围和研究深度进一步发展。

桑斯顿·塞林在分析了 1930 年至 1932 年经济大萧条时期的犯罪状况后，提出了著名的“文化冲突”理论，深化了把犯罪现象的产生归因于不同价值体系之间冲突的理论主张。弗兰克·坦嫩鲍姆首次提出了要重新认识“犯罪人”的观点，并把司法当局认定犯罪的过程，看成是一个贴犯罪标签、下犯罪定义，使别人意识到和使犯罪人自己认识到“犯罪性”的过程。从那时起，犯罪与对犯罪的反应之间的相互作用，就成为现代犯罪学考察和分析犯罪现象的一个中心概念。

整个20世纪上半叶，以美国为中心的犯罪学研究取得了多方面的重要成果。

1. 接受了以犯罪人为中心的实证主义研究方法，并且在多元犯罪成因理论中加以消化和改造。

2. 继承并发展了法国的犯罪社会学。法国社会学家塔尔德和迪尔凯姆的犯罪学思想，在萨瑟兰、默顿以及坦嫩鲍姆和莱梅特等代表人物的理论中，得以继续发展。

3. 犯罪学研究的注意力集中在传统作案人身上的现象被克服，并在以下两个方面扩大了犯罪学的研究领域：研究中注意到了白领阶层犯罪现象；将犯罪被害人以及对犯罪行为作出反应的方面（立法以及警察、法院、监狱）纳入了犯罪学的研究对象。

此外，总体而言，20世纪中叶以来的犯罪学研究，基于历史的承接和现实的推动，在前述框架内继续向纵深发展。在科学治理犯罪的时代语境下，犯罪学引导犯罪预防观念进步、推动犯罪预防实践发展的实践功能也日益凸显。

【问题与思考】

1. 什么是犯罪学？
2. 如何理解犯罪学定义的多元性？
3. 犯罪学的研究对象是什么？
4. 如何理解犯罪学的功能？
5. 如何理解犯罪学视野中的犯罪？
6. 如何看待犯罪学与刑法学的关系？
7. 犯罪学研究方法的主要特点是什么？
8. 犯罪学有哪几个主要发展阶段？
9. 犯罪学各历史发展阶段的主要特点是什么？

【推荐阅读书目】

1. ［意］切萨雷・龙勃罗梭．犯罪人论．北京：中国法制出版社，2000

2. 张远煌．犯罪学原理．2版．北京：法律出版社，2008

3. ［德］汉斯・约阿希姆・施奈德著，吴鑫涛，马君玉译．犯罪学．北京：中国人民公安大学出版社，1990

4. 皮艺军．犯罪学研究论要．北京：中国政法大学出版社，2001

5. 张小虎主编．中国犯罪学基础理论研究综述．北京：中国检察出版社，2009

6. 张远煌．犯罪理念之确立——犯罪概念的刑法学与犯罪学比较研究．中国法学，1999（3）

第二章
犯罪学的主要理论

内容导读

犯罪学在其自身发展过程中形成了庞大而复杂的理论体系。本章基于历史的回顾和总结，在简要介绍犯罪学的主要流派，即古典学派、人类学派和社会学派的基础上，着重介绍犯罪学历史上的主要观点和理论。各犯罪学流派的主要代表人物和基本观点，以及犯罪社会学和犯罪心理学理论是本章学习的重点。

人类对于犯罪及相关问题的思考与研究，已经有很长的历史。长期以来，人们使用多种方法研究犯罪及相关问题，特别是犯罪原因问题，提出了有关犯罪的很多观点和理论，其中一些观点和理论有重要的代表性人物和公认的基本观点，也使用了类似的研究方法。这些聚集在代表性人物周围，利用类似方法研究犯罪问题并坚持大致相同的基本观点的研究者群体，就构成了犯罪学的学派。

第一节　犯罪学理论流派概述

一、古典犯罪学派

(一) 古典犯罪学派概述

古典犯罪学派（classical school of criminology）是 18 世纪后期产生的以意大利的切萨雷·贝卡里亚和英国的边沁（Jeremy Bentham，1748—1832）为代表的犯罪学历史上第一个思想流派。这个学派产生的标志是贝卡里亚在 1764 年出版的《论犯罪与刑罚》一书。很多文献将这个学派简称为“古典学派”。贝卡里亚是犯罪学历史上第一个思想流派的代表性人物，对于犯罪学的创建作出了重要贡献。

对于古典犯罪学派的学科性质，人们有不同的看法。大体而言，有五种观点。[①]

（1）犯罪学学派说。大部分犯罪学家都认为，古典学派是犯罪学学派或犯罪学思想的流派。

（2）刑法学学派说。很多刑法学家持这种观点，并且使用了“刑事古典学派”的名称。

（3）刑罚学学派说。这是早期一些犯罪学家的观点。

（4）刑事司法哲学学派说。

（5）犯罪和刑罚的功利主义学派（utilitarian school of crime and punishment）说。这种见解主要强调了古典学派以边沁的功利主义哲学观点为基础的特征。

很多人都对古典学派的发展作出了贡献。大多数学者认为，意大利经济学家、犯罪学家贝卡里亚是古典学派的创始人和主要代表人物，英国哲学家、法学家边沁是古典学派中仅次于贝卡里亚的代表人物。除此之外，被看成是古典学派代表人物的还有英国的威廉·布莱克斯通（William Blackstone，1723—1780）、约翰·霍华德（John Howard，1726—1790）等人，德国的康德（Immanuel Kant，1724—1804）、黑格尔（Georg Wilhelm Friedrich Hegel，1770—1831）等人，以及意大利、法国和美国等国的其他一些学者。

（二）古典犯罪学派的主要观点

古典学派的主要观点可以归纳为以下几个方面。

1. 基本原则

古典学派的思想和学说，深受启蒙哲学家的影响，其中包含了大量哲学性质的观点和术语；特别是包含了下列基本原则。[②]

（1）理性原则（the principle of rationality）。该原则认为人类有自由意志，人类的行为是自己选择的结果。

（2）享乐原则（the principle of hedonism）。该原则认为人类是为了追求快乐而行动的，快乐与痛苦或者奖赏与惩罚是影响人类选择的主要因素。

（3）惩罚原则（then principle of punishment ）。该原则认为刑罚对违法行为有威慑力，进行威慑是处以刑罚的最正当理由。

（4）人权原则（the human rights principle）。该原则认为社会是通过人们之间的合作产生的，因而，社会应当尊重其公民的权利；同时，只要公民的自主性（autonomy）不危及他人或者不威胁更大的利益，也应当尊重公民的自主性。

（5）适当程序原则（the due process principle）。这意味着，在证明被告人有罪之前，都应当认为被告人是无辜的；在使用合法手段证实被告人有罪之前，不得对被告人处以刑罚。

这些原则体现在古典学派的犯罪原因论、刑罚论和立法与司法等方面的论述之中，构成了古典学派最基本的观点。

2. 犯罪原因论

古典学派学者对于犯罪原因的研究相对而言比较少。从文献中可以看出他们对犯罪原因的解释主要如下。

（1）人性自私。他们普遍接受哲学家霍布斯（Thomas Hobbes，1588—1679）的人性恶的学说，认为人的本性是自私、邪恶的，犯罪就是人的本性的表现。

（2）意志自由。他们认为任何人都有同样的意志自由，都能根据自己的意愿作出选择。

---

① 参见吴宗宪：《西方犯罪学史》，2版，第一卷，93～96页，北京，中国人民公安大学出版社，2010。

② See F. Schmalleger，*Criminology Today*，Prentice Hall，New Jersey，1996，p. 142.

由于个人意愿和外部条件的不同，人们既有可能选择犯罪行为，也有可能选择守法行为。犯罪行为是个人自由选择的结果，是犯罪人自由意志的表现，犯罪人应当对其自由选择的犯罪行为承担责任。

（3）功利主义或享乐主义。人人都想趋利避害，用最小的代价获取最大的利益、享受，这是人们普遍遵循的功利主义或者享乐主义准则。具有意志自由的人之所以选择犯罪行为而不选择守法行为，就是因为在他们看来，犯罪行为是符合上述准则的。

3. 刑罚学说

刑罚问题是古典学派学者们探讨和论述的最多的内容之一，主要观点包括以下内容。①

（1）刑罚的根据。古典学派认为，国家或政府根据“社会契约”对犯罪人处以刑罚。当人们在订立契约、建立国家的时候，就让出一部分权利给国家，赋予国家使用刑罚手段维持社会和平的权利。因此，刑罚的根据就是社会契约。

（2）刑罚的标准。由于人们都有同等的意志自由，他们的主观条件是完全平等、一致的，因而判处刑罚必须以客观表现出来的犯罪行为作为标准。

（3）刑罚的作用。古典学派认为，使用刑罚是为了抵消因犯罪而获得的利益或快乐，从而起到预防犯罪的作用。因此，任何不符合预防犯罪目的的刑罚，都是不应该使用的，刑罚所造成的痛苦或损失不能小于犯罪所带来的快乐或利益，但是，刑罚所造成的痛苦或损失也不能大大超过犯罪所带来的快乐或利益，犯罪与刑罚之间必须相适应。

4. 立法与司法问题

古典学派的学者们对立法和司法（特别是刑事立法和司法）问题，作了很多探讨，其主要观点可以概括为以下内容。②

（1）法律特别是刑法应简明扼要。要用通俗的语言表述法律，法律的条文要尽量少一些，不能过于繁杂，使一般人难以了解。

（2）法律要公之于众，不能仅仅为法官或少数人所知道。

（3）法律必须明确规定犯罪以及对犯罪所使用的刑罚。

（4）应当根据个人的行为处罚犯罪人，在法律面前应当一律平等。

（5）刑罚不能由法官任意裁决。

在古典学派之后，还产生了修正其观点的“新古典学派”（the new-classical school）。③不过，新古典学派的主张似乎具有更加明显的刑法学性质。

（三）简要评价

在评价古典学派时，应当注意下列几方面特征。

第一，初始性。古典学派是人类历史上第一个比较完整的犯罪学思想流派。从历史资料来看，古典学派有代表人物和追随者，有基本一致的核心观点，产生了广泛影响，具备学派的特点，可以将其看成是犯罪学发展历史上最早的学派，以后产生的其他犯罪学学派，或多或少都受到了古典学派的影响。由于古典学派是犯罪学历史上第一个学派，因而有的文献把这个学派的主要代表人物贝卡里亚称为犯罪学之父（father of criminology）。④

---

① 参见吴宗宪：《西方犯罪学》，2版，32页，北京，法律出版社，2006。

② 参见吴宗宪：《西方犯罪学》，2版，32页，北京，法律出版社，2006。

③ 参见吴宗宪：《西方犯罪学》，2版，55～57页，北京，法律出版社，2006。

④ See Dennis C. Benamati, Phyllis A. Schultze, Adam C. Bouloukos & Graeme R. Newman, *Criminal Justice Information: How to Find It, How to Use It*, Phoenix, Arizona: The Oryx Press, 1988, p. 2.

第二，综合性。古典学派学者们的思想学说中包含多方面的内容，涉及犯罪学、刑法学、刑事诉讼以及刑事司法等学科和领域，因而具有综合性的特点。可以说，古典学派既是犯罪学学派，也是刑法学学派，甚至可以说是刑事司法领域的学派。综合性是早期思想学说中具有普遍性的特点，随着研究的逐步发展和不断深入，才分化出多种学科。

第三，基础性。从人类认识犯罪和与犯罪作斗争的历史来看，古典学派的思想学说发挥了基础性的作用，以后发展起来的有关犯罪的各种学说、与犯罪作斗争的各种法律制度，都是以古典学派的思想学说为基础而产生的。从这一点来讲，古典学派对于社会的贡献和影响力，超过后来产生的所有犯罪学学派的。

第四，行为性。古典学派的研究者们十分重视对于犯罪行为的研究，围绕犯罪行为进行了多方面的探讨，提出了认识犯罪行为的多种观点和应对犯罪行为的多种措施。

第五，法律性。古典学派的学者们重视有关犯罪的法律规定和法律适用问题，提出了很多如何在法律中恰当规定犯罪行为和如何在实践中有效适用法律规定的见解。

当然，古典学派在认识犯罪原因时过分强调自由意志的作用，忽视了对犯罪人的研究和法律之外的犯罪对策等，这些是其不足。

二、犯罪人类学派

（一）概述

犯罪人类学派（the anthropological school of criminology，又译为“刑事人类学派”）是指以意大利犯罪学家龙勃罗梭为代表的用人类学理论和方法研究犯罪问题的犯罪学学派。一般认为，这个学派诞生的标志是龙勃罗梭在 1876 年出版的《犯罪人论》一书。

犯罪人类学派的创始人和最重要的代表人物是龙勃罗梭。与他一起对实证学派的产生和发展作出重大贡献的还有意大利社会学家、犯罪学家恩里科・菲利和意大利社会学家、法官、犯罪学家拉斐尔・加罗法洛。龙勃罗梭和菲利、加罗法洛三人被看成是犯罪人类学派的主要代表人物。[①] 在匈牙利出生的美籍犯罪学家斯蒂芬・谢弗（Stephen Schafer，1911—1976），高度评价了这 3 个人在犯罪学历史上的地位和作用，把他们称为“犯罪学三圣”（holy three of criminology）。[②] 除此之外，英国精神病学家和犯罪学家查尔斯・巴克曼・格林（Charles Buckman Goring，1870—1919）、美国人类学家和犯罪学家欧内斯特・艾伯特・胡顿（Earnest Albert Hooton，1887—1954，又译为“胡腾”“胡通”“胡登”）等，也被看成是这个学派的重要研究者。

由于不同的学者强调的重点不同，因而在不同的文献中对这个学派使用了不同的名称。（1）实证犯罪学派（the positive school of criminology）。这是对使用实证主义方法进行犯罪学研究的一些学者及其理论学说的统称。过去，有学者将这个名称等同于犯罪人类学派。但是，这个学派主要是以所使用的研究方法命名的，而使用实证方法研究犯罪问题的，不仅仅限于意大利的龙勃罗梭等人，其他人也使用这样的方法。例如，以法国统计学家格雷

---

① 尽管如此，应当看到菲利和加罗法洛的犯罪学学说中，除了犯罪人类学方面的内容之外，还包括大量的犯罪社会学、刑法学多方面的内容。因此，只能在一定范围内将他们归入“犯罪人类学派”之中。

② See Stephen Schafer, *Theories in Criminology: Past and Present Philosophies of the Crime Problem*, Random House, New York, 1969, p. 123.

(A. M. Guerry，1802—1866）等为代表的统计学派就是如此，而他们的观点与龙勃罗梭等人的差别很大。所以，使用“实证犯罪学派”的术语有局限性。(2）意大利犯罪学派（the Italian school of criminology)。这是对以龙勃罗梭等为代表的意大利犯罪学家及其理论学说的统称。这个名称强调犯罪学研究者们的国籍，但是，同一时代的意大利犯罪学家们的学说之间有很大的差异，因此，这个术语也是有局限性的。

(二）龙勃罗梭的犯罪学理论

龙勃罗梭是意大利精神病学家、犯罪学家，犯罪人类学派的创始人和主要代表人物。由于他将现代科学方法论引入犯罪学研究，对于现代犯罪学的产生和发展作出了重要贡献，因而，他又被称为“现代犯罪学之父”(father of modern criminology)[①]、“现代犯罪学创始人”(founder of modern criminology)[②]、“生物实证主义学派的创建之父”(the founding father of the biological positivist school)[③]、“意大利学派之父”(father of the Italian School)[④]等，甚至还被许多犯罪学家称为“犯罪学之父”(father of criminology)。[⑤] 这些称号在一定程度上表明了龙勃罗梭所进行的犯罪学研究的价值及在犯罪学历史上所占据的地位。

龙勃罗梭生于意大利维罗纳的一个犹太人家庭，先后在帕维亚大学、维也纳大学读书。他获得博士学位后，曾入伍担任军医，还曾担任帕维亚大学讲师和精神病学教授。1870 年他被任命为佩萨罗（Pesaro）地方的精神病院院长，同时也在当地的监狱精心研究，搜集了许多有关犯罪人的人类学资料。1871 年，龙勃罗梭在解剖一个犯人时发现，这个犯人的头盖骨上有在某种低等动物脑部才有的形态特征——中央枕骨窝（median occipital fossa，又译为“枕骨中窝”“中央缓头窝”)，于是，他在 1872 年发表题为《对 400 名威尼斯犯罪人的人体测量》的论文，提出了一种关于犯罪人生来就具有犯罪本能的假说。同年，加罗法洛和菲利也发表了有关犯罪行为的论文，因此，有的人把 1872 年看成是犯罪人类学产生的年份。

1876 年，龙勃罗梭到都灵大学担任法医学和公共卫生学教授，同年在米兰出版了他的代表著作——《犯罪人论》(L' Uomo Delinquente)。

龙勃罗梭的其他重要著作还有与其女婿古格列莫・费雷罗合著的《女性犯罪人：卖淫者及普通妇女》(1893）等。

龙勃罗梭的犯罪人类学理论主要包括下列内容。

1. 生来犯罪人理论

生来犯罪人（意大利语 delinquente nato，英语 born criminal）理论是认为犯罪人由于隔代遗传而生来就具有犯罪倾向和实施犯罪行为的犯罪学理论。这一理论是龙勃罗梭最重要、最有影响的犯罪学理论，也是龙勃罗梭用力最多、最富于创新精神的理论，当然，也是后来最富争论的理论观点之一。不过，龙勃罗梭并没有创造“生来犯罪人”这个术语，这个

---

① Stephen Schafer, *Theories in Criminology: Past and Present Philosophies of the Crime Problem*, Random House, New York, 1969, p. 123.

② John Hagan, *Modern Criminology: Crime, Criminal Behavior, and its Control*, McGraw-Hill, New York, 1985, p. 21.

③ Ian Taylor, Paul Walton & Jack Young, *The New Criminology: For a Social Theory of Deviance*, Routledge & Kegan Paul, London, 1973, p. 41.

④ Hermann Mannheim (ed.), *Pioneers in Criminology*, 2nd ed., Patterson Smith, Montclair, NJ, 1972, p. 241.

⑤ David Matza, *Delinquency and Drift*, Wiley, New York, 1964, p. 3.

术语是由菲利提出来的。①

这种理论是龙勃罗梭在运用体质人类学等学科的方法进行大量的人体测量、尸体解剖和对获得的资料进行多方面的分析、比较的基础上提出的。受过系统医学教育并对许多方面感兴趣的龙勃罗梭，在当时的科学思想的影响下，通过对士兵、精神病人、犯罪人等的观相术和颅相学观察、身体测量、尸体解剖等方法，发现善良的人和不善良的人不仅在性情方面，而且在身体解剖特征等方面，都有明显的差异。龙勃罗梭对383名死刑犯人的颅骨（头盖骨）进行的解剖检查显示，这些犯罪人具有一系列不同于正常人的解剖学特征。特别是在帕维亚时，龙勃罗梭认识了伦巴第省的一个江洋大盗维莱拉（Vilella，又译为"维内拉"），这个犯罪人的残忍的犯罪活动，使整个伦巴第省都感到恐惧。龙勃罗梭在监狱中与这个犯人进行了接触，这个大盗很直爽地将他无耻的犯罪行为告诉了龙勃罗梭。龙勃罗梭发现维莱拉是一个体力强壮、行动敏捷的人，表现出危险犯罪人或职业犯罪人通常所具有的自负傲慢。因此，龙勃罗梭确信他找到了解释犯罪行为的正确线索。1870年11月，当这个犯人死后，龙勃罗梭应邀对他进行尸体解剖。当他打开维莱拉的颅骨后，龙勃罗梭发现了一个明显的凹陷，他称为"中央枕骨窝"。在维莱拉的大脑中，龙勃罗梭还发现中央枕骨窝附近的小脑蚓部肥大（发育过度），这两种特征是众所周知的低等灵长目动物，如类人猿的特征，在低劣的人种中都很少见，这说明维莱拉是在龙勃罗梭生活的那个时代出生的原始野蛮人。受这一事实的启发，龙勃罗梭提出了生来犯罪人理论，认为犯罪人是出生在文明时代的野蛮人，他们的生物特征决定了他们从出生时起就具有原始野蛮人的心理与行为特征，这种行为必然不符合文明社会中的传统、习惯和社会规范，必定构成犯罪。因此，犯罪人是一种自出生时起就具有犯罪性的人，他们的犯罪性是与生俱来的，是由他们的异常的生物特征决定的，犯罪人是生来就会进行犯罪行为的人。决定犯罪人生来就具有犯罪性这种生物异常的，则是隔代遗传（atavism）这一因素。

根据龙勃罗梭的研究，生来犯罪人具有独特的身体、感情、道德感、心理等方面的特征。

2. 犯罪原因论

龙勃罗梭对犯罪原因的认识，有一个变化过程。虽然在犯罪研究的早期，他认为犯罪主要是由隔代遗传而产生的，但是，随着研究的深入和别人的影响与批评，他也认识到其他的犯罪原因。他先承认退化（degeneration）是引起犯罪的原因之一。此后，他又逐渐认识到自然因素和社会因素对犯罪的产生所起的作用，因而开始研究犯罪的自然因素和社会因素。

根据他的论述，影响犯罪的自然因素包括不同的气温、月份、季节、炎热的年份、地势构造、疟疾发病率、甲状腺地区、死亡率以及种族、性别、年龄、遗传等。影响犯罪的社会因素包括文明程度、人口过剩、新闻媒介、生活状况、酗酒、吸烟、教育、经济条件、宗教、家庭出生以及交往、战争、模仿、监狱生活、移民、职业等。

3. 犯罪人类型论

龙勃罗梭对于犯罪人的分类以及对于不同类型犯罪人特征的研究和论述，也是他的犯罪学理论的重要组成部分。

---

① See Stephen Schafer，*Theories in Criminology*：*Past and Present Philosophies of the Crime Problem*，Random House，New York，1969，p. 126.

根据他的观点，犯罪人包括下列类型。

(1) 生来犯罪人。这是指生来就具有犯罪倾向的犯罪人。龙勃罗梭认为，生来犯罪人代表了一种独特的人类学类型。这种类型的犯罪人有许多独特的身体方面的特征。在解剖了383名意大利犯罪人的颅骨之后，龙勃罗梭发现，其中210名犯罪人都有所发现的那些异常特征，而43%的犯罪人则具有其中5种或更多的异常特征。因此，龙勃罗梭认为有5种或更多的异常特征可以表明该犯罪人是一个“生来犯罪人”。

(2) 激情犯罪人（criminal by passion）。这是指由于强烈的情绪而进行犯罪的人。这类犯罪人具有残忍、鲁莽、犯罪行为突然发生等特点和强烈的暴力行为倾向，他们的犯罪行为基本上都是在激情作用下发生的暴力行为，因此，应当更确切地将他们称为“暴力犯罪人”。激情犯罪人很少，通常都是年轻人，他们的颅骨异常较少，相貌较好，性格诚实，情感丰富，与生来犯罪人的冷酷无情形成对比，往往在犯罪之后感到后悔，在监狱中常常进行自杀行为。龙勃罗梭认为，激情犯罪人有一定的接受改造的可能性。激情犯罪人中妇女所占的比例远远大于其他犯罪人中妇女所占的比例。政治犯罪人是激情犯罪人的一种特殊类型。

(3) 精神病犯罪人（insane criminal）。这是指由于精神病的影响而犯罪的人。精神病犯罪人很少表现出对可能遭受到的刑罚的恐惧，也不试图逃避刑罚；他们几乎不隐匿自己的犯罪行为，也不消除犯罪行为的痕迹。他们常常暴怒发作，伤害那些在场的人，或者忘记所偷的东西。每当他们的犯罪完成之后，他们不仅不设法隐瞒犯罪，反而可能会直率地承认犯罪，渴望谈论犯罪，用得意的口吻诉说他们在犯罪当时体验到的解脱感；他们认为自己遵守秩序，觉得自己的行为是值得赞扬的。精神病人否认自己是精神病人，如果在某些情况下承认自己是精神病人，也仅仅是由于律师或监狱中的犯人同伴劝说他们这样去做的缘故。他们甚至会炫耀和夸大自己的犯罪行为。这些特征可以将精神病犯罪人与习惯犯罪人区分开来。精神病犯罪人主要有偷窃狂者、间发性酒狂者（即习惯性嗜酒者）、杀人狂者、女性色情狂者和恋童癖者，以及歇斯底里犯罪人、犯罪狂者等。

(4) 偶然犯罪人（occasional criminal）。这是指那些并不寻找犯罪机会，但总是遇到犯罪机会，或者由于极其轻微的原因而犯罪的人。这类犯罪人又可以区分为四小类：一是虚假犯罪人或准犯罪人（pseudo-criminal），指为了保卫个人、名誉和家庭而偶然地实施犯罪的人。二是倾向犯罪人（criminaloid），指既无特殊的生理特征，也没有可以识别的精神疾病，但其精神和情绪特质在某些情况下会有特殊表现，从而使他们容易进行凶恶的和犯罪的行为的人。三是习惯犯罪人（habitual criminal），指养成犯罪的生活方式的犯罪人。四是癫痫犯罪人（epileptic criminal），指具有在任何时候都会表现出来的潜在癫痫的犯罪人。

4. 犯罪对策论

龙勃罗梭在深入探讨犯罪原因的基础上，也提出了一系列如何发现犯罪人、预防犯罪和矫治犯罪人的措施。这些措施构成了龙勃罗梭的犯罪对策论。

在发现犯罪人方面，龙勃罗梭论述了鉴别犯罪人的心理方法和生理方法。

在预防犯罪方面，龙勃罗梭认为，应当先预防犯罪人的产生，而不是惩罚犯罪人，如果不能预防的话，就应当对犯罪人进行治疗；如果无法治疗的话，就应当把这种不可救药的人在适当的机构中隔离起来，这种隔离机构能够比现行的监禁制度更好地保卫社会，但是它却没有监狱所具有的那种臭名声。要用预防性措施和法律措施治疗犯罪人。

在矫治犯罪人方面，龙勃罗梭论述了对不同类型犯罪人的具体刑罚和矫治方法。例如，他认为，对于青少年犯罪人、对于女性犯罪人以及其他不同类型的犯罪人，所使用的刑罚和矫治方法，都应该有所不同。

（三）菲利的犯罪学理论

菲利毕业于波伦亚大学，于1877年获得法学博士学位。随后，菲利在比萨大学、都灵大学、波伦亚大学、锡耶纳大学和罗马大学担任教职。同时，他还是著名的社会活动家和演说家，一生中做了两千三百多场大学学术演讲和六百多场公开的科学演讲，参加了议会、立法等政治性活动。其代表作是1881年《犯罪社会学》一书。

在菲利的犯罪学理论中，只有一部分属于犯罪人类学范畴。可以说，菲利对犯罪学理论的最重要贡献是他的犯罪原因三元论和犯罪饱和法则。

1. 犯罪原因三元论

犯罪原因三元论（theory of three-factors of crime）是指认为犯罪由人类学因素、自然因素和社会因素这三类原因引起的理论学说。菲利扩大有关犯罪原因的研究范围，将研究的领域从龙勃罗梭所强调的人类学因素扩展到自然和社会方面，把犯罪看成是一种自然和社会因素与个人因素相互作用的产物，这是菲利对犯罪学研究的最重要的贡献之一。

根据菲利的论述，犯罪原因包括三类因素。

（1）人类学因素或个人因素。这主要包括犯罪人的年龄、性别、法律地位、职业、居住地、社会阶级、训练和教育程度、器官与心理结构。

（2）自然因素。这主要包括种族、气候、土壤的肥沃程度和分布、昼夜循环、季节、气象因素、每年的气温。

（3）社会因素。这主要包括人口的增加或减少、移民、舆论、习俗和宗教、家庭的性质；政治、金融和商业活动；农业和工业生产与分配；对安全、教育和福利的行政管理；一般的刑事和民事立法。

菲利认为，一般而言，社会因素在犯罪的产生中起主要作用；犯罪是各类因素相互作用的产物；各类因素对具体犯罪所起的作用是不同的。

2. 犯罪饱和法则

犯罪饱和法则（law of criminal saturation）是菲利在化学中的饱和定律启发下以犯罪统计学研究为基础提出的关于犯罪数量及其变化的犯罪规律。菲利自己认为，这是从犯罪统计资料中得出的“最重要的犯罪社会学结论”。

在《犯罪社会学》（第4版，1900）中，菲利对这一法则作了这样的论述：“无论是自然犯罪还是法定犯罪，在总量上都是继续增加的，但每年的变化有时候增多，有时候减少，这些变化在一个较长的时期内，会积累成为一系列真正的犯罪浪潮。由此可见，它与某种类似于化学定律的法则相一致，我称之为犯罪饱和法则。就像一定量的水在一定的温度下会溶解一定量的化学物质，而且不多也不少那样，在有一定的个人和自然条件的特定社会环境中，也会发生一定量的犯罪，不多也不少。”①

此外，菲利还论述了犯罪人类型论、刑罚学说和犯罪预防理论，特别是对于利用刑罚替代措施预防犯罪的论述，产生了较大影响。

（四）加罗法洛的犯罪学理论

加罗法洛出生于意大利那不勒斯一个贵族家庭，年轻时在大学接受了法学教育。大学

① Enrico Ferri, *Criminal Sociology*, translated by Joseph I. Kelly & John Lisle, Little Brown, Boston, 1917, p. 209.

毕业后他成为一名法官，曾担任过比萨民事法庭庭长、罗马上诉法院代理检察长、那不勒斯上诉法院庭长、威尼斯上诉法院检察长等。此外，他还担任过意大利参议院的参议员，那不勒斯大学刑法与刑事诉讼法副教授、教授。担任这些职位时，加罗法洛都取得了引人注目的成就和荣誉。他最主要的犯罪学著作是1885年出版的《犯罪学》一书。像菲利一样，加罗法洛的犯罪学理论中，只有很少的一部分属于犯罪人类学的范畴。

加罗法洛对于犯罪学理论的最重要的贡献是他的自然犯罪论。加罗法洛在其《犯罪学》一书中，第一次提出了"自然犯罪"（意大利语 Delitto positive，英语 natural crime）的概念，并将它与"法定犯罪"（意大利语 Delitto legale，英语 legal crime）相区别，在犯罪的法律定义之外提出了一个新的犯罪定义和概念，这对以后的犯罪学研究产生了巨大的影响，使犯罪学家们可以在更广的意义上使用"犯罪"一词，可以在法律特别是在刑法有关规定之外研究犯罪问题，而不完全受刑法规定的约束。

所谓"自然犯罪"，是指那些文明社会都认为是犯罪并用刑罚手段进行镇压的行为。从特征上讲，这类犯罪是违反了任何年龄的任何人都具有的基本的利他情操的犯罪行为。加罗法洛认为，犯罪是一种损害了人类的某些情操（sentiment）或者人类道德感的行为。人类的情操有很多种，例如，爱国情操、宗教情操、贞操和荣誉等。对社会道德至关重要的唯一情操，就是被称为利他情操（altruistic sentiments）的那些情操。利他情操是以他人的利益为直接目的的情操，这种情操的应用可能间接地增加自己的利益。这些利他情操在不同的民族中有极不相同的发展水平，在同一民族中也有不同的等级。除了极少数的野蛮部落之外，大多数民族都存在着利他情操。因此，利他情操是为人们所普遍具有的基本情操。

根据加罗法洛的观点，利他情操可以分为两种不同的类型。

1. 仁爱情操（sentiment of benevolence）。这是人们从爱自己子女的本能发展而来的一种爱自己的同类的情操。仁爱情操有不同的发展水平，它们都可以被统称为怜悯情操（sentiment of pity）。这些怜悯情操普遍存在于较高等的人类中，当人们故意进行造成痛苦的犯罪行为时，必然会违背或侵害这些情操。

2. 正义情操（sentiment of justice）。这是尊重属于他人的一切的情操，也是最重要的利他情操。这种情操的内容相当复杂，人们在违反社会道德感时，必然会侵害一些几乎是普遍存在的道德情操，这样的唯一情操就是基本的正直。因此，可以在一定范围内将正义情操称为"正直情操"（sentiment of probity）。

在加罗法洛看来，犯罪既是一种有害的行为，同时也是一种不道德的行为。

此外，加罗法洛还对犯罪类型、犯罪人类型及特征、社会防卫等问题，进行了深入的研究。

（五）简要评价

在评价犯罪人类学派时，应当特别注意下列几个方面。

第一，创新研究方法。龙勃罗梭等人将人类学等领域的测量等调查研究方法、逻辑学中的归纳等思维方法引入犯罪学，极大地促进了犯罪学研究方法的革新，使犯罪学研究摆脱了仅仅使用思辨方法进行研究的局面，从而增强了犯罪学研究的科学性。他们引入的这些新兴的研究方法，在后来被称为"实证研究方法"。而且，不论是龙勃罗梭，还是菲利和加罗法洛，在使用这些新兴的研究方法从事研究方面，具有更多的共性。因此，将这个学派称为"实证主义犯罪学派"（positive school of criminology）①，可能是更为恰当的。创新

---

① Gresham M. Sykes, *Criminology*, New York: Harcourt Brace Jovanovich Inc., 1978, pp. 11-12.

研究方法的重要价值还在于，龙勃罗梭等人提出的某些犯罪人类学观点虽已过时，但是，他们使用的研究方法仍然具有长久的生命力，还会继续在犯罪学研究中使用。由于这个学派对于新的犯罪学研究方法的研究和使用，促进了犯罪学研究的科学化，因而这个学派的主要代表人物被称为“现代犯罪学之父”（father of modern criminology）①、“生物实证主义学派的创建之父”（the founding father of the biological positivist school）② 等。

第二，重视犯罪人。与古典学派高度重视研究犯罪行为的情况有所不同，犯罪人类学派更加重视对犯罪人的研究，无论是在认识犯罪方面，还是在应对犯罪方面，都很重视从犯罪人出发开展研究和采取措施。他们对于犯罪人的特点和类型、犯罪人进行犯罪行为的原因、如何预防犯罪人进行犯罪行为、如何改变犯罪人等，进行了大量的研究，大大深化了人们对于犯罪人的认识。

第三，强调决定论。在分析犯罪行为的原因时，犯罪人类学派采取决定论的立场，承认一切事物中都存在因果决定性，犯罪行为是由一定的因素决定的，而不是纯粹的个人自由选择的结果。这种认识更加符合实际情况，体现了在犯罪原因研究方面的发展和进步。

第四，拓展研究内容。犯罪人类学派大大拓展了犯罪研究的范围，极大地丰富了犯罪研究的内容，他们对于法律之外的大量犯罪相关现象的探讨，例如，对于多种犯罪原因的探讨，对于犯罪人分类的研究，对于法律之外的犯罪对策的倡导，利用多学科（人类学、遗传学、心理学、精神病学、社会学、统计学等）的方法进行犯罪学研究，都是古典学派的研究中所缺少的。

三、犯罪社会学学派和其他犯罪社会学研究

（一）犯罪社会学学派概述

犯罪社会学学派（sociological school of criminology，又译为“刑事社会学派”），是 19 世纪末 20 世纪初欧洲犯罪学界从社会学的角度研究犯罪原因和探讨犯罪对策的思想流派。与古典学派和实证学派相比，社会学学派在人员组成上似乎更加松散，在学术观点上更不统一，在存在时间上更不明确，因此，在西方犯罪学文献中对这个学派的论述较少，大多数犯罪学文献仅仅论述该学派的少数最重要的成员的理论观点，而不把它作为一个学术流派加以论述。同时，由于这个学派主要在欧洲国家，尤其是在德国和法国盛行，所以，美英国家的犯罪学文献中对它的论述极少，甚至在许多美英犯罪学文献中找不到犯罪社会学学派这样的术语。③

犯罪社会学学派的创建人和主要代表人物是意大利犯罪学家恩里科・菲利和德国刑法学家弗兰茨・冯・李斯特。此外，属于这个学派的人物还包括法国的塔尔德（Gabriel Tarde，1843—1904）、安赛尔（Marc Ancel，1902—1990）、拉柯沙尼（J. A. E. Lacassagne，1843—1924）等人，德国的亚历山大・冯・厄廷根（Alexander von Oettingen，1827—1905）、阿沙芬堡（Gustav Aschaffenburg，1866—1914）等人。

---

① Stephen Schafer，*Theories in Criminology*：*Past and Present Philosophies of the Crime Problem*，New York：Random House，1969，p. 123.

② Ian Taylor，Paul Walton & Jack Young，*The New Criminology*：*For a Social Theory of Deviance*，London：Rutledge& Kegan Paul.，1973，p. 41.

③ 参见吴宗宪：《西方犯罪学》，2 版，157 页，北京，法律出版社，2006。

从犯罪社会学学派的研究、成果等情况来看，似乎可以将这个学派划分成为两个分支或更小的流派。①

1. 法国学派（the French School），又称法国环境社会学派（the French environmental sociological school of criminology）。这个学派强调犯罪人的出生、生长和生活的社会环境在犯罪产生中所起的作用。这个学派的成员与犯罪人类学派进行了争论，对龙勃罗梭的犯罪人类学理论提出了批判。由于这个学派的主要代表人物拉柯沙尼曾任法国里昂大学的法医学教授，因而，又有人将它称为法国里昂学派（Ecloe Lyonuaise）。

2. 法律—社会学派（legal-sociological school）或生物—社会学派（bio-sociological school），包括李斯特以及比利时的普林斯、荷兰的哈默尔。由于这个学派的代表人物李斯特是德国人，又有人将它称为德意志社会学派（soziologische schule）。这个学派似乎采取了一种兼容并包、兼收并蓄、博采各家学说之长进行综合研究的态度，因而对犯罪人类学并没有进行严厉的批判，甚至在一定程度上承认、赞同龙勃罗梭的犯罪人类学理论。

（二）菲利对犯罪社会学的贡献

菲利不仅属于犯罪人类学学派的重要成员，也是犯罪社会学学派的重要代表人物。他在犯罪社会学方面的贡献主要体现于如下方面。②

1. 确立了犯罪社会学学科。菲利是第一个把自己的著作称为“犯罪社会学”（意大利语 sociologia criminale，英语 criminal sociology）的人，也是第一个重要的犯罪社会学的研究者，他的《犯罪社会学》（1881）一书，开创了一个新的学术研究领域，确立了一个新的社会科学学科——犯罪社会学，并且对这个学科的主要内容进行了探讨。

2. 重视犯罪的社会原因。菲利认为，在犯罪的三类原因（人类学因素、自然因素和社会因素）中，社会因素所起的作用最大。

3. 促进了社会学方法在犯罪研究中的应用。菲利非常重视实证方法，特别是社会学方法在犯罪研究中的应用，促进了统计学方法和大量社会学方法论原则在犯罪研究中的运用。

（三）李斯特对犯罪社会学的贡献

被称为近代刑法学大师的德国杰出刑法学家弗兰茨·冯·李斯特，在犯罪社会学发展中的最重要贡献是他的犯罪原因论。李斯特把犯罪原因归结为两类，即社会原因和个人原因，认为犯罪行为是由社会原因和个人原因共同造成的。这就是所谓的“犯罪原因二元论”。在这两类原因中，李斯特更重视犯罪的社会原因。最初，李斯特把犯罪看成是一种纯粹的社会现象，曾提出“大众的贫穷，是培养犯罪的最大基础”的观点③，认为犯罪是由社会环境造成的一种现象。或许，这正是人们把李斯特看成是社会学派的成员的重要原因。后来，李斯特对犯罪人的人格产生兴趣，并且进一步研究了犯罪人的其他方面的特征，最终得出了犯罪是由个人特征和社会环境造成的理论。不过，即使在认识到个人特征在犯罪中起重要作用以后，李斯特仍然把社会原因作为犯罪的主要原因。

此外，李斯特还对犯罪分类和犯罪对策进行了研究，也产生了较大的影响。

在19世纪后期和20世纪初期，使用社会学理论和方法研究犯罪问题的人，除了犯罪社会学派之外，还包括统计学派、马克思主义犯罪学研究和迪尔凯姆的犯罪学研究。

---

① 参见吴宗宪：《西方犯罪学史》，2版，第二卷，559～560页，北京，中国人民公安大学出版社，2010。

② 参见吴宗宪：《西方犯罪学史》，2版，第二卷，560～566页，北京，中国人民公安大学出版社，2010。

③ 参见林纪东：《刑事政策学》，24页，台北，“国立编译馆”，1969。

第二节　犯罪生物学理论

一、概述

自从龙勃罗梭等人开创了犯罪人类学研究领域以来，这方面的研究不断进行。进入 20 世纪之后，随着生物学研究的发展，这方面的犯罪研究被称为“犯罪生物学研究”；利用现代犯罪生物学的理论和方法研究犯罪问题获得的成果，被称为“犯罪生物学理论”（theory of criminal biology）。

有的犯罪学家将这一时期的犯罪生物学研究称为“犯罪生物学派”（school of criminal biology）或者“现代犯罪生物学学派”（modern crimino-biological school），这似乎是不太恰当的，因为这一时期的研究，已经不具备典型的学派的特征：没有特别突出的学术领导人，没有统一的刊物和组织，没有居于核心地位的学术观点，研究的问题和所使用的研究方法多种多样等。①

犯罪学中的现代生物学理论和研究，大体上可以被分为两个方面或者分支：遗传生物学研究和体质生物学研究。

二、遗传生物学研究

犯罪的遗传生物学研究认为，犯罪人的犯罪与其人格等个人素质密切相关，而他们的人格等个人素质又深受直接或间接的遗传因素的影响。一些遗传负因，例如，父母、祖父母等的精神病、智力低下、性格异常、酒精中毒、异常的性染色体、犯罪恶习等，对犯罪人的人格等个人素质的形成起着巨大的作用，使犯罪人在这些遗传负因的作用下形成不良的或反社会的人格，并且由此产生犯罪行为。

这方面的典型研究包括下列两个方面。

1. 犯罪家族研究

早期的一些研究试图通过调查一些产生了很多犯罪人和其他违法者的家族，探讨犯罪和遗传的关系。这方面的最重要研究，是由美国社会学家和犯罪学家理查德·路易·达格代尔（Richard Louis Dugdale，1841—1883，又译为“达格德尔”）进行的。他通过对一个名为“朱克家族”（the Jukes）的退化家族的调查，发现犯罪和遗传有十分密切的关系：低劣者往往会有大量犯罪人和其他低劣的后代，而高贵者往往会有守法的和其他高贵的后代。其他的犯罪家族研究似乎也证实了这样的规律。

2. 其他遗传生物学研究

除了犯罪家族调查之外，这方面研究还可以利用其他方法研究犯罪和遗传关系的方法，主要包括孪生子与犯罪关系的研究、性染色体异常与犯罪关系的研究、养子女与犯罪关系

---

① 参见吴宗宪：《西方犯罪学》，2 版，187 页，北京，法律出版社，2006。

的研究等，其中，孪生子与犯罪关系的研究具有代表性。

孪生子是指母亲一胎所生的孩子。其中，由一个受精卵分裂而成的孪生子，被称为“同卵孪生子”，他们之间的遗传素质有更多的相似性；由不同的精子与不同的卵子分别受孕而同时出生的孪生子，被称为“异卵孪生子”，他们之间的遗传素质有很大的差异。因此，如果调查发现同卵孪生子之间进行犯罪的一致率高于异卵孪生子的，就认为犯罪具有遗传性。

在这方面，先由德国精神病学家约翰内斯·朗格（Johannes Lange，1891—1938，又译为“兰格”）进行了开拓性的调查和研究。他在1929年出版的《犯罪与命运：犯罪孪生子研究》一书中指出，在所调查的13对成年男性同卵孪生子中，双方都有监禁记录的有10对，他们的犯罪一致率为77%；在另外3对中，只有一方与法律发生了冲突；而在作为对照组的17对男性成年异卵孪生子中，双方都有监禁记录的仅有2对，他们的犯罪一致率为12%；在其他的15对中，只有一方曾经与法律发生过冲突。显然，同卵孪生子之间的犯罪一致率更高。因此，朗格从这些研究中得出了这样的结论，在目前的社会条件下，遗传在制造犯罪人方面起着最重要的作用；遗传肯定起着比许多已经准确承认的作用都要大得多的作用。不过，朗格也指出，遗传本身并不是犯罪的唯一的原因，我们必须承认一定数量的环境影响。即使同卵孪生子，也并不是在任何情况下都对犯罪表现出完全一致的态度。①

其他的研究也得出了类似的结论。

三、体质生物学研究

犯罪的体质生物学研究从犯罪人的身体素质方面探讨生物、生理因素与犯罪人的关系。这里所说的身体素质（constitutional diathesis），既包括身体的生理结构方面的特征，如体型等，也包括特殊的生理功能或生理状态，如腺体分泌等。体质生物学的探讨盛行于20世纪初期，但是，到20世纪中期以后，仍有一些学者进行这方面的探讨。

这方面的主要研究和观点如下。

1. 内分泌异常与犯罪研究

一些研究者发现，人类的内分泌状况对于犯罪行为有影响作用。特别是下列两种内分泌状况对于犯罪的影响作用比较明显。

（1）月经。月经分泌是女性特有的周期性生理现象，每月发生一次。医学特别是精神病学的研究表明，女性的月经分泌对其心理和行为都有明显的影响。自20世纪50年代以来，美国学者奥托·波拉克（Otto Pollak）、莫顿（J. Morton）等人以及英国学者凯瑟林娜·多尔顿（Katharina Dalton），都对月经与犯罪的关系问题进行了探讨。其中，凯瑟林娜·多尔顿的研究产生了较大影响。此后，又有一些研究者探讨了月经分泌与犯罪的关系问题。

已经进行的若干研究表明，妇女在月经前及月经期间可能实施大量的犯罪及其他不良行为。这些行为的发生与妇女激素分泌的变化有密切关系。在月经前及月经期间，妇女激素的分泌失去平衡，往往引起情绪波动，使妇女容易激动、容易嫉妒等，这些因素与其他因素相结合，就可能引起多种犯罪和不良行为。一些学者根据这种情况推测，少女月经初潮、妇女怀孕及生育前后、老年妇女在绝经期，都会产生类似的激素分泌失调，因而也有可能出现较多的犯罪及其他行为障碍。

---

① 参见吴宗宪：《西方犯罪学》，2版，197页，北京，法律出版社，2006。

（2）睾酮。睾酮（testosterone）是性激素中雄激素的一种，主要由睾丸间质细胞合成，也有少量来自肾上腺皮质。成年男性的睾酮分泌量大大多于女性的。一些人通过对睾酮分泌与犯罪关系的研究发现，睾酮的分泌情况与人的敌意、攻击行为和暴力犯罪有密切关系：睾酮分泌量过多，是犯罪产生的重要因素。大量的研究比较一致地发现：睾酮分泌过多会引起暴力型、攻击性的行为；对于某些暴力行为，例如对强奸、杀人等行为进行的历史性研究表明，行为人往往表现出较高的睾酮水平；这些人往往具有长时间的、明显的暴力行为历史。

2. 体型与犯罪研究

体型（somatotype）又称“体格”，是指身体的外形特征的类型。长期以来，人们对于体型与犯罪的关系进行了很多的研究。

最早进行这方面研究的是德国精神病学家恩斯特·克雷奇默（Ernst Kretschmer，1888—1964，又译为“克雷奇默尔”“克瑞其麦”“克雷地玛”“柯列地马”等）。

克雷奇默在代表性著作《体型与性格》的早期版本中，论述了不同体型与性格、精神疾病的关系，区分出了三种体型：（1）瘦长型或无力型（leptosome，asthenic type）。这种体型的人往往表现出精神分裂型人格和气质。（2）健壮型或运动员型（athletic type），又称“斗士型”。在早期的著作中，克雷奇默认为，健壮型和瘦长型的人都有可能表现出精神分裂人格和气质，不过，健壮型的人程度较轻，表现为有强烈的反应性、过分敏感或者感觉迟钝、任性固执、顽强坚韧。后来，克雷奇默又提出了一种“粘着型”（viscŏs）人格或气质类型。（3）肥胖型（pyknic type）。这种体型的人表现出循环型人格和躁郁性气质。后来又增加了第四种体型，他称之为“发育异常型”（dysplastic type），或者译为“发育不良型”“发育畸形”，这种人具有爆发型人格。这些方面的论述为以后的体型与犯罪关系的研究，提供了重要的参考框架。

1955年出版《体型与性格》第21～22版时，克雷奇默设置“体质与犯罪”专章，专门论述体型与犯罪的关系问题，主要内容是：第一，犯罪人的体型分布是不同的。大约20%的人是肥胖型，40%～50%的人是瘦长型和健壮型，5%～10%的人是发育异常型，不到30%的人是混合型。① 第二，不同体型犯罪人的犯罪生活曲线（life curve of criminality，犯罪的年龄分布）。肥胖型的人在社会上比较容易适应，他们的犯罪行为开始得比较晚，累犯倾向也比其他体型的犯罪人的要小。瘦长型体型犯罪人的犯罪生活曲线在很早的时候就达到顶点。第三，犯罪人的体型与犯罪类型的相关性。瘦长型体型的人实施得较多的犯罪是盗窃和欺诈；健壮型体型的人实施得较多的犯罪是侵犯他人人身的犯罪以及性犯罪等；肥胖型体型的人容易实施诈骗；发育异常型体型的人容易实施性犯罪。

在克雷奇默的影响下，体型与犯罪关系研究成为犯罪学研究的重要领域。以后，美国心理学家和犯罪学家威廉·赫伯特·谢尔登（William Herbert Sheldon，1898—1977）在20世纪40年代、美国犯罪学家谢尔登·格卢克（Sheldon Glueck，1896—1980）和埃利诺·格卢克（Eleanor Glueck，1894—1972）夫妇在20世纪50年代，都发表了这方面的重要研究成果。甚至到20世纪70年代，还有人发表这方面的研究成果。

20世纪中期以后，体质生物学与犯罪关系的研究转向了神经系统等微观生理方面与犯罪关系的探讨。

---

① 参见吴宗宪：《西方犯罪学》，2版，210页，北京，法律出版社，2006。

第三节 犯罪心理学理论

一、概述

犯罪心理学（criminal psychology）理论是在研究犯罪的心理方面或者犯罪心理（criminal mind）的过程中提出的理论学说。这方面的研究主要探讨人格、道德发展、学习、智力、精神疾病等与犯罪行为的关系。

尽管犯罪心理学的研究是犯罪学研究的重要领域，而且曾经在犯罪学历史上占据重要地位，但是，这方面的研究似乎没有明显的“学派”，犯罪学文献中也没有“犯罪心理学学派”的字样。

在早期，犯罪“心理学”的研究者主要探讨邪恶的灵魂（evil spirits）或魔鬼（demons）与犯罪行为的关系。后来，随着现代心理学的兴起，心理学的理论和方法大量应用于犯罪研究，使现代犯罪心理学的理论一度成为犯罪学理论的主干，吸引了许多学者从事这方面的研究，发表了大量重要的研究成果。这个时期从 19 世纪后期开始，其顶峰时期稍晚于犯罪生物学理论的兴盛时期。不过，犯罪心理学研究高潮的回落，要比犯罪生物学理论缓慢一些，持续时间也要长一些，甚至可以说，犯罪心理学的研究一直持续到今天。当代有关犯罪问题的所有重大研究都包含了心理学方面的内容。

“犯罪心理学”最早于 1790 年出现在德文中，即 Kriminalpsychologie 一词。1790 年，明希（Münch）在纽伦堡出版了《犯罪心理学在刑法制度中的影响》一书。此后，犯罪心理学一词逐渐流传开来，以犯罪心理学为名的论著也相继出版。1897 年，奥地利犯罪学家汉斯·格罗斯（Hans Gross，1847—1915）的著作《犯罪心理学》出版，标志着现代犯罪心理学的诞生。①

二、现代犯罪心理学的主要内容

从现代犯罪心理学理论的内容来看，大致可以分为四个方面。

1. 精神分析学理论

犯罪的精神分析学理论，是以奥地利精神分析学家西格蒙德·弗洛伊德创立的精神分析学说为基础发展起来的一组犯罪心理学学说。

这类理论侧重于对犯罪心理进行深层的心理分析。这类理论以奥地利精神病学家西格蒙德·弗洛伊德（Sigmund Freud，1856—1939）在 19 世纪末 20 世纪初创立的精神分析学说为基础，主要研究人员包括奥古斯特·艾希霍恩（August Aichhorn，1878—1949）、弗兰茨·亚历山大（Franz Alexander，1891—1964）、威廉·希利（William Healy，1869—1963）等人。

① 参见吴宗宪：《犯罪心理学总论》，110 页，北京，商务印书馆，2018。

美国犯罪学家玛格丽特·沃伦（Marguerite Q. Warren）和迈克尔·欣德朗（Michael J. Hindelang）将精神分析学对犯罪的解释归纳为以下五种。①

（1）犯罪行为是神经官能症的一种形态，这种形态基本上不同于任何别的神经官能症（例如，一些神经官能症患者拼命工作，另一些神经官能症患者纵火）。

（2）犯罪人经常被一种强迫性的追求惩罚的需求所困扰，以便减轻从无意识的欲望中产生的罪恶感和焦虑。

（3）犯罪行为可能是获得在家中得不到满足的需要和欲望的替代性满足的一种手段。

（4）犯罪行为往往是由外伤性事件引起的，这种事件使个人的记忆受到抑制。

（5）犯罪行为可能是置换性敌意（displaced hostility）的一种表现。

这些解释可以看作是精神分析学的犯罪学说的基本框架，虽然有些精神分析学家分析犯罪时使用的主要观点有差别，或者论述犯罪原因时使用的具体概念有不同，但是，一般都没有超出上述五种解释的范围。

2. 精神病学理论

犯罪的精神病学理论是精神病学家、精神分析学家和其他心理学家们应用精神病学理论和方法研究犯罪人与犯罪心理的理论、学说和观点。这类理论是犯罪心理学理论的重要组成部分。

犯罪的精神病学方面的研究主要集中在人格障碍与犯罪的关系上面。同时，许多精神病学家也探讨了其他的精神疾病与犯罪的关系问题，但是，这方面的研究较少提出系统的理论，研究大多具有临床特征，即他们的研究以个案为基础，是为诊断、治疗和预测个案服务的，旨在解决具体的实际问题，而不是为了阐述理论问题。其中，对于人格障碍与犯罪的关系问题进行了大量的研究，也具有比较系统化的理论学说。

用精神病学的学说解释犯罪行为有悠久的传统。进入 20 世纪以后，仍然有一些精神病学家、心理学家从事这方面的研究，主要人物有库尔特·施奈德（Kurt Schneider，1887—1967）、麦科德夫妇（William McCord & Joan McCord）、卡尔·比恩鲍姆（Karl Birnbaum）、欧文·弗雷（Erwin Frey）、汉斯·格平格尔（Hans Goppinger）、贝尼格诺·迪·图里奥（Benigno di Tullio）等。从世界范围来看，在精神病学理论的发展中，欧洲大陆的精神病学家，特别是意大利、德国的精神病学家们作出了重要贡献。在 20 世纪中叶以后，这些国家的许多精神病学家仍然进行这方面的探讨。

3. 正常个性心理学理论

犯罪的正常个性心理学理论是侧重于用精神正常的个别人的心理发展及其特征解释犯罪行为的一组理论学说。主要包括下列五类理论。

（1）发展理论。这是指用人的心理与社会方面的发展和成熟程度（水平）的差别来解释犯罪行为产生原因的一组理论学说。其基本观点认为，个人之所以犯罪，是因为在其心理与社会方面的发展没有达到成熟程度（水平）；犯罪人的发展程度和成熟水平低于非犯罪人的。道德发展理论、人际成熟水平理论、人格成熟理论等，都属于这种类型。

（2）挫折—攻击理论。这是指利用挫折与行为之间的关系解释犯罪行为的理论。其基本观点认为，挫折容易引起攻击欲望和攻击行为，从而会导致大量犯罪，特别是暴力型犯

① See Hans Toch (ed.), *Psychology of Crime and Criminal Justice*, Waveland Press, Illinois, 1986, p. 172. 参见吴宗宪：《犯罪心理学总论》，155 页，北京，商务印书馆，2018。

罪行为的产生。

(3) 学习理论。这是指利用学习原理解释犯罪行为原因的理论。其基本观点认为，犯罪行为是通过条件反射作用等学习过程形成和产生的。

(4) 理性选择理论。这是指利用人的理性和自觉选择解释犯罪行为的理论。其主要观点认为，犯罪人是有理性的、会思考的人，犯罪是犯罪人对犯罪所得和损失经过理智思考或决策之后进行的行为。犯罪学家们把犯罪的理性选择理论看成是古典犯罪理论在今天的一种发展。

(5) 日常活动理论。这是利用人们的日常生活活动解释犯罪行为的理论。这类理论是理性选择理论的另一种发展形式，其基本观点认为，犯罪行为的发生与日常生活中的某些因素密切相关，人们的一些日常生活方式往往有利于犯罪行为的发生。

4. 社会心理学理论

犯罪的社会心理学理论是指一组用社会心理学的理论和方法研究犯罪问题的理论或学说。

一般说来，这组理论或学说的主要特色是强调个人与社会的相互作用，重视社会对个人心理与行为的影响。这组理论与一些社会学理论的不同在于：这组理论强调个人与社会的相互作用，而不是主张环境决定论。这组理论与犯罪的生物学理论的区别在于：它们认为犯罪是通过后天的学习获得的，而不是生来就会的本能遗传。这组理论与犯罪精神分析学理论和精神病学理论的区别在于：这组理论的学科基础是社会心理学，而不是精神分析学和精神病学；同时，所研究的主要是正常的、有意识的心理现象和行为，而不是异常的、无意识的心理现象和行为；此外，它比精神分析学理论和精神病学理论更加强调社会环境的作用。这组理论或学说与正常个性心理学理论的主要区别在于：这组理论更强调社会环境的影响以及社会环境与个人的相互作用，而不是把着眼点放在单个的人身上。

犯罪的社会心理学理论主要包括美国社会学家戴维·马茨阿（David Matza）及其同事格雷沙姆·赛克斯（Gresham Sykes）的中和理论以及美国心理学家艾伯特·班都拉（Albert Bandura）的社会学习理论等。①

第四节　犯罪社会学理论

一、概述

犯罪社会学理论是指运用社会学的理论和方法研究犯罪问题所提出的理论和观点的总称。

犯罪社会学理论的早期萌芽，可以追溯到19世纪的制图学派以及马克思、迪尔凯姆等

---

① 由于美国犯罪学家埃德温·萨瑟兰（Edwin H. Sutherland，1883—1950）的不同交往理论中包含很多社会心理学方面的内容，因而，过去也把它归人社会心理学理论。但是，根据一些新的材料和萨瑟兰本人的态度，这种归类可能是不恰当的，因为萨瑟兰一直想把犯罪学变成社会学的组成部分。

人的犯罪研究。进入20世纪后，由于战乱等因素的影响，世界上的犯罪学研究中心转向北美洲，特别是美国。美国犯罪学自产生时起，就具有浓厚的社会学色彩。在以后的犯罪学发展中，社会学型犯罪学家们（sociological criminologists）作出了重要贡献，可以说，20世纪特别是20世纪70年代以前的主流犯罪学理论（mainstream criminological theory）是社会学型犯罪学理论，而社会学型犯罪学在美国得到了最迅速、最广泛的发展。

尽管在西方犯罪学中对现代社会学理论的具体表述不同，但是，其基本观点是大体相同的。这些基本观点可以概括如下。①

1. 犯罪行为是一种社会现象，是由犯因性的社会条件造成的，其中不合理的社会制度、社会结构和社会过程所起的推动作用尤其明显。

2. 犯罪行为的模式与犯罪人的社会经济地位、种族、性别和年龄密切相关。社会学型犯罪学家们试图发现为什么存在这样一些犯罪模式，应当如何去解释这些犯罪模式。任何忽视了社会因素的理论模式，都不可能为犯罪行为提供一个完整的解释。例如，如果把暴力行为的原因完全归结为生物学因素，就很难解释为什么城市中的一些地区暴力犯罪猖獗，而另一些地区暴力犯罪较少的现象。

3. 社会变迁与犯罪行为有关。社会学型犯罪学家们试图说明变化的规范、价值观、制度和结构影响个人和群体的犯罪行为的方式。他们认为，现代社会中结构的变化，对人际关系和群体之间的关系有巨大的影响，而这种影响又对犯罪行为起制约作用。例如，认为家庭的解体和家庭内的冲突与犯罪行为的开始有密切的关系。

4. 技术的发展及其对社会制度的影响，对犯罪的发生有重要的作用。例如，技术发展的后果之一，就是需要更多的服务、技术和白领工作者，而越来越不需要蓝领工人和农民。那些缺乏必要的社会教育和训练的人，或者是社会偏见、阶级偏见的受害者，发现通过职业上的向上流动而获得成功的道路已经变得几乎行不通了。缺乏向上流动，加上不能从政府发起的减少贫穷的计划中受益，就可能使那些受到社会剥夺但是有进取心的人，把犯罪看成是一种有吸引力的解决问题的办法，从而进行犯罪活动。

5. 群体之间和人们之间的相互作用对犯罪的发生有重要影响。社会学型犯罪学家们相信，理解个人与其家庭、同辈朋友（peer，又译为“同伴”）、学校、工作单位和刑事司法机关之间的相互作用，是理解犯罪原因的重要方面。某一社会阶级或群体与另一社会阶级或群体之间的关系，或者某一社会阶级或群体与控制国家的法律和经济制度的现行权力结构之间的关系，也与犯罪的发生有密切的关系。社会学认为，人们能从积极的人际互动中受益，也会从消极的人际互动中受害。犯罪本身就是一种人际互动，因此，应该从与犯罪有关的各个方面，包括犯罪人、被害人、司法人员、立法人员、整个社会来理解犯罪，考虑这些因素之间的相互作用对犯罪的影响。“像犯罪的生态学分布、社会化、犯罪的互动性质等因素，已经使社会学成为现代犯罪的基础。”②

二、社会学理论的主要类型

根据美国当代犯罪学家拉里·西格尔（Larry J. Siegel）等人的论述，犯罪的社会学理

---

① 参见吴宗宪：《西方犯罪学史》，2版，977～978页，北京，中国人民公安大学出版社，2010。

② Larry J. Siegel, *Criminology*, 3rd edition, West Publishing Company, St. Paul, 1989, p. 158.

论大体上可以分为三种主要类型。[①]

（一）社会结构理论

社会结构理论（social structure theory）是指利用不同人群在社会结构中所处的地位来解释犯罪原因的一类犯罪学理论。

这类犯罪学理论把下层阶级在整个社会结构中所处的不利的经济地位看成是犯罪的首要原因，认为在下层阶级的社会环境中起作用的一些力量，推动他们中的一些人进行犯罪行为。社会结构理论把贫民区中存在的无人监督的青少年帮伙、高犯罪率和社会混乱（social disorder）看成是主要的社会问题。尽管中产阶级和上层阶级的成员也从事犯罪活动，但是，社会结构理论者认为，中产阶级犯罪或者白领犯罪的发生率较低，对于社会公众的危险性也较小。

大多数社会结构理论集中研究青少年违法行为和犯罪。

社会结构理论分为3个相互交叉的分支。

1. 社会解组理论（social disorganization theory）。这组理论用堕落的邻里、薄弱的社会控制、违法帮伙和群体的存在、相冲突的社会价值观等来解释犯罪行为的产生原因。

2. 紧张理论（strain theory）。这组理论用财富和权力的不平等分配、挫折、获取成功的替代办法等来解释犯罪行为的产生。

3. 化越轨理论（cultural deviance theory）。这组理论用社会解组和紧张鼓励亚文化的发展、与传统价值观相冲突的亚文化导致犯罪行为来解释犯罪行为的产生。

（二）社会过程理论

社会过程理论（social process theory）是指利用个人的社会化及其特征来解释犯罪原因的一类犯罪学理论。

社会过程理论认为，社会化经历是犯罪行为的主要决定因素。根据这一理论，犯罪是个人的社会化以及个人与不同的社会组织、制度和社会过程产生社会心理互动的结果。例如，人们可能受不良的家庭关系、同辈群体压力、缺乏教育上的成功、司法机构的消极对待等因素的影响，进行犯罪行为。社会过程理论家的观点可能相互之间有差异，但是他们一致认为，各个生活阶层的人们都有可能成为少年犯罪人或犯罪人。尽管下层阶级的成员遭受着贫穷、种族歧视、地位低下的困扰，但是，如果中产阶级和上流社会的成员的生活经历是不能忍受的或是具有破坏性的，那么，他们也有可能犯罪。所以，社会过程理论特别注意青少年的社会化，试图鉴别出先导致他们少年犯罪，然后导致他们成年犯罪的发展因素，例如，家庭关系、儿童遭受虐待、同辈朋友的影响、教育方面的失败、个人信仰的发展等。

社会过程理论也包括三个分支。

1. 社会学习理论（social learning theory）。这组理论认为，人们从他们与犯罪同伴的密切交往中学习犯罪行为，犯罪行为是学习与犯罪有关的规范、价值观和行为的结果。人们出生时是“善良的”，但是后来“学坏了”。这组理论包括埃德温·萨瑟兰（Edwin H. Sutherland）的不同交往理论等。

2. 社会控制理论（social control theory）。这组理论认为，每个人都有可能变成犯罪

---

① See Larry J. Siegel, *Criminology: Theories, Patterns, and Typologies*, 8th edition, Wadsworth/Thomas Learning, Belmont, 2004, pp. 176-275.

人，但是，大多数人由于受他们与社会的联系的控制，而没有变成犯罪人。犯罪是社会控制减弱或崩溃的结果。人们出生时就是“坏的”，但是可以通过控制使其“变好”。这组理论包括特拉维斯·赫希（Travis Hirschi，又译“赫胥”“希尔施”）的社会控制理论等。

3. 社会反应理论（social reaction theory）。这组理论又称“标定理论”（labeling theory，又译“贴标签理论”“标签理论”）。这组理论用破坏性社会互动和遭遇解释犯罪原因和犯罪生涯。它根据符号相互理论（symbolic interaction theory）认为，当社会中的重要成员把个人标定为犯罪人，而个人也接受这种标定时，个人就会变成犯罪人。

（三）社会冲突理论

社会冲突理论（social conflict theory）是利用人们在社会中的冲突解释犯罪原因的一组犯罪学理论。用来解释犯罪原因的冲突多种多样，特别是指经济利益、社会阶级、政治权力、价值观、种族等方面的冲突。

社会冲突理论认为，犯罪是几乎在任何社会中都存在的冲突的一种结果。这是因为，规定犯罪的刑法是统治阶级的利益、信念和价值观等的表现，刑事司法制度是统治阶级为了维护其利益和观念而进行社会控制的手段，犯罪是对社会中财富和权力等方面的不平等分配的一种反应。冲突理论家主要考虑这样一些问题：第一，政府的作用就是制造犯因性环境（criminogenic environment）；第二，个人或者群体权利与制定刑法之间的关系；第三，刑事司法系统中偏见的流行情况；第四，资本主义自由企业经济与犯罪率之间的关系。①

冲突理论大体上可以分为两类。

1. 马克思主义犯罪学（Marxist criminology）理论，或称批判犯罪学（critical criminology）、激进犯罪学（radical criminology）理论等。这类理论源于卡尔·马克思（Karl Marx，1818—1883）的学说，他们的冲突学说对后来的一些犯罪研究产生了重要影响。这组理论认为犯罪是由资本主义社会中的犯因性特征（crime producing traits）造成的，是资本主义生产方式的产物。资本主义产生有产者和无产者，他们都会进行特定类型的犯罪。早期的马克思主义犯罪学家包括荷兰的威廉姆·邦格（Willem Bonger）等人，当代的马克思主义犯罪学家包括英国的伊恩·泰勒（Ian Taylor）、保罗·沃尔顿（Paul Walton）、乔克·扬（Jock Young）等人和美国的安东尼·普拉特（Anthony M. Platt）、理查德·昆尼（Richard Quinney，又译为“奎尼”“奎伊”）、威廉·约瑟夫·钱布利斯（William Joseph Chambliss）等人。

2. 冲突理论。这组理论认为，犯罪是由任何社会中都存在的群体间的竞争引起的。犯罪学中“纯粹的”冲突理论是在 20 世纪 50 年代以后产生的。德国社会学家拉尔夫·达伦多夫（Ralf Dahrendorf）和美国犯罪学家乔治·沃尔德（George B. Vold）在 20 世纪 50 年代发表的论著，奠定了冲突理论的基础。②

---

① See Larry J. Siegel, *Criminology: Theories, Patterns, and Typologies*, 8th edition, Wadsworth/Thomas Learning, Belmont, 2004, p. 249.

② 冲突理论家和马克思主义犯罪学家们的观点是近似的，一些犯罪学家的观点在这两类理论之间变化，甚至一个人的观点在不同的时期属于不同的理论。因此，在很多犯罪学书籍中，关于同一学者的类型归属的结论是各不相同的。例如，有的书把理查德·昆尼归为马克思主义理论家，有的书则把他看成是冲突理论家。

第五节　其他犯罪学理论

一、综合型犯罪学理论

（一）概述

综合型犯罪学理论是指在综合应用多种学科的理论和方法进行犯罪学研究后提出的理论与学说。

从犯罪学发展的历史来看，犯罪学理论研究经历了“综合—分化—新的综合”的过程。在早期的犯罪学研究中，人们比较笼统地研究犯罪问题，使犯罪方面的研究呈现出综合性的特征。到19世纪中期以后，随着科学的发展，很多新的学科分化出来成为独立的学科。在这种趋势的影响下，不仅犯罪学成为独立的学科，而且犯罪学的理论研究也由于主要学科基础的不同，逐渐形成不同的理论流派。进入20世纪70年代以后，犯罪学的研究中又呈现出新的综合性趋势，突出地表现为犯罪学家们的研究不再以某一种学科的理论和方法为基础进行，而是综合应用多种学科的理论和方法，对犯罪进行综合性地研究和探讨，在此基础上提出了包含多种学科成分的理论观点。这些理论观点往往具有整合的特点，即把原来分别提出的不同的理论观点结合起来，吸取它们各自的精华，摒弃各自的不合理成分，从而形成一种新的理论观点。

（二）格卢克夫妇的犯罪学学说

在波兰出生的美国著名犯罪学家谢尔登·格卢克和其妻子埃利诺·图尔洛夫·格卢克是犯罪学史上为数不多的长期合作从事犯罪学研究并且成就巨大的犯罪学家。他们通过对犯罪人的综合性研究，提出了很多有关犯罪生涯（criminal career）①、犯罪人与非犯罪人差异、犯罪预测等方面的理论学说。

格卢克夫妇关于犯罪人与非犯罪人之间的差异的比较研究，为探讨犯罪原因和犯罪对策奠定了坚实的基础。他们通过选择与犯罪人相匹配的非犯罪人，对两种人进行比较，结果发现少年犯罪人与守法少年的确存在多方面的差异，少年犯罪人作为一个群体，具有下列特征，这些特征可以将他们与守法少年区分开来。

1. 身体方面基本上是中胚层体型（结实、紧密结合、肌肉发达）。

2. 气质方面表现为精力充沛而不安定，冲动，外向，富于攻击性，具有破坏性（往往具有性虐待倾向）——这些特质可能或多或少与不稳定的生长模式及其生理相关因素或者结果有联系。

3. 态度方面表现为具有敌意性、挑战性，容易产生怨恨和怀疑，顽固执拗，社交中武断自信，容易冒险，不守传统，不服从权威。

4. 心理方面表现为倾向于进行直接的和具体的表达方式，不善于进行象征性的和需动

---

① 犯罪生涯（criminal career）是指个人在一生中的某一时间卷入犯罪活动，并且在较长的时期内继续进行犯罪行为直到最后停止犯罪行为的现象。

脑子的表达方式，缺乏解决问题的方法。

5. 社会文化方面表现为更有可能在缺乏理解、感情、稳定性或者道德素质的家庭中生活，父母通常不能给予有效的指导和保护。[①]

这些方面的差异，可以解释犯罪原因。

(三) 杰弗利的多学科型犯罪行为理论

美国当代犯罪学家克拉伦斯·雷·杰弗利（Clarence Ray Jeffery）是生物社会犯罪学（biosocial criminology）的最早倡导者之一，他在《通过环境设计预防犯罪》一书中，系统论述了这方面的见解。他认为，犯罪是遗传与环境交互作用的产物，因此，应当创立一种生物（遗传）社会（环境）犯罪学，用多学科的理论来研究犯罪行为。他认为每个人在遗传上都是独特的，犯罪学家应当研究神经密码和表明神经中物质变化的生物化学冲动，这种冲动在具有反社会性和酒精中毒等反常行为素质的人身上，会引起违法犯罪行为。个人的生物条件对其学习模式起着重要作用，由于生物条件的不同，一部分人会学习进行反社会行为，从而进行违法犯罪活动，而另一部分人会学习进行所要求的建设性行为。犯罪行为就是通过操作性条件反射的学习方式获得的，个人之所以获得犯罪行为方式，归根结底可以追溯到其生物条件。由于社会对个人的生物特性的干预是有限的，因而必须通过环境设计预防犯罪，只要建设一种不利于进行犯罪学习和实施犯罪行为的环境，就可以有效地预防犯罪。

(四) 犯罪与人性理论

美国犯罪学家詹姆斯·奎因·威尔逊（James Quinn Wilson）和美国实验心理学家理查德·朱利叶斯·赫恩斯坦（Richard Julius Herrnstein）在1985年出版的合著的《犯罪与人性：对犯罪原因的决定性研究》一书中，将犯罪学古典学派的理论、社会学理论、生物学理论和心理学理论结合在一起，提出了一种犯罪的社会生物学理论，用来解释普通刑事犯罪的原因。其基本观点认为，犯罪行为的实施不仅取决于个人的人性，而且取决于威慑因素；犯罪人生来就具有犯罪倾向（predisposition toward crime），但是，犯罪人是否进行犯罪，则取决于他自己的决定；当犯罪人进行犯罪决策时，如果预见到犯罪将得（物质利益、朋友的赞赏等）大于失（惩罚、良心不安、别人的谴责等）时，就会进行犯罪。

由于威尔逊和赫恩斯坦的理论是在整合多种理论观点的基础上形成的，因而有人把他们的理论称为"犯罪的折中理论"（eclectic theory of criminality）。由于这种理论重视犯罪人的个人特征，因而也有人将其归入潜在特质理论（latent trait theory）的范畴。

(五) 犯罪的一般理论

美国犯罪学家迈克尔·戈特弗雷德森（Michael R. Gottfredson，又译"戈特弗里德森"）和特拉维斯·赫希合写的著作《犯罪的一般理论》(1990)[②] 一书和合写的几篇重要论文中，论述了他们主张的犯罪的一般理论（general theory of crime）。这一理论的基本观点认为，任何犯罪都是"低的自我控制"和适宜的机会相结合的产物，缺乏自我控制的人遇到适宜犯罪的机会，就可能作出犯罪行为。

犯罪的一般理论的要点可以归纳如下。[③]

---

① 参见吴宗宪：《西方犯罪学》，2版，454页，北京，法律出版社，2006。

② 由吴宗宪等翻译的本书中文版，于2009年由中国人民公安大学出版社出版。

③ See Frank P. Williams Ⅲ & Marilyn D. McShane, *Criminological Theory*, 2nd edition, Prentice-Hall, Englewood Cliffs, 1994, p. 229.

1. 人类生来就是为自己的利益而行动的。

2. 为了限制自私自利和培养自我控制，必须进行社会化和训练。

3. 不恰当的或不适当的儿童养育活动，会导致促使个人形成低水平的自我控制的特质。

4. 低水平的自我控制会使个人很有可能进行短期的、追求快乐的行为。

5. 犯罪是多种多样的自私自利行为中的一类。

6. 增加自我控制，可以降低进行犯罪以及其他类似行为的可能性。

由于戈特弗雷德森和赫希的犯罪的一般理论的主要内容是区分了犯罪（crime）和犯罪性（criminality），而他们又认为犯罪是一种事件（event），犯罪性是一种倾向（propensity），因而，这一理论又被称为“倾向—事件理论”（propensity-event theory）。同时，又因为他们认为犯罪性的实质是犯罪人自我控制低，所以，又有人将他们的理论称为“低的自我控制理论”（low self-control theory）。

二、发展型犯罪学理论

（一）概述

发展型犯罪学理论是指研究生命过程中犯罪生涯的变化的犯罪学学说。这类理论探讨个人一生的发展与犯罪行为的关系，特别是集中探讨年龄与犯罪的关系，用生命过程中的很多相关因素解释犯罪行为的产生与变化。

这方面的探讨和理论学说涉及一些重要的概念。

1. 犯罪生涯与相关概念

犯罪生涯（criminal career）是指个人在一生中的某一时间卷入犯罪活动，并且在较长的时期内继续进行犯罪行为直到最后停止犯罪行为的现象。它涉及个人在一定时期内实施的一系列犯罪行为及其连续形态。犯罪人实施的一系列犯罪行为，可能会使犯罪人改变其自我概念、行为方式，使犯罪人过着一种犯罪生活（life of crime）。

犯罪生涯研究可以追溯到格卢克夫妇甚至更早的研究者的工作。在长期的研究过程中，很多犯罪学家进行了这方面的探讨，也提出了很多的概念，用于描述犯罪生涯。例如，美国当代著名犯罪学家布卢姆斯坦（Alfred Blumstein）等发展了一系列新的概念来描述犯罪生涯。

（1）参与（participation）。这是指个人是否实施犯罪行为的情况。

（2）流行（prevalence）。这是指一群人参与犯罪行为的情况。

（3）频率（frequency）。这是指犯罪人进行犯罪活动的比率，一般用在一定时间内实施的犯罪的数量来测定。

（4）严重性（seriousness）。这是指犯罪行为对社会造成的危害的严重程度。

（5）开始（onset）。这是指个人在某一时间开始实施犯罪行为。

（6）停止（desistance）。这是指个人不再实施犯罪行为从而停止犯罪生涯的情况。

（7）持续（duration）。这是指犯罪生涯从开始到结束的时间长度。

（8）加重（escalation）。这是指犯罪生涯逐步升级、犯罪行为逐渐加重的现象。

2. 生命过程

生命过程（life course）是指个人从童年到青少年、成年最后到老年的整个生命发展过程。在这个过程中，存在一些对个人的生涯有重要作用的转折点（turning point）。

3. 发展因素

发展因素（developmental factors）是指与个人的生长和成熟有关的因素，包括生物方面、社会方面和心理方面的变化。在发展型犯罪学看来，一些因素可以解释在童年期或青年早期开始的犯罪行为，而另一些因素可以解释在青年后期或成年期开始的犯罪行为；一些因素可以解释个人开始进行犯罪行为的事实，而另一些因素可以解释个人在很长时间内连续实施犯罪行为或者很快就停止实施犯罪行为的事实。

（二）少年犯罪人发展理论

英国剑桥大学犯罪学研究所的犯罪学家唐纳德·詹姆斯·韦斯特（Donald James West）和戴维·法林顿（David Farrington）等人，通过对一些少年的长期追踪研究，发现了一些重要的现象，包括存在着慢性犯罪人①；犯罪行为具有连续性；早年开始犯罪会导致持久性犯罪等。

在追踪研究的基础上，戴维·法林顿提出了一种少年犯罪人发展理论。②

1. 儿童期的因素可以预测青少年时期的反社会行为和成年后的顺应不良。犯罪行为有连续性。

2. 个人因素和社会因素与犯罪倾向（criminal propensity）有联系。那些遭受经济剥夺，父母管教差，生活在反社会的家庭，表现出冲动性、活动过度和注意缺陷障碍的人格特征的青少年，最有可能变成少年犯罪人。

3. 具有犯因性倾向（criminogenic tendency）的青少年，在物质欲望、追求刺激的欲望和在同辈朋友中获得地位的欲望的驱使或“推动”下，进行犯罪行为。不太富裕家庭中的青少年，无法通过合法手段实现这些目标，所以，他们有可能实施犯罪行为。

4. 生活事件（life event）③ 影响行为。例如，家庭生活对越轨生涯（deviant career）是很关键的。青少年如果受到有效的父母养育，包括一致的管教和密切的监督，就会在社会学习过程中建立起对犯罪行为的内在抑制。反之，同样的社会学习过程也会使生长在反社会家庭中的青少年形成不恰当的信念和行为。

5. 在任何特定的情境中，犯罪的可能性都取决于对犯罪（和非犯罪的替代方法）的代价和收益的认识。比较冲动的青少年，更有可能进行犯罪行为，因为他们不大考虑可能发生的未来后果。

6. 在生命过程的一定阶段推动犯罪的因素，在别的阶段可能会抑制犯罪行为的产生。神经质、孤僻、不爱交往可能与青少年犯罪无关，但是与成年人的社会失调（social dysfunction）有关。

7. 可以通过外显行为（external behavior）和内隐行为（internal behavior）④ 预测成年人的犯罪行为。外显行为包括进行暴力行为、被逮捕、被定罪；内隐行为包括精神病障碍、

① 根据一些犯罪学家的定义，慢性犯罪人（chronic criminal）是指在18周岁以前被逮捕过5次或更多次并且很有可能变为成年犯罪人的少年犯罪人。

② See Larry J. Siegel, *Criminology: Theories, Patterns, and Typologies*, 5th edition, West Publishing Company, Minneapolis/St. Paul, 1995, p. 281.

③ 生活事件（life event）是指在社会生活中发生的对个人有意义的变化。

④ 外显行为和内隐行为都是心理学术语。严格地讲，外显行为（external behavior）是指可以直接观察到的外部的活动，也就是通常所说的行为；内隐行为（internal behavior）是指无法直接观察到的内在的变化，例如，大脑中的思维活动，神经传导活动等。不过，心理学术语被其他领域的人使用时，往往改变了其原来的含义，而被赋予新的意思。

吸毒、神经过敏、社会隔离。

法林顿的理论说明，生命过程中的经历决定行为的方向和变化；人们并不是由单一的、不变的潜在特质（latent trait）控制的。

此外，特伦斯·帕特里克·索恩伯里（Terence Patrick Thornberry，又译“桑伯瑞”）提出的相互作用理论，美国犯罪学家罗伯特·桑普森（Robert Sampson）和约翰·劳布（John Laub）论述的关于非正式社会控制的随年龄变化理论（age-graded theory of informal social control）等，也属于发展型犯罪学理论。

【问题与思考】

1. 什么是犯罪学古典学派？该学派的代表人物有哪些？其主要观点是什么？
2. 什么是犯罪人类学派？
3. 龙勃罗梭的犯罪学学说的主要内容是什么？
4. 菲利的犯罪学学说主要包括什么内容？
5. 加罗法洛的犯罪学学说主要包括什么内容？
6. 什么是犯罪社会学学派？
7. 什么是犯罪生物学？其主要学说有哪些？
8. 什么是犯罪心理学？现代犯罪心理学的主要学说有哪些？
9. 什么是犯罪社会学理论？其主要观点有哪些？
10. 犯罪社会学理论有哪些主要类型？
11. 什么是综合型犯罪学理论？
12. 什么是发展型犯罪学理论？

【推荐阅读书目】

1. 吴宗宪．西方犯罪学．2版．北京：法律出版社，2006
2. 吴宗宪．西方犯罪学史．2版．北京：中国人民公安大学出版社，2010
3. 吴宗宪．犯罪心理学总论．北京：商务印书馆，2018
4. ［美］亚历克斯·皮盖惹主编，吴宗宪主译．犯罪学理论手册．北京：法律出版社，2019
5. ［意］吉娜·龙勃罗梭-费雷罗著，吴宗宪译．犯罪人：切萨雷·龙勃罗梭犯罪学精义．北京：中国人民公安大学出版社，2009
6. ［意］切萨雷·龙勃罗梭著，吴宗宪，房绪兴，李安，赵书鸿，苏明月等译．犯罪及其原因和矫治．北京：中国人民公安大学出版社，2009
7. ［荷］W. A. 邦格著，吴宗宪译．犯罪学导论．北京：中国人民公安大学出版社，2009
8. ［美］埃德温·萨瑟兰，唐纳德·克雷西，戴维·卢肯比尔．犯罪学原理．11版．北京：中国人民公安大学出版社，2009
9. ［美］迈克尔·戈特弗里德森，特拉维斯·赫希著，吴宗宪，苏明月译．犯罪的一般理论．北京：中国人民公安大学出版社，2009
10. ［美］乔治·B. 沃尔德等著，方鹏译．理论犯罪学．5版．北京：中国政法大学出版社，2006

第二编

犯罪现象论

第三章

犯罪现象的构成

内容导读

本章介绍了犯罪现象的概念、犯罪现象的构成要素及犯罪现象的分析方法。犯罪现象的概念有宏观层面与微观层面之分。犯罪现象由犯罪人、犯罪行为、犯罪被害人三要素构成。对犯罪现象可以根据一定标准进行分类研究。通过本章学习，应重点掌握：犯罪现象的定义与分类；犯罪现象的分析方法；犯罪人的特征与类型；犯罪行为的概念与形成过程；犯罪被害人的特征与分类。

第一节　犯罪现象概述

犯罪现象论的基本任务是，客观、准确描述犯罪现象与分析犯罪现象构成，为把握犯罪现状、探讨犯罪原因、预测犯罪趋势从而提出预防犯罪对策奠定基础。

从外在表现看，犯罪现象复杂多样、变动不居。犯罪类型多样，犯罪原因各异，并且不同时期、不同地区的犯罪现象呈现不同的特点。从内在结构看，犯罪现象的构成因素呈现出多维性、确定性。犯罪现象主要由犯罪行为、犯罪人、犯罪被害人三个要素构成。认识和研究犯罪现象，必须从外在结构与内在表现以及纵向与横向、质与量等多层面多角度分析。

一、犯罪现象的概念

犯罪现象的定义，随着认识犯罪现象的立场与观点不同而存在差别。

(一) 关于犯罪现象的不同观点

关于犯罪现象，存在着两种不同的犯罪现象观。一种犯罪现象观就是超阶级的犯罪现象观。该种观点认为，犯罪现象与人类共存。不论古代社会还是现代社会，都有犯罪现象存在，犯罪是人类社会的必然现象，有社会就必有犯罪。另一种犯罪现象观则是以马克思主义为代表的阶级犯罪观。该类观点认为，犯罪是阶级社会特有的现象。恩格斯在其所著《家庭、私有制和国家的起源》一书中指出：在氏族制度下，没有军队、宪兵和警察，没有监狱，没有诉讼，一切争端和纠纷，都由当事人全体即氏族或部落来解决，或者由各个氏族相互解决，血族复仇仅仅当作一种极端的、很少用的手段；一切问题都由当事人自己解决，在大多数情况下，历来的习俗就把一切调整好了。[①] 在我国古代文献《商君书·画策》中也记载了原始社会无犯罪的情况。

与前述两种对立的犯罪观相对应，犯罪的定义也分为两类：一类是强调犯罪的法律性，认为犯罪仅是以刑事法律加以禁止或者予以刑罚制裁的行为，如英国政治学家霍布斯(Thomas Hobbes) 认为："罪行是一种罪恶，在于以言行犯法律之所禁，或不为法律之所令。"[②] 德国刑法学家宾丁认为，无论过去或现在，人们都将犯罪的本质视为破坏和平、法及规范，犯罪的称呼也因此而来。[③] 另一类犯罪概念则强调犯罪的社会性，认为犯罪首先是一种社会现象，如康德认为："犯罪的本质就在于犯罪人为了实现个人的自由而实施侵害他人自由的行为。因此，犯罪是出于不道德的动机而实施不道德的行为。"[④]

马克思、恩格斯认为，犯罪是阶级社会的特有产物，确认"犯罪——孤立的个人反对统治关系的斗争，和法一样，也不是随心所欲地产生的。相反地，犯罪和现行的统治都产生于相同的条件"[⑤]，什么叫犯罪？"蔑视社会秩序的最明显最极端的表现就是犯罪。"[⑥]

(二) 犯罪现象的定义

犯罪现象的定义可以分为宏观层面与微观层面的犯罪现象概念。

宏观层面的犯罪现象，是指人类进入阶级社会后危害统治秩序而为国家法律所禁止的行为现象的总称。这个层面的犯罪现象是与人类社会其他现象并存的一类现象，如婚姻家庭现象、宗教信仰现象、经济现象、文化现象等。在阶级社会，因侵害统治秩序而为国家与社会所禁止的行为类型就称之为犯罪现象。微观层面的犯罪现象，是指一个国家或一个地区在一定历史时期内所发生的全部犯罪行为的总称。犯罪现象既是抽象的也是具体的。如在描述人类社会整体或一个国家（地区）、一个时期的犯罪现象或者对不同国别的犯罪现象进行比较时，犯罪现象表现出抽象性、概括性，而在描述某一类型犯罪、某一类人犯罪或某个的犯罪行为时，犯罪现象则显示出具体性、多样性，如暴力犯罪、腐败犯罪以及民众可以直接感知的盗窃、诈骗、杀人、伤害等犯罪。

二、犯罪现象的分类

研究犯罪现象，可以根据研究目的按照一定标准对犯罪现象的构成要素进行类别划分，以便对犯罪现象进行深入研究。

---

① 参见《马克思恩格斯选集》，第4卷，92～93页，北京，人民出版社，1972。

② ［英］霍布斯著，黎思复等译：《利维坦》，226页，北京，商务印书馆，1985。

③ 转引自马克昌主编：《近代西方刑法学说史略》，207页，北京，中国检察出版社，1996。

④ 转引自高铭暄主编：《刑法学原理》，第1卷，375页，北京，中国人民大学出版社，1993。

⑤ 《马克思恩格斯全集》，第3卷，379页，北京，人民出版社，1960。

⑥ 《马克思恩格斯全集》，第2卷，416页，北京，人民出版社，1957。

(一) 从犯罪现象结构的整体性对犯罪现象的分类

将犯罪现象作为一个整体，可以将犯罪现象分为整体犯罪现象、局部犯罪现象、个体犯罪现象。整体犯罪现象是指人类进入阶级社会后，所具有的违反统治阶级秩序的行为总称；局部犯罪现象是指特定时期、特定国家、特定地域中或某一特定人群所实施的犯罪行为，如某省市犯罪、老年人犯罪、未成年人犯罪等；个体犯罪现象是指个人实施的具体犯罪行为，如张三在车站盗窃旅客财物、李四在小区银行抢劫存款的人等。

(二) 从犯罪人角度对犯罪现象的分类

人们在日常生活中直接感知的犯罪现象，往往是不同类型的犯罪人，因而犯罪人是犯罪现象类型化的重要标准。

1. 根据犯罪人的年龄，分为未成年人犯罪现象与成年人犯罪现象。这种分类旨在研究年龄与犯罪之间的关系，因而根据需要可对某年龄阶段划分的犯罪现象按一定标准进一步划分，如成年人犯罪现象又可再分类为青年人犯罪、老年人犯罪等。

2. 根据犯罪人的性别，分为男性犯罪现象与女性犯罪现象。这种分类的目的是研究性别与犯罪的关系，掌握不同性别的人犯罪的状况、特点。

3. 根据犯罪人的职业，分为国家工作人员犯罪与非国家工作人员犯罪；职务犯罪与非职务犯罪等。这种分类能反映出一个国家或地区政治清明与社会健康的程度，并形成“白领犯罪”与“街头犯罪”原因与对策的分野。

为了深入研究犯罪人的自然身份和社会身份与犯罪的关系，可以根据研究目的按一定标准对犯罪现象进行进一步的细分，如未成年人男性犯罪与未成年人女性犯罪，老年男性犯罪与老年女性犯罪，以及女性职务犯罪与男性职务犯罪等。

(三) 从犯罪行为角度对犯罪现象的分类

这是指根据犯罪的性质、特征、所侵犯的客体、危害结果等所进行的分类。犯罪学与刑法学都重视犯罪行为的分类，因为不同类型的犯罪行为导致的危害、产生的原因等均有所不同，采取的对策自然也有差异。

1. 根据犯罪行为的社会危害程度，分为重罪、轻罪和微罪。刑事古典学派的创始人贝卡里亚在其《论犯罪与刑罚》一书中指出，犯罪使社会遭受到的危害是衡量犯罪的真正标准，并据此将犯罪分为三类：第一类是直接破坏社会或者使它的代表死亡的行为，贝卡里亚视其为大逆罪，是最危险、最严重的犯罪；第二类是侵犯公民的个人安全、生命、财产和荣誉的行为，即轻罪；第三类是同法律为了社会的福利而规定的每个公民应当做或不应当做的事情相抵触的行为，即微罪。现代许多国家的刑法采用了此种分类法。

2. 根据犯罪行为有无反道德性，分为自然犯罪和法定犯罪。按照犯罪人类学派重要代表人物加罗法洛的观点，所谓自然犯罪，就是指伤害怜悯和正直这两种感情之一的违反道德的行为。“在一个行为被公众认为是犯罪前所必需的不道德因素是对道德的伤害，而这种伤害又绝对表现为对怜悯和正直这两种基本情感的伤害。我们可以确切地把伤害以上两种感情之一的行为称为‘自然犯罪’。”① 所谓法定犯罪，是指行为本身并不具有反道德性，只是由于法律规定应当将其作为犯罪处罚才成为犯罪的。正因如此，法定犯罪往往随着立法者的特定观点以及国家政治经济形势变化而变化，缺乏自然犯的共识性与稳定性。

3. 根据犯罪行为所侵害的法益，分为侵犯国家法益的犯罪、侵犯社会法益的犯罪和侵

---

① ［意］加罗法洛：《犯罪学》，44页，北京，中国大百科全书出版社，1996。

犯个人法益的犯罪。侵犯国家法益的犯罪是指危害国家安全以及有关国家权力及职能的犯罪，如叛国罪、渎职罪、妨害公务罪等；侵犯社会法益的犯罪，是指破坏社会秩序、危害社会公共安全的犯罪，如放火、爆炸、赌博等；侵犯个人法益的犯罪，是指侵犯个人生命、健康、名誉和财产的犯罪，如伤害罪、侮辱罪、诈骗罪等。

4. 根据犯罪行为的性质，分为财产犯罪、暴力犯罪、智能犯罪、风俗犯罪、性犯罪等。财产犯罪即是以获取财物为目的的犯罪；暴力犯罪是指以暴力手段实施的犯罪，如抢劫罪、爆炸罪等；智能犯罪是指运用智慧实施的犯罪，如伪造犯罪、职务犯罪、知识产权犯罪等；风俗犯罪是指破坏社会善良风俗的犯罪，如通奸、卖淫等；性犯罪是指侵犯他人性权利的犯罪。

除上述犯罪现象分类外，理论研究中还有其他多种犯罪分类，如依据综合标准，分为街头犯罪、白领犯罪、无被害人的犯罪、有组织犯罪、法人犯罪、政治犯罪①；依据犯罪生态学特征，分为贫民窟型、无赖型、白领阶层型、病理型、市民型等。②

(四) 从犯罪被害人角度对犯罪现象的分类

犯罪被害现象是感知犯罪现象的重要方面。揭示犯罪被害现象的原因、特点等，有助于从预防被害角度提出犯罪对策。

1. 根据犯罪现象中是否有直接的被害人，分为有被害人犯罪现象与无被害人犯罪现象。有被害人犯罪现象是指犯罪行为直接侵害了特定个人利益的犯罪现象，这是多数犯罪现象的表现形式。无被害人犯罪现象，是指犯罪行为没有直接侵害具体个人权益的犯罪现象。

2. 根据犯罪被害人的自然与社会身份的不同，可以分为单位受害现象与自然人受害现象。单位受害现象是以单位为犯罪受害人的犯罪现象，而自然人受害现象则是以自然人为犯罪受害者的犯罪现象。同时，根据受害自然人的身份特征，可以将犯罪被害现象分为未成年人被害现象、老年人被害现象，以及男性被害现象与女性被害现象。同样，依据单位性质的不同，可分为国有企业被害现象与民营企业被害现象等。

三、犯罪现象的分析方法

对于犯罪现象，可以根据研究目的与研究类型的不同，采用不同的分析方法。

（1）纵向分析和横向分析。犯罪现象的纵向分析，是指通过对犯罪现象历史发展变化情况进行考察，把握犯罪现象整体或特定类型犯罪现象在一定时期中的发展变化规律，预测犯罪现象的发展趋势，提出预防犯罪对策，如考察我国改革开放以来犯罪现象的整体变化情况或近五年的未成年人犯罪变化情况。犯罪现象的横向分析则是通过比较同一时期，不同地域或不同特定人群或不同犯罪类型的状况、特点、原因与规律，探索犯罪治理的策略与方法，如分析同一时期我国与其他国家犯罪情况的差异，或者分析我国不同省市犯罪情况整体或某类犯罪现象的情况等。

（2）动态分析与静态分析。犯罪现象的动态分析是指对整体犯罪现象发展变化规律与趋势或具体犯罪现象发生、发展过程的分析，如研究具体犯罪行为的形成过程，以便针对犯罪

---

① 参见［美］D. 斯坦利 • 艾兹恩、杜格 • A. 蒂默著，谢正权等译：《犯罪学》，116～385 页，北京，群众出版社，1989。

② 转引自莫洪宪主编：《犯罪学概论》，111 页，北京，中国检察出版社，2003。

特点采用相应的阻断措施。犯罪现象的静态分析则是指对犯罪现象的内在结构及其相互关系的分析，如分析犯罪人与被害人的关系，犯罪人的犯罪动机，犯罪被害人的被害原因等。

(3) 定性分析和定量分析。犯罪现象的定性分析是指对犯罪现象的性质、结构、特点、规律等质的规定性的分析。犯罪现象的定量分析则是对犯罪现象的等级、规模、数量、程度等量的规定性的分析。

(4) 群体分析和个体分析。犯罪现象的群体分析，是指对特定人群体的犯罪与受害现象进行分析，找出特定群体犯罪与受害的共同特点、规律、趋势等，如未成年人犯罪与受害现象分析、老年人犯罪与受害现象分析、特定民族犯罪与受害现象分析、刑满释放人员的再犯罪现象分析等。犯罪现象的个体分析则是指对特定的犯罪人与犯罪被害人进行的分析，如犯罪与受害的心理、生理及社会、环境等诸多因素。通过群体分析，可以寻找某一群体的共性，同时发现某一群体相对于其他犯罪群体或犯罪整体的差异性。个体分析则是对照犯罪人或犯罪被害人的共同特征寻找个体的犯罪特点，同时为群体甚至整体犯罪现象或犯罪被害现象的分析提供研究样本。

(5) 整体分析与部分分析。犯罪现象的整体分析是指将犯罪现象整体作为分析对象，而犯罪现象的部分分析则是对特定地域或特定类型犯罪现象的状况、特点、原因、规律及趋势的分析。整体分析与部分分析具有相对性，如某国的犯罪整体状况，相对于人类犯罪现象整体属于部分分析，但相对特定区域的犯罪情况，又属于整体分析。

第二节 犯罪人

犯罪学真正作为一门独立的学科就是从研究犯罪人开始的，即从刑事古典学派以犯罪行为为研究中心到刑事人类学以犯罪人为研究中心，是作为专门知识体系的犯罪学得以建立的基本标志。因此，研究犯罪人，对于准确认识和理解犯罪现象，揭示犯罪现象的原因，探究犯罪治理对策都具有十分重要的意义。

一、犯罪人的概念

如何定义犯罪人，理论上有不同观点。一种观点认为，犯罪人是指实施了危害社会的行为，危害程度达到了刑事法律规定的事实标准的一切人。[①] 另一种观点认为，犯罪人是指实施了违法犯罪行为及其他严重越轨行为、应受处罚或矫治的人。[②] 本书认为，犯罪学中的犯罪人，基于犯罪学对犯罪的本质特征“社会危害性”的理解有别于刑法学的，因而在犯罪人的外延上较之刑法学的也更为宽泛。犯罪学中的犯罪人，是指实施了严重危害社会行为的、国家应当采取措施予以惩罚或矫正的人。因而，犯罪学中的犯罪人包含了刑法学中的犯罪人，但又不限于刑法意义的犯罪人。具体表现如下。

---

① 参见周密：《论证犯罪学》，175页，北京，群众出版社，1991。

② 参见张远煌、吴宗宪主编：《犯罪学通论》，43页，北京，北京师范大学出版社，2013。

（1）刑法学中的犯罪人指达到刑事责任年龄、具有刑事责任能力的人。因年龄或精神状态等因素不具有刑事责任能力的人，即使实施了刑法规定的危害社会行为的人，也不能被称为犯罪人。犯罪学中的犯罪人不考虑刑事责任年龄、具有刑事责任能力要素，只考虑某人是否属于实施了严重危害社会行为的人这一客观事实标准。

（2）刑法学中的犯罪人是指依法被法院判决宣告为有罪的人。犯罪学中的犯罪人不论其是否被逮捕、起诉、定罪，只要实施了危害社会的违法犯罪行为，都是犯罪人。

（3）刑法学中的犯罪人仅指依据刑法规范应承担相应刑事责任的人。犯罪学上的犯罪人不仅包括应承担刑事责任的人，还包括实施危害社会行为、需要加以矫正和采取监管措施的人。

犯罪学对犯罪人的界定之所以不同于刑法学的，主要在于犯罪学研究犯罪人的目的，不是解决犯罪发生之后如何惩治犯罪人的问题，而是借助于对犯罪人的研究更好地把握犯罪原因与犯罪发生的机理，从而防止社会成员实施严重危害社会的行为，因而需要对刑法规定的行为以外的危害行为加以研究，以便及时干预、阻断从一般违法行为或严重不良行为进一步发展成为刑法中的犯罪行为。但是，犯罪学中的犯罪人的范围不能无限扩大，应限于实施了影响范围较广、出现频率较高、社会危害性较为严重行为的人，以此与伦理学、社会学等其他学科研究范围界分。

综上，犯罪学中的犯罪人包括以下几类：（1）已经被判刑的罪犯；（2）处于侦查、逮捕、起诉、审判阶段的实施了犯罪行为的犯罪嫌疑人或被告人；（3）尚未被司法机关发现的实施了刑法规定的犯罪行为且具有刑事责任能力的人；（4）实施了严重危害社会行为的未达到刑事责任年龄的人；（5）实施了严重危害社会行为的精神病人；（6）实施了其他影响范围较广、出现频率较高、社会危害较严重行为的行为人。

二、犯罪人的特征

研究犯罪人的特征，是为了研究研究犯罪人与犯罪行为之间的关系，即具有哪些典型特征的人在现实生活中更容易实施犯罪，进而揭示犯罪人特征是如何影响犯罪行为及其影响程度的，为预防、矫正和治疗犯罪人提供合理方案。人的多重属性决定了对犯罪人特征的研究，既可以从生物学视角进行，也可从心理学视角探讨，还可以从社会学视角（家庭、职业、人际关系和文化等）展开。就单个犯罪人的个体特征而言，固然各不相同，但就整体而言，犯罪人之所以实施犯罪，或者之所以如此实施犯罪，是因为在生理、心理以及社会特征方面存在某些共性特征，这就为研究犯罪人的一般特征提供了现实可能性。应当指出，研究犯罪人的特征，并非给犯罪人贴标签，而是为了服务于预防犯罪的理论研究与实践发展。

（一）犯罪人的生物学特征

犯罪人的生物学特征，是指在犯罪人身上所表现出来的人体的结构与机能、体液与血液以及人类的遗传等方面的特征，如早期的犯罪人类学派认为，犯罪人有颅骨异常、脑异常、主要器官异常、感觉能力异常、反应能力异常和相貌异常等不同于常人的特征。现代犯罪学的生物学理论主要聚焦于性别、年龄、染色体等因素与犯罪的关系，此处主要介绍犯罪人的年龄、性别与犯罪的关系。

1. 犯罪人的年龄特征

研究表明，年龄与犯罪总量和类型具有关联性。以 2018 年《中国法律年鉴》的数据显示为例，2017 年作案时罪犯在 25 周岁以下的超过 18 万人，而 60 周岁以上的罪犯约 2.5 万人。从犯罪类型上看，青少年主要实施抢劫、盗窃、强奸、杀人、伤害等暴力型犯罪；中壮年人实施欺诈、贪污、侵占、伪造、报复等智力型犯罪的居多；而老年人多实施包庇、窝藏及猥亵犯罪。犯罪人的年龄特征整体上受制于一个国家或地区的人口年龄结构。一个国家或一个地区的人口年龄结构偏高或者偏低，则该国或该地区犯罪人的年龄结构也会出现偏高或偏低现象。

2. 犯罪人的性别特征

在犯罪总量和犯罪类型上，男女性别比例有较大差异。许多国家的统计数据皆显示，近年来女性罪犯数量虽然有所上升，但女性在整个犯罪群体中所占比例较小。例如，根据2018年《中国法律年鉴》数据显示，2017年作案时女性罪犯25周岁以下约为1.2万人，占全部犯罪人员的比例不足7%。据作者对某市监狱调查，2019年8月底，某市监狱共有实押罪犯33 633人，其中女犯2 560名，女性犯罪人占7.6%。从犯罪类型看，女性犯罪类型与男性犯罪类型也有明显差异。女性犯罪主要表现为卖淫、诈骗、盗窃、毒品犯罪、拐卖人口等以物欲型为主的非暴力犯罪类型，而男性犯罪占了暴力犯罪的绝大多数。“男性比女性表现出更多、更严重的攻击行为，更明显的行为控制和自我调节障碍，更严重的语言发展障碍和对情绪冲动认知控制问题，更大的对社会调整（例如惩罚）的抗拒性。”① 但是，随着妇女社会、经济地位的改善与提高，女性犯罪类型也呈现出逐渐增多的趋势。

（二）犯罪人的心理学特征

对犯罪人心理特征的研究，通常集中于犯罪人的需求、观念、意志、情感以及人格等方面的特征。深入研究犯罪人的心理特征，可以有针对性地开展道德、法制教育、心理健康教育及心理咨询、心理干预等，及时消除与矫正犯罪心理。

1. 犯罪人的需求特征

所谓需求，是有机体缺乏某种东西时产生的一种主观状态，它是有机体对客观事物需要的反映。心理学家马斯洛将人的需求从低到高分为五个层级，即生理需求、安全需求、社会需求或归属需求、尊重需求以及自我实现需求。这五个层级的需求由低到高逐渐由物质需求向精神需求转变。其中，需求又有正常需求与不良需求或畸形需求的区别。犯罪人的需求特征往往表现为畸形的需求结构，它构成了犯罪人实施犯罪活动的原动力。畸形需求结构的主要内容是：个人需求层次低级，原始的生物需求多于社会需求，超过客观条件的物质享受需求多于高级的精神需求；强烈的情欲和对异性的占有欲；错误而强烈的情感需要等。个人的需求总是与社会性的需要之间处于矛盾冲突中，当个人在生理、物质与精神方面产生畸形需求时，因这种需求背离了社会期待，不可能在合法的范围内得到满足，就只能通过犯罪方式去满足。

2. 犯罪人的人生观、道德观特征

人生观是指一个人对人生的根本看法，包括生死观、苦乐观、幸福观、荣辱观、友谊观、恋爱观，等等。以自我为中心，将“金钱万能”“及时行乐”“尽情享受”等利己主义、享乐主义作为人生信条，过分追求物质享受，为了自身“幸福”而不顾他人的权益，甚至采取犯罪手段获取物质享受，是犯罪人群的典型特征之一。道德观集中表现为个人利益处理与他人、集体和社会的关系所遵循的准则。道德作为全体社会成员应当自觉遵守的具有正义、公平、谦和、内省、自制特点的行为规范，是维系社会和谐与发展的根基。而在犯罪人群中，却不

---

① ［美］亚历克斯·皮盖惹主编，吴宗宪主译：《犯罪学理论手册》，308页，北京，法律出版社，2019。

乏如下情形：在社会生活中，无视、蔑视社会道德规范，在道德要求上与主流社会倡导的道德观念相对立，奉行损人利己的道德观。长此以往，犯罪的“种子”便深深根植于其内心。

3. 犯罪人的意志特征

犯罪人的意志特征表现为实施犯罪的意志坚定性和守法的意志薄弱性。就意志选择的社会意义而言，故意犯罪者行为目的的选择往往具有反社会性。在意志品质上，犯罪人通常缺乏果断性，遇事优柔寡断、患得患失；不能深刻考虑行为目的及达到目的的正确方法，仅凭一时冲动，轻举妄动；在行为的自我约束上，缺乏自制力，容易因外界的不良刺激或诱惑走向犯罪道路。守法意志薄弱、自制力差，是犯罪人群中典型的意志特征。

4. 犯罪人的情感特征

情感是人对外界刺激的心理反应，如快乐、愉悦、满足、愤怒、恐惧、悲伤、厌恶、嫉妒、仇恨等。健康的情感不仅可以有效地调节人的认识活动，协调人的社会交往和人际关系，而且也可以作为行为的力量源泉，给人的意志行动以力量。消极不良的情绪、情感则对人的实践活动产生消极影响。犯罪人的情感特征，主要具有以下特点：(1) 爱憎、好恶颠倒。这指往往注重自己的情感表达，忽视或漠视别人的情感，缺乏同情和怜悯之心，难以理解他人的情感需求。(2) 好冲动。这指极易感情用事，作出缺乏理智的事情。(3) 情感多变，这指喜怒无常，情绪起伏大。正是这种情感特征，导致一些个体容易在挫折、冲突面前情绪失控而实施危害行为。

5. 犯罪人的人格特征

犯罪人格是指犯罪人群所具有的稳定而独特的反社会倾向性。人格发展是生物因素和环境因素相互作用的结果。外向、冲动、攻击性等特定的人格特质与犯罪行为的关系更为密切。[①] 美国精神病学协会制定的精神障碍诊断与统计手册（简称 DSM-IV-TR，2000）总结了人格障碍或犯罪人格的三个群体特征：(1) 古怪/反常，表现为偏执、内向、妄想等。(2) 戏剧性/情感化/不稳定，表现为自恋、缺乏同情心、人格边缘化。(3) 焦虑/恐惧，表现为焦虑、社交恐惧、依赖他人、逃避、痴迷和强迫症等。

(三) 犯罪人的社会学特征

犯罪人的社会学特征是指反映犯罪人的社会状况、人际关系方面的特征。

1. 犯罪人的家庭特征

犯罪人的家庭特征是指家庭环境与犯罪人犯罪的关系。家庭是个体最早接触的社会环境。家庭是人生的第一课堂，父母是孩子的第一任老师，父母本身的修养、行为方式对子女有重大影响，父母在抚养子女过程中给予的关爱、明示和暗示的引导、影响，对其人格、性格、品德、生活习惯和行为方式的形成上起着基本的定向作用。违法犯罪人特别是犯罪的青少年多来自问题家庭和缺陷家庭。社会化变量（socialization variables），比如父母看管的缺位、父母对孩子态度（不闻不问或敌意）以及父母与子女之间关系的密切程度，对青少年违法犯罪行为的预测力最强；父母之间的关系状况和父母有违法犯罪情况等背景变量（background variables）属于中等强度预测力因素；父母的健康状况属于最小强度预测力因素。[②] 美

---

① 参见［美］伊莱恩·卡塞尔、道格拉斯·A. 伯恩斯坦著，马皑等译：《犯罪行为与心理》，92～93 页，北京，中国政法大学出版社，2015。

② 参见［美］罗伯特·J. 桑普森、约翰·H. 劳布著，汪明亮等译：《犯罪之形成：人生道路及其转折点》，69 页，北京，北京大学出版社，2006。

国学者格卢克在一项调查中发现，86.7%的少年犯罪人出身于不良家庭。美国犯罪学家萨瑟兰认为，违法犯罪的少年家庭，多数具有以下一个以上的特点：（1）家庭的其他成员中有犯罪者，或者行为、品德不端及酒精中毒者；（2）父母一方或双方死亡、离婚或被遗弃者；（3）父母愚昧无知，或者知觉上有缺陷及因病不能管教者；（4）态度专横、偏爱过度或者对子女过分干涉，或者严厉、放任、嫉妒者，以及家庭居住条件过密并与近邻或亲友不和者；（5）人种与宗教的差别，习惯各异，或者是收养子女及收容单位的教养者；（6）失业、工资收入低，或在共同劳动中受到经济压迫者等。我国的相关研究与司法实践也印证了家庭与犯罪之间存在存着重大的相关性。

2. 犯罪人的文化程度特征

文化程度，即个体的受教育程度或文化素质。犯罪人的反社会行为与其受教育程度有重要的关系。这主要表现在：智能型犯罪，往往是由具有较高文化素质的人实施的，如计算机犯罪、金融犯罪以及受贿罪等。而传统犯罪如抢劫、盗窃、强奸等，往往由文化素质较低的人实施。另外，有些犯罪人所具有的与主流文化格格不入的亚文化特征，也与犯罪具有密切的联系。如犯罪团伙、犯罪组织中的文身、行话、行规等亚文化特征，使犯罪人具有强烈的反社会倾向，强化了他们的反社会人格。

3. 犯罪人的职业特征

职业与犯罪的类型、犯罪状况有着密切的联系。从犯罪统计情况看，某一相同职业的人容易犯相同类型的犯罪，不同职业的人所犯罪行的类型差别较大。职业与个人犯罪之所以有密切联系，主要是因为个人的职业与个人的社会地位、生活方式、经济状况、活动范围与方式等密切相关，尤其是不同的职业为个人所提供的机会不同，犯罪的机会和条件不同，从而形成了不同职业的人其犯罪情况也不同的情形。分析不同职业与犯罪的关系，有利于针对某些职业特征，制定和实施不同的犯罪预防措施。

4. 犯罪人的社会地位特征

社会地位，是个人或团体在社会阶层中的位置。有学者把社会地位分为上层、中层和下层。传统西方犯罪学家从社会结构出发，认为人们所处的社会地位会影响其是否会走向犯罪。下层社会的人们由于缺乏成功机会、生活环境恶劣等原因，更容易产生犯罪动机和实施犯罪行为。1939 年，美国犯罪学家埃德温·萨瑟兰首次提出了“白领犯罪”的概念，即“由具有体面身份和较高社会地位的人在其职业活动过程中实施的犯罪行为”①。“白领犯罪”作为一种独特的犯罪现象，自问世以来受到世界各国的关注，也就此否定了传统犯罪学关于犯罪主要存在于贫穷阶层的论断。事实上，不论是上层社会的富有者，还是下层社会的贫困者，都存在犯罪现象，只不过社会地位的高低与所实施的犯罪类型、犯罪方式以及发现概率等方面存在一定的规律性联系，例如社会地位较高的人，多实施滥用权力或滥用信用的犯罪，如贿赂、渎职以及商业欺诈等。

三、犯罪人的分类

刑法学和犯罪学根据各自的任务和目的不同，都十分重视对犯罪人的分类。刑法对犯罪人的分类主要根据犯罪人的罪行以及犯罪人在犯罪中的作用进行分类，以便针对犯罪人

---

① ［美］埃德温·萨瑟兰著，赵宝成等译：《白领犯罪》，7 页，北京，中国大百科全书出版社，2008。

正确适用刑罚。犯罪学对犯罪人进行分类，是为了分类研究犯罪人犯罪的原因，以便拟定有针对性的预防措施。

犯罪学中对犯罪人的分类种类繁多，如龙勃罗梭根据犯罪人的生物标准，将犯罪人分为五类：天生犯罪人、精神病犯罪人、习惯性犯罪人、激情犯罪人、偶发性犯罪人；加洛法罗则根据社会学标准把犯罪人分为自然犯和法定犯两大类，其中自然犯又分为谋杀犯、暴力犯、财产犯和风俗犯；李斯特同样基于社会学标准将犯罪人分为：正常竞争力不足的犯罪人、怠惰与愚昧性犯罪人、社会不良状态的犯罪人、恶癖性犯罪人、社会条件缺乏的贫困性犯罪人、社会环境风土造成的犯罪人。

以下主要根据性别、年龄、职业、人格类型、受教育状况、所处社会阶层、反社会程度等综合标准，对犯罪人进行如下分类。

（一）根据犯罪人的性别，可分为男性犯罪人与女性犯罪人

这是最古老的一种分类法，利于具体研究性别对犯罪的影响。由于男性与女性在生理、心理、情感、社会地位等方面的不同，所犯罪行有所不同，犯罪特点也各异。分析二者各自的犯罪原因，是采取针对性预防措施的重要基础。

（二）根据犯罪人的年龄，可将犯罪人分为未成年犯罪人与成年犯罪人

在我国，成年犯罪人是指年满18周岁的犯罪人。这种分类法目的是针对不同年龄阶段的人进行教育和预防，特别是对未成年犯罪人予以更多的关注，要根据未成年犯罪人的生理、心理特点，制定特别的法律，采取不同于成年犯罪人的矫治与预防措施。

（三）根据犯罪人实施犯罪的手段，可将犯罪人分为智能型犯罪人与暴力型犯罪人

暴力型犯罪是指直接侵害公民人身安全、财产安全以及公共安全的犯罪，由于社会公众能直接感知这类犯罪的严重后果，因而对公众的安全感影响最大。智能型犯罪主要是利用专业知识、特殊技能实施的犯罪，具有较强的隐蔽性。智能型犯罪人和暴力型犯罪人具有不同的身心特点与犯罪特征，应当注意制定不同的预防方案，采取不同的预防措施。

（四）以反社会程度为标准，可将犯罪人分为初犯、再犯和惯犯

初犯，是指第一次犯罪的人，主观恶性相对较小。再犯，是指二次或二次以上犯罪的人，较之初犯往往主观恶性更大。惯犯，是指具有某种犯罪习性的人，又称常习犯，较其他种类的犯罪人往往更难以矫治。如何预防再犯，如何矫治惯犯，是各国犯罪学理论研究与司法实践共同面临的重要课题。

（五）根据主观罪过形式，可将犯罪人分为故意犯罪人与过失犯罪人

犯罪过失是指缺乏必要谨慎而导致危害结果发生，不是有意犯罪，而犯罪故意是明知故犯，是自觉地犯罪。一般而言，过失犯罪人的主观恶性要小于故意犯罪人的，这构成了刑法上对过失犯罪人的处罚明显轻于对故意犯罪人的处罚的重要根据。随着科学技术的不断发展和社会经济、生活的日益现代化，过失犯罪表现出许多新的特点，对社会的威胁和危害日益严重。客观认识和深入研究新技术革命形势下过失犯罪，提出有效的预防方略与对策，是当代犯罪学面临的重要任务。

（六）根据精神状态是否正常，可将犯罪人分为常态犯罪人与精神异常犯罪人

常态犯罪人是指精神状态正常的犯罪人，精神状态异常犯罪人是指存在精神障碍的犯罪人。对不同精神状态的犯罪人，其处置和预防方法也不同。例如，根据我国刑法的规定，精神病人在不能辨认或者不能控制自己行为的时候造成危害结果，经法定程序鉴定确认的，不负刑事责任，但是应当责令其家属或者监护人严加看管和进行医疗，在必要的时候，由

政府强制医疗。而对尚未完全丧失辨认或者控制自己行为能力的精神病人犯罪的，应当负刑事责任，但是可以从轻或者减轻处罚。

此外，性瘾、盗窃癖等变态人格者，是属于精神病人还是正常的人，是否应当负刑事责任？对此，目前理论上尚有争议；从实践来看，对实施犯罪的变态人格者，单纯的惩罚在实现预防目标的局限性上更为突出。

第三节　犯罪行为

犯罪行为是一种反社会行为，是行为人反社会心理的外在表现。马克思指出："对于法律来说，除了我的行为以外，我是根本不存在的，我根本不是法律的对象。"①"凡是不以行为本身而以当事人的思想方式作为主要标准的法律，无非是对非法行为的公开认可。"② 对刑法和刑事司法而言，行为是认定犯罪和惩罚犯罪的客观标准，没有行为就没有犯罪。就犯罪学而言，没有犯罪行为也就没有犯罪现象，也就没有自己存在的价值。但犯罪学研究犯罪行为主要不是为了处罚犯罪，而在于透过行为反观犯罪人的心理特征，把握犯罪行为的形成机理，以便采取有针对性的预防措施。

一、犯罪行为的概念

犯罪行为是指在一定时间与空间，行为人在其主观心理支配下实施的具有社会危害性、应当采取措施加以预防、阻断、处罚或矫治的客观外在活动。

（一）犯罪行为是不同于犯罪思想的客观外在活动

人的行为是主观见之于客观的行动、动作和举动，是与人的思想相对的一对范畴。犯罪行为的本质在于它是一种危害社会的行为。如果一个人仅仅有危害社会的思想活动而没有将这种思想活动以危害行为的方式表现出来，就不可能危害社会，也不应当视为犯罪。值得注意的是，犯罪学的任务是预防犯罪，而非仅仅惩罚罪犯，这决定了其与刑法学研究犯罪的视野和范围不同。犯罪学不仅要研究犯罪行为所导致的客观危害，还要研究隐藏在外在行为背后的犯罪意识、犯罪动机等在内的犯罪心理，以便采取外力措施和内化手段消除其犯罪思想，从犯罪人格形成层面预防犯罪。

（二）犯罪行为是行为人在反社会心理支配下呈现的客观外在活动

在刑法学视角下，犯罪行为应当是受行为人的意识和意志支配的行为。如果某人的行为客观上造成了严重的危害结果，但该行为并不受行为人的意识和意志支配，则该行为就不具备刑法意义上的犯罪性质。犯罪学中的犯罪行为，不仅包括由行为人主观心理支配的危害行为，而且还包括一些无意识但客观上会对社会造成严重危害的行为，如精神病人的危害行为。

---

① 《马克思恩格斯全集》，2版，第1卷，121页，北京，人民出版社，1995。

② 《马克思恩格斯全集》，第1卷，16页，北京，人民出版社，1956。

（三）犯罪行为是触犯了刑法的客观外在活动

刑法上的犯罪行为是严重危害社会的并为刑事法律所禁止的行为。但是，犯罪学中的犯罪行为不受刑事违法的限制，为了探究犯罪的发生原因和犯罪行为的发展轨迹，采取比刑罚处罚更为有效的减少犯罪或者阻碍危害行为进一步恶化的措施，犯罪学除了研究刑法学意义上的犯罪行为外，还要研究没有构成刑法意义上的犯罪但具有较严重社会危害性的、需要采取防治措施的行为。

（四）犯罪行为是一定时空下以某种行为方式为载体呈现的客观外在活动

现实中的犯罪都是发生在特定时间和空间范围内的。刑法学仅研究作为选择性犯罪构成要件的犯罪时间和地点，但对犯罪学而言，时间、空间是犯罪现象的重要构成要素。研究犯罪行为在不同时间和空间的分布特征，即哪些时间、哪些地点容易发生犯罪以及容易发生哪些类型的犯罪，并确定其原因，正是制定有效预防犯罪对策、科学分配犯罪控制资源的重要依据。随着科学技术飞速发展，犯罪的空间逐渐超出传统的现实场域而渐趋向虚拟网络空间延伸，网络空间已经成为一个全新的犯罪场域。网络空间的存在，使传统犯罪由“现实空间”一个发生平台增加为“现实空间”与“网络空间”两个平台，犯罪行为既可以是全部犯罪过程都发生于网络空间，也可以同时跨越网络空间和现实社会两个平台。[①]为此，需要将网络空间与现实空间同时纳入犯罪空间的研究范围。

二、犯罪动机

研究犯罪动机，旨在解释犯罪行为的产生动力及方向问题。犯罪动机不仅是理解犯罪行为形成和发展的基本概念，而且许多犯罪预防措施都是围绕犯罪动机的形成展开的。同时，在所有犯罪心理的表现形式中，犯罪动机也是最靠近犯罪行为的心理成分，并且犯罪动机也是解析外在环境因素、其他犯罪心理成分与犯罪行为之间相互关系的中介。因此，犯罪动机在犯罪学研究中占有特殊重要的地位。[②]

（一）犯罪动机的概念和特点

犯罪动机，是指对犯罪行为的产生和实施具有推动或激发作用的一种心理力量。正是在犯罪动机的直接推动下，个人才确定犯罪行为目的，选择犯罪方式，作出犯罪决定和实施犯罪行为。一般来说，犯罪动机具有下列特点。

1. 内在性。犯罪动机是犯罪人心理的一种表现形式，是一种心理现象，无法直接观察，只能按犯罪人以往的经历、犯罪当时所处的情境以及犯罪行为去进行推理。犯罪动机的这种内在性，给研究犯罪动机带来了一定困难。

2. 复杂性。主要表现在：（1）犯罪动机要受社会评价。对犯罪动机的研究必然要涉及犯罪动机本身的社会意义问题，用一系列的社会规范对犯罪动机进行评价，明确它们是反社会的，还是对社会有益的，并根据这种评价来判定犯罪人主观恶性的大小，调整对犯罪人的处置方式及其程度。（2）犯罪动机中既有生理的、物质的内容，也有社会的、精神的内容，这些内容往往交织在一起，通过某种具体的犯罪行为体现出来，很难用单一的标准将犯罪动机划分归类。（3）少数犯罪动机是行为人自己也不清楚的，特别是在一些冲动性

① 参见于志刚、郭旨龙：《网络刑法的逻辑与经验》，31页，北京，中国法制出版社，2015。

② 以下主要根据本教材第三版的相关内容改编而成。

犯罪行为中，犯罪人对其犯罪动机有可能认识不清，不知道自己为什么要实施犯罪行为。

3. 动态性。犯罪动机是不断变化的。犯罪动机既受犯罪人需要的影响，也受犯罪情境中许多因素的制约。犯罪动机自形成之时起，就处于不断变化之中，这种变化表现为强度的增强与减弱、表现方式的变换、具体目标的改变、社会性质的变化等。

4. 低级性。犯罪人的大多数犯罪动机，都是物质的、本能的需要的反映。因此，在犯罪动机中，由低级的物质、生理需要引起的低级动机占多数，而由较高的社会、精神需要引起的犯罪动机数量较少。

5. 反映性。犯罪动机尽管是犯罪人的心理活动的表现形式，但它仍是客观的、社会生活的需要或自身的各种需要在头脑中的反映，是社会生活中存在的各种不良因素以及自身正常或不正常的各种需要的体现，是客观存在与主观反映之间的一种中介变量。社会环境对犯罪行为的决定作用，正是通过犯罪人的需要，特别是犯罪动机来实现的。

（二）犯罪动机的功能

犯罪动机的功能，是指犯罪动机对犯罪行为产生及发展过程所起的作用。

1. 始动功能。犯罪动机具有唤起犯罪行为意念的始动功能。推动个人进行犯罪行为的犯罪动机，有些是直接从犯罪人的需要演变而来的，如不合理的物质需要转化为财产犯罪动机，性需要转化为性犯罪动机等；有些则是以犯罪人的不合理需要为中介，通过变形、发展而形成和产生的，如报复、不满、怨恨等，它们不是某种需要的直接延续，而是在满足某些需要的过程中，受情境因素的作用演变而来的。

2. 强化功能。此即犯罪动机所具有的使被激起的某种犯罪行为持续进行下去的作用。如果犯罪动机没有强化功能，就有可能出现这样的局面，即犯罪行为虽然被激发起来，却不能得到维持，使这种犯罪行为持续进行下去。其结果或者不会产生犯罪结果，或者仅有犯罪意图的表露等。因此，犯罪动机的强化功能是犯罪行为达到预定目标的重要保证。

3. 导向功能。此即犯罪动机所具有的引导犯罪行为向某种目的或目标进行的作用。一定的犯罪动机的产生，使犯罪人有了明确的犯罪目的或目标，从而对犯罪人的思维活动及行为活动产生约束、指导作用，使它们朝着满足犯罪人需要和实现犯罪动机的方向进行，力求达到预定的目的或目标。

（三）犯罪动机的形成

一般认为，犯罪人的需要、犯罪诱因既可以各自独立地引起犯罪动机产生，也可以相互结合，共同引起犯罪动机产生。

1. 犯罪人的需要与犯罪动机

犯罪人的需要是犯罪人对其存在和发展所必需条件的依赖状态，它是引起相当一部分犯罪动机的直接原因。

犯罪人的需要是复杂而多层次的，就其反社会性程度而言，可以将犯罪人的需要归纳为三类。（1）不良需要或不正当需要，即需要的内容违背社会道德和其他社会生活公共准则。这类需要会直接推动个人去实施犯罪行为。（2）不现实需要，即需要的内容虽然合理，但在现实条件下不能获得满足。例如，工资收入较低的人想过上与高收入者一样的物质生活，很难说这类需要是“不良的”或“反社会的”，只是在现有条件下对其具有超前性，难以获得满足。这类需要之所以容易滋生犯罪动机，主要是由两种原因造成的：其一，个人对需要缺乏主动的、积极的反馈与自我调节；其二，个人确定的目标和满足需要的手段不符合社会的要求。（3）合理需要，即需要的内容符合情理和社会生活准则。这类需要之所以导致犯罪动机，主要是由于满足需要的手段有问题。由此可见，犯罪人需要的社会性质，并不总是反社会的，在这些需要基础上产生的犯罪动机，其本身的社会性质也并不总是反社会的。例如，流氓动机显然是反社会的，而“大义灭亲”的动机、“义愤”的动机则是有益于社会的，其他如好奇动机等，在社会评价上则是中性的。

2. 犯罪诱因与犯罪动机

所谓犯罪诱因，就是能引起犯罪动机的刺激或情境。犯罪动机中有一部分是由犯罪诱因直接引起的，是对适合于进行犯罪行为的场景所作出的心理反应。在某些情况下，即使个人并无某种需要，仅凭外在的刺激或情境因素，也会引起犯罪动机，使个人实施犯罪行为。引起犯罪动机的犯罪诱因具有下列特征。

（1）从犯罪诱因的性质或功能看，犯罪诱因可以分为两类：一是正诱因，即使个人趋向、接受或追求的外在刺激。正诱因对个人具有奖赏性质，吸引、引诱个人为获得某种满足而产生犯罪动机。二是负诱因，即使个人逃离、排斥或躲避的外在刺激。负诱因使个人力图避免它们，对个人具有惩罚性质。犯罪诱因的这种分类是相对的，很多情况下同一种犯罪诱因既有奖赏性质，又有惩罚性质。同样一种犯罪诱因，对有的人是一种正诱因，而对另一些人可能是一种负诱因。这是因为，对诱因性质的理解是通过学习获得的，由于学习的情况和个人的知识经验、性格特征、人生观、价值观以及当时的情境不同，一个人对同一诱因的性质会产生不同的评价与认识。例如，行人外露的钱包，既会吸引犯罪人用非法手段获得，是一种正诱因，但是也会使犯罪人想到用非法手段获取可能带来的后果，因而又是一种负诱因。诱因的这种矛盾性质往往会引起犯罪人的矛盾心理，使他们在产生犯罪动机的过程中充满了斗争。

（2）从犯罪诱因的存在方式看，犯罪诱因既可以是物质的，如食物、财物、有价证券、交通工具等，也可以是精神的或某种社会状态，例如，某些词语、声音、举止动作、衣着打扮，或者受到称赞、得到重用等。

（3）犯罪诱因作为外部刺激，引起犯罪动机的情况相当复杂。在一些情况下，外部刺激直接、迅速和有力地引起犯罪动机的产生及犯罪行为的实施；而在另一些情况下，外部刺激引起犯罪动机的过程并不明显，犯罪动机与外部刺激似乎没有直接的联系，甚至犯罪动机是由大脑中自动浮现的思想、观念引起的，例如，站在悬崖边的人突然产生将别人推下悬崖的动机等。对于这种现象，人类在种族发展和社会化过程中掌握了大量的引起动机状态的线索、符号和信号，这些线索、符号、信号以极其微妙的机制对人的心理产生作用，从而引起犯罪动机与犯罪行为。因此，表面上似乎不受外部刺激影响而产生的犯罪动机，实际上仍是由外部刺激引起的，只不过这一过程不容易被直接观察而已。

（四）犯罪人的需要、犯罪诱因与犯罪动机的关系

由犯罪人的需要和犯罪诱因分别单独引起的犯罪动机是少见的，大部分犯罪动机都是在犯罪人有了一定需要的基础上，受犯罪诱因的刺激而产生的，是犯罪人的需要所产生的“推”力与犯罪诱因所产生的“拉”力共同作用的结果。由此，可以把犯罪动机的产生分为三种模式：犯罪人的需要→犯罪动机；犯罪诱因→犯罪动机；犯罪人的需要＋犯罪诱因→犯罪动机。

进一步探讨这三种模式，研究为什么在大致相同的社会环境中，有的人会产生反社会的、不合理的需要，而有的人则可以适当地调整自己的需要结构与强度以顺应社会的期待；面对大致相同的需要、诱因，为什么有的人会形成犯罪动机，而有的人不会形成犯罪动机。

此时，就会发现如下事实：犯罪动机的形成，不仅由犯罪人的需要和犯罪诱因的决定，也受犯罪人的情绪、意志、气质、性格与思维、行为习惯、态度、社会交往、自我调节及其社会评价等因素的影响。正是由于人们在诸多方面存在不同，因而在大致相同的条件下，一部分人走上了犯罪道路。

（五）犯罪动机的转化

犯罪动机的转化，是指在准备、实施犯罪行为的过程中，犯罪动机所发生的良性转化与恶性转化。所谓犯罪动机的良性转化，是指在准备、实施犯罪的过程中，由于内外因素的影响，犯罪人放弃犯罪动机，停止犯罪行为或者实施危害性较小的犯罪行为的情况。所谓犯罪动机的恶性转化，是指在准备、实施犯罪行为的过程中，由于内外因素的影响，犯罪人产生了更为严重的或新的犯罪动机的情况。犯罪动机的恶化有两种典型形式：一是同一犯罪动机的反社会性得到增强，主要表现为犯罪人最初只想实施较轻的犯罪行为，但是在实施犯罪的过程中，由于不利因素的影响，犯罪人的犯罪动机的强度迅速恶性膨胀，更为严重的犯罪行为产生。二是在犯罪过程中，产生了新的犯罪动机。例如，在行窃过程中，看到有单身妇女睡觉，产生性犯罪动机；在抢劫过程中，因遭到被害人的强烈反抗，产生杀人的犯罪动机。可见，犯罪动机的转化方向深受情境变量的影响。

三、犯罪行为的形成过程

犯罪行为的发生不仅受特定时空条件的制约，而且受人的意识和意志支配，因而都有一个形成和发展的过程。研究犯罪行为的形成过程，不仅有助于深刻把握犯罪发生的规律，而且可以在犯罪行为的形成过程中及时采取有效措施阻断犯罪行为，减少犯罪的社会危害，如在犯意产生阶段，可以采取多种措施打消其犯意，在犯罪预备阶段，及时阻止预备行为进入实施阶段等。由于犯罪行为有故意与过失两种截然不同的主观心理态，故意犯罪行为又有突发故意犯罪行为与预谋故意犯罪行为之分，对于不同类型的犯罪行为，应当针对其形成过程的不同，采取相应的预防及阻断措施。

（一）故意犯罪行为的形成过程

故意犯罪的实施，大都要经过犯罪的决意、准备、实行的发展过程。犯罪的决意是推动犯罪发生、发展的最初动力，从形成犯罪的决意、开始为犯罪作准备到完成犯罪的整个发展过程，就是犯罪行为的形成过程。但故意犯罪有突发故意犯罪与预谋故意犯罪两种，两者的形成过程略有不同。突发故意犯罪，一般是行为人在事先无犯罪意图的情形下，受到某一情境的刺激而突然实施犯罪行为的情况。对于突发故意犯罪，其故意产生、行为准备与实施都是在极短时间内完成的，分析其形成过程难以实现对其及时进行干预阻断的目的，因此，在此主要分析预谋故意犯罪的形成过程。一般而言，预谋故意犯罪的实施，都要经过“犯罪决意—犯罪准备—犯罪实施”三个明显的发展过程。①

1. 犯罪决意的形成

犯罪决意，即实施犯罪行为的决心和意向。在犯罪动机形成以后，犯罪人是否会实施犯罪行为，还要取决于他是否有犯罪决意。如果没有犯罪决意，就不会有犯罪行为的准备，更不会有犯罪行为的实施。因此，犯罪决意是犯罪行为发展过程的第一步。

---

① 以下参考了本教材第三版的相关内容改编而成。

犯罪决意的形成一般都有一个过程。特别是预谋犯罪，行为人在实施犯罪行为之前往往有激烈的思想斗争，在是否选择犯罪之间进行权衡。在这一复杂的心理活动过程中，犯罪意向与非犯罪意向同时存在，并且此消彼长。一方面，担心犯罪受阻或实施犯罪后被发现遭受惩罚而带来的恐惧感与犯罪行为给被害人和社会带来危害的罪责感会使犯罪意向减弱，趋向非犯罪方向发展。另一方面，实施犯罪所能得到的好处或犯罪后不会被发现的侥幸心理会增强犯罪意向。犯罪决意的形成过程，实际上就是这两种心理相互冲突、斗争的过程。犯罪人形成了犯罪决意，即犯罪意向最终战胜了非犯罪意向。因此，犯罪决意的形成，虽然是犯罪人内心的心理活动，但在犯罪决意的形成过程中，如果有外界因素的影响，将对犯罪人形成还是打消犯罪决意产生重大影响。

犯罪决意形成以后，犯罪人即进入犯罪的准备阶段。

2. 犯罪行为的准备

犯罪行为的准备，是指为犯罪行为的实施制造条件或等待时机。犯罪行为准备的过程实际上是在制造或等待有利于犯罪实施的条件的过程。

在不同的犯罪类型中，实施犯罪行为所需准备的条件的内容是不同的。但一般来说，犯罪准备行为表现为以下几个方面：（1）准备犯罪工具，即制造、寻求犯罪工具以及使犯罪工具适合于犯罪的需要。准备犯罪工具是最常见的犯罪准备行为。（2）学习犯罪技术。犯罪技术是犯罪人实施犯罪行为所需要的各种办法、措施和手段。犯罪技术在一定程度上决定犯罪目标能否实现和实现的程度，以及反犯罪侦查的成功概率。犯罪技术几乎总是与现代科学技术的发展同步更新，这就要求预防犯罪的手段必须相应发展和更新。(3) 收集相关信息。如了解被害人的行走路线、货物存放的地点、治安防范措施等。（4）制造犯罪实施的客观条件。例如，故意引开犯罪现场的其他人，截断某一区域的电源，利用职权调开那些被认为可能会阻碍自己犯罪的人员以及诱骗被害人前往犯罪现场，等等。（5）制订犯罪计划。犯罪计划是犯罪人在犯罪决意的支配下，对实施犯罪行为具体步骤的思考、策划和安排。就有组织的犯罪来说，制订犯罪计划是进行犯罪行为准备的常见现象，它的内容集中于对整个犯罪实施的组织过程进行策划，明确犯罪人之间的行动分工，以及共同犯罪人约定反刑事侦查的攻守同盟等。

行为人在进行犯罪预备的过程中，会向两个方向发展。一是遇有消极因素，会使犯罪决意进一步加强，犯罪人为犯罪实施作更充分的准备，为实施犯罪奠定坚实的基础。二是遇有积极的因素，会抑制犯罪意向，使犯罪人放弃犯罪念头，放弃犯罪预备行为，如因悔悟、恐惧等放弃犯罪。因此，应加强犯罪预防机制，及时发现苗头，将犯罪消灭在预备阶段，为社会减少因犯罪而带来的损失。

3. 犯罪行为的实施

犯罪行为的实施，是指犯罪人开始采取能直接导致其追求的某一结果现实化的行动。犯罪目的一旦达到，犯罪行为即告结束，犯罪动机得到满足，犯罪决意也随之消失。在犯罪行为的实行过程中，也会因消极或积极因素的影响，强化或抑制犯罪人的犯罪决意，从而影响犯罪的发展进程及最终侵害结果。

(二) 过失犯罪行为的形成过程

1. 过失犯罪行为是否存在形成过程之争

在故意犯罪特别是有预谋的故意犯罪中，犯罪行为的过程性具有典型性。相反，过失犯罪不是蓄意作恶，因此，有人认为过失犯罪行为没有故意犯罪行为那样的运行过程。也有观点认为，过失犯罪虽不是故意作恶，但这种犯罪仍然是行为人在可犯罪、可不犯罪之间，由本人的自由意志选择的结果，在过失犯罪的情况下，危害结果的发生不是行为人所愿意的，似乎犯罪不是他自由意志选择的结果，但这种"非意志的自由"却是以其意志的能够自由为前提的。从危害行为发生的具体环境以及行为人本身的条件来看，只要他肯发挥自己的主观能动性，谨慎行事，认真负责，就能够采取必要措施防止或避免危害结果的发生。正是由于在客观条件允许的情况下，行为人能够作出正确的抉择，但其却作出了错误的抉择，以致发生了本来可以避免的危害结果，因而，过失犯罪行为也有其形成和发展过程，只不过它不像故意犯罪行为的过程特征那样具有典型性。

2. 过失犯罪行为的形成过程分析

在过失犯罪行为的发生过程中，危害结果从可能发生到实际发生，有一个风险出现到风险伴随再到风险实现的过程。在这一过程中，行为人往往有足够的时间凭借自身的经验或技能认识并消除风险，然而，行为人由于缺乏谨慎、对社会秩序与他人权利不够重视与尊重，而在具体环境下或没有认识到危害，因而没有采取必要的谨慎，或置他人的提醒于不顾，没有采取有效的措施化解危险，以致危害结果的发生。因此，在过失犯罪行为的发生过程有别于预谋故意犯罪行为的形成过程，集中表现在不是犯罪行为本身的形成，而是某行为如某一合法行为实施过程中其造成危害的可能性伴随合法行为的始终。这决定了防止过失犯罪的发生，重在及时发现犯罪风险并消除产生某种危害结果的可能性。这方面，包括对公民开展预防犯罪风险的教育与培训；制定并严格实施安全规程；加强实施某种行为时的安全提示与监管，以及采取必要措施阻止行为人实施可能引发现实危害的行为等。

第四节 犯罪被害人

犯罪行为都有其侵害的对象，而犯罪被害人就包含在犯罪对象之中，并对犯罪人和犯罪行为的实施产生重大影响。正是由于犯罪被害人概念的引入，犯罪学的研究焦点从加害人（犯罪人）身上逐步分散到受到犯罪侵害的被害人身上，使犯罪人、犯罪行为、犯罪被害人成为犯罪学研究的核心要素。

犯罪人与被害人是矛盾的两个对立面。被害人和犯罪人之间的矛盾关系推动了犯罪现象的进程。"无被害人即无犯罪"，是犯罪学的一个基本命题。早在19世纪20年代，费尔巴哈就注意到了被害人与犯罪的关系，他在其《著名犯罪记叙》一书中记载了这样一个案例：1817年8月9日德国发生了一起杀父案件。这位父亲是一个家庭暴君，不仅虐待妻子儿女，还把妓女带回家中大肆挥霍钱财，长大了的儿女同情母亲的遭遇，便共谋花重金雇人将父亲杀害，妻子则以丈夫失踪报案。费尔巴哈评论道：尽管杀害父亲的行为是违法的，但父亲本身是犯罪的引起者。也即，针对被害人的杀人行为，是被害人自身的过错导致的。但早期的犯罪研究，在认识和理解犯罪动机及犯罪原因方面，主要致力于研究犯罪人而不是被害人。[①] 因此，研究犯罪被害人的目的，首先是从被害人与犯罪人之间的互动关系角

① 参见张远煌等：《国际犯罪被害人调查理论与实践》，2页，北京，法律出版社，2015。

度，研究人们遭受犯罪侵害的原因，克服只重点关注犯罪人方面的犯罪原因的认识局限，并从预防被害角度提出预防对策。其次，研究犯罪被害人的另一个重要原因，是涉及被害人权益的保障问题。被害人作为犯罪恶果的直接承受者，需要在物质、精神等方面获得救助与补偿，帮助其摆脱遭受犯罪的阴影、回归正常生活，防止被害人因社会的忽视而在身心伤害得不到有效恢复之下遭受二次伤害，甚至产生对社会、法律的彻底失望，进而走上“自我救赎”的报复之路，从原来的被害人变成加害人。

在20世纪60年代以前，社会公众和学术研究中对犯罪被害人关注很少，但自20世纪70年代开始，被害人学逐渐成为犯罪学中一个公认的研究领域，并受到国际社会的重视。

一、犯罪被害人的概念

“被害人”一词，源于拉丁文的Victima，原指在宗教祭祀中为满足神或者某一自然力量的需要而被杀死的动物或人。何谓犯罪学上的被害人，最简明的定义，就是因犯罪而受害的人。由此，学术界有三种观点：一是最狭义的被害人，仅指遭受犯罪行为侵害的自然人；二是狭义的被害人，指遭受犯罪行为侵犯的自然人和单位；三是广义的被害人，不仅包括受到犯罪行为侵犯的自然人和法人等在内的具体的被害人，而且还包括受到直接损害和侵犯的人，直接受害者的直系亲属或其领养人，出面干预侵害而遭难的被害人，为防止受害不幸被侵害的人以及整个国家和社会在内的抽象被害人。[①]

我们认为，犯罪被害人作为犯罪侵害的承受者，应当被限定为“人”，正如1985年联合国《为罪行和滥用权力行为受害者取得公理的基本原则宣言》规定的犯罪被害人的定义：犯罪被害人，是指个人或整体受到伤害（包括身心损伤、感情痛苦、经济损失或基本权利的重大损害）的人，这种伤害是由触犯会员国现行刑事法律，包括那些禁止非法滥用权力的法律的作为或不作为造成的。从这一定义可看出，犯罪被害人是指受到犯罪伤害的个人或整体，在具体犯罪中，犯罪被害人应是具体的而不是抽象的，是“人”而不是物或某个制度、规范等。自然人当然可以是犯罪被害人，同时，社会组织（单位）也可以是犯罪被害人。其中，自然人被害人是犯罪学研究的重点，但对社会组织（单位）被害的研究日显重要。

二、犯罪被害人的特征

犯罪被害人的特征，是指被害人所独有的状况和反映其特定身份和特定被害状态的基本特点、特征或属性。揭示被害人的特征，可以从被害人视角分析犯罪发生的原因、过程，从防止被害的角度，有效预防犯罪的发生。一般而言，犯罪被害人具有以下特征。

（一）被害性

被害性是被害人的首要特征。从理论上讲，社会成员都存在被害可能性，但现实中，一些人群因为其自身的行为倾向、行为能力以及社会身份和所处的物理环境，相对于其他人群更容易遭受犯罪的侵害。由此，所谓被害人的被害性，是指处于一定社会与地理分布的社会成员，因其生理因素和心理因素共同决定的使其相对容易遭受犯罪侵害的倾向性。就实质而言，被害性并非单纯的主观概念，而是被害人自身存在的利于诱发加害人产生犯

① 参见赵翔、刘贵萍主编：《犯罪学原理》，355～356页，北京，中国言实出版社，2009。

罪动机或促成犯罪行为实施的各种主客观条件。其中，个体被害性的主观条件主要表现为三个方面。

（1）被害人的倾向性。即被害人自身存在的容易遭受犯罪行为侵害的生理、心理特征。例如，有轻浮、贪利、好炫耀等心理特征的人，就容易成为有犯罪动机者选择的对象；生理特征则如女性、年老、年幼等，此类人群因其反抗能力弱或辨别能力低，使犯罪容易得手，其容易成为犯罪的对象。例如，根据《社会蓝皮书：2018年中国社会形势分析与预测》调查显示，老年人在网络安全方面防范能力相对薄弱，在老人遭遇的互联网骗局中，中等收入、有经济自主性的老年人受骗比例更高，老年人表示在互联网曾有过上当受骗或者疑似上当受骗经历的比例高达67.3%。[①]

（2）被害人的易感性。易感性，是指被害人具有容易受到他人感染、控制，容易顺从或接受伤害的特征，这些特征容易使人进入犯罪人的圈套或受犯罪人诱导而受害。如日本学者宫泽浩一认为，被害人的易感性是被害人对被害状态无意识的顺应性，反映了被害人容易接受加害人的诱导和容易成为加害人选择的侵害对象的特点，如过于轻信别人、过分善良等。[②] 对于被害易感性的研究有利于社会公众增强自我防范与保护，避免被害。除了前述所提及的妇女、老人、儿童之外，汉斯·冯·亨蒂格认为酒精中毒者、精神沮丧者、好猎取者、好色者、不道德者、贪吃者、孤单者、抑郁者、多痛苦者、冷酷无情者以及失去权势者也容易被害。[③] 虽然其论述不甚全面，但表明被害人的易感性正是促成针对其实施侵害行为发生的重要原因。

（3）被害人的易受性。被害人的易受性，是指在遭受犯罪行为侵害后，对其自身的被害人地位认同、容忍的特征。被害人的易受性往往助长犯罪人进一步实施加害行为，而自身则极有可能成为“习惯性被害人”。如在老年人为被害人的很多诈骗案件中，很大一部分老年人选择沉默与容忍，既不与子女讲，也不报案，常常自认倒霉甚至不认为被害；在未成年人被害的场合，一些被侵害的未成年人摄于犯罪人的恐吓与淫威而不敢说出被害事实；在家庭暴力中，一方对欺凌行为长期忍气吞声。正是被害人的易受性，加剧了侵害行为的升级发展。

除了前述主观条件外，某些职业特征以及特殊场所，使个体容易处于社会冲突的焦点，或处于无序状态以及不容易获得救助的境地，从而增加了被害倾向性，例如，警察的职业特征决定了，其相对于其他职业群体具有更高的被害性；而习惯于远离城市的独行者，其被害性也往往高于常人。

（二）互动性

所谓互动性，即在犯罪发生前与发生过程中，被害人与犯罪人相互作用，被害人促进了犯罪，而犯罪人又造就了被害人。犯罪实践表明，“犯罪人与被害人之间确实存在着互动关系，互为诱因”[④]。被害人的互动性表明在犯罪发生过程中，犯罪人与被害人之间相互作用，被害人不仅是犯罪后果的承受者，而且在不少场合中被害人对自己的被害起了促成或推动的作用。正是由于加害与被害双方的互动，才形成了最终的犯罪样态。只有从动态角

---

① 参见李培林：《社会蓝皮书：2018年中国社会形势分析与预测》，北京，社会科学文献出版社，2017。

② 参见孙斌：《被害预防案例分析》，4页，武汉，华中科技大学出版社，2016。

③ 参见任克勤：《被害人学新论》，99页，广州，广东人民出版社，2012。

④ ［德］汉斯·约阿希姆·施奈德主编，许章润等译：《国际范围内的被害人》，4～5页，北京，中国人民公安大学出版社，1992。

度分析被害人与犯罪人的关系，正确认识被害人在犯罪过程中的作用，才能从被害人方面消除其自身存在的诱发或促成犯罪的因素，从而更有效地预防犯罪。

被害人与犯罪人互动模式，主要包括以下几种。

1. 犯罪人攻击模式，即犯罪被害是因为犯罪人有预谋的攻击行为所致，并非因为被害人的过错行为所引发或促成。爆炸、投毒等危害公共安全犯罪中的被害人，以及强奸、抢劫等暴力犯罪中的多数被害人属于此类。这种模式下的被害人，虽然处于被动攻击状态，但被害人的态度和举止对犯罪的实际进程及最终结果仍然有影响。

2. 被害人推动模式，即被害人诱使加害人实施了犯罪行为，从而使自己成为被害人的一种模式。在这种模式中，被害人对犯罪人的攻击行为或挑衅行为在先，并因此引发了犯罪人的犯罪动机并促成了针对其犯罪行为的实施。这种被害人属于有严重过错的被害人。统计表明，在侵犯人身权利的命案中，50%左右的案件中被告人及其辩护人提出被害人存在过错。① 全国法院一审、二审案件中因为被害人有过错，导致被告人义愤或者激情暴力犯罪而对被告人适用死刑缓刑的比例则高达40.07%。②

3. 冲突模式，即被害人与加害人之间长期发生冲突，随着矛盾逐步升级，冲突加剧，最后产生加害与被害结果，如家庭暴力或邻里纠纷。有研究表明，在相识关系的暴力犯罪中，主要因家庭或夫妻、恋人之间的感情纠纷引起的暴力犯罪总计达28%，因同事、邻里等纠纷引起的暴力犯罪约占22%。③ 在冲突模式中，犯罪人与被害人之间常常互换角色，双方既是被害人，又是犯罪人。

4. 被利用模式，即被害人是在自己毫无察觉的情况下，实施了使某些加害人感觉到属于对其诱惑的行为，如被害人的疏忽、管理漏洞等。在这种模式中，加害人正是利用了被害人的被害倾向性实施了加害行为。

5. 自愿被害模式，即被害人不是被动接受加害行为，而是自愿甚至积极配合加害行为的实施和完成。在这类被害人中，有的是过于轻信他人的被害人，有的是想轻易获取某种利益的被害人，有的是无知的被害人，还有的是出于某种迫切的需求，出现注意力收缩、判断力减弱的被害人。在此类的情形下，被害人自身或者对自己所处的危险视而不见，或者虽有预见但甘冒风险，因而具有可谴责性。

（三）可责性

被害人可责性是指被害人与犯罪人相互作用的过程中，被害人对其被害事实有一定的推动或诱发作用，因而，从道义上或法律上具有可责性。分析被害人在犯罪中的责任，有五种情况。

1. 完全有责的被害人，即被害人实际上是最初的加害人。被害人实施了违法犯罪，而促使了该违法犯罪行为的被害人实施反击行为。

2. 可责性大于犯罪人的被害人，在推动模式的互动关系中的某些被害人，即属此种情况。

3. 可责性等于犯罪人的被害人，主要存在于冲突模式中的被害人中。

---

① 参见罗灿：《刑法三元结构模式下被害人过错的认定与适用——以侵犯人身权利命案为视角》，载《中国刑事法杂志》，2011（2）。

② 参见王永兴：《暴力犯罪死刑适用的实证研究》，载《中国刑事法杂志》，2010（8）。

③ 参见王永兴：《暴力犯罪死刑适用的实证研究》，载《中国刑事法杂志》，2010（8）。

4. 可责性小于犯罪人的被害人，如自身疏忽被犯罪人利用了的被害人，以及部分自愿被害的被害人。

5. 完全无辜的被害人，这是指犯罪的发生是犯罪人单方面作恶的结果，被害人方面没有任何责任，如警察在执法过程中遭遇犯罪人反抗或袭击而被害，银行职员当班时遭遇抢劫银行而被害等。

三、犯罪被害人的分类

犯罪类型的多样性和复杂性，决定了被害人的多样性和复杂性。为了更好认识犯罪被害人的特征和被害原因，有必要按照不同的标准，将犯罪被害人进行类型化处理。德国犯罪学家汉斯·亨梯把被害人分为一般类型和心理类型两类共十一种。一般类型的被害人为：少年被害人、妇女被害人、老年被害人、有心理缺陷和患病的被害人；心理类型的被害人包括：悲观型被害人、贪婪型被害人、放任型被害人、孤独型被害人、讨人厌型被害人和受挫型被害人等。以色列的犯罪学家本杰明·门德尔松则根据被害人对犯罪所负责任程度大小，将其划为五大类：（1）完全无辜的被害人；（2）罪责小于加害者的被害人；（3）罪责与加害者等同的被害人；（4）罪责大于加害者的被害人；（5）负完全罪责的被害人。① 此后，阿尔德尔·法塔把被害人分为五类：一是未参与型，二是潜在型，三是诱发型，四是参与型，五是虚假型。②

我们根据被害人本身的特点、被害性、被害状况、被害人的责任大小、被害事实是否已经发生等标准，对被害人进行如下分类。

1. 根据被害事实是否发生，分为已然被害人和潜在被害人。已然被害人是指已经遭受犯罪行为侵害的人，也叫真实的被害人，包括遭受各种犯罪行为侵害的人。潜在被害人是指不仅具有被害的倾向性，而且已经接近被害环境或处于被害危险状态的人。

2. 根据被害人的性别和年龄，分为未成年被害人、老年被害人、女性被害人、男性被害人等。在被害人统计中，被害人的年龄和性别是划分被害人类型的通常标准。不同年龄阶段的人，遭受犯罪行为侵犯的可能性以及被害的状况、被害类型、与犯罪人的关系、被害后果均存在较大差异。如青少年由于体力充沛、易激动、喜欢交往、结伙，且缺乏社会经验，考虑问题简单，自我保护能力弱，因而，容易成为普通暴力犯罪、家庭暴力犯罪、非法人口交易与人口控制犯罪的被害人；女性的生理特点决定了其被害性较强而自卫能力较弱，容易成为家庭暴力、强奸、奸淫幼女、拐卖妇女等犯罪的被害人，据全国妇联统计，家庭暴力受害者 90%～95%是女性，其中下岗女工占 35.6%。③ 老年人由于具有年老体弱、行动迟缓等特点，容易成为盗窃、抢劫、诈骗、虐待等犯罪的被害人。

3. 根据被害人的真伪，将被害人分为真实被害人和虚假被害人。真实被害人，是指确实遭受犯罪侵害并承担相应损失或损害的被害人。真实被害人又根据其是否已报案，分为已知被害人和未知被害人。虚假的被害人，是指并未受到犯罪侵害却宣称自己已被害的人。虚假被害人有善意和恶意两种。善意的被害人，是指由于认识错误因而误认为自己被害。

---

① 参见［德］汉斯·约阿希姆·施奈德主编，许章润等译：《国际范围内的被害人》，北京，中国人民公安大学出版社，1992。

② 参见康树华主编：《犯罪学大辞书》，49 页，兰州，甘肃人民出版社，1995。

③ 参见莫洪宪：《论女性刑事被害人之权益救济》，载《法学评论》，2000（6）。

恶意的被害人，则是指故意制造自己被害的假象，以实现其某种不正当的目的，如诬告陷害案中的“被害人”。

4. 根据被害人与犯罪的发生有无责任，可将被害人分为有责被害人和无责被害人。有责被害人，是指被害人与犯罪行为的发生，在道义上和法律上有一定的责任；无责被害人，是指与犯罪的起因和发生无任何关系，犯罪的发生完全是犯罪人单方面的行为所致。无责被害人又称纯粹被害人、无辜被害人。

5. 根据被害人与犯罪人的关系，可将被害人分为与犯罪人有关联的被害人和与犯罪人无关联的被害人。与犯罪人有关联的被害人，是指被害人与犯罪人相识、相知或有亲缘关系的被害人。与犯罪人无关联的被害人，是指与犯罪人不相识、不相知的被害人。

6. 根据被害人与犯罪后果的关系，将被害人分为直接被害人和间接被害人。直接被害人，是指其人身和财产直接遭受犯罪侵犯承受犯罪结果的人。犯罪不仅使直接被害人遭受身心痛苦和财产损失，还会给其家人或亲友甚至公众带来痛苦和损失而使之成为间接被害人。

四、犯罪被害人的救助

被害人遭受犯罪行为侵害后，其身心往往发生重大改变，甚至难以正常工作和生活。如果个体在被犯罪侵害后得不到合理救助，被害人不仅难以从被害阴影中走出来，而且有可能在心理创伤的刺激下变成犯罪人，从而造成更大危害。

（一）域外犯罪被害人的救助

1. 英美法系国家犯罪被害人的救助

英美法系国家犯罪被害人的救助制度也被称为犯罪被害人补偿制度。英国是世界上最早提出并实施被害人补偿制度的国家。1964 年英国颁布的《犯罪损害补偿计划》，主要针对受暴力犯罪侵害的被害人及被害人抚养、赡养的人，同时还包括因协助警察执行法律等见义勇为行为而遭受伤害或损失的人。补偿的范围主要包括：因被害人遭受伤害而产生的直接且合理的费用；因被害人全部或部分丧失劳动能力而产生的财产损失；因被害人遭受伤害产生的其他财产损失，以及法庭认为合理的其他费用，同时还包括被害人精神损害产生的损失补偿。① 在补偿金来源和补偿机构方面，英国专门在预算中设立了犯罪被害援助基金，同时设立刑事被害补偿局作为专门的刑事被害补偿机构，负责刑事被害案件的审核和补偿金的发放工作，同时监督补偿金发放的适当性，并对补偿工作全过程进行有效的管理。② 英国的被害人补偿制度，引起了新西兰、澳大利亚、加拿大及美国等国的重视。1990 年美国国会通过《犯罪控制法》（Crime Control Act），这是第一个全联邦的被害人权利宪章，自此以后，美国相继颁布多部法律，不断扩展被害人权利保护的范围。在补偿金的来源和补偿机构的设置方面，联邦政府在财政部设立犯罪被害人基金，基金的主要来源是联邦犯罪案件中所判处的罚金收入。

2. 大陆法系国家犯罪被害人的救助

德国从 1985 年开始在各地实施加害人和被害人的和解计划并先后制定了多部旨在强化

---

① 参见陈彬等：《刑事被害人救济制度研究》，35 页，北京，法律出版社，2009。

② 参见赵可：《犯罪被害人及其补偿立法》，175 页，北京，群众出版社，2009。

犯罪被害人求得损害赔偿权利的法律。德国的犯罪被害人补偿制度甚至被置于与刑罚、保安处分同等重要的地位，并称为犯罪人处遇的“新三元结构体系”。在救助对象和范围上，仅限于被害人本人及其近亲属，救助的范围主要以人身伤害为限，在补偿方式上，分为实物补偿和现金补偿两类。在具体的执行上则由地区的补偿局进行。法国的被害人救助制度则采用单独立法的模式，以成文法的形式予以确立。如其在1977年《刑事诉讼法典》中设立的第14编即为被害人补偿制度的专门性规定。后经几次修改后，补偿的条件逐渐放宽，补偿的数额也逐步提高，实行全额补偿。在补偿对象和范围上，法国规定申请补偿的人必须是遭受犯罪侵害的人，包括重伤和轻伤，但同时必须具备法国国籍或者欧盟国家的国籍或者已经获得在法国的合法居住权。① 法国的补偿范围仅限于因犯罪造成的“现时的、个人的和直接的”损失。在补偿金额上，不同的犯罪导致不同损害后果的，给予的补偿方式也不同。犯罪行为造成被害人重伤死亡的，无论被害人经济上是否困难、生活条件是否艰苦，均应得到补偿。

（二）我国犯罪被害人的救助

1. 国家救助

我国对被害人的国家救助主要是通过专门机关对被害人进行救助以及通过立法赋予被害人某些权利，使其能够通过正当途径借助国家机关有效地维护自己的合法权利。其中，专门机关即公检法机关。我国刑事诉讼法中所规定的被害人的权利主要有实施正当防卫和紧急避险、报案或控告、申请回避、委托代理人和赔偿损失，等等。

除由《刑事诉讼法》规定的犯罪被害人的权利之外，我国尚未制定全国性统一规范的犯罪被害人国家补偿法，而仅存在零星的地方性立法。自山东省淄博市于2004年首开“刑事被害人救助”先河以来，我国陆续有十多个省份开启了刑事被害人救助的试点工作。其中，福建省福州市2006年开始试行《关于对刑事案件被害人实施司法救助的若干规定》，根据该规定，一审在福州中院审理的刑事案件中附带提起民事赔偿诉讼，但无法从加害人及其他方面获得实际经济补偿，生活特别困难的自然人，可以向福州中院提出司法救助申请。②

此后，少数地区如无锡市、宁夏回族自治区和包头市陆续颁布了有关刑事被害人困难救助条例的地方性法规。从当前各地方对犯罪被害人的救助实践来看，对犯罪被害人的救助皆属于一次性的临时救助，只能在一定程度上解燃眉之急，尚不能满足犯罪被害人的救助需要。另外，由于当前各地救助制度还不统一，制度的横向公平性问题较突出。这些问题有待通过制定全国统一的被害人救济制度加以解决。

2. 社会救助

犯罪是社会的产物，虽然国家救助是犯罪被害人救助最基本和最主要的措施，但社会救助也至关重要。对被害人进行社会救助的主体应该包括：一是被害人所在的单位或组织；二是相关的社会组织，如工会、共青团、妇联、法律援助机构等；三是其他社会组织、机构及个人；四是设立专门的被害人救助组织。被害人社会救助的内容和方式则根据不同时间阶段而不同。在事前，可通过被害人教育，提高潜在被害人的防范意识，降低被害的可

① 参见曲涛：《刑事被害人国家补偿制度研究》，110页，北京，法律出版社，2008。

② 参见蔡小伟：《福州4类刑事被害人可获司法救助，救助金额最高2万元》，载《人民日报》，2007-01-25，6版。

能性。在被害人遭受犯罪侵害后，救助的主要方式和内容有：（1）法律援助，包括对被害人提供法律咨询、为被害人聘请代理人、提供法律服务等；（2）物质帮助，即帮助那些因遭受巨大经济损失或因丧失劳动能力等而陷入经济困境的被害人解决困难，使其能够正常生活；（3）心理抚慰，即通过开导、劝解或心理咨询、心理治疗，帮助被害人治愈心理创伤，走出心理阴影，恢复正常心理。

【问题与思考】

1. 什么是犯罪现象？犯罪现象可以有哪些类型？
2. 犯罪现象有哪些分析方法？如何运用各种分析方法？
3. 如何理解犯罪学中的犯罪人概念？
4. 犯罪人有哪些特征？研究犯罪人的特征有何价值？
5. 如何根据犯罪人的特征进行犯罪预防？
6. 如何理解犯罪动机？
7. 如何针对犯罪行为形成过程进行犯罪预防？
8. 如何理解被害人的特征？
9. 被害人的类型有哪些？
10. 被害人与犯罪人互动关系如何？

【推荐阅读书目】

1. 王牧．新犯罪学．北京：高等教育出版社，2005

2. 储槐植．犯罪学．北京：法律出版社，2001

3. 魏平雄等主编．犯罪学教程．北京：中国政法大学出版社，1998

4. 康树华主编．犯罪学通论．2版．北京：北京大学出版社，1996

5. 张远煌．犯罪学原理．2版．北京：法律出版社，2008

6. ［美］安德鲁·卡曼著，李伟等译．犯罪被害人学导论．北京：北京大学出版社，2010

7. ［美］迈克尔·戈特弗里德森、特拉维斯·赫希著，吴宗宪、苏明月译．犯罪的一般理论．北京：中国人民公安大学出版社，2009

8. ［德］汉斯·约阿希姆·施奈德主编，许章润等译．国际范围内的被害人．北京：中国人民公安大学出版社，1992

9. ［加］欧文·沃勒著，曹菁译．被遗忘的犯罪被害人权利：回归公平与正义．北京：群众出版社，2017

10.［美］罗伯特·J. 桑普森、约翰·H. 劳布著，汪明亮等译．犯罪之形成：人生道路及其转折点．北京：北京大学出版社，2006

第四章 犯罪现象的测量

内容导读

犯罪虽然是一种特殊的社会—法律现象，但借助于专门的方法和手段是可以对之进行测量的。这种测量的目的在于尽量接近犯罪的真实状况，由此准确把握犯罪现象的状态、结构和变化趋势，为分析犯罪原因和提出犯罪对策奠定事实基础。本章的内容包括：犯罪测量的价值、犯罪测量中的犯罪黑数以及我国的犯罪黑数问题三个方面。通过本章学习，应重点明确以下问题：犯罪测量的意义；官方犯罪统计的局限；犯罪黑数调查的方法与价值。

第一节　犯罪测量的价值

一、犯罪测量的概念

犯罪测量即描述犯罪现象的存在状态。它是依据各种犯罪数据和资料，借助于专门的方法对犯罪现象进行量化分析，以此揭示一个国家或地区犯罪的规模、结构和变化趋势。

犯罪现象作为一种特殊的社会—法律现象，对其数量特征的测定，旨在追求最大限度内的近似值，即尽量接近犯罪的真实状况，而不可能像对待自然科学或技术科学的客体那样，求得完全与事实相符的精确值。或者说，这种测量的目的定位于能客观地反映出犯罪现象的基本态势，而不是无一遗漏地反映一定时空内实际发生的所有犯罪行为。同时，鉴于这种测量深受对犯罪的法律规定及社会反应方式的影响，对犯罪现象的测量和特征分析，应当被限定在特定的政治、经济及文化背景中来进行。否则，在比较研究中可能会出现方法论上的错误。

犯罪测量作为对犯罪现象诸要素所进行的统计、调查和评断，在形式上可分为官方犯罪统计和非官方犯罪统计两种类型。官方犯罪统计是由刑事司法机关在其职能活动中对所处理的罪案进行分类整理形成的。非官方犯罪统计则是由司法机关之外的组织或犯罪学研究人员基于对犯罪现象的经验研究形成的。两者在统计制度、调查标准和范围等方面虽然有较大的差别，但它们互为补充、相互印证，构成了犯罪测量方法的综合体系。

二、犯罪测量的意义

犯罪学是一门注重经验素材、强调理论与应用并重的综合性学科，因此犯罪测量能在多大程度上反映出实际的犯罪现象，直接关系到犯罪学理论的科学性和应用价值。正因如此，在现代犯罪学中，犯罪测量是一个备受关注的问题。

犯罪测量具有多方面的作用。这些作用可以具体归纳为以下三个方面。

（一）犯罪测量是提出和评价犯罪原因理论的重要基础

一种犯罪原因解释理论的提出，既要依据一定的方法论和借助于某一学科领域现成的基本原理作为分析手段，也要基于经验材料对犯罪现象有相当深刻的把握。只有如此，才能避免理论的谬误。而这种作为分析基石的经验素材，正来自各种犯罪测量资料和结论。犯罪测量的这种作用模式通常表现为：根据相关测量资料找出犯罪的环境特征（外在情景、家庭结构、社会风气、文化传统、法律制度、经济状况、地理特征等）和犯罪人的个人特征（年龄、性别、智力、文化水平、家庭出身、社会地位）之间的相互作用关系，然后从某一基本原理出发，从某个层面上分析这种关系在何种性质和何种程度上决定或影响着犯罪行为的形成过程，在此基础上，再提出有关犯罪现象的一般解释或犯罪行为的生成理论。犯罪测量的这种应用价值尤其对犯罪社会学和犯罪社会心理学这两种主导理论，具有非常重要的意义。因为这两类理论都力图从环境影响和环境与个体的相互作用的角度，尽可能广泛地解释社会越轨行为。

同样，在评价某种原因理论时，也应当依据对相关犯罪测量资料的分析，对其立论根据和应用价值作出评断。

（二）犯罪测量是评价犯罪预防和刑事执法功效的重要手段

借助于官方犯罪统计或其他犯罪测量方法，可以比较客观地分析刑事立法和刑事制度在犯罪控制方面的效果，也能够评价执法机关所提出的打击和预防犯罪计划的可行性及实施计划所取得的实绩。例如，通过对一定时期犯罪现象的测量和分析，可以探求已出台的某项专门立法在遏止相关犯罪方面是否发挥了作用；矫正机关施行不同的惩治措施是否收到了减少再犯的效果；监禁刑和死刑是否真正具有一般威慑效果，或者在何种条件下才能发挥这种效果；增设巡逻警察或推行社区预防计划是否减少了犯罪以及在何种性质和多大程度上减少了犯罪；等等。对诸如上述问题的回答，构成了改良刑事系统、提高刑事立法和刑事司法功效的基本依据。

（三）犯罪测量有助于犯罪控制资源的合理化安排

犯罪测量资料可用来指导制定或修改刑事政策及某些社会政策，安排在犯罪控制方面应当优先发展和考虑的事项，合理地在刑事司法系统内不同部门间有效地分配人力和物力，以求在犯罪控制领域达到社会资源配置的最优化。

三、官方犯罪统计的价值

（一）官方犯罪统计的特点

官方犯罪统计是测量犯罪现象的传统依据，它是各级各类司法机关（警察机关、检察机关、法院、刑罚执行机关等）在刑事执法过程的各阶段中，依据档案材料编制的犯罪统计资料。其中，作为衡量犯罪总量和犯罪率依据的主要是警方的统计资料，因为它代表了官方所能掌握的最大犯罪规模。

较之非官方统计（研究机构的档案、犯罪学家的调查等），官方犯罪统计的特点如下。

1. 它是司法机关在执法过程中收集的，作为一种工作记录，其所反映的是执法机关的执法过程及执法结果。

2. 官方犯罪统计以有关的法律制度为依据，注重统计的法律要件。

3. 官方犯罪统计具有持续性，并且能够覆盖一国主权范围内的所有空间。

与上述特点相联系，官方犯罪统计的作用表现在以下方面。

其一，它是了解一国或一个地区犯罪基本状态（犯罪现象的数量、发案率、犯罪结构）及变化趋势的重要依据，甚至是传统犯罪学研究的唯一素材来源，因为在犯罪学发展的较早时期，人们难以发现官方犯罪统计之外的其他测量犯罪现象的途径。

其二，它是国家拟订刑事政策、制定刑事法律和提出犯罪预防对策的传统依据。

其三，它能够反映出刑事司法机关的资源配置及运行效果。

其四，它能够对刑事制度和刑事手段的科学性及在同犯罪作斗争中的功效作出评价。

（二）官方犯罪统计的局限性

就衡量犯罪的实际状态而言，官方犯罪统计很难成为犯罪现实的真实写照，而只是在一定程度上反映出犯罪的现实状况。因此，在评价和运用官方犯罪统计时，应当意识到其存在下述的局限性。

1. 官方犯罪统计的内容在很大程度上受居民告发意识强弱和统计制度是否健全以及统计人员素质高低的影响。正因如此，在告发意识和统计制度出现异常变化或波动时，官方的犯罪率不仅难以准确地代表实际的犯罪状况，甚至会与犯罪的实际情况相反。

2. 官方犯罪统计以相关的法律规定为依据，法律制度的变化必然会导致犯罪的数量、种类或结构的变化，而这种变化并不意味着社会中的实际犯罪也一定相应地发生了变化。

3. 由于各个国家的法律制度的不同，不同国家之间的犯罪统计往往难以直接进行横向比较。

4. 官方犯罪统计以法律制度为依据的特征，常常掩盖了犯罪学经验研究的需要。刑事立法基于概括性的原则，往往一个刑法条款中的罪名就包括了某一种犯罪行为的一系列表现形式，比如我国刑法中的盗窃罪，在行为方式上就包括了入室盗窃、扒窃、“拎包”等多种盗窃形式。但对于犯罪学而言，所要关注的正是各种具体的盗窃犯罪形式。因为，不同形式的盗窃代表了盗窃行为发生的具体原因及预防措施的不同。又如，官方犯罪统计注重各种相近犯罪类型之间的法律区别，而这种区别在许多情形下对犯罪学研究则是毫无意义的。例如，关于教唆犯与实行犯的区分，关于强奸罪与奸淫幼女罪的区分，等等。在犯罪学视野中，最为重要的始终是犯罪的“实体”，而不是规定这种“实体”的法律形式。

5. 实践中，一名案犯可能先后犯有多种罪行，司法机关对这种情形往往会进行重复统计。但对犯罪学而言，这仅仅是一个人犯罪的经历问题。

6. 官方犯罪统计只能反映司法机关已作出成功反应的那些犯罪行为（已侦破、起诉和判决有罪的），而对于那些未能作出成功反应和未获悉的犯罪行为则无法作出统计。

因此，对待官方犯罪统计的正确态度是：既要认识到它的利用价值，又要意识到其固有的局限，并在此基础上，按照犯罪学自己的视角，对所占有统计资料的价值进行评价。

为了弥补官方犯罪统计的不足，进入20世纪上半叶，人们开始寻求测量犯罪实际状况的其他方法，并开拓了犯罪测量的新途径，犯罪黑数问题研究由此得到不断深入地发展。

第二节　犯罪测量中的犯罪黑数

一、犯罪黑数问题的由来

犯罪黑数是犯罪明数（警方已获悉和登记的犯罪行为）的相对概念，是指没有编入警方犯罪统计中的犯罪行为总数。根据犯罪行为隐匿程度的不同，犯罪黑数可分为绝对犯罪黑数、可疑犯罪黑数和相对犯罪黑数。

绝对犯罪黑数是指虽已实际发生，但并未被察觉或已无法予以回忆的犯罪行为总数。可疑犯罪黑数是指因证据不足未能将案犯在法律上定罪的犯罪行为总数。显然，这种情形下所涉及的犯罪行为，只是从事实角度所作出的一种未经完全证实的推断。相对犯罪黑数则指已实际发生，并已被察觉但没有被纳入警方统计的犯罪行为。这包括两种情形：(1) 有关公民或组织对所知晓的犯罪没有报案（典型犯罪黑数）；(2) 警方对获悉的犯罪没有登记。司法实践中，由于绝对犯罪黑数和可疑犯罪黑数的数量很少，而且难以调查核实，故真正对评价实际犯罪状况有重要影响的只是相对犯罪黑数。

犯罪黑数问题自有官方犯罪统计之日起就已存在。官方犯罪统计作为警方职能活动情况的一种记载，反映的只是警方所能获悉的犯罪行为。因此，任何官方犯罪统计都只能是对社会实际犯罪行为的部分反映。由此便产生出一个对犯罪学具有实质性意义的重大问题——未被官方统计出来的那部分犯罪行为的数量、分布情况究竟如何？

对于犯罪测量中的这一谜团，在犯罪学研究的早期，一般只是根据所谓的恒比定律对此作大致的推测。该定律最早由比利时犯罪统计学阿道夫·凯特莱提出，他认为在犯罪明数与犯罪黑数之间存在一种固定不变的比例关系，即明数数量大的犯罪行为，其黑数数量也大；反之，明数数量少的犯罪行为，其黑数数量也少。随着犯罪黑数调查方法的发展，进入20世纪上半叶，人们才认识到这一定律并不成立。

二、犯罪黑数的调查方法

为查明犯罪黑数分布规律而进行的实证研究方法有两种：罪案自报调查和被害人调查。

(一) 罪案自报调查

罪案自报调查于20世纪40年代开始于美国。这项非官方调查主要是为了证明青少年和成年人违法犯罪的普遍程度，而由社会学家或犯罪学家主持进行的。其调查方式是通过问卷调查或直接询问，了解调查对象在生活中是否有过某些种类的违法犯罪行为。如 1946 年美国三名犯罪黑数研究人员，通过对 114 名 11 岁至 16 岁的男孩长达 5 年之久的调查，得到以下结果：全部 114 名男孩至少犯有 6 416 起违法案件，其中只有 95 起（占 1.5%）为刑侦当局获悉；在 616 起重大违法行为中，当局只发现 68 起（占 11%）。而另外两名研究人员于 1974 年在纽约市调查了 1 020 名没有前科的成年男子和 78 名无前科的成年妇女，向他们了解在生活中是否实施过至少可判处 1 年徒刑的 49 种犯罪行为中的一种或多种，调查结果是 91%的人承认犯过其中的一种或多种罪行。在这次抽样调查中，男性犯罪的平均数是 18，女性的是 11。①

罪案自报调查的收获在于，进行这项调查的有关国家取得了比较一致的、不同于官方犯罪统计的犯罪现象特征。

1. 违法犯罪行为远比官方犯罪统计所估计得更为普遍，正式的社会监督当局（如法院、检察机关）所获悉的犯罪只是其中的一部分。

2. 较严重的违法犯罪行为的犯罪黑数，一般要少于较轻的违法犯罪行为的犯罪黑数；女性在犯罪黑数调查中受到的违法犯罪的指控数量要低于男性的。

3. 违法犯罪行为是相对平均地分布于社会各个阶层的。而警方犯罪统计中之所以社会下层人员明显居多，主要原因之一在于警方对其违法犯罪行为作出了较社会中上层人员更为严厉的反应（逮捕、监禁），也即中、上层人员违法犯罪行为的犯罪黑数情况更为严重。

罪案自报调查虽然获得了一些有别于官方犯罪统计的重要数据和结论，但其局限性也比较明显。首先，这种调查方法涉及有关法律适用的溯及力及时效问题，加之人们从情感上讲，一般不愿意吐露过去的不轨行为，这在一定程度上会直接影响调查结果的真实可靠性；其次，自报调查的抽样范围较小，因而其调查结果只适用于衡量较小地区的犯罪状况，难以对全国性犯罪状况作出较为正确的评价。正因如此，目前进行罪案自报调查的国家，除美国外，基本上只限于少数几个欧洲国家。

（二）被害人调查

继罪案自报调查之后兴起的被害人调查，则旨在通过调查社会中被害人口的分布规模与结构，来衡量社会中实际发生的犯罪。其因调查范围广、可操作性强，是目前世界范围内测量犯罪黑数的最主要方法。

美国于 20 世纪 70 年代初开始进行被害人调查。随后，欧洲绝大多数国家和亚洲的日本等国家都相继开展了这项调查。随着犯罪被害人调查在全球广泛开展，使用这些调查结果进行犯罪问题的国际比较研究成为可能。但各国对犯罪的不同界定，仍然影响了对不同国家的调查结果进行比较的可操作性。为了解决这一难题，自 1987 年以来，在联合国层面组织实施了国际犯罪被害人调查。目前，已有 70 多个国家参与到联合国和欧盟犯罪被害人调查系统，独立地定期或不定期进行犯罪被害人调查，其中发布专门的犯罪被害人报告或包含被害人内容的综合性调查报告的国家，也已经超过 30 个。

被害人调查的直接目的在于：通过对一般人口受害情况的调查，获取独立于警察当局的第一手犯罪测量数据，以此对实际的犯罪状况作出尽可能准确的估计。就调查方式而言，

---

① 参见［德］汉斯·约阿希姆·施奈德著，吴鑫涛、马君玉译：《犯罪学》，207 页，北京，中国人民公安大学出版社，1990。

可分为官方的被害人调查和非官方的被害人调查。非官方的被害人调查，除了调查对象不同外，其组织实施与罪案自报调查基本相同。

官方被害人调查的范围往往覆盖全国，过程复杂且周期较长。以由美国人口普查局组织实施的被害人调查为例，该项调查共分为三个步骤：首先是全国犯罪的抽样调查，这是一项最重要的，也是唯一不间断进行的被害人调查。它包括在3年半的时间里，每隔6个月对全国固定的6万个家庭进行访问和再访问。调查材料用于评估全国主要犯罪的发生率。其次是访问抽样调查的42 000个商业企业的所有人、经理及职员，这种调查被用于评估商业企业遭受侵害的情况（如被抢劫、盗窃等）。最后是对6个主要城市的居民进行随机抽查，用以分析城市的犯罪状况。后两部分的调查一般为1年1次。

被害人调查的收获是多方面的。概略地讲，这些收获主要有以下几个方面。

1. 掌握了被害人在居民中分布的一般规律：男性比女性，年轻人比中老年人，单身者、离婚者和分居者比已婚夫妇，大城市的居民比农村及中小城市的居民更容易成为受害人。

2. 查明了被害人容易遭受侵害的各种原因和条件。各种被害人调查表明，相当一部分被害人承认因自己的不当行为或疏忽大意而导致被害。

3. 查明了未被告发的犯罪行为的数量及分布规律（参见表4-1）。

表4-1说明在各种多发性案件中，有半数以上的犯罪行为没有被警方获悉而成为犯罪黑数。

表4-1　　美国1979年未报案犯罪的分布

犯罪类别	未向警察报案的百分比（%）
强奸	49
抢劫	43
伤害	56
夜盗	52
盗窃	75
盗窃汽车	31
总计	61

被害人调查不仅能够在相当程度上弥补官方犯罪统计的不足，而且作为一种规律现象，发现了被害人在犯罪中的作用。被害人调查的主要局限在于，对某些犯罪，尤其是无直接受害人的犯罪，如贿赂、赌博、卖淫、偷税漏税和家庭内部的犯罪等，往往难以进行被害人调查。

三、犯罪黑数调查的意义

犯罪黑数调查作为独立于犯罪司法统计的犯罪测量手段，具有多方面的犯罪学上的意义。

（一）为检讨犯罪学传统理论、促进犯罪学发展提供了新的事实基础

犯罪学作为一门实证科学，长期以来所依据的事实材料基本上只是官方的犯罪统计和经验型的个案研究。但这两方面的事实材料所涉及的只是犯罪行为的一方当事人——实施不法侵害的犯罪人，因而，传统犯罪学忽视了被害人在产生或促成犯罪行为中的作用，只注重从犯罪人角度来探讨犯罪的原因和预防。但以被害人调查为中心的犯罪黑数调查结果表明，犯罪人与被害人之间并非单方面的加害与被害的对立关系。不仅在许多情形下被害

人对犯罪行为的产生负有法律上或道义上的责任，而且在一定场合下被害人与犯罪人存在相互转化的现实可能。因此，基于犯罪黑数调查而产生的一个基本认识是：应该检讨犯罪学传统的犯罪原因及犯罪预防理论，把被害人作为一个能动因素引入犯罪原因和犯罪对策的全面性考虑中。显然，离开了罪行被害人，不仅有关犯罪原因分析的客观性会出现缺陷，而且没有罪行被害人的自我保护意识和积极合作态度，任何预防犯罪对策的实际效果也将大打折扣。

（二）利于弥补官方犯罪统计的缺陷，正确分析犯罪形势

警方犯罪统计作为警方工作实绩的重要证明材料，虽能较好地反映出比较严重的犯罪行为情况，但却难以如实地反映出犯罪行为的全貌，此为缺陷之一。缺陷之二是，警方犯罪统计往往不能准确地反映犯罪率的实际增减变化。因为官方统计材料所表明的犯罪率的增减，直接受制于警方查处已发生的犯罪行为的深度和广度。当实际犯罪行为并没有增加时，如果公众的报案意识增强，警方工作效率提高或投入了更多的人力、物力同犯罪作斗争，则更多的犯罪行为就会被涉及，从而使犯罪率呈现出上升的假象。反之，在实际犯罪行为有所增加的情形下，如果公众的报案意识淡薄，警方工作效率不高，则这种实际犯罪率的上升在警方犯罪统计中就得不到反映。因此，警方所统计的犯罪率与其说是实际犯罪率的反映，毋宁说是“公众报案意识和警方工作效率”的产物。相比之下，犯罪黑数调查由于直接指向犯罪行为的“把关人”——被害人，不仅能较全面地反映出犯罪行为的数量规模，而且能根据罪行被害人增减情况的比较，较准确地反映犯罪率的实际升降。因此，官方统计材料只有与犯罪黑数调查材料相互印证，才有可能对犯罪的实际状况作出正确评估。

（三）使国际性的比较研究变得简便易行

由于被害人调查是从犯罪学角度进行的，其目的在于尽可能地了解犯罪的真实状况，因而所采用的调查方法各国基本相同，可以较好地克服官方犯罪统计因各国统计制度和方法不同所带来的难以进行正确比较研究的弊端。

（四）提升政策制定的科学性，开辟犯罪预防的新途径

犯罪黑数调查，除了具有前述犯罪测量意义上的独立价值外，还提升了政策制定的科学性，开辟了犯罪预防的新途径。随着犯罪被害人调查方法的日益完善，尤其是调查范围的不断扩展，如将被害人对犯罪的恐惧、担忧以及犯罪防控对策等纳入调查中，犯罪被害人调查日益成为影响政府政策、推动理论研究和解决犯罪实际问题的重要因素；同时，推动“预防犯罪人人有责”的观念向实践转化的新的犯罪预防途径——犯罪被害预防也由此而生。

需要指出的是，在测定犯罪状况和拟定犯罪对策方面，应当将官方犯罪统计资料与犯罪黑数调查资料结合起来进行对照分析和综合考虑，如此才能扬长避短，求得对犯罪更加全面和真实的认识。

第三节　我国的犯罪黑数调查

在我国的犯罪测量中，长期以来存在的一个比较突出的问题是，官方犯罪统计不够规范、统计资料不够透明，国家层面的犯罪被害人调查尚未真正开展，由此导致犯罪底数不

明、犯罪黑数大量存在。这种状况对于客观认识犯罪规律、准确把握犯罪态势和科学拟定预防犯罪对策都是不利的。

一、我国的官方犯罪统计

对我国犯罪状况的测量，目前还只能依靠官方犯罪统计。我国的官方犯罪统计，主要包括公安机关的立案统计、检察机关的起诉统计、法院的判决统计与刑罚执行机关的犯罪统计，它们一直是我国判断犯罪形势与从事理论研究的唯一或基本数据资料。其中，公安机关的立案统计，代表了官方所能知晓或接触的最大犯罪量，同时也是统计我国犯罪率的基本依据。

应该说，依据现有官方犯罪统计，经过全面整合和深入的比较分析，仍然能大致反映我国犯罪发生的基本轨迹与变化态势。但在科学决策和科学立法的时代语境下，无论在理论研究中还是在犯罪控制决策过程中，依据现有官方统计资料得出相关重要结论时，注意对之保持必要的谨慎与警惕，并注重与有代表性的调研材料相互印证，则是完全必要的。

因为，就衡量实际犯罪状况的价值而言，现有官方统计资料除了受官方犯罪统计固有缺陷的影响外，还存在以下一些问题：统计的规范性程度不高，如尚缺乏专门的统计机构和训练有素的统计人员，受理报案的刚性要求不足，以及绩效考核的压力等外在因素影响着统计数据的真实性；各种官方犯罪统计资料之间尚缺乏有机的整合；犯罪统计的透明度有待提升。这些都意味着我国的官方犯罪统计在反映犯罪状况的可信度上尚有待提高，在官方犯罪统计数据之外，还存在比较严重的犯罪黑数问题。

为了掌握我国的犯罪黑数规模，为犯罪控制的科学决策奠定基础，在不断完善官方犯罪统计制度和健全统计机制的同时，着力开展本土性的犯罪被害人调查，则是必由之路。

二、我国犯罪黑数调查的开展

犯罪黑数在各国普遍存在。不少国家通过开展犯罪被害调查，掌握了本国未被官方犯罪统计所涵盖的犯罪黑数规模与具体分布。我国尚未开展这方面的全面调查，犯罪黑数规模究竟有多大？犯罪黑数的分布规律又如何？总体上仍然是个谜。

但以下具有代表性的官方有关立案不实的调查与非官方的犯罪被害人调查，可以从一个侧面展示我国的犯罪黑数状况。

（一）官方有关立案不实的调查

从 1987 年开始，公安部和中国人民公安大学为完成国家“七五”重点研究课题“中国现阶段犯罪问题研究”，与部分省市公安机关合作，对三百多个派出所的立案情况进行核实调查，并且还通过在一定范围内开展座谈会和走访群众的方式，掌握了部分未被派出所获悉的刑事案件，在官方意义上揭开了我国犯罪黑数调查的序幕。在此，仅以福建省、浙江省公安厅及湖北省宜昌地区公安处对立案不实抽样调查的结果为例，对我国的犯罪黑数问题作一窥视。[①]

① 以下数据参见公安部及中国人民公安大学课题编辑部编写：《中国现阶段犯罪问题研究》（论文集），第 1 集，577、332、334、343 页；第 2 集，595、588 页，北京，中国人民公安大学出版社，1989。

1987年“两省一地区”刑事案件的发案核实数与发案统计数之比为：浙江省（对42个派出所的抽查）：60.73%；福建省（对57个派出所的抽查）：87.25%；宜昌地区（对31个派出所的抽查）：80.7%。犯罪黑数分布情况如下。（见表4-2）

表4-2　　1987年各主要刑事案件的漏立率

类别	浙江省	福建省	宜昌地区
杀人	10%	0	6.9%
爆炸	20%	0	无统计
强奸	7.76%	7.91%	3.37%
抢劫	24.49%	30.17%	24.5%
伤害	50%	54.5%	31.7%
流氓	47.5%	60.7%	57.3%
抢夺	40%	67.16%	100%
诈骗	48.53%	69.6%	33.3%
盗窃	70.75%	89.43%	79.2%

上述调查结果表明以下情况。

1. 现阶段的犯罪黑数数量巨大。统计表明，官方统计的犯罪明数平均不足实际报案的1/3。“两省一地区”刑事案件的平均立案率只有23.77%。也即，有76.23%的刑事案件没有纳入犯罪统计而成为犯罪黑数。如果考虑到这次调查主要是核实该立而未立的案件，还没有涉及受害人未报案的情况，则核实的立案率还会下降。这表明现有的官方犯罪统计远未能反映出实际的发案状况。

2. 各类案件的黑数分布不均衡。社会影响大、危害严重、为公安机关和群众所关注的暴力性案件的黑数比例较低，尤其是重大、特大案件的明数相对接近实际；而财产案件的黑数比例则较高，其中，盗窃案件的明数只占报案件件数的20%左右，黑数比例高达80%。

3. 调查中涉及的只是非典型黑数。典型的犯罪黑数主要来自被害人未报案。但与此形成鲜明对照的是，本次调查所涉及的犯罪黑数，主要是针对公安机关对所获悉的犯罪没有如实登记的情况而展开的，在性质上属于因官方犯罪统计不健全而形成的“立案不实”，尚未触及真正的犯罪黑数问题。

自20世纪90年代以来，我国警方对犯罪黑数问题的控制有所进展。不少省、市公安机关自上而下推出了如实立案的整治措施，但官方犯罪统计黑数规模大的问题，尚未根本解决。对此，下述的犯罪被害调查也予以了印证。

（二）非官方的被害人本土调查

我国非官方的犯罪黑数调查，目前主要限于由少数学者主导的针对局部区域或特定对象进行的被害人调查。整体而言，这方面的本土性调查尚处于尝试、探索阶段，除了在调查规模和调查的持续性方面还缺乏基本的物质保障条件外，即使在问卷设计、抽样方法以及统计分析的规范化水准方面，相对于在国际上具有代表性的联合国国际被害人调查和美国的全国被害人调查（NCVS），也还存在较大的差距。

为了推动本土性犯罪被害人调查的发展，受“中央高校基本科研业务费专项资金”的资助，北京师范大学“中国犯罪被害人调查”课题组在张远煌教授的组织下，于2013年对中原地区某省会城市进行了犯罪被害人抽样调查。

为了保障调查的可信度和与域外类似调查具有可比性，本次调查的问卷设计与调查流程，在考虑我国实际情况的基础上，主要参照了国际犯罪被害人调查（International Crime Victim Survey，ICVS）与美国犯罪被害调查（National Crime Victimization Survey，NCVS）的调查问卷与经验，调查范围覆盖了入室盗窃、汽车被盗、抢劫、抢夺、诈骗、性侵害、家庭暴力等常见多发的被害类型，同时也兼顾了"拎包"、自行车被盗、食品安全等具有本土特色的被害问题，力图准确反映现实刑事被害的特点。

本次调查是我国首次采用概率抽样，并以更利于隐私保护、更为高效的电脑调查法展开的，调查所获取的有效样本数为 1 010 人。经检验，调查所设计的问卷、抽样方法、现场操作步骤均具可行性。与国内已知相关调查相比，本调查初步解决了在中国现实情境下的概率抽样问题、被害调查的隐私保护问题、问卷内容的本土化与国际化兼顾问题以及问卷信息量及调查效率的平衡问题。

本次调查的内容除了反映出该市常见多发的犯罪被害的总体状况外，其更基础的意义在于：验证参照国际犯罪被害人调查标准并经过本土性改造的调查问卷与调查方案的可信度与可操作性，为日后按照国际通行标准进行大规模的被害人调查提供了可参照的调查问卷与调查流程；同时，为推动犯罪被害预防实践和改进治安工作提供了路径引导和思路参考。

三、本土性被害人调查的收获

上述 2013 年进行的本土性被害人调查，虽然只是局部性的抽样调查，但收获仍然是多方面的。

（一）初步掌握了常见多发案件的犯罪黑数规模（见表 4-3）

表 4-3　九类被害案件的总体报案率（有效样本数 1 010 人）

被害类型	实际发案数	报案数	报案率
汽车盗窃	16	7	43.8
自行车盗窃	472	129	27.3
入室盗窃	169	80	47.3
扒窃	265	42	15.8
抢夺（劫）	65	22	33.8
诈骗	163	27	16.6
性侵犯	25	4	16.0
暴力威胁	71	25	35.2
家庭暴力	22	6	27.3

比较上表中的发案数与报案数，可以对犯罪黑数大量存在有更为清晰、具体的印象：在调查涉及的 9 类被害类型中，即便是报案率最高的入室盗窃，其报案数也未曾超过发案数量的一半，而扒窃的报案率更是低至 15.8%。此外，诈骗和性侵犯的报案率也在 20%以下。

即便在此次调查中只对犯罪被害人最近一次遭遇被害时是否选择报案进行了统计，被害人的报案率与公安机关实际的立案率之间却仍然存在相当大的距离。同时，与前表 4-2 中刑事案件的漏立率调查结果相比较，此次被害人调查因属于典型的犯罪黑数调查，其所揭示的犯罪黑数数量也更大。

上述调查结果不仅佐证了犯罪黑数普遍存在的事实，而且也在相当程度上说明了现阶段犯罪黑数问题的严重性。

（二）犯罪预防的决策与实施应建立在对犯罪真实状况的把握上

本次调查数据表明：实际发生的犯罪与依赖被害人报案所形成的官方统计相去甚远。这不仅仅是一个简单的犯罪黑数问题，它还涉及对犯罪整体状况把握的失真、对各类犯罪严重程度的误读，以及犯罪预防工作重心与民众实际需求之间发生错位等一些重大现实问题。

1. 实际治安状况往往比官方数据所反映的更严峻。本次调查中，报案率最高的入室盗窃案件中，也只有47.3%的被害人报案；法益侵害较严重的抢劫（夺）、暴行类侵害的报案率仅为35%左右；扒窃、诈骗这样的高发性案件，报案率则更低。这表明以报案为基础的官方犯罪统计如不加以校正，则很可能对民众乃至政府决策层形成误导，导致个体及社会的犯罪预防，尤其是刑事被害预防措施的弱化。

2. 官方对不同类型犯罪的统计结果与实际被害状况存在较大反差。例如，根据调查点的官方数据，2012年入室盗窃立案数与自行车盗窃立案数之比为4∶1，但本次调查数据所显示的却完全相反：同期入室被盗与自行车被盗频数比为1∶3。可见，自行车盗窃案并非不严重，只是官方立案的少，并导致报案率越发偏低的恶性反应。实践中，依据官方数据评估犯罪形势和设计犯罪对策时，必须对这种情形有所考量。

3. 公众对警务工作的实际满意度偏低。一方面，实际的被害发生率较高，民众对警务工作的整体满意度不可能太高。调查显示，自行车盗窃的年度被害率为8.4%，年度被害频率为每百人11.3次；扒窃“拎包”的年度被害率为5.9%，年度被害频率为每百人7.3次；诈骗的年度被害率为4.4%，年度被害频率为每百人5.6次。另一方面，警察应对犯罪被害的实效性不高，直接影响了民众对警务工作的满意度。调查显示，在报案率相对较高的入室盗窃案中，只有3%左右的被盗赃物由警方帮助找回，报案后对警察工作表示“满意”的只占31.3%，“不满意”的占40.0%，表示“就那么回事的”占28.8%。在报案率更低的诈骗案件中，由警察帮助追回被骗物品的未超过4%；在被骗而不报案的理由中，主要有：“报警很麻烦”（23.5%）、“警察也无能为力”（25.7%）、“警察不会真管这种事”（22.0%）。

4. 不同类型犯罪的实际危害不同，应对策略应有所区别。对于自行车被盗、扒窃、诈骗这些影响面广的高发性犯罪，应切实注重采取以事前预防为主的综合性措施，如在自行车被盗的高风险区域提供可锁定自行车的固定装置；在人员密集的地方加强视频监控、反扒和安全提示措施；及时通过各种信息传播渠道向民众介绍识别诈骗的知识等。对入室盗窃、抢劫（夺）等危害程度较大的犯罪，除了采取加大安保投入等事前预防措施外，因公众在这些案件上对警方有更高的期待，所以事后及时侦破、认真追赃和及时返还赃物，可以有效提高公众对警务工作的满意度和激发民众的报案意识。

5. 犯罪预防应了解真实民意，确保工作重心契合民众实际需求。以食品安全为例，调查显示，只有27%的受访者表示未食用或购买过有毒有害食品，93%的样本人群即使遭遇毒害食品的侵害也未举报维权。但这并不意味着食品安全对他们不重要，受访者之所以未举报，是因为觉得“投诉麻烦”（15.5%）、“不知道找谁投诉”（19.4%）以及“警察或政府不会管”（33.1%）。事实上，从民众的关注程度上看，在本次调查的受访者中，认为现阶段应优先处理的社会问题，首先就是食品安全、交通安全、环境安全这些事关民生基础的问题，民众最期盼相关职能部门能优先介入这些领域。其次依次为：暴力犯罪、涉黑犯罪；贪腐犯罪；侵犯财产犯罪。而容易因媒体报道而放大危害的"卖淫嫖娼"现象，则居于关注的末位。及时了解真实民意，并据此确定工作重心和资源配置的优先次序，才能积极回应民意，取得民众的支持，从而夯实犯罪预防的群众基础。

（三）犯罪被害预防应尊重被害规律，有的放矢、突出重点

1. 犯罪被害现象在不同时空中的分布是不均匀的，防范被害只有重点突出，才能事半功倍。调查表明，超过七成的入室盗窃发生在"没有保安或门卫的开放式居民区"及"单家独户的自建房、院落"，近七成的入室盗窃与门窗没有关（锁）好、未安装防盗网等防盗设施或门窗遭破坏有关。强化这两类住宅门窗的牢固程度并注意加强安保力量，均能降低入室盗窃的风险。同时，现阶段的大部分入室盗窃案盗走的是价值高的小件物品，因此，民众尽量不在家中存放这类物品，也是减少入室盗窃损失的有效方法。

2. 不同类型犯罪的被害差异性大，应采取有针对性的防范措施。传统的犯罪被害预防往往对犯罪的差异性重视不够，预防措施倾向于一般化的设计，容易导致被害预防缺乏针对性和实效性。本次调查显示，同样是暴力侵犯人身的犯罪，在抢劫（夺）犯罪中，被害人认识加害方并能确认对方身份的极少，但性侵害案件却有 1/4 是发生在熟人之间的。显然，防范来自熟人的性侵害，也是预防被害的重要方面。在财产犯罪方面，入室盗窃、扒窃、盗窃自行车等犯罪的作案手法较为固定，但诈骗犯罪的手法变化迅速，新型的电信诈骗已占相当大比重。及时发现新的诈骗手法并向民众宣传警示，无疑是防止诈骗被害的重要举措。

3. 被害预防应注意克服认识误区。本次调查也验证了一些长久以来的习惯性被害认识与现阶段的实际被害情况并不相符。就入室盗窃而言，其并不限于白天上班后的空巢家庭或夜间熟睡之后，可能发生在全天任何时段；抢劫（夺）并非多发生在夜间，而是多发生于一天中社会生活较为活跃的时段（12 时至 24 时）；性侵害不一定发生在相对封闭的隐秘空间或夜深人静时，公共场所也是性侵害的高发区。同时，遭受家庭暴力的不仅是女性，男性也是家庭暴力潜在的被害人群，只不过针对女性的家庭暴力更多来自配偶，针对男性的家庭暴力更多来自父母。此外，妻子针对丈夫的家庭暴力也应引起重视。因此，被害预防不能凭"印象"展开，要具体分析、有的放矢才能取得成效。

此外，本次被害人调查还涉及居民安全感的问题。

对于社区安全感问题，课题组主要从邻里往来的频度、夜间独自出行的安全感、夜间独自在家的安全感以及在社区见到警察的频数四个方面对受访者的社区安全感进行测评。在 1 010 名受访者中，接近 91%的人认为社区环境是安全或比较安全的，对社会治安的总体状况较为满意。但同时，社区警察出现的频率似乎与居民的高安全感并不一致。有 282 名受访者（占 27.9%）报告在社区内"几乎见不到警察"，有 337 名受访者（占 33.4%）表示"偶尔才能在社区内见到警察"，另有 391 名受访者（占 38.7%）表示"经常或几乎天天见到社区警察"。然而，相关检验结果表明，受访者夜间独自出行的安全感、受访者独自在家的安全感与社区内警察出现的频率之间仍旧存在统计学意义上的显著相关性。

【问题与思考】

1. 什么是犯罪测量？
2. 什么叫官方犯罪统计？

3. 如何理解官方犯罪统计的价值?

4. 什么是犯罪黑数?

5. 调查犯罪黑数的方法有几种? 其特点如何?

6. 如何看待我国的犯罪黑数问题?

【推荐阅读书目】

1. 张远煌．国际犯罪被害人调查理论与实践．北京：法律出版社，2014

2. [美] D. 斯坦利·艾兹恩，杜格·A. 蒂默著，谢正权等译．犯罪学．北京：群众出版社，1989

3. 公安部及中国人民公安大学课题编辑部．中国现阶段犯罪问题研究（论文集）．北京：中国人民公安大学出版社，1989

4. 中国统计年鉴．北京：中国统计出版社

5. 王秋杰．国内外犯罪黑数研究综述．河北公安警察职业学院学报，2010（1）

第五章 犯罪的主要类型

内容导读

对犯罪现象可以根据不同标准进行类型划分。犯罪现象的类型化是深刻认识犯罪规律和特点的重要工具，也是有针对性地组织和实施预防活动的重要根据。依据不同标准并考虑犯罪的现实，本章介绍的犯罪类型包括：(1) 未成年人犯罪；(2) 有组织犯罪；(3) 恐怖主义犯罪；(4) 毒品犯罪；(5) 环境犯罪；(6) 无被害人犯罪。本章应重点掌握各类犯罪的概念、基本特征和表现形式。

第一节 未成年人犯罪①

一、未成年人犯罪的概念

(一) 未成年人犯罪的法定概念与事实概念

就人类的发育和成长过程而言，根据人的自然生理和心理状况，大致可以划分为两个大的阶段，即成年人和未成年人。在这两个大的阶段之下，又包含若干具体的年龄阶段，如在未成年人范畴中，又包括婴儿、幼儿、儿童、少年这些不同的年龄段。从国际上看，与“未成年人”概念并列的还有“少年”“儿童”等概念。西方国家的少年司法涉及的就是未达到成年年龄的违法者的处置问题，而联合国大会在 1989 年通过的《儿童权利公约》第 1 条则规定，儿童系指 18 周岁以下的任何人，除非对其适用之法律规定成年年龄低于 18 周

① 本节所涉数据和资料，除另有注释外，均为张远煌教授、赵军副教授等于 2008 年 10 月到 2009 年 3 月对北京、湖北、贵州三地未成年犯管教进行的抽样问卷调查所获得的。本次调查采用等距抽样法，在每个省、市的未成年犯管教所随机抽取 30％的男性在押人员作为问卷发放对象。实际发放问卷 1 000 份，回收问卷 983 份，有效问卷 966 份，有效回收率为 96.6％。鉴于三地成年犯管教所的女性在押人员数量均不足 3％，不具有统计意义，取样时排除了女性未成年犯。

岁。但不管称呼如何，未成年人的实质就是基于其发育状况的特殊性而区别于成年人的一个相对概念。

从立法层面看，“未成年人”在有关国际公约和众多国家都是一个明确的法律概念。在我国，法定成年年龄为 18 周岁；最高立法机关的两部未成年人的专门立法——《未成年人保护法》和《预防未成年人犯罪法》都明确规定：未成年人指不满 18 周岁的公民。再依据现行刑法典关于刑事责任年龄的规定，我国法定的（狭义的）未成年人犯罪，就是指已满 14 周岁不满 18 周岁的人实施的应当受到刑罚处罚的行为。

我国现行刑法规定的刑事责任起点年龄（下限年龄）是 14 周岁。而世界各国对未成年人犯罪的下限年龄的规定差别较大，包含了多种不同的年龄期间，如新加坡、尼日利亚规定的起点年龄为 7 周岁，西班牙规定的为 18 周岁，多数国家规定的未成年人犯罪的起点年龄在 10～15 周岁之间。

就事实层面的未成年人犯罪而言，与法定的未成年人犯罪有区别。为了保证研究的连续性和客观性，其设定的年龄下限一般要低于法定的刑事责任起点年龄。就我国而言，代表性的观念认为，未成年人犯罪的年龄下限应界定为 10 周岁。其根据是：（1）从我国的实践情况来看，10 周岁左右的个体生理机能已有了相当发展，在社会化过程中已经历了初步的社会规则内化阶段，客观上具备了辨别重大是非的基本能力，并在心理上开始出现独立倾向。（2）从司法实践来看，现阶段大量的经验材料显示，青少年犯罪人口从 10～12 周岁开始有劣迹，13、14 周岁开始走向社会进行违法犯罪活动，14～17 周岁进入犯罪的第一个高峰期。因此，将 10 周岁确定为青少年犯罪的下限年龄，对犯罪原因和犯罪预防研究而言具有明确的针对性，此时也才开始具备进行社会性心理矫正和行为引导的必要条件。（3）就理论研究而言，将下限年龄定得过低，会人为地扩大犯罪学的研究范围，使犯罪学研究的注意力发生分散，降低犯罪学研究的实际效果。[①]

基于上述分析，事实层面的未成年人犯罪可界定为：10 周岁以上不满 18 周岁的人实施的应当由国家和社会进行适当干预的危害行为，其外延包括刑法规定的犯罪行为、其他违法行为及与未成年人身份相符合的严重越轨行为。

（二）研究未成年人犯罪的特殊意义

把未成年人犯罪作为独立的对象从其他犯罪类别中划分出来进行单独研究，既是基于法律规定的明确要求，更是基于科学应对未成年人犯罪的客观需要。

首先，未成年人处于人的生命周期中身心发育的关键时期，由于年龄和社会化过程的不足，因而在身体发育与心理成熟方面存在尖锐矛盾，以及在实施犯罪原因的可控性方面明显不同于成年人，这些决定了对未成年人犯罪的刑事规制，既不能像对成年人犯罪那样在实体法中同等地规定，也不能像对成年人犯罪那样在程序法上适用普通的刑事司法程序。

其次，未成年人犯罪所导致的直接危害后果虽然一般不如成年人犯罪的严重，但未成年人犯罪所造成的社会压力异常巨大。未成年人作为社会中受监护的弱势群体，其犯罪直接关系到正在成长的新生一代的生命、健康及其他合法权益的保护状况，直接涉及家庭的和谐、社会的稳定与国家的未来。

最后，对未成年人犯罪处置不当，很容易导致其继续犯罪并成为惯犯、累犯的后备队伍。因此，运用刑事手段处置未成年人犯罪要特别理性和慎重。

---

① 参见张远煌：《犯罪学原理》，112 页，北京，法律出版社，2001。

二、未成年人犯罪的基本特征

未成年人犯罪作为一种特殊的犯罪类型，具有区别于成年人犯罪的一系列基本特征。这些基本特征，构成了应对未成年人犯罪的基本事实依据。

（一）未成年人的反社会性动机具有不成熟性

犯罪动机作为犯罪行为最重要的组成部分之一，是指“在社会环境和个人生活经验影响下形成的推动力，它是犯罪活动的内部直接原因，并且表达了个人对犯罪活动所指向客体的态度”[①]。犯罪动机不仅反映刺激犯罪的外在因素，而且反映社会环境中的否定性影响和个人的反社会指向性。正是在犯罪动机的形成和成熟性方面，未成年人犯罪与成年人犯罪有显著差异。

就成年人而言，心理发育已经成熟，并开始了比未成年人更深和更广的社会接触。他们基于复杂的需要和不同的社会角色意识，可以同时产生多种性质不同的动机，其犯罪动机的形成过程，往往经历了守法动机与违法动机的较量过程。从这种意义上讲，只有成年犯罪者才有比较成熟的反社会性动机，才是典型的或成熟的犯罪者。即使是激情性犯罪，那也是成年人在过去的生活经历中业已定型的人格缺陷对外部刺激的习惯性反映。由此，对于成年犯罪人，承担刑事责任的主要方式就是刑罚处罚，而刑罚处罚的最直接目的，就是通过对行为人权利的严厉限制或剥夺及由此产生的痛苦体验来防止其再犯。

与成年人犯罪形成鲜明对照，未成年人尚处于个人成长过程中的发育阶段。在这一年龄阶段，由于生理发育与心理发育之间的不平衡，因而其生理需求与适应社会期待的自我调整能力之间存在冲突。这种冲突具体表现在：精力过剩与缺乏支配能力、好奇心强与认识水平低、兴奋性高与自控力差以及性机能发育成熟与性道德观念形成较晚等。[②] 这些带有明显年龄阶段特征的身心矛盾，决定了未成年人犯罪动机的形成缺乏成年人那样的“深思熟虑”的过程。从性质上看，其犯罪动机具有比较单纯、幼稚的特点，往往是出于一时的好奇、玩闹、恶作剧或纯粹的生理性刺激而实施犯罪；从动机的产生模式看，犯罪的实施多具有突发性，并且在犯罪过程中，很容易因外界情景刺激出现犯罪动机的升级或转化。

与未成年人犯罪的上述动机特点相对应，行为的模仿性、易受暗示性、情景性、戏谑性和冲动性，就成为未成年人犯罪的显著行为特征。

（二）未成年人对社会危害性的认知具有幼稚性

对某一行为的社会危害的有无及大小的认识，必须以具备相应的社会认知能力为前提。因为“犯罪一直是一种有害行为，但它同时是一种伤害某种被某个聚居体共同承认的道德情感的行为”[③]。尤其是刑法规定的犯罪，是从众多社会危害行为中特别标定出来的一种行为类别，它包含了基于社会需要和统治意志评价的特殊社会意义。要认识犯罪的含义并以之作为行为的引导，必须具备相应的认识能力和行为控制能力。这正是现代刑事立法中，不把不满一定年龄的人实施的危害行为规定为犯罪的重要根据。如果无视认识行为社会危害性的主观条件，则有关的犯罪和认定，就是反科学的和不人道的。

---

① ［苏］B. H. 库德里亚夫采夫著，刘兆祁译：《犯罪的动机》，4页，北京，群众出版社，1992。

② 参见罗大华、刘邦惠主编：《犯罪心理学新编》，164～165页，北京，群众出版社，2002。

③ ［意］加罗法洛著，耿伟、王新译：《犯罪学》，21页，北京，中国大百科全书出版社，1996。

虽不能说未成年人对犯罪的特殊社会含义完全缺乏认识，但由于未成年人经历的社会化过程有限，他们对犯罪的特殊社会危害性的认识，整体上是比较模糊甚至是无知的。司法实践中，一些未成年人把抢劫同龄伙伴的钱视为“要钱”、把强奸视为“要女朋友”、把盗窃视为是“拿点东西”、把伤害甚至杀人视为打架等，以及犯罪后出现不同于成年人犯罪的种种表现，如对所造成的危害表现得无所谓，犯罪后不知道逃避，以及被羁押后天真地闹着要回家，凡此种种行为表现无不反映出未成年人所特有的认知特征：是非观念模糊；行为的预见性和适应性差；对行为后果缺乏内省力等。这决定了未成年人对犯罪的特殊危害性的认识，具有因社会化过程[①]不完整而在社会认知上难以避免的幼稚性。

未成年人对犯罪的特殊危害性的认知具有幼稚性，说明在对未成年犯罪人的处理上，重要的是采取有针对性的教育和挽救措施，而不是施加报应性的惩罚。

(三) 未成年人犯罪的原因具有易控制性

与未成年人的社会化场所（主要为家庭、学校和社区）和未成年人社会交往的有限性相联系，影响未成年人犯罪的因素远不如成年人的那样广泛和深刻，因而对未成年人犯罪的事前预防更具有便利条件，更容易收到显著的效果。

在犯罪原因的认识上，关于未成年人犯罪的原因问题，是犯罪学领域中少有的几类能在中外理论界达成基本共识的问题之一。即使在现代社会中，社会结构和生活方式发生了深刻变化，但源于家庭、学校教育的不良影响始终是未成年人犯罪最具普遍性的主要原因，其次是源于社区和大众传媒的不良影响。这些影响未成年人犯罪的基本因素，从范围上看是比较有限的，从性质上看与影响成年人犯罪的一系列深刻而广泛的宏观因素，如国家的政治制度、经济水平、文化类型和社会形态等联系并不密切。这就为社会和国家力量的提前介入和有效干预提供了充分的现实可能性。

(四) 对未成年犯罪进行刑事干预具有很高的负面性

刑罚之所以只是同犯罪作斗争的最后的和迫不得已的社会防卫手段，最根本的事实依据就在于：“人类行为，无论是诚实的还是不诚实的，是社会性的还是反社会性的，都是人的自然心理机制和生理状况以及周围生活环境相互作用的结果”[②]，这决定了无论何等精妙的刑罚设计和适用，都无法对犯罪的原因产生任何实质性的影响。不仅如此，现代犯罪学的一个认识是：刑罚在发挥其预防犯罪功能的同时，往往也在发挥催生更加凶恶犯罪人的功能。这种负功能具体到未成年犯罪者方面，则更为突出和现实。

一方面，未成年人除了认识能力低之外，还具有意志力弱的特征。由于认识要通过意志才能付诸行动，而未成年人的意志力比较薄弱，即使他们有了正确的认识，也常因自主的、客观方面的阻力、困难或诱惑而放弃正确的行动。[③] 这种心理特点决定了未成年人犯罪的反复性大，轻易动用刑罚处罚容易导致重新犯罪率的上升。司法实践也在不断证明，有相当比例的少年犯过去只是“一面手”，从监禁或矫正场所出来后，变成了“多面手”；所犯新罪往往比以前的犯罪更严重，而且犯罪类型也有扩展。

另一方面，从刑法适用的功效来看，监禁刑除了会产生交叉感染的负面效应外，对犯

① 社会化过程是个体在不同社会单位（家庭、学校、工作场所等）学习社会信仰、价值规范与社会角色的过程，目的在于使个人理性认识与自我社会身份和地位相符的权利与义务，在思想意识和行为倾向上与社会期待相一致。

② ［意］恩里科·菲利著，郭建安译：《犯罪社会学》，14页，北京，中国人民公安大学出版社，1990。

③ 参见罗大华等编著：《犯罪心理学》，180页，北京，群众出版社，1983。

罪行为的定性和对行为人犯罪身份的确定本身，也具有诱发犯罪的负功能。关于这方面，现代犯罪学的“标签理论”为人们认识刑罚控制与犯罪生成之间的互动关系，已提供了反思性视角和充分的经验论证。

三、我国未成年人犯罪的新趋势

在我国，未成年人犯罪除了受其自身带有普遍性的生理、心理特点影响之外，还深受我国社会转型时期各种负面效应的影响，再加上我国人口结构整体上比较年轻，未成年人在社会总人口所占的比重较大，使未成年人犯罪形势自20世纪80年代初以来一直呈现比较严峻的态势，并出现了一系列新的变化趋势。这些新变化具体通过未成年犯罪人和犯罪行为两个方面表现出来。

（一）未成年犯罪人方面的新变化

从未成年犯罪人方面的情况来看，主要反映出以下四个方面的新特点。

1. 犯罪低龄化趋势继续发展。

根据中国青少年研究中心“预防青少年违法犯罪课题组”2002年对全国10个省、直辖市的2 780名在押未成年犯的调查，全部被调查的未成年犯的平均犯罪年龄为15.73岁。① 而张远煌教授2009年组织的对北京、湖北和贵州三省市未成年人犯罪专项抽样调查（下称本次调查）结果显示，未成年犯实施犯罪时的平均年龄为15.56岁。可见，短短几年时间未成年人犯罪的平均年龄又有所降低。

除犯罪的平均年龄继续趋低之外，本次调查还揭示了更能说明现犯罪低龄化趋势继续发展的如下两个方面的年龄特征。

（1）犯罪高峰年龄提前。这里的犯罪高峰年龄，是指在刑法意义上未成年人犯罪相对集中的年龄段。1995年的统计表明，14～15周岁未成年人的作案人数占当年未成年人作案人数的33.4%，16～17周岁未成年人的作案人数占当年未成年人作案人数的66.6%。②

而本次调查显示，未成年犯中14～15周岁实施犯罪的占47.2%，16～17周岁实施犯罪的占52.7%。显然，与20世纪90年代中期相比，在2009年前后，未成年人犯罪的高峰年龄明显提前，表现在14～15周岁年龄段实施犯罪的上升了近14%，而16～17周岁年龄段实施犯罪的则下降近14%。

（2）初犯年龄趋低。“初犯年龄”即未成年人第一次实施犯罪时的年龄，包括在未达刑事责任年龄时实施严重危害社会行为的情形。本次调查表明，未成年犯第一次实施犯罪的年龄主要集中在14～16周岁，占到全部未成年犯的77.5%；7～13周岁年龄段第一次实施犯罪的比例也高达9.8%。

关于初犯年龄问题，由于没有先前的较系统的实证数据进行对照，难以判断当前未成年人犯罪的初犯年龄较之过去实际下降的程度。但参照已有的区域性研究资料，也基本能够确定近年来未成年人犯罪初犯年龄继续趋低的态势。③

由上所述，无论从犯罪平均年龄、犯罪高峰年龄还是初犯年龄考察，当前我国未成年

---

① 参见关颖、鞠青：《全国未成年犯抽样调查分析报告》，北京，群众出版社，2005。

② 参见王亚东、鲍遂献：《中国现阶段未成年人违法犯罪问题研究》，北京，中国检察出版社，1997。

③ 参见刘长琨、陈田：《四川、重庆两地未成年人犯罪调研和思考》，载《青少年犯罪研究》，2006（3）。

人犯罪低龄化的现象有日趋明显的迹象。这一趋势的出现是多种因素作用的结果。其中最主要的是，经济高速发展和国民物质生活水平的提高、教育普及程度的提升以及大众传媒的发展，促成了未成年人身心发育的早熟和认知能力的超前发展，从而使其进行社会性活动（包括反社会性活动）的能力的形成得以提前。

犯罪低龄化趋势继续发展的影响是多方面的。首先，作为规律性认识，更低龄化的人群步入违法犯罪之途，意味着未来社会中的未成年惯犯和累犯的相应增加。其次，低龄化趋势从事实层面上提出了我国现行立法中所确定的刑事责任的起点年龄是否真实地反映了现阶段我国未成年人犯罪实际情况的问题。最后，低龄化趋势也构成了评价我国未成年人犯罪形势严峻的一个实质性标准。

2. 具有多次违法犯罪经历者增多。

传统上，未成年犯罪人基本上属于初犯、偶犯之列，累犯、惯犯极少。但本次调查所显示的事实是这已有较大变化。

调查发现，未成年犯中实施过一次犯罪行为的只占43.1%，而有两次以上犯罪经历的未成年犯达到了全部未成年犯的56.9%。这一调查结果与20世纪90年代初期进行的一项较具可比性的同类调查相比，表明未成年犯罪人中多次犯罪的比例明显增多。

1991年8月至1992年2月，中国青少年犯罪研究会在北京、上海、河北、江苏、湖北、广东、四川、陕西8省市开展了一次问卷调查。调查对象包括1 064名未成年人，875名18周岁以上未满25周岁的成年人。当被问及曾经有过几次违法犯罪时，填写有两次以上违法犯罪经历的占29%，明显低于本次调查的56.9%的比例。① 如果再考虑到其调查对象中还包括了相当一部分18周岁以上不满25周岁的年轻成年人，现阶段未成年犯罪人中有多次犯罪经历者增多的趋势就更为明显。

超过半数的未成年犯罪人都具有违法犯罪的经历，与传统上依据司法统计中被处理的次数而习惯性地确认未成年犯罪人基本上都是初犯、偶犯的认识形成了较大反差。事实上，司法统计中的未成年人犯罪，只能说明司法机关发现和查处未成年人犯罪案件的能力，并不具有表征未成年犯罪人系初犯、偶犯还是累犯、惯犯的功能。在这一问题上，由于被司法机关发现前实施犯罪的次数只能借助于经验调查部分地掌握，因而尚难以进行精确地统计。概念化地去争论初犯、偶犯是否就是“未成年犯”这类犯罪人的固定标签并无实际意义，真正重要的是，正视现阶段未成年犯中具有多次犯罪经历的人在不断增加的事实以及由此所引发的对策思考。

未成年犯罪人中具有多次犯罪经历者明显增多，这一趋势的影响在于：其一，多次实施犯罪不仅意味着未成年人实施犯罪能造成更大的社会危害，而且意味着犯罪经历本身在不断强化未成年人犯罪心理的同时，使其可以掌握更多的与其生理年龄不相称的犯罪经验，从而其人身危险性大大增强。其二，这一趋势也表明，社会在处理未成年人初次犯罪方面的迟缓以及初次处理在防止继发性犯罪行为方面存在应当检讨的问题。

3. 闲散状态已成未成年犯案前的主要生活状态。

根据公安机关1995年的统计，当时，农民身份的未成年人占整个未成年刑事案件作案成员的比例居于第一位，为35.67%；其次是在校学生，占31.27%；社会闲散人员居第三

① 参见中国青少年犯罪研究会课题组：《关于八省市青少年违法犯罪问题的调查报告》，载《中国青少年犯罪研究年鉴》（2001年第2卷），北京，方正出版社，2001。

位，所占比例为22.57%。而本次调查发现，因犯罪进入管教所之前，既没上学也没干什么事情，处于闲散状态的未成年人所占比例最大，为53.8%，较1995年的提高了31.23%。这表明，闲散状态已成为未成年犯进入管教所之前的主要生活状态，而游离于社会控制之外的闲散未成年人已成为犯罪的高危群体。

4. 受教育程度有所提高。

与20世纪90年代相比，至2009年前后，未成年犯罪人的文化程度有所提高。调查发现，未成年犯中上过初中的人数最多，占66.2%；其次是上过小学的，占19.7%；上过高中、中专或职业高中的占12.9%；没上过学的仅有0.8%。对照1995年公安机关的统计，当年刑事案件的未成年作案人员中，小学文化程度的占39.82%，初中文化程度的占53.25%，高中文化程度的占3.71%，文盲占3.34%。两者相比较，现在未成年犯中初中文化程度的比例上升了12.95%，高中文化程度的比例上升了9.19%，而小学文化程度的比例则下降了20.12%。

受教育程度提高显然是义务教育水平普遍提升的直接结果。而其中所蕴含的意义则表现为以下内容。

一方面，未成年人的实际犯罪能力在提升。上过高中、中专或职业高中的未成年犯罪人比例的上升，意味着未成年犯罪人更多地具备了提升犯罪思维和犯罪技能的主观条件。毕竟，受教育程度是制约人类思维能力和实践能力的最常规性因素。

另一方面，初中后的继续教育问题，对未成年人犯罪的预防具有特殊意义。从文化程度的结构可以看出，大多数未成年犯罪人在初中毕业之前或毕业后就离开了学校，而没有进入高中、中专或职业高中继续学习。根据2006年的统计，我国初中升高中的比率为75%左右。而初中阶段后就结束学业的未成年人大都在14、15周岁左右，生理上正处于青春期，有较强的叛逆与猎奇心理，不再满足甚至反感家长的庇护，渴望走向社会接触新鲜事物，但他们既受年龄所限又缺乏基本的职业技能，因此难以在社会中谋得稳定工作。这些正处在社会化关键时期却脱离了来自家庭、学校和工作场所正常管束的未成年人，混迹于纷繁的社会中，自然会成为违法犯罪的易感群体。

（二）未成年人犯罪行为方面的新变化

从未成年人犯罪行为的实施方面来看，呈现出下述新特征。

1. 团伙犯罪的组织化程度在提升。

团伙犯罪是未成年人犯罪的主要作案形式。因此，判断未成年人犯罪形势的关键不在于团伙犯罪的具体比例，而在于团伙犯罪的组织化程度。因为，未成年人犯罪中团伙犯罪突出，既是基于未成年人犯罪的功能性需要，也是未成年人成长过程中渴望在成年人社会之外寻求归属感和安全感这一普遍社会心理需求的自然反映。但是，长期以来在这方面形成的模式化认识是：未成年人团伙犯罪都是临时纠合的松散群体，谈不上行为的组织性，因而危害有限。

近年来，不仅实践中已经出现了未成年人涉及有组织犯罪的情形，而且本次调查为了解未成年人犯罪组织化程度方面的新变化提供了较为系统和充分的事实依据。

首先，本次调查发现，虽然遇事一哄而上、事后各奔东西的临时纠合性犯罪依然是当前未成年人共同犯罪的主要形式，但当前未成年人结伙犯罪组织化程度提高的趋势已经显现。这也是现阶段未成年人犯罪的社会危害性增大的集中表现。

调查发现，在未成年结伙犯罪者中，有42.7%的人称在犯罪团伙中有明确的支配者。

而有明确的支配者存在，就意味着团伙中客观上存在组织与被组织的关系。同时，从本次调查所获悉的未成年人犯罪团伙的人数看，87.9%的团伙在3人以上。其中，又以4人至6人的中型团伙为最多，所占比例为46.2%，更有5%的团伙属于10人至15人的大型犯罪团伙，而20人以上至30人的超大型团伙，也占有1.2%的比例。团伙规模趋于扩大，这也说明了团伙成员之间的非平衡关系和支配性人物对团伙凝聚力的客观存在。

其次，更具有直接说服力的是，在少年团伙中支配频率最高的是两类人：一是“胆子大、下手狠”的人；二是“经验多、主意多、进过公安局”的人。而年龄要素已经不再是在未成年人团伙犯罪中获得支配权的关键因素。核心成员的身份决定了一些未成年人犯罪团伙在功能上已经能够通过对团伙成员进行必要的分工与协作来提升其犯罪能量，在性质上也已不再是临时纠合性的，而是具有一定稳定性的少年犯罪组织。

最后，前述有关未成年犯罪人方面的新变化，尤其是有多次犯罪经历者的增加以及犯罪低龄化趋势的继续发展，本身也预示着未成年人结伙犯罪组织化程度的提高已具有了现实可能。

2. 犯罪手段的暴力化倾向进一步加强。

犯罪的暴力化倾向是未成年人犯罪主要特征之一。先前对该问题的研究，基本上都局限于采用零星的官方统计数据或以列举典型个案作为佐证的方式进行陈述性说明，因而存在论证方法上的不足。本次调查选取了未成年人实施犯罪过程中面对“被害人的反抗”时的心理倾向这一代表性因素，作为衡量未成年人犯罪的暴力倾向的指标，这在一定程度上弥补了在这一问题研究方法上的欠缺。

调查统计表明，当实施犯罪过程中遭遇被害人的反抗时，总计有77.6%的未成年犯倾向于选择对被害人实施暴力攻击。其中，23.4%的人选择如能制服被害人就以暴力制服，否则就放弃犯罪；48.1%的人选择直接对被害人实施暴力，直至被害人停止反抗；更有6.1%的人选择干掉被害人，杀人灭口；而只有22.4%的未成年犯在此种情形下选择放弃犯罪，逃离现场。有高达54.2%的未成年犯罪人倾向于通过施暴将犯罪进行到底，这说明未成年人犯罪的暴力色彩浓厚，也表明其犯罪方式具有较明显的暴虐性。

现阶段多数未成年犯罪人所表现出来的运用暴力手段应对被害人反抗的行为倾向性，其刑事政策意义在于：其一，这意味着未成年人犯罪因更多地指向了人的生命权和健康权而在犯罪性质和客观危害上已趋于严重化；其二，表明现阶段已有相当比例的未成年犯罪人具有道德情感上的冷漠与对社会基本行为规范的漠视，犯罪动机方面已趋于成熟。

关于未成年人犯罪的攻击性倾向进一步加强的特点，在下述未成年人犯罪结构的变化上得到了进一步印证。

3. 暴力犯罪已成为未成年人最主要的犯罪类型。

传统上，以盗窃为主的财产犯罪一直是未成年人犯罪的最主要类型，并且小偷小摸、打架斗殴、寻衅滋事等是未成年人最常见的犯罪类型。但本次调查显示了未成年人基本犯罪类型的新变化。

虽然未成年人实施犯罪的范围较之成年人仍然具有相对狭小的特点，但在犯罪结构方面，居前六位的犯罪类型依次是：抢劫犯罪，占58.8%；故意伤害犯罪，占13%；盗窃犯罪，占8.8%；强奸犯罪，占8.2%；抢夺与故意杀人犯罪，各占3.5%和3.4%，而寻衅滋事、聚众斗殴和涉毒犯罪，均不足1%。其中，同样属于成年人犯罪中最典型的四类暴力犯罪——抢劫、故意伤害、强奸和故意杀人，合计已占未成年人全部犯罪的83.4%，暴力犯罪已成为未成年人犯罪的最主要类型。

4. 实施犯罪的预谋性增强。

通常认为，未成年人犯罪常常由冲动所致。在冲动性犯罪行为产生的过程中，少年对行为是否会触犯法律、会造成什么后果等缺乏预见和考虑，侵犯行为多是在意识水平低或没有意识的状态下实施的。但本次调查所揭示的事实却不尽如此。

一方面，调查发现，未成年人在实施犯罪之前对其行为性质和结果的认知程度是较高的。其中，41.9%的未成年犯在作案前均能够清晰地认识到自己实施的是犯罪行为，37.7%的未成年犯虽然缺乏明确的刑事违法性认识，但也意识到了自己的行为会造成严重后果或不利结果。从严格的犯罪构成角度上看，有高达79.6%的未成年犯罪人都属于典型的故意犯罪，真正对行为的危害性质和危害结果缺乏正确认识的未成年犯只占16.6%。这说明当前未成年人犯罪大都属于“明知故犯”，而真正因性情冲动在意识水平很低或无意识状态下实施犯罪的比例较低。

由此提出的一个重要问题是：对传统上关于未成年人犯罪因普遍比较缺乏蔑视社会规范的反社会心理，所以其可谴责性较差的认识有必要进行反省。尤其是调查显示还有13.6%的未成年犯明知自己是在实施犯罪行为，但对危害结果持无所谓的冷漠态度，甚至已经明确认识到了利用自己的特殊身份犯罪可以逃脱制裁，其主观恶性和人身危险性之大已经十分明显。

另一方面，与犯罪的认知度提高现象相对应，未成年人犯罪的预谋性也在增强。处于未成年期的个体具有生理发育快、心理状态不稳定、辨别是非能力差、自我控制能力弱的典型特征，这些特征决定了未成年人实施犯罪多数具有情境诱导的冲动性和盲目性。本次调查也证明了未成年犯中临时起意实施犯罪的确实占多数，达到60.8%，但应当正视的是，也有接近40%的未成年犯在作案之前是有所准备的，更有10.6%的未成年人在犯罪前有详细的作案计划。

未成年人犯罪预谋性增强的趋势，不仅意味着未成年人犯罪得逞的概率提高，给社会造成的事实危害增大，而且意味着未成年人实施犯罪后逃避和对抗侦查打击的现实可能性得以提升。

上述现阶段未成年人犯罪所呈现出的社会危害性趋重与人身危险性增大的新趋势，对我国有关未成年人犯罪的实践对策和理论研究提出了新的挑战。

第二节　有组织犯罪

一、有组织犯罪的事实特征

“有组织犯罪”原为犯罪学术语，自20世纪晚期以来，随着有组织犯罪现象的快速发展和其特殊社会危害性，各国立法才开始注意对其作出反应。如今，这一概念已日益成为大众性概念。

有组织犯罪是现代国家面临的一个棘手问题。在国际上，有组织犯罪有统一的英文表达形式“Organized Crime”，但对这一通行概念的解读，无论在理论层面还是在实践层面都难以达成统一。目前，关于有组织犯罪的定义，大致可以区分出三种基本类型：一是包括犯罪团伙在内的广义有组织犯罪；二是指犯罪集团的狭义有组织犯罪；三是仅指黑社会犯罪集团的最狭义有组织犯罪。在世界各国的立法中，也大致反映了这三种基本趋向。我国现行刑法对有组织犯罪的规定，基本属于最狭义的有组织犯罪范畴。

各种立法上的有组织犯罪规定，都是对客观存在的有组织犯罪形态的一种抽象反映。这种反映是否符合实际，是否反映了有组织犯罪的规律，仅着眼于相关刑事规范的比较和分析无法得出结论，只有基于有组织犯罪事实特征的考察才能得出有价值的评判。

有组织犯罪作为一种社会危害现象，是以组织特征（多个犯罪成员之间所形成的结构形态）为主要标准，同时考虑目的特征（犯罪成员集合成犯罪组织的主要目的）与手段特征（达成目的的主要方式）而从犯罪现象中划分出来的一种独特犯罪类型。这类犯罪的特殊性在于，它代表犯罪演变过程中的高端发展形态，不仅其形成机理比单独犯罪更为复杂，而且具有单独犯罪和一般共同犯罪所难以比拟的重大社会危害性。这正是反有组织犯罪的刑事政策与措施手段，应当区别于单独犯罪和普通共同犯罪的事实依据。

而反有组织犯罪政策观念的确立与防治措施的跟进，都有赖于对“什么是有组织犯罪”这一最基本事实性问题的回答。由此，揭示有组织犯罪的事实特征，既是从法律上正确定义有组织犯罪的基础，更是有效应对有组织犯罪的前提。

基于经验事实和理性抽象，凡是被称为“有组织犯罪”这种形式的犯罪，至少应具备以下四个方面的事实特征。

1. 数个犯罪成员之间已形成了特定的关系网络。

相对于临时纠合性共同犯罪，有组织犯罪的特殊性在于：犯罪成员之间形成了特殊的社会联系。这种联系具体表现为：犯罪成员之间的集结已形成了反映团体规模、成员地位和合作方式的关系网络。在这一网络中，每个成员或至少是骨干成员都能感觉到自己是集团成员中的一员，并为共同的目的而协调各自的行为，从而产生出远大于个人简单相加的新的犯罪能量。

实践中，表现这种犯罪成员关系网络的结构模式并无定式，而是多样化的。其典型形式除了已被人们形成模式化认识的具有明显层级关系的“金字塔”结构之外，也有呈扩散态势的环状结构。在这种环状结构下，虽然犯罪组织核心成员比较固定，但相互间并无明显的等级或依赖关系，他们或者共同进行犯罪的策划与组织，但对实施层面的外层人员的选择则具有较大的任意性；或者彼此间各自基于金钱、智慧、技能或社交方面的优势，相互提供支持和协作，并基于获取经济利益的目的形成“形散而实不散”的利益共同体。

从法律规制的政策意境上看，无论哪种结构形式，只要数个犯罪成员之间的结合具有一定的稳定性，即开始形成人力资源、地位和任务之间的持续性结合，具有产生更大犯罪能量和对抗打击的自然趋势时，此时的多人犯罪就已经具有了有组织犯罪的本质特征，就有了从法律上及时加以强力限制和打击的必要。否则，就会出现法律调整上的延误和促成有组织犯罪在规模和结构上的恶性发展。

2. 分散的犯罪成员集合成为犯罪组织是为了谋求超常规的经济利益。

在现代社会中，有组织犯罪可视为典型的经济怪兽。通过有组织地实施违法犯罪行为或藐视合法合规的行为，在现行体制下谋求超常规的经济利益，既是有组织犯罪的主要目的，也是犯罪组织得以形成和发展的主要动因。虽然在外在形式上，有组织犯罪也时常表现出对势力范围与社会影响力的追求，犯罪组织也可能表现出某些“善举”（捐款捐物、掩饰犯罪组织活动的公司照章纳税等），但其终极目的仍然是在更大范围内或更高平台上持续地获取暴利。这一基本目的不仅决定有组织犯罪的活动领域，而且也决定其犯罪方式的选择与组织模式的形成。同时，这一目的特征也是有组织犯罪与恐怖组织犯罪和邪教组织犯罪的基本区别点。虽然在更为抽象的意义上，恐怖组织犯罪和邪教组织犯罪也可以被称为有组织犯罪，但这样理解有组织犯罪，也就失去了划分“有组织犯罪”类型的针对性和特殊意义。同时，恐怖组织和邪教组织的定义具有较强烈的民族、宗教和政治色彩，立于犯罪学立场，它们理应区别于所指称的“有组织犯罪”。

有组织犯罪为了达成谋求超常规经济利益的目的，其犯罪手段可以是多种多样的，从血腥的暴力、肆意的恐吓到有计划的收买、欺诈，直至以合法形式加以掩饰，都是其典型的手段特征。追求经济利益的贪婪性与手段的反社会性决定了，犯罪组织的存在本身就是对社会秩序的一种严重现实威胁。这也是在刑事立法中处罚有组织犯罪的预备行为——组织犯罪组织和参加犯罪组织行为的基本事实依据。

3. 有组织犯罪行为的实施具有较强的隐蔽性。

虽然有组织犯罪为了打压竞争对手、巩固和扩大活动范围或为维持组织内部的控制力，不惜实施血腥暴力或暴力威胁，具有相当的公然性，但实施犯罪行为的掩饰性却是其更本质的特征。

一方面，在现行体制下犯罪组织要想长期存在，必然会以一定的结构形式和行为方式隐蔽其行为的有组织性，即极力掩饰违法犯罪的实施是组织的统一活动或是以犯罪组织的名义实施的；另一方面，有组织犯罪行为的实施，不仅可以表现为直接进行违法犯罪活动，而且可以表现为帮助追讨债务和进行正常的商业活动等各种合法方式，从而使实质的有组织犯罪活动与行政违法行为或民事纠纷混杂在一起。这就导致从单个行为来看，在法律上很难确定其行为的犯罪性。即使是显露的犯罪行为，也因发生在不同时间和空间，不同的受害人又是分散报案，导致司法机关不容易将这些分散发生的犯罪行为串联在一起，确定其是系列性的有组织行为。

正是实施犯罪行为的掩饰性，增加了有组织犯罪不被发现或将有组织犯罪作为单独犯罪或普通共同犯罪处理的概率。即使查获了犯罪组织的外围成员，也往往因犯罪组织结构方式的阻隔，难以查获犯罪组织的核心成员，难以彻底摧毁犯罪组织。这决定了在查缉和证明有组织犯罪方面，只有在法律上设计出不同于针对普通犯罪的特别追诉制度和证明制度，才能保证有效地打击有组织犯罪。

4. 犯罪成员往往是职业化犯罪者。

有组织犯罪成员，尤其是其中的骨干分子和核心成员，几乎都有违法犯罪和被处罚的经历。加入犯罪集团后，更是长期以犯罪活动维持其生计。相对于一般犯罪人，他们犯罪技能熟练，应对缉查的能力强，成功逃避惩罚的概率高，并具有较牢固的犯罪自我形象和反社会价值观。这决定了对有组织犯罪不仅事前预防、事后查证的难度较大，而且对有组织犯罪成员改造的难度都相对更大，对此更需要借助刑罚来限制其再犯的能力。

由上所述，可以把有组织犯罪定义为：数个犯罪成员基于特殊的社会关系组合，以获取经济利益为主要目的，以暴力、威胁为主要手段，在一定时期内多次或反复实施犯罪活动的犯罪形态。

二、我国有组织犯罪的主要特征

从中华人民共和国成立后有组织犯罪的演变来看，在经历了1949年后至20世纪70年代末长达二十余年的对有组织犯罪的有效抑制期后，伴随着我国社会格局的迅速变化和国际交流的日益发展，有组织犯罪成为危害社会治安和影响社会安定的突出不良现象。

我国的有组织犯罪无疑也具有前述有组织犯罪的基本特征，但由于国情的差异性，与其他国家或地区相比较，也存在一些自身的特殊性。在正视有组织犯罪共性特征的同时，充分认识我国现阶段有组织犯罪的主要特征，是理性认识和有效应对有组织犯罪的重要前提和基础。

1. 有组织犯罪从滋生、发展到壮大的速度快，但存续的时间相对较短。

这是我国不同于域外有组织犯罪的一个显著特点。经验观察和实证调查都表明，我国现阶段的犯罪组织往往在较短时间内就完成了从初级形态的犯罪团伙到中级形态的犯罪集团直至最高形态的黑社会性质组织的转变，但其存在的周期普遍较短，通常在3至10年之间就被揭露，这与西方国家典型的有组织犯罪形成了比较鲜明的对照。

我国有组织犯罪发展的这一周期性特征，既是有组织犯罪活动比较活跃的具体表现，也直观地反映了我国有组织犯罪的存在形态整体上与我国的国情是基本相对应的，这尤其表现为在行为方式上暴力性色彩比较重、活动的地域性特征强、境内犯罪组织之间以及境内犯罪组织与境外的犯罪组织之间尚未形成有效的网络，因而犯罪组织的犯罪行为比较容易暴露、抗打击的力量也相对较弱。当然，从根本上讲，人民政权与有组织犯罪本质上的不相容性决定了犯罪组织一旦被发现，就难以再继续存在。

2. 犯罪组织的存在形态呈现出低级与高级、简单与复杂并存的多样化格局。

我国犯罪组织存在形态的多样化格局，客观上要求从法律上界定有组织犯罪时，要防止出现认识僵化，对其特征描述要有足够的包容性，使其外延能覆盖我国城乡不同地区有组织犯罪存在的实际状况。

3. 有组织犯罪的综合社会危害性呈加剧趋势。

自20世纪90年代末以来，我国的有组织犯罪不仅侵害的范围在扩大，而且危害社会的深度也在加剧。这具体表现在以下方面。

（1）有组织犯罪日益向合法经济领域扩张。一些犯罪组织利用我国市场经济秩序尚在调整和发展过程中所容易形成的管理混乱和监管不力的局面，大肆进行公司欺诈、非法垄断、逃税、合同诈骗、制假贩假等经济犯罪活动，在一定区域或行业内严重扰乱市场经济秩序。从目前已查处的案件来看，有组织犯罪渗透的领域已经比较广泛，重点领域主要有工程承包业、生产加工业、零售业、贸易行业、房地产业以及交通运输业等。

（2）有组织犯罪已成为影响社会安定的重要因素。由于现阶段处于社会矛盾多发期，而社会矛盾化解和解决机制尚待建立和完善，有的犯罪组织乘机直接介入民事纠纷、城市拆迁、农村征地及外来民工维权等公共管理事务，成为激化社会矛盾、引发社会不安定的重要因素。

（3）有组织犯罪出现向政治领域渗透的趋势。社会转型时期难以避免因规范调整失效而出现一定程度的社会反常状态，这使包括政治领域在内的一些社会领域出现合法控制的真空地带或薄弱环节，一些黑道分子不仅得以用金钱开路，捞取政治资本，而且在局部地区开始出现有组织犯罪头目、地方政府官员和本地执法人员相互勾结、相互利用的政治伴生现象，直接危及政府的公信力和执政党的政治基础。

4. 有组织犯罪的区域化、国际化趋势日益显现。

经济全球化带动了科学技术的高度发达，便利了人、财、物的流动，同时也扩展了犯罪的空间范围，这在客观上为有组织犯罪的区域化和国际化发展创造了条件。在我国出现的组织偷渡向海外非法移民、境内外勾结实施的贩毒、暴力催讨赌债以及雇凶杀人等犯罪活动，就是有组织犯罪区域化、国际化的初级表现。

在当前和今后相当长时期内，如何限制有组织犯罪开拓新的活动空间，防止境内外有组织犯罪之间的相互勾结与协作的升级，尤其是避免形成跨地区、跨国界的有组织犯罪联盟，是我国刑事政策面临的现实挑战。

上述有组织犯罪的本土特征表明，对有组织犯罪的法律规制不仅应考虑有组织犯罪的一般特征，同时也应充分反映我国现阶段有组织犯罪的实际存在状况。如此，才能为在法治范围内有效地组织反有组织犯罪活动奠定科学的起点。

三、反有组织犯罪的刑事政策观念

对有组织犯罪之所以要进行专门研究，一方面是因为其具有超常规的社会危害性；另一方面是因为有组织犯罪的性质和活动方式决定了在发现、揭露和查处有组织犯罪方面所遇到的实际困难，往往比单独犯罪和普通共同犯罪的要严峻得多。因而，在立法对策和司法对策方面必须予以特殊的考虑，才有助于遏止有组织犯罪的增长或蔓延。

基于对有组织犯罪事实特征的一般分析和把握，可以比较清晰而又合目的地引导出在组织和实施反有组织犯罪活动时，应当采取的策略和应遵循的基本原则。

（一）"打早打小"、严防坐大

"打早打小"、严防坐大，是与有组织犯罪作斗争的首要原则。

有组织犯罪集团因其成员所形成的关系网络和活动的协调机制，具有有计划地长期进行集团性不法活动的能力，并具有在一定地域或行业形成与合法社会控制相对抗的发展趋势。对社会的安宁与秩序而言，有组织犯罪有较单独的个人犯罪和简单共同犯罪更持续、更广泛和更深刻的特殊社会危害性。为了避免有组织犯罪发展壮大，唯一主动和有效的策略就是在有组织犯罪的形成阶段或发展初期就及时介入，坚决打击。

我国的司法实践证明，凡是注重"打早打小"的地区，有组织犯罪都难以成型，危害也能有效地得到控制；一旦有组织犯罪成型坐大，不仅打击的成本无限上升，而且所造成的现实危害和留下的后果都十分深重。因此，刑罚打击锋芒的前移，也成为当今国际社会刑事立法的基本趋势。

（二）强化社会防卫观念，兼顾基本人权保障

在运用刑事手段打击犯罪的价值取向上，注意保持保障人权与防卫社会之间的平衡，是现代法治国家在考量与犯罪作斗争过程中可以采取的方式、手段和选择打击力度时应遵循的普遍原则。但保障人权与防卫社会应该是在动态中保持总体平衡的。具体就有组织犯罪而言，由于其存在和发展就足以严重危及社会整体利益和多数人的基本权利，并且这种犯罪形式很难依靠个体或社会组织的自我防备进行预防，只有借助于国家的合法暴力才能予以有效打击，因而在价值观念层面就需要着重考虑社会防卫的现实需要，在

此前提下，才是对维护犯罪人方面的基本人权的强调。在这一问题上，可以说任何教条式地强调保障人权与防卫社会之间的平衡，实质上是对最多数人基本权利和社会整体利益的忽视。

（三）严密法网，严厉制裁，便利查缉和定罪

作为前述指导原则的逻辑要求，在制度设计层面，只有着眼于编织严密的法网、配置严厉的刑罚以及采取便利于及时查缉和有效定罪的措施，才能为有效地组织和实施反有组织犯罪活动提供必需的制度保障。

首先，有组织犯罪所具有的巨大、综合的社会危害性，决定了它应是刑事政策上被严厉打击、锋芒集中所指的犯罪类型。同时，刑法作为承载和实现刑事政策目标的重要手段，其最基本的存在价值就在于从制度上优先保障合法而有效地与最危险的犯罪作斗争。或者说，刑事法律在现代的主要或基本功能并不是专事打击个体犯罪或一般共同犯罪，而是有效地打击包括有组织犯罪在内的那些破坏能量大、危害甚烈的犯罪形式。否则，刑法自身的正义性就值得怀疑。

其次，有组织犯罪旺盛而强烈的经济动机决定了，一方面必须设立防止其经济实力增强和向合法经济领域渗透的预防性制度；另一方面必须从制度上保障在查获现行有组织犯罪成员的同时，也能够彻底摧毁该组织赖以存在的经济基础和有效收缴犯罪成员的全部犯罪收益。这既是消除同一有组织犯罪东山再起可能性的需要，也是实现“任何人不得从犯罪中获得任何好处”的法律正义的必然需要。

最后，有组织犯罪成员的关系网络、犯罪行为实施的掩饰性以及犯罪集团成员的职业犯罪人身份共同决定了一个基本事实：在司法层面针对有组织犯罪行为难以及时发现、难以有效取证、难以缉查核心成员和彻底摧毁犯罪组织。为此，制度设计的必要便利性和针对性，就成为制定具体刑事制度和措施时应当优先考虑的原则。

第三节 恐怖主义犯罪

一、恐怖主义犯罪的概念

恐怖主义犯罪，又称恐怖犯罪、恐怖活动犯罪或恐怖主义，是当今世界严重威胁人类安全的一类犯罪。恐怖主义（terrorism）源于 18 世纪的法文“terrorisme”，最原始的含义专指 18 世纪法国大革命中的雅格宾派执政时期（1793—1794）对反对派实行的暴力专政。之后，恐怖主义也在另外两种意义上使用：一是泛指国家纯粹依赖暴力来维持政权的统治方式，即今天人们所说的国家恐怖主义；二是自 1934 年法国外交部长巴都和南斯拉夫国王亚历山大一世在巴黎被纳粹匪徒暗杀以来，恐怖主义的主体开始由掌握政权的国家机关向进行地下活动的组织或个人转移。而当今国际社会公认的一类严重危害社会的恐怖主义犯罪，泛指各种因信奉恐怖主义而实施的犯罪行为。[1] 如何界定恐怖主义犯罪的内涵与外延，

① 参见陈忠林：《我国刑法中恐怖活动犯罪的认识》，载《现代法学》，2002（5）。

由于各国恐怖主义产生的背景、政治立场或者研究的视角不同，因而对“恐怖主义”存在不尽相同甚至完全对立的认识。

我国《反恐怖主义法》第 3 条对恐怖主义概念作了明确规定，即“通过暴力、破坏、恐吓等手段，制造社会恐慌、危害公共安全、侵犯人身财产，或者胁迫国家机关、国际组织，以实现其政治、意识形态等目的的主张和行为”。依据立法定义，恐怖活动具体包括如下恐怖主义性质的行为：(1) 组织、策划、准备实施、实施造成或者意图造成人员伤亡、重大财产损失、公共设施损坏、社会秩序混乱等严重社会危害的活动的；(2) 宣扬恐怖主义，煽动实施恐怖活动，或者非法持有宣扬恐怖主义的物品，强制他人在公共场所穿戴宣扬恐怖主义的服饰、标志的；(3) 组织、领导、参加恐怖活动组织的；(4) 为恐怖活动组织、恐怖活动人员、实施恐怖活动或者恐怖活动培训提供信息、资金、物资、劳务、技术、场所等支持、协助、便利的；(5) 其他恐怖活动。

犯罪学上的恐怖主义犯罪实质上与恐怖主义行为或恐怖活动的内涵一致，只要基于恐怖主义，实施了恐怖主义行为，即属于犯罪学上的恐怖主义犯罪。而刑法中的恐怖主义犯罪，则必须是符合刑法的规定，具有刑事违法性和应受刑罚惩罚性的恐怖主义行为。

二、恐怖主义犯罪的特征

(一) 目的上，具有政治目的、宗教目的或社会目的

关于恐怖主义犯罪是否具有特定目的，目前学界有争论。传统观点认为政治目的是恐怖主义犯罪的目的。[①] 但有观点认为恐怖犯罪目的与行动的脱离是国际恐怖主义犯罪的发展趋势，恐怖主义不一定具有政治目的或动机。从司法实践中看，大多数恐怖袭击虽然发生突然，但多数是为了实现一定的目的、主张或者达到某种诉愿。因此，恐怖主义犯罪往往具有特定的政治、宗教或社会目的。

(二) 结果上，具有极大破坏性和社会恐怖性

恐怖主义犯罪区别于一般的刑事暴力犯罪的根本原因在于它的社会恐怖性。恐怖性是恐怖犯罪的实质特点。恐怖主义犯罪不是针对与自己有私仇或有利害关系的某个人或单位，而是针对不特定的人，犯罪对象有一定的随意性，使人人都感到不安全，从而导致社会上极度的恐怖气氛和恐怖心理。同时，恐怖犯罪的极大恐怖性，根源在于恐怖犯罪的极大破坏性。恐怖犯罪分子通常采用杀伤力和破坏力大的手段实施犯罪，不仅直接造成重大的人员伤亡和财产损失，而且会在社会和公众中制造恐怖气氛，直接引发金融动荡、社会混乱，进而对国家的政局稳定、经济发展等造成十分严重的负面影响。

(三) 手段上，具有多样性

恐怖犯罪的手段既可以是暴力手段，也可以是非暴力手段。暴力手段是最基本的手段，通常表现为通过实施爆炸、杀人、伤害、绑架、放火、劫机等来实现其制造社会恐慌的目的。随着科学技术的发展，恐怖主义分子利用现代科技手段实施恐怖犯罪，如利用现代生物技术制造病菌、施放毒气等，给社会造成灾难。随着网络技术的发展，恐怖主义犯罪网络化趋势日益突出，恐怖犯罪分子利用网络传播计算机病毒、散布恐怖主义信

---

① 参见王世雄、胡永浩：《冷战后恐怖主义动因分析》，载《世界经济与政治》，1998 (11)。

息、传播恐怖主义主张、培训与传授犯罪技术、网络联络或筹措资金等，增强了其犯罪能量。

（四）对象上，具有不确定性

恐怖主义犯罪的目的是通过制造骇人听闻的恐怖袭击事件，杀害不特定多数人，达到政治目的、宗教目的或者其他社会目的。虽然恐怖袭击的破坏目标往往是确定的，但是袭击对象并不是特定的个人，而是社会公众，并采取在公共交通设施或其他公共场所实施爆炸、施放毒气以及劫持交通工具等方式实施恐怖活动。

三、恐怖主义犯罪的类型

根据不同的标准，对恐怖主义犯罪可以划分为不同的类型。

（一）以意识形态为划分标准，划分为分裂型恐怖主义犯罪、宗教型恐怖主义犯罪、极左/右恐怖主义犯罪

1. 分裂型恐怖主义犯罪。分裂型恐怖主义①犯罪是基于政治独立或民族分裂的动机而实施的恐怖主义犯罪。其特征主要有：（1）恐怖性与反社会性。该类型恐怖活动侵害的对象无特定目标，针对的是整个社会。如“东突”恐怖组织采用残忍的手段，滥杀无辜，制造恐怖，破坏社会稳定。（2）高度的组织性。该类型恐怖组织对于恐怖活动的策划不仅宏观上有阶段性“战略目标”，而且具体的恐怖行动也都是经过精心策划和部署的。（3）鲜明的政治色彩。该类恐怖组织的政治主张、政治目标、政治纲领都十分明确，目的是要通过走武装化、暴力化的道路分裂国家。

2. 宗教型恐怖主义犯罪。宗教型恐怖主义犯罪是指个人、团体或组织出于对某种宗教信仰的痴迷或受到某种宗教观念的支配而实施恐怖犯罪行为。其特征主要有：（1）犯罪主体的分散性。该类恐怖组织或者团伙成员的分布较为广泛，宗教信徒除了一部分会参加恐怖组织或者自行结伙进行有组织的犯罪外，还有很大部分可能自发地、个体零散性地实施恐怖活动。（2）较强的融合性。宗教组织成员认为宗教的利益高于一切，将保护宗教利益视为自己的使命，宗教信徒在各自的生活时空中可能自发地成为恐怖分子。（3）较强的犯罪意志。宗教型恐怖分子把实施恐怖活动视为职责和荣耀，对恐怖主义在观念上形成了强烈心理认同。

3. 极左/右恐怖主义犯罪。极左恐怖主义犯罪和极右恐怖主义犯罪可以被统称为极端性恐怖主义犯罪。极左恐怖主义②是指 20 世纪 60 年代，一些西方失业青年推崇无政府主义，主张通过暗杀、爆炸等暴力手段推翻现存社会制度的极左思潮，该类恐怖主义多采用激进、冒进的恐怖袭击活动，试图实现短期推翻现有政府的目的。极右恐怖主义③是指反对左派政党和组织，崇尚资本主义、纳粹主义和种族主义的恐怖主义类型，该类型恐怖主义的突出表现是仇外、排外，袭击对象主要是本国移民、外籍工作人员，主要分布在西欧和北美等发达国家，是当时经济形势恶化以及失业率攀升的后果。

---

① 代表性恐怖主义：以建立统一的爱尔兰国为目标的爱尔兰共和军，主张民族分裂的西班牙埃塔，主张建立泰米尔国的泰米尔猛虎解放组织以及车臣非法武装等。

② 如意大利的“红色旅”，法国的“直接行动”，日本的“赤军”以及秘鲁的“光辉道路”等。

③ 如意大利右翼恐怖主义，德国右翼恐怖主义。

（二）以主体类型[①]为划分标准，划分为“独狼”（Lone Wolf）恐怖主义犯罪与集团恐怖主义犯罪

1. “独狼”恐怖主义犯罪。“独狼”恐怖主义犯罪作为恐怖活动的一种类型，根据危机管理研究所（COT）的定义，其行为具有以下特征：一是独立经营；二是不属于有组织的恐怖组织或体系；三是不受领导或者不受等级制度直接影响；四是他们的战术和方法是由个人构思和指导的，没有任何直接的外部命令或指导。

2. 集团恐怖主义犯罪。集团恐怖主义犯罪是指一般由三人以上组成，具有一定的领导或分工，以暴力等方式为手段，从事有组织的恐怖主义犯罪行为。

（三）以影响范围为划分标准，划分为国内恐怖主义犯罪、国际恐怖主义犯罪

1. 国内恐怖主义犯罪。国内恐怖主义也可以称之为本土恐怖主义，该类恐怖主义在本国产生，在本国成长，并在本国实施恐怖主义犯罪，该类恐怖主义成员多数同情或支持恐怖主义，自发地或在外界帮助下从事恐怖主义活动。随着网络以及科技的发展、全球化程度的提高，恐怖组织之间的交流增多，国内恐怖主义逐步扩大袭击范围，国际恐怖主义接踵而至。

2. 国际恐怖主义犯罪。国际恐怖主义犯罪除了具备一般恐怖主义犯罪的特征外，国际性和跨国性以及侵害国际利益是其重要特征。具体表现有：（1）袭击对象不再限于本国政府和民众，越来越多地指向外国政府、跨国组织及跨国公司等；（2）恐怖组织中不同国籍的人员越来越多；（3）往往有不同国家的支持；（4）不同国家的某些恐怖组织联系日益紧密，跨国活动频繁。

除了上述依照意识形态、主体类型和影响范围进行分类外，还有诸如古代恐怖主义、近代恐怖主义和当代恐怖主义，网络恐怖主义和信息恐怖主义，聚合型恐怖主义、展示型恐怖主义和冲突型恐怖主义，传统型恐怖主义和技术型恐怖主义等分类。

第四节　毒品犯罪

一、毒品犯罪的概念

（一）毒品的概念

毒品的英文为narcotic，源自希腊语，本意为麻醉或致人麻醉之物。有关的国际公约中没有对毒品作出一般性的定义。我国《刑法》第357条采用列举与概括并用的方式对毒品作了定义，“本法所称的毒品，是指鸦片、海洛因、甲基苯丙胺（冰毒）、吗啡、大麻、

① 根据主体类型进行划分时，国家是否可以成为恐怖主义犯罪的主体一直备受争议。国家恐怖主义概念在1948年《世界人权宣言》第30条，1966年《经济、社会及文化权利国际公约》第5条以及1966年《公民权利和政治权利国际公约》第5条中均有所体现。因此，国家可以成为恐怖主义犯罪的主体。如少数国家为了实现其国家利益或者政治目的，利用本国的间谍情报机关对其他国家实施诸如暗杀、爆炸等恐怖主义活动，该恐怖主义活动一般被称为国际间谍型恐怖主义。

可卡因以及国家规定管制的其他能够使人形成瘾癖的麻醉药品和精神药品”。由于毒品的种类众多，随着科学技术应用发展和制作工艺水平的提高，各种新型毒品不断出现，而且由于各国对待毒品政策的不同，毒品的内涵和外延也有差异，因而毒品的定义具有相对性。

根据我国刑法关于毒品的定义，毒品具有三个基本特征：一是毒品的成瘾性。如果不具有成瘾性，则不属于毒品，而属于其他毒性物质。二是毒品的危害性。毒品成瘾不仅影响毒品滥用者本人，而且影响家庭和社会。三是毒品的违法性。从自然属性上讲，毒品本身也是药品，包括麻醉药品和精神药品，使用得当则造福于人类。为防止麻醉药品和精神药品的滥用，国家通过法律严格管控这些药品的生产、销售、运输、使用及原植物的种植，违反法律法规处置管制药品的，即为毒品，也即毒品的称谓本身就是其违法性的体现。

毒品种类众多，为有助于认识毒品及控制毒品，可以根据不同的标准对毒品进行分类。常见的毒品分类有以下几种：（1）按国际公约分类，毒品可分为麻醉药品和精神药品两大类；（2）按来源分类，可分为天然毒品、合成毒品与半合成毒品；（3）按药理学作用分类，可分为麻醉剂、兴奋剂、致幻剂、抑制剂；（4）按毒品危害性强弱分类，可分为硬性毒品与软性毒品。

此外，联合国麻醉药品委员会将毒品分为六大类：（1）吗啡型药物，包括鸦片、吗啡、可待因、海洛因和罂粟植物等最危险的毒品；（2）可卡因和可卡叶；（3）大麻；（4）安非他明等人工合成兴奋剂；（5）安眠镇静剂，包括巴比妥药物和甲喹酮；（6）精神药物，即安定类药物。世界卫生组织（WHO）则将毒品分为八大类：吗啡类、巴比妥类、酒精类、可卡因类、印度大麻类、苯丙胺类、柯特（Khat）类和致幻剂类。

2. 毒品犯罪的概念

关于什么是毒品犯罪，在相关国际公约和大多数国家刑法、禁毒法中均没有明确的立法概念，而是着重对毒品犯罪的种类加以具体规定。我国也是如此，只是在《刑法》分则第六章第七节“走私、贩卖、运输、制造毒品罪”中，从第347条至第357条具体规定了12种毒品犯罪罪名。

我国对毒品犯罪的定义也多种多样，有的学者认为由于毒品犯罪既是一种国际犯罪，也是一种国内犯罪，因而毒品犯罪的定义应区分国际毒品犯罪与国内毒品犯罪概念。对国内毒品犯罪，存在从形式上、从实质上以及从刑法学意义上、犯罪学意义上等不同角度分别界定的倾向。我们认为，从刑法意义上讲，毒品犯罪是指违反禁毒法律法规，非法种植、制造、贩卖毒品及其他违反禁毒法规，破坏禁毒管理制度，应受刑罚处罚的行为。犯罪学中的毒品犯罪，则指违反禁毒法律法规，非法种植、制造、贩卖、吸食毒品及其他违反禁毒法规，应受行政处罚或刑罚处罚的行为。

在理解与界定毒品犯罪时，应注意各国毒品犯罪的内涵与外延的差异性，这主要是因为各国对基于个人目的而持有、使用毒品等行为的立法立场与禁毒策略存在差异性。我国对毒品管制严格，对毒品犯罪实行严厉打击政策。

二、毒品犯罪的特征

分析毒品及毒品犯罪的概念，可以总结出毒品犯罪的如下特征。

1. 毒品犯罪是法定犯罪。毒品具有法定性，哪些麻醉药品与精神药品属于毒品，由法律明确规定。因麻醉药品与精神药品具有药品的自然属性，目前被视为毒品的物品最早是出于治疗疾病的目的而产生运用的药品，其随着被不当使用及滥用造成的巨大危害而逐渐为人类所认识，国家制定法律严格控制该类药品的滥用，从而使该类物品由药品转变为毒品，因而，毒品的性质本身具有法定性。

2. 毒品犯罪是无被害人犯罪。在毒品犯罪中，仅有个别犯罪如强迫他人吸食、注射毒品罪有直接被害人，其他毒品犯罪中没有犯罪人之外的其他直接被害人。例如，吸毒行为是吸毒者自愿的行为，危害的是吸毒者自身的身心健康；而毒品交易行为是双方合意的行为，因此，绝大多数毒品犯罪属于无被害人犯罪。

3. 毒品犯罪是公害型犯罪。虽然毒品犯罪直接危害的主要是吸毒者的身心健康，但对社会会造成深重危害。主要表现在：其一，毒品滥用不仅导致滥用者精神恍惚、自残、自杀，还常常伴随家庭暴力；为满足毒品需求，吸毒人员往往通过各种违法犯罪手段获取毒资，引发社会治安问题；注射毒品是诱发艾滋病、肝炎等严重疾病的重要渠道。其二，毒品种植、制造加大了毒品供应，拓展了毒品需求市场，使更多人走上滥用毒品道路，进而损害整个人类社会的健康发展；毒品种植与制造、交易各环节容易滋生有组织犯罪、非法资金流动、腐败和恐怖主义等严重犯罪，危及全球安全。其三，毒品滥用和毒品犯罪给世界各国带来重大的经济损失。毒品消费者用在非法毒品上的花费是一笔巨大的社会财富内耗；各国实施禁毒政策所需经费也是一笔巨大的财政开支。

三、毒品犯罪的类型

为了更好地认识毒品犯罪及预防毒品犯罪，可以从不同角度对毒品犯罪进行分类。

1. 根据毒品犯罪的行为方式，分为生产型毒品犯罪、交易型毒品犯罪、消费型毒品犯罪及其他涉毒品型犯罪。

2. 根据毒品犯罪所涉及的毒品情况，分为传统型毒品犯罪与新型毒品犯罪。所谓传统型毒品犯罪是指针对鸦片、海洛因、大麻、古柯等传统毒品实施的犯罪。新型毒品犯罪是指相对鸦片、海洛因等传统毒品而言，针对人工化学合成的致幻剂、兴奋剂类毒品如冰毒、摇头丸、K 粉、咖啡因、三唑仑等实施的犯罪。

3. 根据毒品犯罪直接危害的对象，分为自害型毒品犯罪、他害型毒品犯罪与无被害型毒品犯罪。自害型毒品犯罪是指犯罪者本人是毒品犯罪受害者的毒品犯罪，吸食毒品即是典型的自害型毒品犯罪。他害型毒品犯罪是指犯罪受害者是犯罪人之外的其他人的毒品犯罪，如强迫他人吸食毒品罪。无被害型毒品犯罪是指没有直接受害者的毒品犯罪，如生产型毒品犯罪、交易型毒品犯罪。

此外，理论研究上还有其他分类，如将毒品犯罪分为常见毒品犯罪和不常见毒品犯罪；将毒品犯罪分为经营型毒品犯罪，包庇、窝藏、持有型毒品犯罪，诱使、迫使、帮助他人吸食、注射毒品罪；将毒品犯罪分为非法生产毒品方面的犯罪、非法流通毒品方面的犯罪、非法消费毒品方面的犯罪、其他毒品犯罪。

第五节 环境犯罪

一、环境犯罪的概念

(一) 环境的概念

不同学科对“环境”概念的认识不同。生态学认为，以某一（类）特定生物为中心，其生存、活动所处的外部条件的综合称为环境。环境科学认为，环境是指围绕着人群的空间以及其中可以直接或间接影响人类生活和发展的各种因素的总和。

对“环境”概念的认识是一个变化的过程。在早期，一般认为环境是指以人类为中心的维系人类生存、生活及发展的、与自然有关的外在因素。随着环境破坏越来越严重以及对人与自然的和谐关系的不断反省，原来被认为与人类生存、生活及发展直接关系不大的一些破坏环境资源的现象，如某类野生动物物种生存环境的恶化、某一生物物种的灭绝等，开始引起人们的重视。由此，“环境”不仅包括“人”的环境，还包括自然界自身的完整性、系统性及美好的状态。

我国《环境保护法》第 2 条规定：“本法所称环境，是指影响人类生存和发展的各种天然的和经过人工改造的自然因素的总体，包括大气、水、海洋、土地、矿藏、森林、草原、湿地、野生生物、自然遗迹、人文遗迹、自然保护区、风景名胜区、城市和乡村等。”由此可见，我国现行立法中“环境”概念，主要是指与人类生存和发展有关的各种自然因素，还没有将与人类生存和发展没有直接关系的自然生态本身直接作为法律的保护对象。[①]

(二) 环境犯罪的概念

对“环境”概念认识的不同，会相应影响对“环境犯罪”概念的内涵与外延的界定。同时，国际组织对“环境犯罪”的界定也有差异，如联合国国际法委员会 1979 年制定的《关于国家责任的条文草案》，将构成国际环境犯罪的基本要素定义为：一是有意或旨在造成对环境的危害；二是行为造成巨大的环境损害，三是严重违背国际义务。国际刑法协会 1994 年通过的《关于危害环境犯罪（总则适用部分）的决议》指出，环境犯罪定义应包括最低限度心理要件和最低限度行为要件。最低限度心理要件是指明知、故意、过失或疏忽大意，最低限度行为要件包括对环境造成严重损害的作为或不作为、违反已规定的环境标准以致对环境造成现实的和紧迫的危险。[②] 联合国环境规划署（UNEP）认为，虽然关于环境犯罪没有一个一致的概念，但是它通常被作为描述破坏环境的各种违法行为及为了个人、团体或公司利益过度利用、损坏、交易或盗窃自然资源的集合词汇来理解，而不局限于严重犯罪和国际有组织犯罪。

我们认为，环境犯罪首先是违反环境保护法律法规的行为，其次只要是严重破坏环境的行为就构成环境犯罪，不一定要求直接造成人身危害。基于以上述两点理解，环境犯罪

① 参见吕忠梅主编：《环境法原理》，2 版，2 页，上海，复旦大学出版社，2017。

② 参见王秀梅：《国际环境犯罪惩治的理论与实践》，载《外国法译评》，1999 (3)。

是指违反环境保护法规，不合理开发自然资源，或超标准排放各种废物，严重污染破坏环境和生态平衡的行为。

二、环境犯罪的特征

（一）环境犯罪具有鲜明的公害性

环境权作为一项基本人权，属于人类整体，既属于当代人，也属于后代人。由于环境具有“整体性”“共有性”以及环境侵害行为的“公害性”，这决定了，环境犯罪侵犯的不是某个公民的环境权，而是对“群体”环境权的侵害。环境犯罪对空气、水、土壤等的污染和破坏，往往会使某一地区的所有人的正常生活、身体健康和财产权益受到侵害；至于海洋环境污染、全球气候变暖、太空环境污染等环境问题带来的危害，则需要整个人类来承担。

（二）环境犯罪具有一定的潜伏性

环境犯罪对社会造成的危害性不易为人们觉察，其危害结果往往不是立即显现出来的，而需要经过一段时间的发酵。不论是行为人排放“三废”还是不合理地开发利用资源，其危害结果常常需要经过少则几年，多则几十年甚至上百年才能显现出来，如因滥伐森林导致土壤沙化、洪水泛滥等。此外，受人类认识能力的历史局限，对一些破坏环境行为的性质和后果一时难以正确认识。

（三）环境犯罪治理具有复杂性

一方面，治理环境犯罪需要平衡好保护环境资源和发展经济之间的关系。环境犯罪通常与经济发展问题交织在一起，从而提高了治理的难度。从环境犯罪与经济发展的关系来看，解决环境犯罪问题具有历史局限性。另一方面，环境犯罪治理是一项复杂的系统工程，不仅有赖于国家和全社会环保意识的觉醒，切实改变与环境保护不相适应的全体公民的生活方式和整个国家的发展方式，而且要制定科学的行动规划并形成有效的制度和机制保障，持续投入、持续跟进。

三、环境犯罪的类型

根据不同的分类标准，可以对环境犯罪进行不同的分类。

第一，以犯罪对象为标准，分为大气环境犯罪、水环境犯罪、土地资源环境犯罪、海洋环境犯罪、自然生态环境犯罪、声环境犯罪等。此外，联合国环境规划署在2016年发布的世界环境犯罪报告中，根据犯罪对象讨论了野生动物贸易犯罪、森林犯罪、渔业犯罪等环境犯罪类型。欧洲警察总部发布的《2013年欧洲环境犯罪威胁评估》中，列出了非法贩运废物犯罪、渔业犯罪、矿业犯罪等犯罪类型。

第二，以犯罪手段为分类标准，分为污染型环境犯罪与破坏型环境犯罪。这种环境犯罪的划分，对于有针对性地制定不同类型环境犯罪的预防政策具有重要意义。比如，在犯罪行为与结果的因果关系认定方面，破坏型环境犯罪的结果比较明显，行为与手段之间因果关系比较容易确定，但是在污染型环境犯罪中，其危害的潜伏性和扩散性更强，更需要采取防患于未然的对策；同时，环境污染的行为与危害结果之间的因果关系时常受认识和监测技术的局限，运用传统的因果关系理论难以判定，需要开发新的认知理论和方法予以解决。

第三，以犯罪主体为分类标准，分为有组织环境犯罪和无组织环境犯罪。有组织环境犯罪，是有组织犯罪在环境领域的新变化，高发领域主要有破坏臭氧层物质的非法交易、非法垃圾交易以及濒危物种非法交易等。相对于无组织环境犯罪，有组织环境犯罪的犯罪规模更大，活动范围更广，往往是跨国实施的，因而危害更大。

第六节　无被害人犯罪

一、无被害人犯罪的概念

犯罪被害人是犯罪现象的构成要素之一。犯罪行为一般有其侵害的对象，但在某些犯罪中并没有具体的被害人，这类犯罪被称为“无被害人犯罪”或“无直接被害人犯罪”。

对无被害人犯罪的概念，理论上有不同表述和认识。有域外学者认为，无被害人犯罪是主要在成年人之间依自由意志积极交换的行为，如果这种行为属于不为社会承认且被法律所禁止买卖的物品或服务，即构成无被害人犯罪；或者认为，无被害人犯罪是不对法益产生侵害或者危险的犯罪，即保护法益不明确的犯罪。我国有学者认为，从形式上来看，无被害人犯罪是指没有被害人的犯罪；从实质上看，无被害人犯罪是指保护法益不明的犯罪；或者认为，无被害人犯罪是指违反宗教或者道德，没有对刑法所保护的特定法益产生侵害或者威胁，出于人的本性而实施的行为。

我们认为，无被害人犯罪的法益保护不明，不等于没有侵犯法律所保护的利益，如禁止赌博、卖淫，法律保护的是良好的社会风气，禁止吸毒保护的是吸毒人员的身心健康进而保护整个国家国民的幸福与健康等，因此，无被害人犯罪不是没有侵害法益，只是没有直接侵害他人的权益，这是无被害人犯罪的本质所在。

二、无被害人犯罪的犯罪化之争

无被害人犯罪的犯罪化之争，主要是对无被害人犯罪是否应当被规定为刑事法律中的犯罪，予以刑罚惩罚。

（一）主张无被害人犯罪非罪化的观点

无被害人犯罪是顺应西方 20 世纪六七十年代的非犯罪化的浪潮而提出来的。无被害人犯罪的非犯罪化的理论基础主要包括以下内容。

1. 法益侵害说。法益即法律所保护的利益，利益具有客观实在性。无被害人犯罪虽然对社会有一定的危害性，但没有侵害或者威胁法益，因而不能以维护伦理道德和宗教为借口而将其列为犯罪。现代社会是一个价值多元、宗教多元的社会，如果以维护道德和宗教为目的，将无被害人犯罪规定为刑法上的犯罪，是在强迫他人只能服从立法者所认同的那种道德或宗教观念。而且，道德和宗教观念属于思想层面上的东西，刑法不是维持社会道德和宗教的合适手段。

2. 自愿行为说。无被害人犯罪是行为人为了满足自己的欲望并基于自己的自由意志而自愿作出的行为，没有直接的被害人或者犯罪人本身就是被害人，只要这种行为不妨碍他人的自由，国家就不必干涉。个人是自己利益最好的判断者，法律以维护个人利益为目的，个人对自己利益的处分是其个人权利，即使这种处分是损害自己利益的处分，法律也应给予尊重。

3. 刑法谦抑说。刑法是防卫社会的最后手段，只有在采取道德、宗教、经济、行政等手段不能充分保护社会时，才允许动用刑法；同时，刑法是其他部门法的保障法，要充分发挥其他部门法对社会的保卫作用，只有在其他部门法难以发挥作用时，才可以适用刑法。对于无被害人犯罪而言，可以使用道德、宗教、经济等手段进行规制，而没有必要动用刑法；用刑法规制无被害人犯罪，不仅会消耗大量社会资源，而且难以收到良好的社会效果。

（二）主张无被害人犯罪犯罪化的观点

反对将被害人犯罪非罪化的理论基础是规范违反说。这类观点认为，犯罪就是违反社会规范的行为，而社会规范的实质内容就是伦理规范。由此，诸如通奸、同性恋、堕胎、自杀、吸毒、赌博等明显违反社会道德的行为，应当被认定为犯罪行为。

事实上，从古至今，都有一部分无被害人犯罪被列入刑法规制的范围，如同性恋在一些国家和地区至今仍被视为犯罪；而通奸、堕胎，制造、销售、运输酒类的行为，以及开妓院和拉皮条、安乐死等，均在犯罪化与非犯罪化的轨迹上交替发生。在我国现行刑法典中，无被害人犯罪主要有赌博罪、聚众淫乱罪、容留他人吸毒罪以及容留、介绍卖淫罪等。

三、无被害人犯罪的特点

相对于其他类型的犯罪，无被害人犯罪具有如下特点。

1. 犯罪的多发性

由于无被害人犯罪能够满足人的欲望（如性欲、贪欲、自由欲、快乐欲等），每个人都有可能实施此类犯罪，因而，此类犯罪的发生具有日常性和多发性。根据国家禁毒办发布的《2018年中国毒品形势报告》，我国现有吸毒人数占全国人口总数的0.18%，而实施淫乱犯罪、赌博、酗酒等行为的人数也比较多。

2. 犯罪的隐秘性

一是无被害人犯罪没有直接的被害人，不像其他犯罪一样有被害人告发；二是无被害人犯罪通常都是在私下进行的，很少有目击者；三是随着社会的发展、道德观念的变化，社会公众通常将无被害人犯罪行为视为私生活范围之内的事情，即使知晓也很少有人向国家机关告发。因此，此类犯罪具有最高的犯罪黑数和隐案率。

3. 治理的艰难性

发现并惩治无被害人犯罪的成本非常高。一是由于此类犯罪比较普遍，数量庞大，查处需要投入大量资源；如果投入大量人力、物力执法，会使侦查机关不堪重负，影响其他重大案件的侦办。二是由于告发机制的缺失，查处此类案件容易产生选择性执法现象，影响执法的公正性；为了获取证据，执法机关往往需要使用跟踪、突击搜查、窃听偷拍等高成本侦查手段。三是这类犯罪与满足人的原始欲望相关，若力图用刑法禁绝此类犯罪，则有可能促使犯罪人实施更严重的犯罪。四是将无被害人犯罪列入刑法范围，会导致犯罪膨胀，尤其将轻微犯罪者贴上“罪犯”标签，不利于其回归社会。

4. 犯罪的诱发性

无被害人犯罪的实施往往具有持续性，容易形成瘾癖，无法戒除，如吸毒、赌博、酗酒等；同时，无被害人犯罪容易诱发其他犯罪，如通奸行为引起情杀，吸毒行为引起盗窃、抢劫甚至杀人行为等，酗酒行为引发交通事故、打架斗殴等。

5. 犯罪的历史性

随着社会的发展、伦理观念的变迁，一些曾经在刑法上被认为是犯罪的无被害人行为被非犯罪化，如同性恋、亵渎神灵、宗教异端行为等。由于历史文化传统等方面的不同，一些无被害人犯罪行为在某些国家被认为是犯罪，在某些国家却不被认为是犯罪，如安乐死、卖淫、吸毒等。

四、无被害人犯罪的主要类型

（一）无被害人犯罪的一般分类

无被害人犯罪的表现形式多种多样，主要包括：（1）成年人之间基于合意的不符合道德的性行为，如乱伦、通奸、重婚、鸡奸、卖淫、同性恋等；（2）亵渎神灵及宗教异端行为；（3）赌博；（4）吸食毒品；（5）自杀（包括安乐死）；（6）传播淫秽物品；（7）堕胎；（8）酗酒；（9）流浪或游荡；（10）发放高利贷；（11）虞犯少年行为（如逃学、游荡、不良交友等）；等等。

对前述行为，可以按照不同的标准进行分类。按照有无绝对的被害人标准，可以将无被害人犯罪划分为无直接被害人的犯罪和犯罪人（加害人）是被害人的犯罪；按照犯罪涉及的内容不同，可以将无被害人犯罪划分为涉及道德的无被害人犯罪和涉及宗教的无被害人犯罪；按照行为类型，可以将无被害人犯罪分为通奸、自杀、卖淫嫖娼、赌博、吸毒等。

（二）我国立法中无被害人犯罪的主要类型

1. 卖淫嫖娼

卖淫嫖娼，是指不特定的人之间以金钱、财物、物质利益等为媒介的性交易行为。

性交易的社会危害，不仅表现在破坏人类婚姻制度、传播性疾病、败坏社会风尚上，而且表现为容易诱发其他犯罪，因而性交易行为应当受到法律和道德的约束，所不同的是，各国对性交易行为约束的范围与力度有所不同。

在我国，卖淫嫖娼行为为法律所禁止。单纯的卖淫嫖娼属于行政违法行为；组织卖淫、强迫卖淫、协助组织卖淫以及引诱、容留、介绍卖淫和引诱幼女卖淫、传播性病的行为，则属于现行刑法中的犯罪行为。

2. 赌博

赌博原本是一种古老的娱乐活动，迎合了人类冒险、投机的心理。赌博一方面刺激、满足了人的欲望，另一方面却使一些人沉溺其中，无法自拔，容易演变成为一种严重的社会问题。赌博的社会危害性主要表现在：一是赌博容易让人成瘾，摧残人的心灵，扭曲人的价值观；二是赌博助长不劳而获的习气，败坏社会风气；三是赌博滋生人的贪欲，使人在贪欲的支配下实施盗窃、抢劫、贪污、受贿、挪用款物等犯罪；四是赌博破坏家庭和谐，耽误工作、学习，甚至让人倾家荡产。为此，古人将赌博放在败家败德的第一位。

鉴于赌博难以完全被禁止，为了控制赌博的危害，有些国家和地区采取了疏导与堵截相结合的政策，在有限范围内将赌博合法化。在我国，根据《治安管理处罚法》的规定，凡是以营利为目的，为赌博提供条件的，或者参与赌博赌资较大的行为，属于违法行为；而聚众赌博、开设赌场或者以赌博为业的行为，属于刑法中的犯罪行为。

3. 吸毒

从世界范围来看，各国对吸毒行为所持政策不尽相同。美国、德国和新加坡等国家将吸毒行为规定为犯罪并以刑罚制裁，在美国某些州，吸食硬性毒品（鸦片、海洛因、冰毒等）构成犯罪，吸食软性毒品（如大麻）是合法的。英国、法国和日本等国也将吸毒视为犯罪行为，但可用医疗措施代替刑罚执行。荷兰对于软性毒品实行有限制的合法化。

我国在毒品的危害方面有着惨痛的历史教训，毒品犯罪始终是严厉打击的对象。现行刑法没有将单纯的吸毒行为规定为刑法上的犯罪，但规定了与毒品有关的系列罪名。同时，依据我国《治安管理处罚法》的规定，对吸毒者予以治安处罚；依据《禁毒法》规定，国家采取各种措施帮助吸毒人员戒除毒瘾。

【问题与思考】

1. 未成年人犯罪的基本特征是什么？
2. 如何看待我国未成年人犯罪的新趋势？
3. 什么是有组织犯罪？如何理解其主要特征？
4. 什么是恐怖主义犯罪？恐怖主义犯罪有哪些特征？
5. 毒品犯罪的特征与类型是哪些？
6. 环境犯罪的特征与类型有哪些？
7. 如何看待无被害人犯罪的犯罪化之争？
8. 无被害人犯罪的主要特点是什么？

【推荐阅读书目】

1. 张远煌．中国未成年人犯罪的犯罪学研究．北京：北京师范大学出版社，2012

2. 周东平．犯罪学新论．厦门：厦门大学出版社，2006

3. 贾宇主编．中国反恐怖主义法教程．北京：法律出版社，2017

4. 师维．中国反恐怖主义法研究．北京：中国人民公安大学出版社，2016

5. ［美］詹姆斯·M. 伯兰德著，王震译．解读恐怖主义：恐怖组织、恐怖策略及其应对．3 版．上海：上海社会科学出版社，2019

6. 徐宏，李春雷．毒品犯罪研究．北京：知识产权出版社，2016

7. 王玮主编．毒品预防．北京：法律出版社，2019

8. 于海松．环境资源犯罪实务精释．北京：法律出版社，2017

9. 生态环境部生态环境执法局．环境污染犯罪司法解释图解案例手册．2 版．北京：中国环境出版集团，2019

第三编

犯罪原因论

第六章 犯罪原因概述

内容导读

犯罪原因是指引起犯罪的一切现象的总和。犯罪原因是犯罪学研究的核心内容之一，它对于科学认识犯罪和预防犯罪，促进犯罪学自身的发展都具有十分重要的意义。鉴于犯罪原因的复杂性，本章介绍了学习犯罪原因理论的基础性知识，着重论述犯罪原因的概念、犯罪原因的结构层次以及研究犯罪原因的原则等基本内容。

在犯罪学中，对犯罪原因的研究占有重要的地位。在很多犯罪学家看来，对犯罪原因的研究是认识犯罪现象和预防、控制犯罪行为的重要基础。在犯罪学历史上，犯罪原因方面的探讨是最重要的内容之一，甚至是早期欧洲犯罪学的主要研究内容。只是自 20 世纪以来，在犯罪学研究中才开始重视犯罪预防等问题。

第一节　犯罪原因的概念

一、犯罪原因的概念

犯罪原因是中国犯罪学研究中涉及的重要话题。在长期的研究中，人们对“犯罪原因”这个概念给出了不同的定义，主要包括以下内容。①

1. 犯罪原因是产生犯罪现象的根源，甚至进一步认为，犯罪原因就是犯罪现象的根源。这类定义多见于 20 世纪 80 年代的一些权威性工具书中。

2. 犯罪原因是产生犯罪现象的现象。这类定义的具体表述各有不同，例如，有的认为，

① 参见曹子丹主编：《中国犯罪原因研究综述》，25～28 页，北京，中国政法大学出版社，1993。

“犯罪原因是从犯罪结果中推知出来的能造成这一犯罪结果的事实”；有的认为，“犯罪原因是指引起犯罪结果的诸多现象”；有的认为，“犯罪原因是引起犯罪发生的社会现象和过程”。这类定义多见于犯罪学教材中。

3. 犯罪原因是指现实社会中客观存在的、能够使犯罪产生并且能够为人们所克服、改变或避免的因素。

4. 犯罪原因是指那些能够对人的心理产生作用和影响并导致犯罪行为发生的主、客观因素的总称。

5. 犯罪原因是指能够引起犯罪发生的诸多因素相互作用形成的系统。

仔细分析犯罪原因方面的文献，可以发现，人们实际上是在两种意义上使用“犯罪原因”这个概念的：第一，广义犯罪原因。这是指与犯罪结果相对而言的犯罪原因。这里所说的“犯罪结果”，就是指犯罪原因引起的犯罪行为或者犯罪现象。这种意义上的犯罪原因，可以称为“广义犯罪原因”或者“总体犯罪原因”、“整体原因”①，这种犯罪原因必然会引起犯罪行为或者犯罪现象的产生。第二，狭义犯罪原因。这是指与犯罪结果和其他因素相对而言的犯罪原因。这里所说的“其他因素”，是指同样对犯罪结果发生作用的犯罪条件和犯罪相关因素等。这种意义上的犯罪原因，可以称为“狭义犯罪原因”或者“部分犯罪原因”、“特殊原因”，它是广义犯罪原因中的一部分，也就是其中对犯罪行为或者犯罪现象的产生具有更大作用的那部分犯罪相关因素。在本节中所说的犯罪原因，大多是指广义犯罪原因。

从广义上看，犯罪原因是指引起犯罪的一切现象的总和。这种意义上的犯罪原因具有下列特点。

1. 时间顺序性

犯罪原因的时间顺序性，是指犯罪原因先于犯罪而存在的特性。从时间上来看，作为犯罪原因的现象，是指那些在犯罪产生之前就已经存在的现象。任何犯罪原因都必然是在犯罪发生之前就已经存在的现象。在犯罪行为发生之后出现的现象，都不可能构成犯罪原因。

2. 内容复杂性

犯罪原因的内容复杂性，是指犯罪原因包含许多各不相同的成分和内容的特性。

首先，犯罪原因包含多种多样的因素。对于任何特定的犯罪行为或者犯罪现象而言，引起它们的往往不可能是一种因素，而有可能是多种相关因素。这些相关因素在引起犯罪方面所起的作用或者所发生的影响力，可能是很不相同的。其中，一些因素所起的作用很大，而另一些因素所起的作用可能较小。

其次，犯罪原因因素是动态变化的。尽管人们在分析犯罪原因时，可能会列出很多相关因素，似乎这些因素是静止不动的，但是，在实际上，人们的分析仅仅是认识犯罪原因的一种方式，实际存在的原因因素都是不断变化的。这种变化不仅体现在它们对于犯罪行为的作用和影响方面，也体现在自身的存在状态方面。

最后，犯罪原因因素之间充满了相互作用。一些论著在阐述犯罪原因时，往往把犯罪原因看成是某种因素、某些因素或者大量因素的总和，这样的论述虽然有一定道理，但是，并没有揭示犯罪原因的全部意义。广义犯罪原因或者完整意义上的犯罪原因，不仅包括各

① ［苏］兹维尔布利等著，曾庆敏等译：《犯罪学》，77页，北京，群众出版社，1986。

种相关因素，还包括这些因素之间以及它们与犯罪人之间的相互作用。正如恩格斯所肯定的黑格尔的话："相互作用是事物的真正的终极原因。"① 一些犯罪学家也赞同相互作用在犯罪原因中的重要性。例如，苏联犯罪学家认为，"犯罪，如同任何人的行为一样，归根结底是个人和外部客观环境（形势）相互作用的结果"②。苏联学者斯·塔拉鲁欣更为明确地指出："研究表明，客观和主观因素以及相互影响的现象的各个部分复杂的相互作用，也就是人与环境的复杂的相互作用，是犯罪的直接原因。"③

在理解犯罪原因时，要特别重视犯罪人的心理与其他因素之间的相互作用。任何原因因素只有在影响犯罪人的心理，被犯罪人所认识到之后，才能对犯罪行为的发生产生实际作用。任何犯罪行为的发生，都是以犯罪人的心理为中介的。人不是机器，人有自己的心理和主观能动性，犯罪原因因素不能不通过犯罪人的心理而直接引起犯罪行为。因此，忽视这类相互作用的犯罪原因，肯定是不完整的犯罪原因。

尽管必须认识到这类相互作用的重要性，但是，并不一定要在犯罪原因的定义中加入"相互作用"的字样，毕竟科学的定义要简明扼要，不能把所有的内容都体现在定义中。

3. 相互差异性

犯罪原因的相互差异性，是指引起不同犯罪的犯罪原因各不相同的特性。在现实生活中，犯罪复杂多样，引起犯罪的犯罪原因也是复杂多样的。虽然可以说，某种或者某些犯罪可能是由大致相似的犯罪原因引起的，但是，绝不能说所有的犯罪都是由同样的犯罪原因引起的。实际上，不仅实施犯罪的每个人或者每个犯罪群体之间充满了差异性，个体犯罪行为与社会犯罪现象之间充满了差异性，而且引起每个人或者每个犯罪群体的犯罪原因之间也充满了差异性。每个人的犯罪行为或者每个犯罪群体的犯罪活动，可能都有非常独特的犯罪原因。因此，在认识犯罪的过程中，对于犯罪原因进行类型分析和论述只有相对意义，仅仅是为认识特定犯罪的原因起到提供某种指导、认识线索或者参考框架等方面的作用，而不能代替具体犯罪的具体原因，不能机械地将犯罪原因学说生搬硬套到具体的犯罪中。科学的做法是，应当在关于犯罪原因的一般原理或者类型分析的指导下，进一步认识具体犯罪的原因。

二、犯罪原因研究的意义

研究犯罪原因具有重要的意义。这种意义通过下列几个方面体现出来。

(一) 有助于认识犯罪

研究犯罪原因有助于认识犯罪。犯罪是迄今为止最为复杂的现象之一。虽然人类社会中科学技术已经有了快速的发展，达到了很高的发展水平，但是，人类对于自身及其行为的认识，仍然是不够的。特别是对于危害社会的人类行为的认识，还处在一个较低的水平。可以说，人们对于犯罪的认识，虽然进行了长期的努力，但是还没有达成普遍的共识，还没有取得突破性的进展，还有待继续努力。对于犯罪的认识包括很多方面，其中必然包含

---

① 《马克思恩格斯选集》，3 版，第 3 卷，920 页，北京，人民出版社，2012。

② ［苏］兹维尔布利等著，曾庆敏等译：《犯罪学》，96 页，北京，群众出版社，1986。

③ ［苏］斯·塔拉鲁欣著，公人、志疆译：《犯罪行为的社会心理特征》，"序言" 2 页，北京，国际文化出版公司，1987。

对于犯罪原因的认识。因此，深入认识犯罪原因，有助于人们更加科学、更加深刻地认识犯罪。

（二）有助于治理犯罪

研究犯罪原因有助于治理犯罪。治理犯罪是指以科学的理念和方法对犯罪作出合理反应的过程与活动。其中包括预测犯罪、预防犯罪、控制犯罪、处理犯罪和犯罪人等方面的过程与活动。准确认识犯罪原因，有助于提高人们治理犯罪的能力和水平，有利于将犯罪控制在一个合理的水平上，避免犯罪对于社会造成过大的危害。可以说，科学认识犯罪原因，是有效治理犯罪的重要前提和必要基础。

第一，研究犯罪原因有利于准确预测犯罪。唯物辩证法认为，因果关系是事物和现象之间相互联系的普遍形式之一，是事物和现象存在与发展的普遍规律。如果能够准确认识原因，就能够准确预测可能发生的结果。犯罪作为社会现象之一，虽然更为复杂，但是，其中也存在着客观规律性。如果科学认识犯罪原因，就有可能准确预测犯罪的发生情况，从而为相应的犯罪治理决策与活动提供重要的参考。

第二，研究犯罪原因有利于有效预防犯罪。犯罪预防是在犯罪发生之前采取的事先防范活动。由于犯罪的发生有其原因，所以，如果深入了解了犯罪原因，就可以针对犯罪原因预先采取有效的措施，对于犯罪原因因素进行干预、施加影响，甚至彻底消除某些犯罪原因。这样，就可以达到预防犯罪的目的。相反，如果对犯罪原因缺乏科学认识，那么，事先采取的预防活动可能就是缺乏针对性和效果的。

第三，研究犯罪原因有助于有效控制犯罪。控制犯罪是指在犯罪行为发生的不同阶段采取措施来减轻犯罪危害和减少犯罪数量的活动。犯罪控制的目的是努力防止犯罪现象的数量和危害性超出社会允许的范围。虽然有效的犯罪控制措施有赖于对犯罪发生规律的科学认识，但是，对于犯罪原因的准确认识也有助于增强犯罪控制的效果。这是因为，犯罪发生规律中必然包含关于犯罪原因的内容，而对犯罪原因的科学认识和有效干预也会产生显著的控制犯罪的效果。

第四，研究犯罪原因有利于恰当处理犯罪和犯罪人。在现代社会中，人们对于犯罪和犯罪人的处理，已经摆脱了纯客观主义的束缚，不再仅仅根据犯罪行为造成的客观结果决定如何处理犯罪和犯罪人，而是十分重视引起犯罪行为和造成犯罪结果的原因。在犯罪结果相类似的情况下，如果犯罪原因有差别，那么，对于犯罪和犯罪人的处理就会有很大的不同。这是刑法中罪刑相适应原则和主客观相统一原则的重要内容。因此，深入研究和准确认识犯罪原因，有助于合理处理犯罪和犯罪人。

第五，研究犯罪原因有利于科学执行刑罚。在中国，执行刑罚特别是执行监禁刑的目的，不仅包括监禁和管理犯罪人，还包括改造犯罪人。要想有效实现这些刑罚目的，就必须深入研究犯罪原因。这是因为犯罪原因的不同表明犯罪人的主观恶性和人身危险性是有差异的，所以，对犯罪原因的科学认识有助于安全监禁和恰当管理犯罪人。同时，科学认识犯罪原因也是有效改造犯罪人的重要前提。这是因为，从一定意义上讲，改造犯罪人就是消除犯罪人自身存在的犯罪因素的活动。只有明确了犯罪原因，才能开展有的放矢的改造活动。

（三）有助于发展理论

研究犯罪原因有助于发展科学的犯罪学理论。从认识论的角度讲，在完整的犯罪理论中，必然包含对于犯罪原因的认识和论述。如果犯罪学理论中不包含关于犯罪原因的内容，那么，这样的犯罪学理论就是有缺陷的。而且从犯罪学历史的发展来看，对于犯罪原因的深入探讨和大量研究，有力地促进了犯罪学学科的发展，提升了犯罪学的理论性和科学性。在早期的犯罪学理论研究中，如在犯罪人类学派、犯罪社会学派等的研究中，包含了大量的犯罪原因方面的内容，甚至有很多人把犯罪学看成是研究犯罪的原因和表现的学科。[①] 因此，要发展犯罪学理论，必须重视对于犯罪原因的研究。以往的情况是这样，未来的发展也必然是这样。

第二节　犯罪原因的结构层次

一、概述

犯罪原因的结构层次是指作为犯罪原因的系统内部有不同的结构和层次的情况。一些研究者认为，犯罪原因是一个系统，在这个系统内部，有不同的结构和层次。有的文献中使用了“罪因结构”的概念，用来指称这种情况。[②]

犯罪原因的结构是指犯罪原因诸要素相对稳定的组织方式和构成关系。在犯罪学中，犯罪原因的结构，往往是犯罪学研究者根据一定标准对其构成要素进行的结构划分或者分类。

犯罪原因的层次是指犯罪原因构成要素所表现出的等级差别。犯罪原因系统中包含很多原因因素，它们在引起犯罪行为方面所起的作用大小，是各不相同的，有些因素所起的原因性作用较大，成为主要的犯罪原因因素——狭义的犯罪原因；另一些因素所起的原因性作用较小，成为次要的犯罪原因因素，如犯罪条件等。

从犯罪学文献来看，大量研究犯罪原因的结构和层次，是中国、苏联等社会主义国家犯罪学的重要特色。这方面的研究和论述有助于从宏观上认识犯罪原因，有利于对犯罪原因在认识和研究上的深化，但是，也必须看到，这方面的研究和认识具有一定的思辨和演绎色彩，似乎缺乏坚实的实证基础。因为所谓的原因系统和其中的结构与层次，往往都是一些主观的构想或者想象，难以对其进行实证研究或者加以验证，其中很多内容是从哲学原理中演绎而来的，有一些论述甚至有玩弄文字游戏的嫌疑。此外，这样的研究虽然十分重视从宏观上认识犯罪原因，但是，对于犯罪原因引起犯罪行为的具体过程和微观机制并不重视，缺乏清楚的论述。因此，不宜过分强调犯罪原因的结构层次的重要性和价值，不宜过多地进行纯思辨的哲学式研究。

在西方犯罪学中，尽管也研究犯罪原因，但是，他们往往更多地研究具体的犯罪原因或者因素，而不太重视研究犯罪原因系统，也很少论述犯罪原因系统中的结构和层次。在早期，人们往往用某一种因素来解释犯罪行为，即所谓的“单因素论”（single-factor approach）。后来，随着科学的发展，单因素论逐渐被多因素论（multi-factor approach）所取

---

① 参见吴宗宪：《西方犯罪学史》，4～5 页，北京，警官教育出版社，1997。

② 参见许章润主编：《犯罪学》，163～164 页，北京，法律出版社，2004。

代，人们用多种因素解释犯罪行为的产生。不过，即使在今天，很多学者也努力探讨某种因素或者某几种因素引起犯罪行为的具体机制，研究这些因素到底是如何引起犯罪行为的，对犯罪行为的作用到底有多大等。而且，在这方面的研究往往采用实证的方法进行，而不是主要依靠思辨活动进行。当然，这种偏重具体因素与犯罪行为关系的研究，有可能发生“只见树木，不见森林”的偏向，难以阐明某种或者某几种犯罪原因因素在引起犯罪行为中所起的实际作用的大小。

由此可见，将宏观的犯罪原因研究与微观的犯罪原因研究有机结合起来，既重视阐明犯罪原因系统及其结构和层次，又努力阐明每种犯罪原因因素引起、影响犯罪行为的具体机制，从而全方位、多角度地研究犯罪原因，可能是中国犯罪原因研究的发展方向。

二、犯罪根源、犯罪原因、犯罪条件与相关因素

根据犯罪原因因素在引起犯罪行为中所起作用的大小或者作用程度，可以将犯罪原因因素划分为四类。

（一）犯罪根源

犯罪根源就是引起犯罪产生的最深层的终极原因。[①] 也有人认为，犯罪根源就是对犯罪产生起根本作用或者主要作用的原因。还有人认为，犯罪根源是犯罪产生和存在的根本原因。

对于这类原因的具体内容，学者们有不同的看法。有人认为，犯罪根源是物质生活的生产方式，特别是一定的生产力状况以及与之相适应的私有制。有人认为，犯罪根源是个人与社会的对立矛盾。有人认为，犯罪根源是阶级矛盾和阶级斗争。有人认为，犯罪根源是私有制、阶级斗争、社会基本矛盾。也有人认为，犯罪根源是个人的人性和本能。还有人认为，“犯罪的根源，或曰终极原因，就是社会生产方式中的生产力与生产关系的矛盾运动。这是一切社会形态下，犯罪共通的终极原因。不同社会制度下的犯罪，根源相同但犯罪原因各不同”[②]。

大体而言，中国学者关于犯罪根源的探讨和论述，有两种不同的取向或者路径。一部分学者从犯罪人之外寻找犯罪根源，特别是从社会方面寻找犯罪根源；另一部分学者从犯罪人自身寻找犯罪根源，特别是从人的本性或者本能方面寻找犯罪根源。

（二）犯罪原因

这里所说的“犯罪原因”，就是指“狭义的犯罪原因”，它是指直接引起犯罪行为的因素。这是引起犯罪行为的直接动因，对犯罪现象和犯罪行为的发生起着决定作用。也有人认为，犯罪原因是决定犯罪发生的社会现象和过程，它同犯罪现象之间存在因果关系。这种看法和表述有一定道理，但是，仅仅把犯罪原因归结为“社会现象”可能是不全面的。

对于这类犯罪原因的具体内容，可以从很多方面加以分类和论述。例如，根据犯罪原因引起的犯罪的不同特征和犯罪原因的作用范围，可以将犯罪原因因素划分为三类，即犯罪现象原因、犯罪类型原因和个别犯罪原因；根据犯罪原因存在的情况，可以将犯罪原因因素划分为两类，即社会性犯罪原因和个体性犯罪原因。

---

① 参见王牧主编：《新犯罪学》，2版，145页，北京，高等教育出版社，2010。

② 周良沱：《犯罪根源论》，载《湖北公安高等专科学校学报》，2001（8）。

也有人参照哲学上主体与客体的概念，将犯罪原因分为两类：一类是主观原因，即犯罪人的不良人格和犯罪动机体系等；另一类是客观原因，即主体以外的犯罪原因。客观犯罪原因又包括两类因素：一是指行为人所处的社会环境中的消极因素、腐败因素、矛盾和冲突等；二是指助长、促使、便利犯罪发生的各种情景因素，也就是犯罪人在实施犯罪行为前夕遇到的有利的时空条件、目的物保护状态不佳、被害人状态以及行为环境的气氛等。[①]

应当注意到犯罪原因与犯罪行为之间关系的复杂性。首先，同样的犯罪原因不一定引起同样的犯罪行为。这是因为犯罪行为的实施要受许多其他条件的影响，这些条件有可能会影响犯罪行为的方向、方式和危害程度等。其次，同样的犯罪行为也不一定是由同样的犯罪原因引起的。例如，在同为抢劫犯罪的情况下，有的人进行抢劫犯罪的原因可能是受生活所迫，为了解决紧迫的吃饭、住宿和交通问题而进行这种犯罪；有的人可能是把抢劫作为一种满足虚荣心和发财致富的手段，为了获取更多的财物而进行抢劫犯罪。

（三）犯罪条件

犯罪条件是影响犯罪行为实施情况的外部因素。犯罪条件虽然不引起犯罪行为，但是，对于犯罪行为实施的具体情况，包括犯罪行为的进行时间、犯罪行为的具体方式、犯罪行为造成的危害程度、犯罪行为的进行过程等，都会发生影响。虽然犯罪原因可能相同或者类似，但是，在不同条件下进行的犯罪行为都会带有与其外部条件相适应的特征。

也有人认为，犯罪条件是指影响犯罪发生和变化的外部因素。换言之，犯罪条件也就是社会原因和个体原因之外的因素，大致包括四类因素：时间因素、空间因素、犯罪侵害对象因素和社会控制机制弱化因素。任何犯罪都是在特定条件下产生的，因此，犯罪条件对于犯罪行为的实施，起“犯罪场”的作用。这是因为存在犯罪原因并不等于实施犯罪行为，犯罪原因使“可能犯罪”变成“实施犯罪”需要在特定领域中进行，“犯罪场”就是犯罪原因实现成为犯罪行为的特定领域。[②]

还有人认为，犯罪条件就是促进、便利、加强和保证原因发生作用的现象和过程。例如，不良的家庭教育、财产保管不善、执法机关的工作缺乏效率等。

犯罪原因和犯罪条件之间既有区别，又有紧密的联系和相互作用。应当看到，犯罪原因和犯罪条件在犯罪行为产生过程中所起的作用是有区别的，犯罪条件本身不能引起和产生犯罪行为，它只能影响结果，促使结果的产生，保证原因能够发生作用。但是，犯罪条件为犯罪原因发挥作用提供了重要的可能性，不具备有利的条件，犯罪原因就不可能引起犯罪行为。因此，“从狭义上讲，条件加原因就构成某种后果的所谓完全的原因”[③]。

还应该看到，犯罪原因和犯罪条件会相互转化。某一犯罪行为的原因，可能是其他犯罪行为的条件，反之亦然。同时，在犯罪行为的因果链条中，某一具体因素既有可能是犯罪原因，也有可能是犯罪条件。例如，一个犯罪集团的成员去作案，如果是被犯罪集团所利用，那么犯罪集团就是他犯罪的主要原因；如果只是在犯罪集团的协助下实施犯罪，那么犯罪集团就是其犯罪的条件。

（四）犯罪相关因素

犯罪相关因素是指对犯罪的发生具有一定影响作用的现象。在犯罪行为发生的过程中，

---

① 参见魏平雄主编：《犯罪学》，127～128页，北京，中国政法大学出版社，1989。

② 参见储槐植：《刑事一体化》，20～21页，北京，法律出版社，2004。

③ ［苏］B. H. 库德里亚夫采夫著，韦政强译：《违法行为的原因》，11页，北京，群众出版社，1982。

这类因素不是必要的因素，没有它们，犯罪行为也会发生。但是，这类因素对犯罪的产生有一定的影响作用，或者说，与犯罪的产生和变化有某种联系。从引起犯罪行为的角度上讲，犯罪相关因素所起的作用要小于犯罪原因、犯罪条件所产生的作用。可以把那些与犯罪行为的产生和变化有一定联系，但既不属于犯罪原因也不属于犯罪条件的因素，都归入犯罪相关因素之中。

除了上述划分之外，也有人把犯罪原因划分为犯罪根源、犯罪基本原因、犯罪直接原因和条件、犯罪诱因和犯罪人的犯罪个性。①

从上面的论述中可以看出，第一，对犯罪行为的产生发挥作用的所有因素中，它们各自的作用力大小是不同的，据此可以对犯罪原因要素进行分类。第二，关于犯罪原因、犯罪条件等的区分是相对的，这是因为犯罪原因和犯罪条件可能会相互转化，一部分犯罪的原因可能是另一部分犯罪的条件，反之亦然；同时，某一具体因素的类型归属也是相对的，它究竟属于犯罪原因还是属于犯罪条件，没有绝对的分类标准。

三、犯罪现象原因、犯罪类型原因与个别犯罪原因

根据犯罪原因引起的犯罪的不同特征和犯罪原因的作用范围，可以将犯罪原因因素划分为三类。

（一）犯罪现象原因

犯罪现象原因是指对某个国家或地区在一定时期内的整个犯罪都具有引起、促成和影响作用的各种现象与过程。犯罪现象是指某个国家或地区在一定时期内的各种犯罪的总和，它可以通过犯罪数量、犯罪结构、犯罪动态变化等加以衡量。对整个犯罪都发挥作用的犯罪原因，往往是那些影响面广泛、影响力巨大并且会持续一定时间的社会现象与过程，例如，社会制度的重大变化、经济状况的普遍性恶化、影响面广泛的自然灾害、整个社会风气的变化等。

由于犯罪现象原因的出现和变化，会对整个国家或地区的犯罪产生重大或者显著的影响作用，例如，引起犯罪数量的剧增、引起犯罪结构的重大变化等，因而，深入研究这类犯罪原因，对于制定科学的刑事政策和积极干预犯罪现象等，都有重要的价值。

（二）犯罪类型原因

犯罪类型原因是指对某一类犯罪具有引起、促成和影响作用的各种现象与过程。在犯罪学的研究中，人们对于犯罪现象进行了多方面的类型划分。例如，根据犯罪人的特征，可以划分为青少年犯罪、女性犯罪、老年犯罪等；根据犯罪方式的特征，可以划分为暴力犯罪、非暴力犯罪等；根据犯罪的具体内容，可以划分为经济犯罪、性犯罪等。犯罪类型原因就是对其中的某一类犯罪的产生起重大影响作用的原因。

深入研究犯罪类型原因，对于准确了解和科学干预某一类型的犯罪，具有重要的指导意义。例如，在深入研究青少年犯罪的原因之后，就可以制定出恰当应对和有效干预青少年犯罪的刑事政策和相应措施，有效预防和恰当处理青少年犯罪，从而减少这类犯罪的数量和危害。

---

① 参见王牧主编：《新犯罪学》，3版，119～120页，北京，高等教育出版社，2016。

(三) 个别犯罪原因

个别犯罪原因是指对某一犯罪具有引起、促成和影响作用的各种现象与过程，有的书籍称之为“个案犯罪原因”①。尽管个别犯罪原因可能没有犯罪现象原因和犯罪类型原因那样复杂，但是，要准确确定个别犯罪原因也是不容易的。在一些情况下，个别犯罪原因可能是比较简单的，是由某一种因素引起的；在另一些情况下，个别犯罪原因可能是比较复杂的，是由多种因素引起的。而且，尽管一般而言，在犯罪行为的产生中，社会环境等方面的因素起主要作用，生理或者生物方面的因素起次要作用，“引起犯罪的主观因素和客观因素在犯罪行为的产生中相互作用，其主导因素是引起犯罪的客观因素，没有这种因素就没有引起犯罪的主观因素”②，但是，这种普遍性并不必然适用于所有的个别犯罪，在某一犯罪中，生理或者生物因素有可能起主要作用。因此，在确定个别犯罪原因的过程中，要采取实事求是的态度，不能生搬硬套一般规律或观点。

深入研究个别犯罪原因，具有重要的价值。首先，研究个别犯罪原因是研究其他原因的重要基础。虽然不能说犯罪现象原因和犯罪类型原因就是个别犯罪原因的总和，但是，对于个别犯罪原因的研究，可以为研究犯罪现象原因和犯罪类型原因提供必要的事实依据和重要的方法借鉴，只有在个别犯罪原因研究的基础上，才能对其他犯罪原因进行科学的研究。其次，深入研究个别犯罪原因有助于恰当处理具体的犯罪人。犯罪原因的不同，表明犯罪人的主观恶性和人身危险性有区别，因此，深入研究个别犯罪原因有助于准确认识犯罪与犯罪人，有助于对具体犯罪和犯罪人进行区别对待和恰当处理。

四、社会性犯罪原因与个体性犯罪原因

根据犯罪原因存在的情况，可以将犯罪原因因素划分为两类。

(一) 社会性犯罪原因

社会性犯罪原因又称“犯罪的社会原因”，它是指存在于社会环境中的犯罪原因。

对于社会性犯罪原因的具体内容，人们有不同的论述。有的人认为，犯罪的社会原因可以从生产力、生产关系和上层建筑三个层次加以观察。③ 有的人认为，犯罪产生的一般社会原因包括各种文化冲突的存在、思想道德教育放松、社会管理和监督中存在漏洞和薄弱环节。④ 也有的人将犯罪的社会原因分为经济因素、政治因素、文化因素、家庭因素、教育因素等。

以往犯罪学的研究发现，在社会性犯罪原因中，家庭环境因素起非常重要的作用。家庭是最早开始影响个人的社会因素，家庭对个人的影响不仅很大，而且持续终身。

应当指出的是，如果把犯罪原因划分为社会性犯罪原因和个体性犯罪原因两个部分，那么，社会性犯罪原因中应当包括犯罪的自然原因，主要是时间因素（包括一天之内的不同时间和一年之内的不同季节、月份等）和地理环境因素（包括具体地点和较大范围的地区、地形、地貌等）。

---

① 康树华主编：《犯罪学通论》，361页，北京，北京大学出版社，1992。

② 王牧：《犯罪学》，287页，长春，吉林大学出版社，1992。

③ 参见储槐植：《刑事一体化》，3～7页，北京，法律出版社，2004。

④ 参见张旭：《犯罪学要论》，134～161页，北京，法律出版社，2003。

（二）个体性犯罪原因

个体性犯罪原因又称“犯罪的个人原因”，是指个人自身存在的犯罪原因。

对于个体性犯罪原因的具体内容，人们有不同的论述。有人认为，犯罪的个人原因主要包括道德水平和性格特征。有人认为，个体原因包括个体的不良心理、气质和性格、精神障碍、年龄和性别等。

完整的个体性犯罪原因应当包括个人的生理和心理两个方面。从生理方面来讲，应当包括年龄、性别、体型、遗传特征、神经化学因素、生物化学因素等；从心理方面来讲，应当包括本能因素、人格因素、感情因素、智力因素、能力因素、认知发展因素、社会适应不良因素和精神疾病等。

这两类原因对于具体犯罪行为所起的作用有差别。我国研究者一般认为，在犯罪行为的产生过程中，社会性犯罪原因所起的作用要大于个体性犯罪原因。“在犯罪行为的产生中，社会环境因素居于决定性的、主导性的地位。”[①] 国外的研究也得出了类似的结论。例如，美国研究者李秀赫（Soo Hyun Rhee）等人发表的一项超级分析研究估计，41%的反社会行为，包括非法行为、攻击行为、吸毒和其他社会消极行为，可归因于遗传影响，59%的反社会行为可归因于环境影响。[②]

五、犯因性因素

尽管可以对犯罪原因系统中的不同原因因素进行结构和层次方面的分析，根据不同标准或者从不同角度对犯罪原因因素进行分类，但是，应当看到这些方面的分析和分类都是相对而言的。这种分析犯罪原因的结构和层次的观点，主要适合于对犯罪现象进行一般性的宏观的探讨；在很多情况下，人们实际上很难用这种观点对某种具体的犯罪行为进行原因分析。在分析具体犯罪行为的原因时，可以区分出不同因素所起作用的大小，但是，无法将不同的原因因素确定为犯罪根源、犯罪原因、犯罪条件和犯罪相关因素等。因此，为了避免这方面的问题和困难，可以引入一个新的犯罪原因方面的概念——“犯因性因素”。

犯因性因素（criminogenic factor）就是诱发、推动和助长犯罪心理产生和犯罪行为实施的因素。[③] 简言之，犯因性因素就是具有犯罪原因性质的因素。犯因性因素在犯罪心理的产生和犯罪行为的实施中所起的推动和促成性作用，就是“犯因性作用”或者“犯因性效果”。犯因性因素的有机结合和相互作用是犯罪行为产生的原因。

犯因性因素包括不同的方面。根据犯因性因素与犯罪人以及犯罪心理和犯罪行为的关系，大体上可以将犯因性因素划分为3类：犯因性环境因素、犯因性个人因素和犯因性互动因素。

犯因性因素这个概念具有下列几个特征：第一，表明作为犯因性因素的某些现象或者特征确实对于犯罪心理的形成和犯罪行为的实施起推动和助长作用。第二，并不区分特定的犯因性因素究竟是犯罪根源、犯罪原因，还是犯罪条件等。第三，犯因性因素既有心理

---

① 王牧主编：《新犯罪学》，3版，101页，北京，高等教育出版社，2016。

② 参见［美］亚历克斯·皮盖惹主编，吴宗宪主译，《犯罪学理论手册》，480页，北京，法律出版社，2019。

③ 参见吴宗宪：《罪犯改造论——罪犯改造的犯因性差异理论初探》，85页，北京，中国人民公安大学出版社，2007。

因素，也有生理、社会、自然等方面的因素。换言之，既有通常所说的“主观因素”，也有通常所说的“客观因素”。因此，既不把犯因性因素仅仅局限于个人的主观方面或者心理方面，也不把犯因性因素仅仅局限于环境方面。犯因性因素包括一切与犯罪心理的形成和犯罪行为的实施有关的因素。

因此，在对犯罪行为和犯罪现象进行一般性的原因分析时，如果不想区分某种因素的确切作用，或者很难区分某种因素的确切作用，则可以使用“犯因性因素”的概念。

第三节 犯罪原因研究的原则

在犯罪原因研究乃至整个犯罪学研究中，都要遵循一些基本的方法论原则。这些方法论原则主要包括以下内容。

一、价值中立原则

价值中立原则（value-free principle）是指在犯罪原因及整个犯罪学研究中，要强调客观性，避免让个人的主观价值影响研究活动的方法论原则。有的研究者把这个原则称为“价值无涉原则”①。

价值中立是一种源于实证主义的科学观和方法论原则。价值中立的思想最早可以从以法国哲学家孔德（Auguste Comte，1798—1857）、英国哲学家斯宾塞（Herbert Spencer，1820—1903）为代表的实证主义思想家的思想中看到。他们主张，社会研究中应仿效自然科学的研究原则，即不使用关于世界或社会“应当如何”的价值判断，只采用“事实是什么”“事物是如何变化的”进行逻辑判断。后来，马克斯·韦伯（Marx Weber，1864—1920）把它系统化，提出“价值中立”，主张社会研究必须采取客观态度，排除个人偏好或价值取向。长期以来，学术界对于价值中立问题争议较大。尽管在犯罪学研究中，完全做到价值中立是很困难的，但是在犯罪学研究中应该奉行有限度的价值中立原则，自觉尊重客观事实，防止个人偏见等的不恰当影响，这对保证犯罪学研究的客观性和科学性具有重要意义。

根据价值中立原则，在从事犯罪原因及犯罪学研究的过程中，研究者应当从客观的态度出发，对研究对象进行实事求是的分析和研究，而不能用自己的价值标准和道德观念评价研究对象，不能用“有色眼镜”看待所研究的对象。一位犯罪学研究者在家庭生活等非学术研究的场合中，可以表明自己的价值观、政治态度和道德倾向，用它们评判生活中的事物和现象。但是，当他们从事犯罪原因及犯罪学研究时，必须放弃自己的价值观、道德倾向和政治信念，严格保持中立的态度，对研究对象进行客观的探讨。价值中立原则意味着，在犯罪原因及犯罪学的研究活动中，犯罪学研究者要避免受到个人偏见、个人态度等主观因素的影响，无论是对研究对象的选择、研究方法的确定，还是对研究对象的访谈、

① 皮艺军：《论犯罪学研究中的“价值无涉原则”》，载王牧主编：《犯罪学论丛》，第1卷，534～541页，北京，中国检察出版社，2003。

研究助手的聘请，都要避免受到研究者个人的主观因素的影响。

在犯罪原因及犯罪学研究中，只有贯彻价值中立的原则，才能保证研究活动的客观性，才能保证研究结果的科学性。

卢建平教授认为，在犯罪学研究中，对于价值中立要采取不同的态度：价值中立应体现在犯罪学的认识论上，而在实践论上应该坚持价值涉入，并且对价值涉入和价值中立两种原则在犯罪学研究中的表现进行了比较（见表 6－1），这种论述有助于更加准确地理解价值中立和价值涉入，值得重视。

表 6－1　“价值涉入”和“价值中立”两种原则的比较①

	价值涉入	价值中立
方法	定性 判断、想象 决定论 单向性思维 线性思维 单一原因论	定量 观察、测量、统计、分析 非决定论 互动性思维 非线性思维 多元原因论
结论	犯罪是政治反动，或不道德，或生理、心理异常	犯罪现象的存在是正常的、必要的，甚至是有用的，因此应该科学地认识犯罪现象、认识犯罪人，并合理地组织反犯罪斗争
态度	排异（消灭、打击、镇压、隔离）	理解（预防、治理、重新社会化）

二、整体性原则

整体性原则是指在犯罪原因及整个犯罪学研究中，要从犯罪和犯罪原因的系统整体出发进行研究活动的原则。

尽管人们在研究犯罪和犯罪原因的过程中，可以采用分析的方法，从不同侧面、不同角度对犯罪和犯罪原因进行抽象的分析和探讨，但是在实际上，犯罪和犯罪原因都是以整体的方式存在的，是多种成分和要素交织在一起的，它们构成了一个特定的系统。因此，在研究过程中，要始终树立系统观念、整体观念和普遍联系观念，在研究和探讨某一方面时，要看到这一方面与其他方面的相互联系，注意从系统整体上把握所研究的内容，而不能把所研究的部分与其他部分割裂开来、孤立起来。在犯罪原因研究中，可以分析某种犯罪因素，但是，绝不能忽略这种因素与其他因素之间的相互联系和相互作用，不能割裂地、局部地看待这种犯罪因素，不能“只见树木，不见森林”，而必须在一个系统整体的框架下分析和研究某种犯罪因素或者某一方面的问题。

三、动态性原则

动态性原则是指在犯罪原因及整个犯罪学研究中，要注意犯罪现象及其相关因素处在

---

① 参见卢建平：《“价值中立”原则在犯罪学方法论中的意义及其限度》，载王牧主编：《犯罪学论丛》，第 3 卷，436 页，北京，中国检察出版社，2005。

不断变化之中的原则。

从系统论来看，无论是犯罪人和犯罪行为，还是犯罪原因及其各个方面，都处在不断变化之中。他们之间充满了物质、信息和能量等方面的交换与变化。首先，作为犯罪行为的主体，犯罪人是一个根据周围环境的变化而不断进行自我调节的组织系统。犯罪人不仅能够根据自己的认识和愿望主动地进行一定的犯罪及相关行为，而且能够在进行这类行为的过程中，对自身进行认识，对自己的愿望进行调节，从而改变犯罪的愿望、目标、手段等。其次，与个人发生相互作用的周围环境及环境中的各种相关因素，也处在不断变化之中。在社会科学中，特别是在心理学中，环境通常是指存在于个人心理之外并对心理的形成产生影响的全部条件。① 环境既包括在个人身体之外存在的客观现实，也包括身体内部的运动与变化。其中，影响心理的体外环境，根据性质与作用，可以分为自然环境与社会环境；社会环境可以继续按照不同的标准进行分类。对于个人及其犯罪行为来说，发生影响的往往是社会环境，而社会环境则处于不断变化之中，这种变化对于个人及其犯罪行为有普遍的影响。例如，在社会环境中，社会控制水平的提高可能会削弱个人进行犯罪行为的动力，从而会减少犯罪行为的发生。相反，社会控制系统的破坏和社会控制水平的下降有可能增强个人进行犯罪行为的愿望，从而增加社会中犯罪行为的数量。

因此，在犯罪原因及犯罪学研究中，要看到犯罪人及其周围环境的不断变化性，认识到这些变化对于犯罪现象发生的不同性质的作用，用动态的观点进行犯罪原因及犯罪学研究。

四、互动性原则

互动性原则是指在犯罪原因及整个犯罪学研究中，要重视犯罪人与犯罪原因因素之间存在相互作用的原则。

根据互动性原则，任何犯罪行为都是在犯罪人与其他相关因素的复杂的相互作用中产生的。参与这种相互作用的各个方面，构成了不同的系统，它们之间不断发生物质、能量和信息的交换，不断进行各种形式和强度的相互作用。犯罪行为和犯罪现象是否产生，犯罪行为和犯罪现象的不同形式、不同特征以及危害性等方面的差别，都与不同系统之间的相互作用密切相关。

犯罪人在决定是否实施犯罪行为的过程中，要不断地对各种信息进行判断，然后作出有利于自己的决定。如果认为相关的信息和因素有利于进行犯罪行为，就可能会作出实施犯罪行为的决定；如果认为相关的信息和因素不利于进行犯罪行为，就可能会作出推迟甚至放弃犯罪行为的决定。

同样，在实施犯罪行为的过程中，也充满了信息和能量的交换，犯罪人对犯罪过程中发生的各种信息作出反馈，根据情境因素调整自己的行为方式。可以说，任何犯罪都是行为人与环境交互作用的产物。社会中犯罪现象的消长也与相关因素的变化密切相关。犯罪现象是一种充满了互动性的社会现象。这种互动性不仅包括犯罪现象内部各个子系统之间的互动，也指犯罪现象与其他社会现象之间的互动。

根据互动性原则研究犯罪原因时，不能仅仅把犯罪原因因素的总和或者简单相加看成

---

① 参见朱智贤主编：《心理学大词典》，272页，北京，北京师范大学出版社，1989。

是犯罪原因。犯罪原因不仅包括具体的犯罪原因因素，而且包括这些原因因素之间的复杂的相互作用。

【问题与思考】

1. 什么是犯罪原因？犯罪原因有什么特点？
2. 研究犯罪原因的理论和实践意义何在？
3. 如何理解犯罪原因的结构层次？
4. 认识犯罪原因应遵循哪些原则？
5. 如何理解犯罪原因研究中的价值中立原则？

【推荐阅读书目】

1. 王牧主编．新犯罪学．3版．北京：高等教育出版社，2016
2. 吴宗宪．犯罪心理学总论．北京：商务印书馆，2018
3. ［美］亚历克斯·皮盖惹主编，吴宗宪主译．犯罪学理论手册．北京：法律出版社，2019
4. 吴宗宪．罪犯改造论——罪犯改造的犯因性差异理论初探．北京：中国人民公安大学出版社，2007
5. 储槐植．刑事一体化．北京：法律出版社，2004
6. ［俄］阿·伊·道尔戈娃主编，赵可等译．犯罪学．北京：群众出版社，2000
7. 曹子丹主编．中国犯罪原因研究综述．北京：中国政法大学出版社，1993
8. ［苏］兹维尔布利等著，曾庆敏等译．犯罪学．北京：群众出版社，1986
9. ［苏］B.H. 库德里亚夫采夫著，韦政强译．违法行为的原因．北京：群众出版社，1982

第七章 社会因素与犯罪

内容导读

作为一种规律性认识，犯罪总是社会因素与个人因素相互作用的结果，并且社会因素始终是影响犯罪的最普遍、最根本的因素。影响犯罪的社会因素，是指能够引起或促进犯罪产生、发展和变化的各种社会现象的总和。从宏观角度看，影响犯罪的社会因素包括经济、政治、文化、传统、思想道德、国家法律秩序等因素；从微观角度看，家庭环境、教育环境以及生活社区等具体生活环境，对犯罪的产生和发展、变化也起着十分重要的作用。本章的学习应对犯罪的社会因素有比较全面的了解，明白在看似孤立的个体犯罪行为的背后，往往隐藏着深刻的社会性成因。

犯罪的社会因素是指能够引起和促进犯罪行为产生、发展和变化的各种社会现象的总和。影响犯罪的社会因素具有内容广泛和结构复杂的特点，是犯罪原因系统中最基本和最主要的因素。为了方便认识和把握犯罪的社会因素，可以将其划分为宏观社会因素与微观社会环境两部分。犯罪的宏观社会因素包括政治、经济、文化、社会道德和法律制度等因素，这些因素实际上构建了人类生活的宏观社会背景，从整体上决定着犯罪现象的现实存在与变化趋势；微观社会环境则包括学校、家庭、职业场所和社区环境等因素，是个人学习、工作与社会交往的具体环境，对个体反社会型人格障碍的形成及犯罪行为的实施有着直接的影响。

关于犯罪的社会因素的研究，在犯罪学理论中居于极其重要的地位。犯罪的社会因素对于所有犯罪现象的生成来说，都具有原因意义上的普遍性和系统性特点。正确了解和把握犯罪的社会因素，有利于全面把握犯罪现象产生、发展的规律；同时，也只有深刻认识犯罪的社会原因，才能进而认识到犯罪产生的必然性与预防、减少犯罪的艰巨性。因此，洞悉并正视犯罪的社会因素，对于推动犯罪学整体的理论研究与促进预防实践的科学开展，均具有全局性的重大意义。

本章主要对属于宏观因素的文化因素、大众传媒与犯罪的关系，以及微观环境与犯罪的关系加以分析。

第一节　文化因素与犯罪

一、文化的一般含义

文化是一个极其复杂且内涵极其深刻的概念。关于文化的含义，可以说是仁者见仁，智者见智。从最具概括性的认识思路出发，我国理论界一般认为文化有广义和狭义之分。从广义上理解，文化是人类在社会发展过程中所创造的物质财富和精神财富的总和，包括物质文化与精神文化两大部分。从狭义上讲，文化是指在一定的物质资料生产基础上产生和发展的社会精神生活方式的总和，包括文学、艺术、教育、科学、宗教等方面的内容。文化的主要载体包括：人类的生活方式、情感方式、民族思维方式、意识形态、风俗习惯、宗教、道德及各种行为规范、准则等。至于生活中人们常常提及的文化，是指个人所获得的知识、能力及养成的习惯，这是对文化最狭义的理解。

文化是人类在改造世界的实践中获得的。在人类社会的发展过程中，人类文化随着社会的发展也相应得到不断发展。作为人类创造的物质文明和精神文明的成果，文化有它自身的特性和规律。

1. 文化是人类文明的标志及载体。文化是人类区别于动物界，具有创造能力和文明发展能力的体现。只有人类才能进行复杂的、大规模的物质生产，并在此基础上产生丰富的意识形态、生活方式、知识、信仰、艺术、风俗习惯、道德、法律制度等。

2. 文化具有显著的多样性和差异性。人类分布在世界的不同地域，在早期发展上并不处于相同的环境条件和历史阶段，导致生存方式存在巨大差异。在长期的改造自然和改造自身的过程中，人们形成了各自不同的意识形态、风俗习惯、宗教信仰、语言、艺术、道德规范乃至法律制度。因此，也就在不同国家和民族间形成了有显著差异的价值观念、行为模式和行为规范，从而使整个人类社会的文化呈现出丰富性、多样性的特征。

3. 文化具有很强的稳定性和继承性。文化的生成与发展先是在具有相同生存观念的群体中形成，是一代代人在长期生存实践中积累形成的意识形态、价值观念、生活方式、道德规范的复合体。因此，文化在相同的地域或民族内部具有极其强烈的亲和力，每一个内部成员对自己的文化都有一致的认同感，从而在文化的发展中使文化的精髓代代相传。所以文化具有继承性和稳定性，而且越是历史悠久的民族，其文化传统越是深深地烙印在下一代人的生活方式中；其继承的内容越多，相对稳定的程度也越深。一个国家和一个民族在漫长的历史发展过程中形成的传统文化价值观和行为规范体系代代相传，溶化在自己民族的每一个成员的血液中，形成自己的民族性格和文化传统，成为支配人们行为选择的深层次的心理原因和动力源泉。

4. 文化是一种特定的生存模式和行为规范。具有不同文化传统的人们意味着他们具有不同的生存模式和行为规范。深藏在文化间的价值观念、道德标准、风俗习惯以及行为准则等，形成了特定的社会规范，将各种社会关系制度化、规范化，制约并调整人与人之间的关系，从而维持一定范围内社会秩序的稳定和发展。

犯罪学对文化因素的研究是基于文化对人的行为的深刻影响。犯罪行为是人内在意识的外在表现，而人的意识内容又只能是特定文化背景的产物。因此，研究文化对犯罪的影响，是对犯罪原因深层次的探讨。这对于深刻理解犯罪学范畴内的一些基本问题具有极其重要的意义。

二、文化因素对犯罪的一般意义

文化因素对犯罪的一般意义是什么？解释这一问题的关键先在于回答：文化与人的行为有何关系？文化是如何影响人的行为的？一般来讲，文化“包括一个社会成员共享的理想、价值和信仰，社会成员用它们解释经验并生成行为，而且它们也反映在他们的行为之中”①。在这种文化与人的行为的关系中，完全包含文化与犯罪关系的解释路径。

关于文化与犯罪的关系问题，我国老一辈的犯罪学家严景耀先生深刻指出：“犯罪与文化的关系深刻而又密切，其密切程度是大多数初学犯罪学的人难以估计到的。”② 人是文化的载体，犯罪是人的一种行为选择。包括犯罪行为在内的人类行为，都是文化的产物。一定的文化模式、文化背景决定了人的行为模式及其特点。犯罪人之所以选择犯罪行为，体现的正是他在一定文化模式支配下所具有的价值观念。在这个意义上，犯罪现象又是一种社会文化现象，犯罪现象及其特点总是受制于特定的文化模式，并反映特定文化模式的蕴含。研究犯罪产生、发展的规律，必须探求其背后深层次的文化因素。犯罪学对文化因素的研究，就是沿着文化是如何作用于人的行为，并影响人的行为选择这一线索展开的。文化因素对人的行为选择具有的重要作用，主要可以从以下几个方面来认识。③

1. 一个国家与民族的文化是在千万年发展过程中形成的，并通过传递，成为一种历史的遗产，代代相传，形成一种积淀于人的精神世界的“集体无意识”。生活于特定文化环境中的每一个人都会具有这种“集体无意识”，并受到包括其中的特定文化观念、行为方式和情感方式的主宰和支配。

2. 在共同的文化背景下，人们因为具有共同的情感、思维方式，共同的规范和共同的观念，所以对同一事物可能会产生共同的心态、共同的行为，此即文化的共性。但在同一文化背景下，不同的个体对文化规范的认同程度不可能是完全相同的，因而会出现行为方向的不同选择。所以，才出现共同文化背景下有人会犯罪、有人不会犯罪的情况。

3. 人类社会的规范文化形成于各民族不同的文化背景。因此，不同的文化传统具有不同的善恶标准和道德容忍度，从而使其对行为的价值评价也各不相同。犯罪学普遍认为，在两种不同文化的碰撞中，会出现因文化标准不同而发生的行为冲突，犯罪便是在这种情况下产生的。

4. 文化的核心是价值观念。不同文化背景下的思维方式、规范准则等，都集中体现了不同文化的价值观。价值观在人的行为选择中具有重要的作用，是人判断善恶，决定选择

---

① ［美］威廉·W. 哈维兰著，瞿铁鹏等译：《文化人类学》，56～57 页，上海，上海社会科学院出版社，2006。

② 严景耀：《中国的犯罪问题与社会变迁的关系》，202 页，北京，北京大学出版社，1986。

③ 参见莫洪宪主编：《犯罪学概论》，220～222 页，北京，中国检察出版社，2003。

行为方向的根据。正常的价值观引导人选择正常的行为，非正常的价值观则诱使人选择非社会化的行为——犯罪行为。

5. 不同文化有着不同的内容。不同文化在长期发展中会形成一些具有独特性的文化内容，其对人的人格特征、行为特征、手段技能以及生活习性等方面都有较大的影响，从而在一定程度上可能影响某人犯罪或诱发他人犯罪。

综上可见，文化作为影响人行为的深层次因素，它对犯罪行为的影响可以超越时空范围，其影响的作用是深远而长久的。较之政治或经济因素，文化因素渗透到了人的精神世界，决定文化受众的思维方式，并促成一定社会或民族的共同生活经验。加之文化潜移默化的特性，从而形成诸多前后相继的传统，其对犯罪的影响就更显持久性。

三、文化因素对犯罪的具体影响

文化对犯罪的具体影响是通过具体的文化因素作用于个人，从而影响其价值判断、善恶标准和行为指向的。综合来看，传统文化、文化冲突和亚文化是引发犯罪现象的几种主要文化因素。

（一）中国传统文化与犯罪

所谓传统文化，就是由历史沿革而来的文化，一个民族传统文化的形成，取决于对三种关系的认识：人与自然的关系、人与社会的关系、人与人的关系。中国的传统文化是在漫长的封建社会中形成的完备文化体系，其实质是以血缘宗法为基础、以“天人合一”观念为核心、以泛化的伦理精神为特征的伦理型文化。我国传统文化对犯罪的影响是客观存在的，它既具有积极预防犯罪的正面影响，也具有消极诱发犯罪的负面影响。我们对于传统文化的这种两面性，必须有清醒的认识。

1. 传统文化对犯罪现象的正面影响

我国的传统文化在人与自然的关系上讲究和谐、统一，从而在哲学上产生了“天人合一”“物我一体”的观念。在人与社会的关系上，主张先集体后个人，讲认同、讲守常。在人与人的关系上，主张和为贵，讲凝合、讲依存。关于人的行为要求方面，传统文化主张与人为善，“己所不欲，勿施于人”，提倡重义轻利的价值观，强调个人修身养性和道德人格的塑造，认为人人皆可成为尧舜，且人应该追求道德的自我完善和承担个人对国家及社会的责任。传统文化推崇理想人格，强调人与动物的区别，注重对人性进行后天改造，主张待人以诚，对人宽容，富于同情心。传统文化强调以己推人，利己也要利人，即所谓“老吾老以及人之老，幼吾幼以及人之幼”。这些本土传统文化历史悠久，代代相袭，几千年来一脉相承，对于维系当时统治阶级的统治、国家的稳定和社会的秩序起到了道德屏障的作用，这种道德屏障是犯罪控制中不可替代的最重要的手段之一。就当今社会而言，在商品经济快速发展、传统道德陷入迷失的今天，道德建设任重道远，中国传统文化中的德育传统，无疑可以为今天的道德重建所借鉴。

我国传统文化在国家“治道”上主张仁政爱民，反对暴政害民；在伦理关系上主张“忠、孝、悌、信”；在道德操守上主张“仁、义、礼、智、信”，崇尚“富贵不能淫，贫贱不能移，威武不能屈”，“先天下之忧而忧，后天下之乐而乐”的高尚品格。传统文化中的这些精华对人的影响是极其深刻的，它使人节制自己的欲望，控制自己的行为，远离犯罪。中国传统文化对于调节人与人、人与社会的关系，控制犯罪，稳定社会秩序起到了积极的作用。

2. 传统文化对犯罪现象的负面影响

传统文化起源于小农经济的宗法社会，决定了其人际关系的基本特点是以家庭伦理为中心，并推及各种社会关系。中国的传统文化中存在促进社会和谐发展的积极因素，同时也存在消极因素，对人的行为和犯罪控制有显著的负面效应，主要表现在以下几个方面。

（1）传统文化中的特权思想、等级观念对犯罪的影响。在中国几千年的封建社会里，形成了一个显著的社会特色，即严格的等级制度，并在此基础上培植出浓厚的特权文化。在此文化氛围中，尊人治而抑法治、重集权而轻分化成为古代统治者治道之根本特点。在权力高度集中运行的态势下，统治阶级享有各种特权而忽视普通民众的权利，因而出现以权代法、以权压法、滥用职权、徇私枉法的现象实属必然。这种因传统文化的消极因素而形成的古代政治弊端，给当今社会的政治文明建设带来了负面的影响。

（2）封建的宗族残余观念对犯罪的影响。传统文化在婚姻家庭关系中，以宗族关系为核心，以血缘、宗族的亲疏决定人际关系的范围和性质。宗族观念的核心内容是强调个体绝对服从家族利益，家族绝对服从宗族利益；强调父母对子女的绝对控制权和丈夫对妻子的控制权，实行男尊女卑的不平等待遇。在这种文化背景下，个体的存在价值完全被宗族掩盖，不存在实际的个体权利和利益。这种影响表现在现代生活中，就是个体权利的主张和保护不力。尤其在经济落后的农村地区，仍然残留着这种封建观念，并成为催生干涉子女的婚姻自由、虐待妇女、遗弃甚至杀害女婴、买卖妇女等犯罪行为的重要原因。

（3）封建迷信思想对犯罪的影响。封建迷信活动在我国延续了数千年，因此迷信思想具有深厚的土壤环境，人们的迷信观念根深蒂固，遇有适合的环境和条件就会花样翻新，干扰正常的社会秩序。在迷信活动中，无知、愚昧而触犯刑法导致犯罪的现象时有发生，更有主动利用迷信活动大肆进行犯罪的现象存在。

（二）文化冲突与犯罪

人类文化的发展历史证明，社会的每一次重大转型，都会对文化形成不同程度、不同层次的冲击和震荡。从不同文化的撞击开始，都会经历文化冲突、文化失衡阶段，最后达成共识，形成新一轮文化平衡。现代文化的突出特点正是表现为：世界范围内不同种族、不同地域、不同传统的多元文化的交流融合，以及在交流融合过程中发生的文化冲突。中西文化的大规模交流和碰撞开始于“五四”时期的新文化运动，西方的民主思想和科学技术的引进、马克思主义的传播从此开始。到了我国改革开放以后，20 世纪 80 年代，西方的价值观念、生活方式进入我国，与我国的传统文化又一次产生了强烈的碰撞，给人们的思想意识、价值观念、行为模式带来了剧烈的冲击，使我国当前处于一个文化冲突和失衡的时期。这种冲突深刻地影响人的思想和行为，扩大了人的规范意识冲突，从而引起人自我行为的矛盾，其结果之一就是诱发犯罪。

1. 文化冲突的含义

文化冲突，是指在文化传播过程中，两种或两种以上不同的异质文化接触、碰撞而产生的对抗现象。文化都具有一定的继承性，文化传递常常使特定的民族文化代代相传，延续下去。在传递过程中，文化中的规范意识会逐渐演化为具体的社会行为规范，渗透到每个人的个性行为中，影响着人的观念、心理、思维方式和行为方式。但是，当不同的文化在传播中相遇，便会因冲突与对抗而引发犯罪现象。美国犯罪学家塞林认为，文化冲突与犯罪之间有着密切的联系。他认为，社会上存在两种文化冲突：一种是随着文明的发展而发展的不同时期的文化规范之间的冲突，即纵向的文化规范之间的冲突；另一种是同一时期内由于两种文化规范对立而产生的横向冲突。文化规范的冲突必然导致行为规范的冲突，犯罪就是行为规范之间冲突的表现。塞林的理论对我们了解我国现阶段的文化冲突与犯罪的关系，具有现实的指导意义。

2. 文化冲突的类型

我国现阶段的文化冲突可概括为以下三种形式。

（1）现代文化与传统文化的纵向冲突。发展市场经济要求确立开放、变革和平等的观念，并承认追求合法利益的正当性。而传统文化中的封闭观念、等级观念等与前者有明显的对立，两者在许多方面是不相容的，由此而产生的观念冲突不可避免。

（2）我国是一个多民族、多传统的国家，不同地域、民族、群体间存在不同的文化传统。在传统社会中，人们生活在相对稳定的地域和文化环境之中，由于价值观念相近，彼此的行为可以协调。而在开放的现代社会里，随着交往的日益增多，不同文化之间产生了横向冲突，则不同的文化、价值观念、行为规范之间的矛盾不可避免。

（3）外来文化与本土文化的冲突。随着我国对外开放程度的深入，西方国家的意识形态、文化价值观念、生产方式等向我国各个方面渗透，从而形成了中外文化的冲突。

3. 文化冲突对犯罪的影响

文化的诸种冲突，必然形成价值观的多元化趋势，而冲突的本质就是价值观的冲突，这种冲突会引起奉行此种文化准则的人同奉行彼种文化准则的人之间的深刻矛盾，当矛盾对抗尖锐化时就会导致犯罪。如数百年前，西班牙的殖民主义者弗朗西斯科·皮萨罗率领殖民军灭掉南美洲的古印加帝国时，以崇拜偶像、封建迷信、乱伦等罪名将印加帝国最后一个王朝的国王阿塔胡亚尔帕处死。这位国王直到上了断头台，都不知道自己犯了什么罪。因为他认为，按照印加帝国的传统文化和习惯，上述崇拜偶像、迷信鬼神、娶自己的姐妹做妻子等行为都是被允许的、正当的。

相互冲突的文化可以分为主文化和异质文化。在社会中处于主流和支配地位的文化就是主文化，而与其相冲突的文化就是异质文化。当个体被置身于与其固有文化存在冲突的文化环境中时，要么完全接受主文化的支配，要么进行文化抵抗，而抵抗的结果必然是被主文化所否定，从而使其无法在新的文化环境中完成正常的社会化过程。而社会化过程中的缺陷，将导致一些社会成员出现越轨行为，甚至实施犯罪行为。

（三）亚文化与犯罪

1. 亚文化的含义

亚文化是一种与主文化相对应的文化现象，同时它又是主文化当中的一部分，是主文化中某些发生变异的部分。亚文化通常包含两种含义：（1）在某些社会群体中存在的不同于主文化的价值观念和行为模式；（2）由奉行这些不同于主文化的价值观念和行为模式的人组成的社会群体，也可以称为亚文化群。每个复杂的社会都是由许多亚文化组成的。在每一种亚文化中，既包含一些主文化的特征，也具有自己的特点。究其本质而言，亚文化是一种对立文化或次文化，往往容易导致违法犯罪行为的发生。

美国学者沃夫冈通过研究美国费城的谋杀案件时发现，下级阶层的谋杀案多起因于微不足道的事件。他的研究结果表明：这种现象与下级阶层的“暴力亚文化”大有关系。他相信在下级阶层中有一种暴力亚文化，生活在这种亚文化社区的成员，尤其是青少年，彼此期待暴力行为的出现。在他们眼中，即使对于细枝末节的事，也要敢于有粗暴的反应，这样才能获得赞许与敬重。使用暴力在下级阶层已经成为习惯，不会被认为是非法的举动，行为人也不会有罪恶感。

2. 亚文化对犯罪的具体影响

与社会主文化相对立的亚文化，会使社会成员在潜移默化中逐渐习得犯罪的思想（其核心是学会实施犯罪的自我辩解）和犯罪的行为模式，从而不断滋生犯罪，尤其是在形成亚文化群体的情形下，它必然会转化为犯罪团伙或犯罪集团。关于亚文化对犯罪的诱发作用，在此以暴力文化为例加以说明。

暴力文化是反映暴力行为发生过程、后果及其行为规范的文化。暴力文化是以敌意、仇恨、残忍和血腥为其基本内容的典型亚文化，是暴力的观念形态。暴力文化的广泛传播，正是暴力犯罪，尤其是青少年暴力犯罪不断发生的重要原因。在现代社会中，暴力文化的如下特征，更强化了其与暴力犯罪之间的亲和力。

（1）暴力文化的传播形式具有多样性。暴力文化已经深入社会生活的各个方面。不仅在书刊、小说、新闻报道、纪实文学、广告、玩具、行为艺术、绘画等文化形式中，可以看到与暴力有关的内容；而且电影和电视剧更是不乏对施暴者的心理、施暴手段、过程以及逃避侦查的方法的详尽描述；而在互联网上，暴力信息更是无处不在。暴力文化传播形式的多样性，大大强化了暴力文化的影响力，使人们想要不接触它都很困难。对于识别能力和自我控制能力较差的社会成员，尤其是青少年而言，暴力文化在一定程度上无异为暴力犯罪的现实指南。

（2）暴力文化的内容具有丰富性。暴力文化作为社会暴力的反映，其内容十分丰富。既有家庭暴力，也有街头暴力；既有激情性暴力，更有预谋性暴力；既有一般暴力（如拳打脚踢和用砖瓦、石块、木棒实施的伤害、谋杀），也有武装暴力（如武装走私、武装贩毒、持枪抢劫、劫持交通工具和以索钱财为目的的绑架等）。暴力文化的丰富性使任何意图从事暴力犯罪的人，都可从现行暴力文化中受到这样或那样的暗示或启发。

（3）暴力文化的内容具有凶残性。暴力文化所反映的暴力行为都十分野蛮，手段极其残忍。在暴力文化中，贯穿始终的是一个“狠”字。由于“狠”，人们变得极其冷漠，藐视亲情，漠视生命。在暴力文化的视野中，生命失去了其应有的尊严和价值，而沦为满足个人欲求、实现追逐目标的手段。生活中凶残的暴力行为，往往正是暴力文化凶残性的现实化。

（4）暴力文化具有模糊现实的欺骗性。暴力文化凭借先进的影视技术和网络游戏设计技术，把暴力场景通过逼真的声像镜头展现在人们的视野中。它所呈现出来的虚拟世界甚至比现实世界还要逼真、清晰。但由于暴力被虚拟化了，并且没有真实的受害者，这就很容易使受众产生一种错觉：暴力似乎与人的实际感受无关。这正是暴力文化的欺骗性所在。因为有了这种欺骗性，沉迷于暴力影视和暴力游戏的人，就会在不知不觉中模糊真实生活与媒介情景之间的差异，并将虚拟世界看作是现实世界，或者把现实世界等同于虚拟世界。这也正是一些青少年从电影院、游戏机房出来就模仿影视中的做法实施暴力犯罪的重要原因所在。

第二节 大众传媒与犯罪

一、大众传媒的含义及功能

（一）大众传媒的含义

大众传媒，是指通过专业化的大众传播媒介，运用先进的传播技术和产业化手段，以社会上一般大众为对象，进行的大规模的信息生产和传播活动。大众传播媒介包括用来进行信息沟通的各种通信和交往手段，如报纸、杂志、书籍、广播、电影、电视、互联网络等一系列技术系统和社会设施。当今社会已经完全步入了电子信息时代，大众传播行业空前发达和繁荣，出版物、广播、电影、电视、互联网等传播媒介构成了多层次、多渠道的传播途径，使信息、思想、意识能够方便、快捷地传递、影响每一个人。从社会学角度来看，大众传媒是社会文化思想体系中不可分割的组成部分，在社会各个领域发挥着重要作用，成为影响每一社会成员意识和行为的重要工具。大众传媒的如下特点，使其在现代犯罪学研究中成为被关注的因素：

1. 大众传媒是运用先进的传播技术和产业化手段大量生产、复制和传播信息的活动；

2. 大众传媒是公开的、开放性的信息传播活动，对象是社会上数量极大的、异质的和匿名的受众；

3. 大众传媒的信息既具有商品属性，又具有文化属性；

4. 大众传媒属于单向性很强的传播活动，文化信息的发送者与接受者之间的关系具有不平衡性。

（二）大众传媒的社会功能

大众传媒以影响广大受众的心理态度、引导受众的行为取向为职能，对人们的心理和行为产生很大程度的影响。

1. 现代传媒技术的出现与运用导致了文化传播的改革。它正如现代交通一样，消除了社会的隔离状态，导致了大众社会的形成和大众文化的出现。大众传媒开阔了人们的视野，扩大了相互间的影响和联系，同时也造成人们对变化和新奇的渴望，促进了对轰动的追求，导致了文化的融合。

2. 大众传媒引起了人们生活方式和价值观念的变革。视觉文化是大众文化最重要的性质特征，以电影和电视为代表的视觉媒介，把速度强加给观众，它强调的是内容的形象性和情感的震惊，导致的是观众反应的情绪化，其示范功能具有巨大的情感力量。

总的来看，大众传媒具有展示人类环境，监控人类生存状态，联系社会和传递人类文明遗产等正面功能，但同时它也具有负面功能，如：突出的视觉媒介为人们建构了一个虚拟的世界——白日梦、幻想、逃避现实和对常识的歪曲，从而瓦解着文化对社会的聚合力；把人变成丧失辨别力和顺从现状的单面人，导致审美情趣及文化素养的普遍平庸化；廉价占用人的自由与时间，使人处于虚幻的满足状态从而丧失行动能力。从犯罪学研究角度讲，大众传媒的正面与负面功能都是值得关注的。

二、大众传媒对犯罪的影响

由于大众传媒内容的具体性和形象性，其题材鲜明、情节复杂曲折，因而具有强大的艺术渲染力和感染力，人们对社会正气及其弘扬的内容易于在心理上认同和接受。同时，传播又具有强烈的暗示、模仿效果，容易使人对有刺激性的、有冲击力的内容产生模仿行为。因此，人们通过传媒对犯罪现象形成的认知当中，既可以有积极影响，也可以有消极影响。具体表现为大众传媒对犯罪现象既有预防控制功能，同时也有犯罪诱发作用。

（一）大众传媒对犯罪的预防功能

大众传媒对犯罪的预防功能主要体现在三个方面。

1. 大众传媒通过强大的信息普及功能，向广大受众宣传法律知识，培育人们的社会正义感，增强维权意识，提高人们对行为的鉴别能力，从而提高守法意识。同时，大众传媒通过对实际的案例和对犯罪人处罚的生动报道，可以从警示层面上起到预防犯罪的作用。

2. 通过传媒形成社会公众对司法的监督，将国家司法活动置于广泛的社会监督之下，促进司法公正，形成民主与法治的和谐环境，从而利于在广泛的社会层面上消除犯罪的诱因。

3. 借助于大众传媒，传播犯罪学知识、介绍犯罪的特点和预防被害的措施，可以提高社会成员对犯罪的理性认识，增强自我防护意识和防护技术，从而为提高犯罪预防质量奠定坚实的社会基础。

（二）大众传媒对犯罪的诱发功能

大众传媒，如用之得当，则可以发挥预防犯罪的积极功能。但从一定意义上说，现代传媒解构了人们生存的联系与空间，破坏了传统社会的稳定性。德国著名犯罪学家汉斯·约阿希姆·施奈德认为，现代传媒给社会带来了极大的负面影响。以电视成为人们生活的主要信息来源的事实为例，他认为："如果社会各种组合间的成员把他们的注意力集中投向电视，疏远其他成员，与组合内部的人极少往来，缺乏彼此影响（如一起聊天，共同游戏）的话，那么，电视必然使社会各组合——例如家庭——间的联系发生障碍，甚至影响到社会生活的解体。"[①] 因此，在犯罪学视野中，更应重视大众传媒诱发犯罪的负面功能。

大众传媒对犯罪的诱发作用一般经历了这样一个过程：首先，不良的传媒内容对受众产生不良社会暗示；其次，受众对消极有害信息进行选择；最后，受众对有害信息进行犯罪观念、情感和行为的模仿，最终实施犯罪行为。具体来看，大众传媒对犯罪的诱发作用表现在以下几方面。

1. 不良或不当的传媒影响人们对社会的认知，造成身心伤害。公众对社会实况的认知和评价，很大程度上取决于媒介所呈现的信息。这种信息成为形成道德伦理观念和对社会进行价值判断的主要资源。过多不良传媒信息的出现冲击了社会主流价值观念，导致部分人的价值取向严重偏离正确方向。如暴力活动充斥传媒信息，使人们倾向于认为身处其中的社会缺乏安全感。它会加重受众的心理负担，弱化受众的心理反弹，使受众滋生不安和恐慌倾向。

2. 传媒及其所传播的消极、有害信息能刺激人的犯罪欲望，"培养"人的犯罪情感，激发某种犯罪动机，为犯罪情感的宣泄提供了便利条件。从心理学上讲，人性中潜存许多不

---

① ［德］汉斯·约阿希姆·施奈德著，吴鑫涛、马君玉译：《犯罪学》，786页，北京，中国人民公安大学出版社，1990。

合乎社会规范的欲望。这些欲望经过教育陶冶及道德意识、社会舆论的压制，被约束于意识中，并且经教化还可以成为生活的推动力，如占有欲望可因教育转化为劳动致富和勤奋学习的推动力。但如果是负面信息大量传播，频频出现，在长期耳濡目染之中，控制本能的理性会逐渐减弱，不合理的欲望乘机而起，就可能煽动产生一种与社会秩序不和谐的情绪与态度，诱发犯罪动机。如：媒体对于奢侈生活的大肆渲染，在满足人们观感的同时，也可能诱惑出人们对并不具有现实条件的荣华富贵的向往，而犯罪动机往往就在这种诱惑中暗暗滋生。

3. 传媒为犯罪人实施犯罪行为提供了便利条件，其所传播的消极有害信息为犯罪人实施某种犯罪提供了方法或技巧上的指导。犯罪手段的传播具有极强的示范性，诱使耳闻目睹者以身试法。在有些节目中，频频出现犯罪人实施犯罪的详细手法，包括购买、制造犯罪工具、踩点、联络、销赃等具体环节。这对于潜在的犯罪人而言，无异于绝妙的行动指南，事实上很多犯罪人就是从媒体中获得了犯罪方法。此外，大众传媒对案件侦破过程过于详细的报道，对侦查与反侦查反复较量的叙述，在客观上对反侦查、反情报活动的传播起到了推波助澜的作用，提高了犯罪分子的反侦查、反追捕能力。

4. 传媒对少年儿童的不良影响最为突出。传媒中大量的直观性信息有助于传播的劝服性。所以，电视比任何媒介更能影响少年儿童。在当今社会，大众传媒的影响与家庭、学校和同龄群体的影响一样，已经成为影响少年儿童社会化的重要因素。舆论普遍认为电视媒体造成孩子的早熟、消费主义、暴力、价值观混乱等不良影响，传媒在少年儿童的身心不健康方面有不可推卸的责任。许多传媒信息中的内容，远远超出少年儿童的生活经验，他们不加选择地吸收那些并不符合社会现实的资料，导致不能区别现实与虚构，便难免误以为真，形成错觉或先入为主的成见。电视的多元信息带来价值判断标准的多元化，越来越多的少年儿童混淆了“正确”与“错误”之间的界限，正逐渐失去道德感、羞耻感。

总之，大众传媒是一种既可以为社会提供良好的服务，也可以促使犯罪发生的强大工具。我们应当充分认识到大众传媒的这一特性，对大众传媒加强规范管理，引导其为社会发展服务，为预防、打击犯罪和维护社会安定服务。

第三节　微观环境与犯罪

所谓微观环境因素，是指能够直接、具体影响人们生活，对人的行为起到重大或必要作用的社会环境因素，主要有家庭环境、学校教育环境和社区环境。微观环境是个体生活于其中的环境条件，它规定个人生活和交往的基本范围，它对个体的影响是通过直接交往进行的，因而对个人的人格特征和行为模式特征的形成具有重大影响。在犯罪学意义上，不良微观环境往往是刺激、诱发、吸引或放纵犯罪产生的直接原因。

一、家庭与犯罪

家庭是社会的细胞，家庭的状况直接影响着社会稳定。一个人一生都生活在家庭关系中，家庭环境对个人行为倾向有最直接的影响。一个良好的家庭生活环境，能够预防和约束个人的犯罪行为；而家庭生活中的种种病态现象，往往成为不良人格形成的主要原因。这一点，在青少年犯罪当中表现得尤为突出。

（一）家庭的功能

家庭是以婚姻、血缘关系为纽带形成的生活共同体，是社会的基本构成单元。每个人都脱离不了家庭环境，家庭对社会和个人都具有非常重要而现实的意义。一般认为，家庭具有五种功能，即生产功能、消费功能、抚养和赡养功能、教育功能以及精神生活功能。家庭的这一系列功能，使其成为个人成长、生活的摇篮和避风港。家庭相对于其他社会环境而言，是人们进行接触、交流和沟通活动最频繁的生活领域。在这里，家庭成员之间不但有最亲密、最直接的接触，而且有最坦诚、最真实的思想和情感交流。这对家庭成员的人生观、价值观、审美观以及法律观的养成与融合具有非常重要的意义。家庭是人生的第一课堂，由于其独特的教育优势，家庭环境对一个人成长和发展的影响，是学校教育所无法企及的。在家庭中，父母的言传身教引导子女的价值判断和行为倾向；家庭生活经历也对个人需求特征、气质、性格、能力等产生巨大影响。在每一个人的身上，总会深深地留下自己独特的家庭烙印——或者是正向的，或者是反向的。

（二）家庭结构对犯罪的影响

家庭可以按照不同标准进行类型划分。按其结构特征，可分为完整家庭和残缺家庭；按其文化和心理状态，可分为良好家庭和问题家庭；按其经济状况，可分为富裕家庭和贫困家庭。不同的类型体现出不同的家庭环境，会对家庭成员产生不同的影响。

1. 残缺家庭与犯罪

研究表明，家庭的完整性遭到破坏的情况，同犯罪的发生、变化有比较密切的联系。父母一方或双方不存在而引起的家庭完整性、稳定性的破坏，使家庭的功能受到削弱或残缺不全。在一定条件下，这种情况可以成为青少年犯罪的原因之一。若父母双方或一方死亡，会使儿童过早地失去父爱或母爱，其感情也会因此受到创伤；同时，家庭的生活保障能力和对未成年人的管教作用也会被减弱，一旦遇上不良因素的影响，未成年人便很容易走上犯罪道路。此外，父母离婚、分居更容易给孩子带来不良后果，如使孩子因此感到羞辱和自卑等。如果因父亲或母亲再婚，变成继子女，由于对新的家庭关系适应困难，或受到继父或继母的歧视、虐待等，不仅容易引发家庭成员之间的犯罪，而且这类家庭的子女由于与家庭的疏远而倾向于离家出走，混迹于社会同辈群体之中，很容易沾染上违法犯罪的恶习。司法实践也表明，残缺家庭中的青少年，其犯罪率要明显高于完整家庭中的青少年的犯罪率。

2. 问题家庭与犯罪

所谓问题家庭，是指主要成员有不道德行为、违法犯罪行为的家庭及感情不和睦的家庭，也包括父母身体或精神有缺陷的家庭。问题家庭往往会促使家庭成员尤其是未成年子女形成不良人格特征，甚至直接催生反社会价值观的形成。这类家庭极易使家庭成员形成反社会的人格特征，成为与社会为敌的犯罪人。感情不和睦的家庭，虽然结构上完整，但家庭的情感满足功能和教育功能严重弱化，其对家庭成员产生的消极影响类似于残缺家庭。父母有一方或者双方身体或精神有缺陷的家庭，往往不能正常地负担起对子女监护和教育的责任，在客观上使其子女处于无家庭管教的境地，因而子女也容易受社会不良因素的影响，形成不良的心理和行为倾向，降低其对外界不良影响的耐受能力。

3. 贫困家庭与犯罪

家庭贫困状态，会直接导致生活供给不足，在造成儿童营养不良、身体发育不好的同时，往往还可能伴随着精神上因长期受到物质缺乏的压抑而导致的变异。尤其是家庭贫困会使子女接受正常教育的社会化过程受到严重影响，缺乏生存竞争中应具备的知识素质条件，走上社会后在职业竞争中处于劣势，容易因生活挫折或遭受社会歧视而陷入歧途。

（三）家庭教育对犯罪的影响

现实生活中，导致未成年人犯罪的基本原因之一是缺乏基本家庭教育，或父母教育不当。有关调查的统计数据表明，未成年人犯罪中有81%的犯罪的主要原因在于家庭教育不当。其中属于娇生惯养的占30%，属于简单粗暴的占14%，属于放任自流的占18%，属于重智轻德的占16%，属于教唆引导的占3%。家庭教育不当的主要表现形式包括以下内容。

1. 亲情过剩。俗称溺爱，即父母让孩子在家中处于中心地位，百般宠爱，对其不合理的物质生活和精神生活上的需求无条件地满足，日积月累，促使子女养成骄横、任性、自我中心等不良个性品质。

2. 亲情淡漠。即父母不喜欢、不愿意教育子女，或在感情上不重视子女，对子女放任自流。一般有两种情况：一是父母毫无社会责任感，对子女感情淡漠，不履行教育子女的义务；二是父母教育子女无方，因而丧失信心而索性不管。

3. 偏激教育。一般表现为父母对子女要求过高，致使教育子女的手段过于严厉。虽然“望子成龙”，但又缺乏具体的、科学的教育手段，当孩子达不到自己的期望水平时，往往“恨铁不成钢”，采取粗暴的教育方式对待孩子，使孩子感到家庭里没有温暖，心灵遭受创伤，引起对家庭的恐惧心理，或对父母的管教产生逆反、对抗甚至仇视心理。在偏激教育中，尤其以家庭暴力为甚。这种暴力不仅使子女产生恐惧感，而且子女会在暴力环境中学习暴力，形成以暴力解决问题的错误思维，从而产生暴力倾向。

需要说明的是，上述来自家庭环境的不良影响，只是家庭成员，尤其是未成年人犯罪的重要原因之一，因为这种影响往往成为未成年人犯罪的初始性原因。但单纯的家庭不良影响并不必然地导致家庭成员的犯罪。毕竟，犯罪只有在多种因素的相互作用下，才会现实地发生。

二、学校与犯罪

（一）学校教育的重要意义

学校是有计划、有组织地进行系统教育的机构，是个人社会化的重要场所，其担负培养、教育下一代的历史重托，尤其是中小学的义务教育，是保证青少年健康成长的重要环节。学校是家庭与社会、个体与家庭、个体与社会等多种主体发生关联的桥梁，也是青少年从家庭走向社会的过渡场所。在学校学习期间，不仅是青少年学习知识、掌握技能的阶段，也是形成一定的世界观、人生观和思想道德品质的重要阶段。因此，不论是教育内容、教育方法，还是学校管理、教师形象、学校的风气和学校的人际关系等，都会影响学生的成长和发展。一方面，如果学校管理规范，教育内容全面，教师能做到教书育人、为人师表，不仅能够帮助青少年消除已有的不良行为倾向，而且能提高他们辨别是非和自觉抵御社会不良影响的能力。而这种能力的增强，无疑为受教育者在思想上筑起了一道预防违法犯罪的坚固防线。因此，学校教育对于预防青少年犯罪，具有类似于家庭教育的基础性作用。但另一方面，如果学校教育存在不良倾向或严重失误，则不仅不足以预防犯罪，而且会为学生走向违法犯罪道路埋下重要的诱因。

（二）受教育程度与犯罪

受教育程度的高低，是影响人犯罪的重要因素之一。研究表明，受过中、高等教育的人，其犯罪率要低于只受过初等教育的人或文盲的犯罪率。一般而言，受教育程度高的人，在认知层面上具有视野开阔，认识水平较高，看问题比较全面和是非观念、法制观念比较强的特点，因而在社会生活中控制能力和自我约束能力也比较强，犯罪率就相对较低。同时，受教育程度高的人，由于有知识，有专业技术，在生存和发展的竞争中处于有利地位，生活比较稳定且有保障，因而在一般情况下，他们就不会冒险去犯罪，以免承担可能遭受的惩罚，以致丧失其先前的智力、经济投入和已经获得的有利的社会地位。反观受教育程度低的人，既没有受教育过程中的较高投入，也没有值得珍惜的有利社会地位，因此他们的犯罪成本客观上较低，加之因知识的缺乏，视野狭窄，看问题往往不够全面，法制观念不强，自我控制能力较差，不容易抵制诱惑，所以犯罪率也相对较高。

值得注意的是，在现代社会中，受教育程度高又往往与高智力犯罪和高科技犯罪相联系。这些犯罪虽然在全部犯罪中的比重不大，但其社会危害性却远非其他形式的犯罪所能比。

（三）学校教育中的不当、失误与犯罪

学校是青少年成长的重要场所，尤其是在家庭教育内容、机会与时间越来越弱化的当今社会里，学校对于青少年的人格形成有很大的影响。首先，在学校环境中，学生与教师形成纵向人际关系，与同学形成横向人际关系。在学校学生可以学到在家庭里学不到的东西，可以逐渐地体验自己的社会地位，并进行客观的自我评价。其次，学校教育应当是一种素质教育，这是社会要求学校必须承担的教育责任。它要求学校在传授文化知识和技能的同时，更要注重学生伦理道德的培养和关心学生的心理健康。只有在这样一个环境中，学生才能比较顺利地完善个体的人格，提高个体综合素质，为成为合格的社会成员奠定良好的基础。但是，学校教育如果出现了教育不当或失误，则会严重影响学生的各方面成长。在现阶段，这种不当或失误主要表现为忽视全面教育，以及在教育管理上对学生采取差别对待。

学校应全面进行德、智、体、美、劳教育，以培养学生全面发展，健康成长，这是党和国家教育方针的基本要求。但是，我国目前许多素质教育的普及力较弱，升学竞争激烈，致使一直被提倡的素质教育始终落不到实处，中小学教育仍然在沿着应试教育的老路子运行。为了追求高升学率，许多学校片面强调知识教育和智能培养，而忽视道德、体育和劳动能力教育，导致学生人格结构和行为倾向上的不良发展。片面追求升学率，把升学率高低作为评价学校教学水平好坏的唯一标准，既是教育政策的失误，也是教育不当或不充分的表现之一。与应试教育相联系，学校往往对学生差别对待，将教育和管理的精力全部投入到学习成绩好的学生身上。而对所谓的差等生教育投入明显不足，甚至会因小问题将其推出学校。学校教育中的这些不当和失误，对受教育者而言，正是具有一定普遍性的潜在的犯罪诱因。

（四）失学与犯罪

学校教育是青少年完成其社会化过程的最主要途径之一。失学，不仅仅意味着一个人失去了受教育、学知识的机会，更重要的是失去了正常社会化的关键途径。而一个未经过必要社会化过程的人，走向社会后，不仅必然会感到不适应，而且更容易受到各种不良因素的影响，从而形成反社会的人格特征。因此，青少年失学，实际带来的是对社会健康发展所形成的巨大的潜在威胁。也正因如此，强制性的义务教育模式才为各国政府所强调。

（五）学校周边环境对学生的不良影响

不仅校内的不良环境因素对青少年的成长会形成巨大的潜在危害，而且实践证明，学校周边的环境因素也会对在校青少年形成不良影响，以至于诱使青少年犯罪，因此是一个不能被忽视的因素。学校周边的恶劣环境因素，如周边存在不法娱乐场所，暗中销售庸俗书报、黄色音像制品等，都会对学校正常的教学秩序产生严重的影响，容易诱发青少年学生的不良物质欲望、消费欲望、娱乐消遣欲望等，成为刺激青少年学生违法犯罪的直接因素。

三、社区与犯罪

（一）社区的含义与特征

社区是社会学中的概念，它有两层含义：一是指聚居在一起的社会成员所形成的相互交往与相互关联的生活共同体；二是指这一类社会成员形成的生活共同体所处的地理区域。实际上，社区是构成社会整体的单元，也是相对于整体社会的一个“小社会”。街道、市区、郊区、都市、乡镇、村庄等都是规模不等的社区。

社区具有如下几个特征。

1. 社区具有区域性。任何社区都离不开一定的地域，而且社区的地域空间都具有可划分性，如城市社区、农村社区、街道社区、厂区或单位社区等。同时，不同空间的社区还具有相对的独立性。

2. 社区具有群体性。社区是由一定的人口群体组成，是聚居在一起的人们共同生活所组成的人文空间。离开了人口群体，社区就没有了社会属性。

3. 社区具有互动性。由于共同生活的需要，社区人口在经济、政治、文化、生活方式等方面要相互交流，进行各种活动，因而不可避免地形成了共同生活的互动关系，这是社区最基本的特征。

4. 社区依靠共同的文化维系。社区人口基于共同的地缘关系、共同的生活利益需要，形成了共同的社区意识、价值标准和行为规范，使人们对自己所属社区具有情感上和心理上的认同感，进而形成社区的凝聚力。这种凝聚力构成了维系社区人群共同生活的基础。

社区人口虽然有共同的生活环境，处于相同的社区文化之中，但社区中的人口在个人素质、能力、意识上面千差万别，因此行为表现也不尽相同。在社区环境的共同影响下，有的人遵纪守法，有的人则可能在这方面的意识比较薄弱。社区的整体守法状态，取决于守法意识与违法意识的较量结果。当不良意识和不良行为倾向在社区环境中得不到有效抑制或消除，并逐渐取得优势地位时，这种社区就会演变为藏污纳垢的场所，成为违法犯罪的高发区。掌握社区与犯罪的内在联系，有助于分析社区犯罪的原因和规律，从而确定社区预防犯罪的对策。

（二）城市社区与犯罪

城市是现代化进程中的产物，是现代文明的象征，是社会经济、政治和文化生活的中心。但在人类社会逐步过渡到现代化社会的过程中，城市犯罪成了一种无法摆脱的社会现实。从世界范围来看，城市犯罪已经成为整体犯罪现象的主流表现。世界各国在现代化发展过程中都不可避免地遭遇到了严重的城市犯罪问题，这不是社会发展中的偶然巧合，而是城市化进程中的必然结果。

从我国目前的犯罪态势来看，城市中犯罪现象的严重程度远远超过非城市地区。城市犯罪无论是在犯罪人口所占比例方面，还是在复杂程度和危害程度上都高于其他地区的。这说明城市环境与犯罪之间有着十分密切的联系，城市中存在大量导致犯罪的因素。具体来说，城市社区的经济、文化特征和地理特征对犯罪有着巨大的影响。

1. 城市作为国家或地区的政治、经济、文化的中心，是社会财富、社会活动高度集中的地区。在城市中人、财、物的极大丰富，这成为诱发犯罪的重要因素。在这里犯罪分子易于找到犯罪目标，犯罪频率自然要高。

2. 城市社区中人口众多，且人口情况十分复杂，个体间差异性巨大。不同的人在受教育程度、职业差别、就业机会、经济实力以及社会地位等方面差别巨大，并由此导致了人们实际生活质量、生活水平的高低极不平衡，凸显出贫富分化严重的局面。这一社会现实易于导致人们的心理失衡，促使一些人形成犯罪的动机。

3. 现代城市文明的一个基本特征是文化多元性。多元文化可以来自不同地区、不同民族、不同宗教信仰，也可以来自城市中不同阶层的群体。多元文化并存的局面，一方面丰富了城市生活内容，增强了城市发展活力；另一方面也不可避免地形成了文化摩擦、碰撞甚至冲突。受不同文化背景影响的人们，拥有不尽相同甚至完全相反的价值观、人生观和与之相适应的多元行为规范和模式。城市文化的多元性正是导致城市犯罪现象比农村的更难以控制的深刻原因。

4. 城市经济、文化、生活的繁荣，使城市在一定区域内成为地缘中心，对周边地区形成辐射影响，对社会人口形成巨大吸引，引导了人口的流动趋向。流动人口激增，特别是农村剩余劳动力大量流向城市，已经成为当前我国城市人口结构的主要特征。流动人口为城市建设和发展无疑作出了不可或缺的贡献，但同时也带来了不稳定的因素，严重威胁城市社会治安。流动人口一方面因自身的不稳定和安全性不足，容易成为犯罪分子的作案对象；另一方面，流动人口大量涌入城市，使社会就业机会越发稀缺、就业竞争越发激烈，无业人口大量存在，也就相应增加了潜在犯罪人口的比例。此外，流动人口还带来城市交通、居住、水电等社会供应上的超负荷运转，这也容易产生社会矛盾，形成治安隐患。

5. 随着社会的发展，现代城市的功能日渐细化，如何提高城市的社会控制能力和减少犯罪的危害，是我国城市化过程中面临的严峻挑战。改革开放以来，我国的社会结构发生了深刻的变化，城市结构也相应发生巨大变化，致使城市自身的社会控制功能有所弱化，犯罪控制机制趋于松懈和减弱；而新的机制尚处于组建和完善之中，从而导致社会控制犯罪的能力降低。这也是城市犯罪问题不断增多的客观原因之一。比如，城市的环境结构越来越复杂，空间环境趋于高层化、单居化、密集化、杂居化，产生了大量城市死角，难以防范犯罪行为的发生。再比如，文化、娱乐、交通等公共场所越来越多、越来越大，流动人口激增，交通运输便利等，一方面为犯罪分子提供了条件和机会，另一方面也加大了社会控制的难度。

（三）农村社区与犯罪

从发展的现实来看，我国仍然处在传统农业社会向现代工业社会的过渡时期。农村地区十分广泛，农业经济在国民经济中具有举足轻重的作用。因此，我国整体上还是属于农业社会。犯罪学研究离不开这一社会现实，必须高度关注农村社会的犯罪现象。

改革开放以来，农村犯罪率大幅飙升。这是我国农村社会从封闭、落后、传统向开放、文明、现代化转变过程中难以避免的伴生现象。农村犯罪中侵财案件、性犯罪案件和伤害案件较为突出。由农村人口的总量所决定，其犯罪的绝对数量也超过城市犯罪的。农村犯罪所涉及的社会原因，同样具有复杂多变的特点。

1. 农业社会的小农经济观念不适应现代市场经济环境。市场经济的发展促进了中国农村社会的变革，但是，中国农村经济经历了几千年自给自足的封建农耕传统，受生产方式的制约，狭隘、自私和短视的小农经济观念在农村社会还较为普遍地存在。因此，在市场经济运作中，因缺乏市场观念和规则意识，甚至在追求“一夜暴富”的幻想下尽失道德操守，为发财而不择手段，贪图暴利，违法犯罪。

2. 传统文化在我国农村根深蒂固，影响深远。广大农村地区在秉承了我国优秀传统文化精神的同时，将一些落后愚昧的文化内容也继承了下来，如宗法观念、极端家族意识、人治观念、封建迷信等。这些传统文化中的糟粕，一定程度上控制着农民的思想、心理和行为。在一些地区，落后的传统习俗和道德观念实际上起非正式约束机制的作用。这对国家法律的实施形成很大冲击，使农村人口，尤其是农村青少年普遍缺乏法律意识。

3. 农村基层组织建设不力，社会控制不足。改革开放以来，我国农村实行家庭联产承包责任制，这一历史性的重大变革使广大农村的社会结构有了彻底的变化。农村基本上形成了以自主家庭为基本单元的松散型社会组合。农民虽然获得了彻底的生产经营自主权，但农村社会同时也缺少了强有力的制约、管理、服务、整合机制，导致社会控制力逐渐弱化。最突出的表现是农村基层组织建设不足，造成农村社会控制疲软，社会矛盾得不到正常化解，各种隐患不能及时消除。

4. 文化教育落后，人口素质低下。我国农村整体上经济发展缓慢，由此导致了文化生活比较贫乏、文化教育普遍落后的局面。缺少文化教育、科学知识的普及，使农村人口，尤其是农村青少年的个人社会化受阻，很难适应飞速发展的社会。农民中文化程度低、法律意识淡薄以及文盲、半文盲人口所占比例相对较高，以致低级、庸俗甚至迷信、反动的落后文化乘虚泛起。

上述社会因素的存在，为农村地区的犯罪增长提供了适宜的土壤，也是解释农村地区犯罪特征的基本因素。这些社会因素，有的反映了社会变革时期的社会整体特征，有的则是在传统城乡二元模式下形成的不合理的地区差异。因此，预防农村地区的犯罪，既应着眼于社会的整体预防，更应针对农村地区的特点，采取有针对性的预防措施。

【问题与思考】

1. 什么是犯罪的社会因素？
2. 文化因素是如何影响犯罪的？
3. 大众传媒对犯罪有何影响？
4. 如何理解家庭与犯罪的关系？
5. 如何看待学校教育与犯罪之间的关系？
6. 社区环境是如何影响犯罪的？

【推荐阅读书目】

1. ［日］菊田辛一著，海沫等译．犯罪学．北京：群众出版社，1989
2. ［英］马林诺夫斯基，［美］塞林著，许章润，幺志龙译．犯罪：社会与文化．桂林：广西师

范大学出版社，2003

3. ［德］汉斯·约阿希姆·施奈德著，吴鑫涛，马君玉译．犯罪学．北京：中国人民公安大学出版社，1990

4. 张远煌．犯罪学原理．北京：法律出版社，2001

5. 吴鹏森．犯罪社会学．北京：社会科学文献出版社，2008

6. 许发民．论犯罪的社会文化分析．河南大学学报（哲社版），2004（3）

第八章 性别、年龄与犯罪

内容导读

作为生理性因素，性别、年龄对犯罪有重要影响。性别能够影响犯罪机会的选择和犯罪成本进而影响犯罪类型。男女两性在作案手段选择、犯罪发生和演变方式上都存在差异。年龄对犯罪的影响主要表现在犯罪率、犯罪类型，以及初次犯罪年龄与再犯率的关系方面。

性别、年龄等生理因素是影响犯罪的重要方面。虽然在一般犯罪原因论意义上，社会因素是影响犯罪的主要因素，但这并不意味着生理因素对犯罪的影响不重要。因为犯罪首先是具体的人实施的严重危害社会的行为，它必然也要受到人的各种生理因素的直接或间接影响。因此，对下述具有代表性的传统认识，应坚持用辩证的观点看待：生理因素“是伴随着一般原因和条件影响犯罪发生的现象。它对犯罪的发生既不是必然的，也不是必要的，但它对犯罪有一定的影响作用”①。按照影响犯罪的因素来源划分，生理因素属于影响犯罪的内部因素，其内容十分广泛。国外学者多从遗传和体质两个方面进行研究，涉及的内容包括家族史、身体结构、孪生子、性染色体异常、内分泌异常、体型、中枢神经系统机能异常、学习能力缺失和自主神经系统等。这些内容将在本教材第十章，结合犯罪行为的生成机制加以论述。目前国内学者多限于研究性别、年龄这类生理因素对犯罪的影响。本章重点阐述性别和年龄与犯罪的关系。

第一节　性别因素对犯罪的影响

人有男女之分，受人体结构和社会环境等多方面因素的影响，男女在体质和心理等方面都存在重大区别，如男人多体格健壮，女人多体格柔弱；男人多粗犷，女人多细腻；男

① 康树华主编：《犯罪学通论》，2版，363页，北京，北京大学出版社，1996。

人多冲动，女人多忍耐；男人独立性更强，女人则更易受暗示、自信心程度较低；等等。在心理学上，受到心理学家公认的两性差异就包括男孩比女孩更富于攻击性。男女的这些差异对犯罪有重要影响，具体表现为男女在犯罪率、犯罪类型和犯罪方式上有较明显的差异。

一、性别与犯罪率

在犯罪统计中，犯罪率包含的内容十分广泛，如犯罪率有犯罪发生率、初犯率、再犯率、犯罪破案率等之分。在通常情况下，犯罪率指的是犯罪发生率。犯罪发生率是以一定时间、地点的人口总数和犯罪发生数为内容，一般采取的是犯罪发生数与一定时间、地点的人口总数的比率。由于一定时间、地点的人口总数相对固定，所以男女犯罪发生率的比较实际上是男女犯罪数量的比较。根据国内外的相关统计资料，性别与犯罪发生率的关系主要表现在以下方面。

(一) 男性犯罪发生率总体上远高于女性的

男性犯罪发生率高于女性犯罪发生率是各国公认的事实。在俄罗斯，虽然妇女的社会地位在数十年内有了改变，而且女性在俄罗斯全国的人数多于男性的人数，但女性犯罪水平（已登记犯罪的绝对数）仍然只占男性犯罪的 1/7 到 1/5。1991 年，俄罗斯女性罪犯在被揭露出的罪犯总数中占 10.6%，1993 年占 11.2%，1995 年占 14.9%，2002 年占 17.8%，都远远低于男性的。① 在美国，根据联邦调查局的统计，1969 年女性犯罪的百分比不及男性的1/7。之后，美国女性的犯罪发生率有一定的上升。1988 年美国女性犯罪在犯罪总数中占的比例是 18%，1990 年上升至 22.6%，2002 年约为 23%。尽管如此，在美国，女性的犯罪发生率还是要远远低于男性。同样，法国的女性犯罪发生率也只维持在犯罪总数的 14%～15%之间。1990 年，法国女性犯罪的比例是 15.1%，1992 年为 14.48%，1993 年为 14.3%，2003 年为 15.2%。

在我国，1966 年以前，女性犯罪占犯罪总数的 2%左右，20 世纪 80 年代以后，女性犯罪率有所上升。1987 年年底，全国在押女犯占全部在押犯总数的 3.6%。20 世纪 90 年代，女性犯罪率为 5%左右。近年来，女性犯罪数量呈现出上升态势，女性犯罪占整个刑事犯罪的比例超过了 10%，个别省市甚至达到 20%。但总的来说，女性犯罪所占比例仍然远远低于男性的。

为什么男性犯罪发生率会远远高于女性的？一般认为，原因主要如下。

1. 从伦理学的角度看，犯罪是违反道德的行为，在通常情况下，女性的道德观念比男性的更强，更容易受传统观念的约束，羞耻心也较重，从而女性在行动上顾虑更多和更为审慎，因此女性犯罪发生率要比男性的低。

2. 从心理学的角度看，犯罪大多需要主动的心态和积极的行为能力，而女性天性较为柔顺、服从，不如男性富有竞争性和攻击性，既缺乏主动的心态，又缺乏行动的实力，因此女性犯罪的发生率要低于男性的。

3. 从社会学的角度看，犯罪是反社会的行为，犯罪率与行为人参加社会生活的程度

---

① 参见［俄］阿·伊·道尔戈娃主编，赵可等译：《犯罪学》，633 页，北京，群众出版社，2000；李仙翠编译：《俄罗斯 2002 年犯罪统计数据》，载《公安研究》，2003（12）。

成正比关系，女性在家庭的时间较多，参加社会生活甚少，因而女性的犯罪率也相对较低。

（二）女性犯罪发生率的增长速度高于男性的

尽管女性犯罪发生率比男性的要低，但是根据相关的统计资料，女性犯罪发生率一直处于增长之中，并且其增长速度高于男性的。

在国际上，第二次世界大战以后，女性犯罪数量呈现出明显的增长趋势。国际刑警组织提供的1960年和1972年的犯罪资料表明，欧洲有资料的8个国家中，除奥地利外，其余7个国家的女性犯罪总数都在增长，而且女性犯罪的增长率高于男性的。在美国，1953年，大约在12个被捕人犯中有一个是女性，而在1974年，每4.7个被捕人犯中就有1名是女性；1966年到1977年，女性严重犯罪案件增加了80%，而男性刑事案件只增加了35%；1980年至1987年，女性受刑人数增加了111%，从13 402人增加到了28 314人，入监的女性增加率已超过男性；1987年年初，在州和联邦监狱管辖下的女犯有266 610人，这说明过去的5年中女犯数量增长了51%[①]；美国2002年因犯罪而被逮捕的女性人数占全国被逮捕总人数的23%，比十年前的1993年增加了14%。

在我国，“文化大革命”以前，女性犯罪数占犯罪总数的比例极低。然而改革开放以来，女性犯罪数量增长很快。20世纪70年代至80年代，女性犯罪占整个犯罪的6%～7%；到世纪之交，女性犯罪的比重达到10%～20%，数量直逼德国。从1997年年底至2002年年底的5年，全国在押女犯人数净增了2.9万，平均每年增长13%，大大超出了在押犯平均增长率。2007年至2012年，在押女犯净增率同样明显高于在押男犯的，这5年间，全国在押女犯增长率高达22.26%，而同期在押男犯增长率为3.40%。[②]

北京市某区人民法院历年已判决生效的刑事统计报表，也从局部印证了女性犯罪的增长趋势。1995年该区全年女性罪犯只有22名；1996年增加到37名，比1995年上升68.2%；1997年增加到50名，比1996年上升35.1%；1998年共计84名，比1997年上升68%。[③] 2006年3月6日，北京市某中级人民法院公布了一份女性犯罪调研报告。调研报告显示，3年来，女性犯罪案件的最大特点是犯罪率逐年上升，且超过同期的男性犯罪增长率。2003年，该院审结的女性犯罪案件20件，占刑案数量的12.7%；2004年的为22件，占刑案数量的13.9%；2005年的为22件，占刑案数量的15.4%。同时，我国其他一些地区的调查也显示，女性犯罪率增长较快，如深圳市罗湖区2006年至2008年女性犯罪率保持在11%左右，女性犯罪的人数比2003年的增加了两三倍。苏州市工业园区的调查显示女性犯罪案件增长明显，2010年与2007年相比，女性犯罪的案件数增加了153.1%，涉案人数增加了177.8%。[④]

总的来看，女性犯罪发生率增长较快的一个主要原因是，随着社会政治、经济、文化的发展，女性逐渐从传统的社会角色中解脱出来。她们与社会接触越来越多，对社会角色的参与也越来越广。同时，随着社会转型期经济体制改革的不断深入，女性在社会生活中

---

① 参见［美］理查德·霍金斯、杰弗里·P.阿尔珀特著，孙晓雳、林遐译：《美国监狱制度——刑罚与正义》，367页，北京，中国人民公安大学出版社，1991。

② 参见2008年至2013年的《中国统计年鉴》。国家统计局编：《中国统计年鉴》，北京，中国统计出版社。

③ 参见谢怀斌、哀雪英：《来自法院的报告——女性犯罪有待防治》，载《中国妇女报》，1999-07-22。

④ 参见苏云姝、左国军：《女性犯罪的法社会学分析——以苏州工业园区女性犯罪为蓝本》，载《中华女子学院学报》，2011（4）。

承受的压力越来越多，也越来越大。这些因素的存在，增加了女性在社会生活中的矛盾和冲突，使女性犯罪的增加具有了必然性。

二、性别与犯罪类型

性别对犯罪类型的影响，主要表现在由于性别差异，男女所实施的犯罪类型各有侧重，如女性更常实施财产犯罪和性犯罪等，男性则多实施暴力犯罪和危害公共安全犯罪等。实际上，在我国刑法中，有些犯罪对犯罪主体也有性别的要求，其他的性别的人无法成为某一类犯罪的实行犯，而只能成为教唆犯或者帮助犯，这必然影响这一性别的人实施这一犯罪的比例。以强奸罪为例，在我国和世界上不少国家，强奸都只能由男性实施，女性充其量只能成为帮助犯或者教唆犯，因此女性实施强奸罪的可能性必定很小。同样，有些犯罪多由女性实施，男性实施的较少，如溺婴、遗弃婴儿、卖淫等。

一般来说，在犯罪类型方面，男女的差别主要表现在：女性多实施财产犯罪和性犯罪，如盗窃、诈骗、卖淫等，较少实施暴力犯罪、破坏性犯罪和智能犯罪等。2004 年 9 月，有学者采用问卷调查的方法随机对某女子监狱的 200 名女性犯罪者进行了抽样调查，调查结果显示：女性犯罪的种类繁多，如卖淫、走私、盗窃、套汇、抢劫等，其中，卖淫占 60.6％，财产犯罪占 36.2％。从此可以看出女性犯罪中，性犯罪是第一位的，财产犯罪仅次于性犯罪。法国警方 1993 年的犯罪统计资料表明，女性在犯罪总数中所占比例最为突出的犯罪是：有关违反青少年监护方面的犯罪占 64.37％；残害婴儿的犯罪占 57.41％；签发空头支票的犯罪占 35.94％；其他违反支票管理规定的犯罪占 35.35％；违反禁止在银行从业规定的犯罪占 33.90％；盗窃高级陈列物品的犯罪占 31.9％；侵犯人身的犯罪占 17.69％。①

与女性不同的是，男性多实施暴力犯罪、破坏性犯罪和智能犯罪，如杀人、抢劫、强奸、伤害等重大暴力犯罪，这些犯罪的强度多与男性的体力、智力相当。相反，财产犯罪、性犯罪在男性犯罪中所占比例不大。法国警方 1993 年的犯罪统计资料表明，男性在犯罪总数中所占比例最为突出的犯罪是：危害国家基本利益的犯罪占 98.95％；爆炸罪占 98.33％；盗窃机动车的犯罪占 98.07％；猥亵罪占 97.45％；非法携带武器的犯罪占 96.94％；工地上的盗窃罪占 96.7％；违反驱逐令或禁止入境令罪占 96.64％；盗窃货车上的货物的犯罪占 96.38％；强奸罪占 96.03％。②

对于性别为什么会影响人们对犯罪类型的选择，我国有学者认为主要是因为女性的权力意识和对公共生活的关注兴趣一般要逊于男性的；某些体质和心理因素也限制了女性的犯罪行为。③ 这种观点是正确的。从本质上看，性别的差异主要是身心的差异，因此，性别对犯罪类型的影响主要是由男女身体和心理的差异所引起的。但是，身心这一因素与社会文化等因素又有着千丝万缕的联系，因此性别对犯罪类型的影响又会超越身体和心理影响的范畴。由此而言，性别对犯罪类型的影响，多是通过犯罪机会和犯罪成本体现出来的。

首先，性别的差异会影响犯罪机会，进而影响犯罪类型的选择。犯罪的实施是需要相

① 参见张远煌：《犯罪学原理》，143 页以下，北京，法律出版社，2001。

② 参见张远煌：《犯罪学原理》，143 页以下，北京，法律出版社，2001。

③ 参见张远煌：《犯罪学原理》，175 页，北京，法律出版社，2001。

应的现实机会的，如不具有一定的管理职务，就没有机会实施贪污、受贿等职务犯罪；同样，没有掌握高新技术就无法实施高科技犯罪。由于社会文化等多种因素的影响，女性在职业、专业、个人兴趣的选择等方面都与男性有一定的差异。女性更多地从事服务行业，更关注家庭。这样必然影响女性的犯罪机会。通常情况下，女性很少有机会实施职务犯罪、高科技犯罪。相反，由于男性在总量上更多地承担着社会管理职责，在高科技领域的地位也比女性的高，因而，男性实施这两类犯罪的比例也就较大。

实际上，随着社会的发展，女性不断改变其传统角色，越来越多的女性从事以前以男性为主导的职业，女性的犯罪类型也有了一些变化，例如，女性在金融领域的犯罪、经济领域的犯罪以及贪污贿赂罪等方面都有不同程度的增长。这与女性职业改变后导致犯罪机会的增加有关。

其次，性别的差异还会影响犯罪成本，进而影响犯罪类型的选择。除了精神病人犯罪和一些激情犯罪外，大多数犯罪人都具有一定程度的意志自由，会进行利弊权衡，对犯罪作投入与产出的经济分析。由于女性生理的原因，如体质较弱等，女性在暴力犯罪中必然处于弱势，所以女性要想在暴力犯罪方面获得成功必然要付出更大的努力，并且事实上失败的概率会很高，犯罪的成本自然很大。为了降低风险，女性在进行犯罪类型的选择上必然尽量避免身体上的对抗，这就是导致女性实施暴力犯罪较少的直接原因。相反，女性以隐蔽的方式进行盗窃、以色情引诱的方式进行诈骗或者进行卖淫等犯罪，由于能够扬己之长，成功的概率要高得多，犯罪成本也相对较低，因而犯罪女性自然倾向于实施这类犯罪。当然，对犯罪成本的衡量是多方面的，包括犯罪技术的掌握、犯罪被发现的风险、犯罪成功的可能性等。其中的一些因素与性别有一定的联系，从而使这些类型的犯罪体现出性别特征。

值得注意的是，随着年龄的增长，性别所导致的犯罪机会、犯罪成本的差异会逐渐缩小，并因而缩小男女在犯罪类型上的差异。例如随着年龄的增长，老年男性与老年女性在体力上的差距缩小，他们实施暴力犯罪的比例同样都比较低。

三、性别与犯罪方式

犯罪方式与犯罪类型有一定的联系，有些犯罪类型的划分标准就是犯罪方式，如暴力犯罪和非暴力犯罪。但是犯罪类型的划分并不可能完全包含犯罪方式的内容。性别对犯罪方式的影响，主要表现在以下几个方面。

1. 在作案方式上，男性多选择攻击性暴力手段，而女性则多利用女性特点作案。

在作案手段的选择上，男性和女性都会“扬长避短”。男性多选择攻击性、暴力性的作案手段，而女性则多采取非攻击性、非暴力性手段作案。男性的长处在于其力量，男性可以凭借或施展其力量进行作案并获得成功，因此攻击性、暴力性方式是男性常用的作案手段。也正因为此，暴力犯罪在整个犯罪中占据重要的比例。与男性不同的是，女性的长处在于其女性的魅力和不易引起人的警觉与怀疑。因此，一些女性常常利用其这方面的特点进行色情犯罪，从事诈骗、盗窃、拐卖人口等各类犯罪活动，而较少采取暴力性、攻击性手段进行犯罪。即便女性选择暴力性、攻击性手段进行犯罪，也多是针对女性的公婆、子女等亲属，或者邻居、同事、朋友等熟悉的人，这就极大地限制了女性暴力犯罪的范围。

2. 在犯罪的发生方式上，男性犯罪大多具有突发性、公开性的特点，而女性犯罪多表现出渐进性、隐蔽性的特点。

犯罪行为都有一个发生、发展的过程。对于这个过程，有些来得突然，有些则来得缓慢。一般而言，在普通刑事案件中，男性犯罪行为的发生多具有突发性的特点，这在激情犯罪中表现得比较明显。相关统计资料也表明，激情犯罪多为男性实施。与男性犯罪不同，女性在犯罪行为的发生上具有渐进的特点。这种渐进性主要表现在，女性实施犯罪之前多有一个较长的酝酿期，有一个较明显的动机斗争过程。国内外司法实践都表明，女性犯罪，往往是在深思后，再认真选择和确定作案方式的。从这个角度看，女性犯罪有阴谋的多，直接故意犯罪所占比重较大，激情犯罪则较少。

与此同时，男性犯罪多具有公开性的特点。实际上，由于暴力犯罪多具有泄愤、报复的动机，在这种动机的驱使下，犯罪人考虑得更多的是犯罪行为的得逞与否，一般不大在意行为实施的场合是公开的还是隐蔽的。与男性相比，女性犯罪行为的实施更具隐蔽性。这也是与女性犯罪的渐进性特征相吻合的。女性犯罪越具有渐进性，其犯罪的动机斗争时间越长，犯罪越有预谋，犯罪方式也就更加隐秘。即便在暴力犯罪中，女性也多是在家庭或者一些隐蔽场合实施。正是由于女性犯罪的隐蔽性，无形中增加了女性犯罪的隐案量。据天津市有关部门统计，1990 年入狱的 88 名女犯中，每个女犯被抓获的平均时间值为 1987 年 8 月份；而每个罪犯被捕时间的平均值为 1989 年 4 月份，两者相差 1 年零 8 个月之久。而且，其中 20.7%的人认为，法院在审理过程中对她们的犯罪事实并不十分清楚。当场作案被抓获的只占 3.8%。同时，大部分女性犯罪都是经过较长时间才破获的。

3. 在犯罪行为的演变上，男性犯罪多具有顺向性的特点，而女性犯罪多具有逆变性的特点。

犯罪和其他事物的发展一样，有一个由无到有、由弱到强的过程。一般犯罪行为的演变都体现了一个积累的过程，都是由相对较轻的违法、不道德行为发展为犯罪行为，由相对较轻的犯罪行为发展为相对严重的犯罪行为。犯罪被发现以后，在刑罚等相关强制力的作用下，犯罪心理的强度往往会反向发展，即由强到弱，由有到无。就性别而言，男性犯罪行为的演变基本顺应这一犯罪的演变过程。

与男性犯罪行为演变的顺向性不同，女性犯罪行为的演变大多具有逆变性的特点。所谓逆变性，一般包括两方面的含义：一是指女性在初次犯罪遭受制裁之后，人格自尊比较难以恢复，"破罐子破摔"的心理倾向较为突出，犯罪后的改造难度大；二是指女性在遭受犯罪侵害以后，在不良心理的支配下和其他因素的推动下，易发生被害人的逆向变化，由被害人向加害人方向转化。如女性受到性侵害或被拐卖以后，往往得不到法律的保护或者社会的同情，反而容易受到社会的歧视，为此不少女性产生了报复社会的心理，由被害人转变为加害者。

女性犯罪的演变之所以会出现这种逆变性，一方面是因为女性的自尊感较男性的强烈却又脆弱，而刑事责任的追究意味着对行为人不良人格的最严厉的社会谴责，因而在刑事制裁之下，女性自尊感的丧失远比男性的为甚，这就在相当程度上削弱了女性改恶从善和追求新生的原动力。另一方面是因为，在很多情况下，女性犯人受到的社会歧视往往比男性犯人的更为严重，当她们重新步入社会生活时，在婚姻的缔结、家庭的重建、职业的选择、事业的追求以及自我形象的重塑等方面，都面临沉重的压力，从而更容易产生"破罐子破摔"的不良心理。

第二节　年龄因素对犯罪的影响

年龄有生理年龄与心理年龄之分。生理年龄是指以人体的组织、器官、结构系统和生理机能的生长与成熟程度为指标，它以出生后实际生活过的年数和月数为计算单位。心理年龄则是指一个人某一年龄阶段所显示出来的心理状况或水平。从生理方面看，人的生命按照传统划分，三岁至十岁为“幼年”；十岁至十五六岁为“少年”；十五六岁至三十岁为“青年”；三四十岁为“壮年”；四五十岁为“中年”；六七十岁及以上为“老年”。从社会方面看，人的生命可粗分为未成年人、成年人和老年人三大阶段。犯罪学上的年龄主要是指人的生理年龄。年龄对犯罪的影响主要表现为年龄对犯罪率、犯罪类型的影响以及初次犯罪年龄对再犯率的影响。

一、年龄与犯罪率

年龄与犯罪率关系的衡量指标，主要表现在一定年龄阶段的人口在社会总人口中的比例与一定年龄阶段的犯罪人口占犯罪总人口的比例的比较。一般来说，它们之间的关系可能表现出三种情形：其一，一定年龄阶段的人口在社会总人口中的比例高于一定年龄阶段的犯罪人口在犯罪总人口中所占的比例；其二，一定年龄阶段的人口在社会总人口中的比例与一定年龄阶段的犯罪人口在犯罪总人口中所占的比例大致相当；其三，一定年龄阶段的人口在社会总人口中所占的比例明显低于一定年龄阶段的犯罪人口在犯罪总人口中所占的比例。在犯罪学上，第一种情形称为犯罪的低发年龄段，而第三种情形则属于犯罪的高发年龄段。就我国目前的犯罪情况而言，年龄与犯罪率的关系主要表现在以下方面。

（一）青少年是犯罪的高发年龄段

这意味着青少年犯罪人口占犯罪总人口的比例高于青少年占社会总人口的比例。在犯罪学研究中，犯罪的高发年龄段具有特殊的意义。首先，通过对犯罪高发年龄段的分析，可以清楚地知道哪个年龄段犯罪率最高，从而弄清主要犯罪在各个年龄段的分布情况。其次，通过对犯罪高发年龄段的分析，可以更准确地分析影响犯罪的主要因素，做好犯罪的原因分析。最后，通过对犯罪高发年龄段的分析，可以更有针对性地探寻预防犯罪的对策。

在我国，长期以来，青少年始终是犯罪的高发年龄段。以官方犯罪统计为例，在 1980 年至 1989 年的 10 年，14～17 岁年龄组所占平均比例为 21.87%，其中最高比例是 1985 年的 23.78%，最低比例是 1989 年的 19.07%。18～25 岁年龄组所占平均比例为 48.55%，10 年间从 1980 年的 39.84%持续上升到 1989 年的 54.98%。而 26～50 岁年龄组所占比例可分为两个时期：前 5 年（1980—1985）维持了较高比例，达到 35.72%；而后 5 年则呈现明显下降趋势，平均为 24.7%。51 岁以上年龄组所占比例约为 2%。[①] 有学者研究发现，20 岁

---

① 参见俞雷主编：《中国现阶段犯罪问题研究》，66～68 页，北京，中国人民公安大学出版社，1993。

左右是人们犯罪的最高峰。其中，男性犯罪的多发段是20～24岁，女性犯罪的多发段是20～28岁。①

而据1990年到2002年十余年的犯罪调查资料，1990年、1993年、1996年、1999年和2002年，青少年（14～25岁）犯罪的比例分别是63.1%、56.6%、50.0%、41.3%和36.2%。与此同时，中青年（26～50岁）的犯罪比例则分别是34.7%、41.5%、48.2%、56.4%和61.5%。② 同时，据有关统计，我国1999年的人口构成中，青少年（14～25岁）所占的比重是14.60%，中青年（26～50岁）所占的比重为41.47%。由此可见，虽然青少年犯罪在整个犯罪中所占比例呈下降趋势，中青年犯罪的比重逐年上升，但青少年这个年龄段仍属于特别严重的犯罪高发年龄段。同时，随着整个犯罪态势的发展，中青年这个年龄段也属于犯罪的高发年龄段，因为这两个阶段中犯罪人口占犯罪总人口的比例仍高于相应年龄段人口占社会总人口的比例。

青少年这个年龄段之所以成为犯罪的高发年龄段，除了外部原因外，还与青少年心理发育不成熟有着密切的关系。总的来看，青少年认识能力低，对事物及其发展规律的理解和预见带有一定的片面性、表面性，对道德、纪律、法律规范的认识能力也较低；而且青少年的意志力相对较差，控制能力弱，容易受到外部各种诱惑的吸引，容易受到个人欲望、情绪的驱使。与此同时，青少年的这些心理特点，在不良的家庭、社会环境下会不断地异化，如在亲情过剩的家庭中，由于受到家庭过分的溺爱，青少年容易形成自私、任性、虚荣、懒惰、奢侈、无礼、粗野、放纵、贪婪、好逸恶劳，以及对社会、家庭缺乏责任感、同情心、爱心等不良人格特征。

（二）老年人属于犯罪低发年龄段

按照我国的传统年龄标准，51岁以上的犯罪人口占犯罪总人口的比例远远低于老年人占社会总人口的比例。在1990年以前，老年人犯罪人口在整个犯罪总人口中的比例一直维持在2%左右。1990年至2002年的情况基本类似。有学者对老年犯罪的情况进行了统计分析，结果发现，1990年、1993年、1996年、1999年和2002年老年人所占犯罪总人口的比例分别是2.1%、2.0%、1.7%、2.3%和2.3%。可见，尽管随着我国逐渐步入了老龄化时代，老年人在社会中的比例越来越大，但是老年人的犯罪比重并没有明显的上升。以1999年的情况为例，这一年中，老年人犯罪人口所占犯罪总人口的比例约为2.3%，而在该年我国的总人口中，老年人人口所占的比重为15.02%。也就说，老年人犯罪人口占犯罪总人口的比例要明显低于老年人人口占社会总人口的比例。

实际上，老年期属于犯罪低发年龄段具有一定的必然性。到了这个年龄阶段的人，对社会的认识趋于成熟、定型，对自己情绪、冲动的自我控制能力也要远远高于其他年龄的人群，处理问题和冲突的方式也更为理智。同时，随着年龄的增长，老年人的体力逐渐下降，也没有能力去实施一些需要付出较大体力的犯罪，如抢劫、绑架等暴力或者以暴力相威胁的犯罪，这样必然会使老年人犯罪数量大为减少。而且，老年人一般都有家室，不少人还有不错的社会地位，因此即便他们有犯罪的动机，他们也会考虑实施犯罪给自己及家庭所带来的不良影响。这种利弊权衡正是抑制或打消犯罪动机的十分有利的心理因素。

---

① 参见熊谋林、江立华、陈树娇：《生命周期研究：性别、年龄与犯罪》，载《青少年犯罪问题》，2013（1）。

② 参见丛梅：《对社会转型时期犯罪人的年龄构成分析》，载《犯罪研究》，2005（5）。

二、年龄与犯罪类型

不同年龄的人，在心理、生理等方面都会存在差异。这些心理、生理方面的差异，必然会影响行为人对犯罪类型的选择。

（一）年龄因素能影响犯罪手段的选择进而影响犯罪的类型

年龄对犯罪手段的影响是显而易见的。一般情况下，青少年、中年人的体力要好于老年人、儿童的体力。因此，在通常情况下，青少年、中年人比老年人和儿童更可能实施暴力犯罪。有统计结果表明，青少年犯罪的类型主要涉及杀人、抢劫、强奸、盗窃、投毒等共计13类。其中，以抢劫、强奸、杀人、故意伤害和盗窃为主，占少管所青少年犯罪的94.01%；同时，犯有2项以上罪行的占6.34%，犯有3项以上罪行的占0.70%。[①] 天津社会科学院的统计研究也证实了这一点。1999年、2002年青少年实施的暴力犯罪分别占犯罪总数的51.6%、55.2%。可见，青少年更倾向于实施与自身身体状况有关的犯罪。

相反，受身体素质的制约，老年犯罪人一般不会采取暴力手段实施犯罪，他们多是利用被害人反抗能力较差或者社会上对老年人较为同情的特点实施犯罪行为。因此，老年犯罪者多实施猥亵、强奸幼女和秘密窃取的犯罪，或者利用社会对老年人的同情进行诈骗犯罪，等等。

与此同时，由于年龄与人的知识掌握程度和社会经历等有直接的关系，青少年的知识水平、社会阅历和社会交往能力等，一般不如中年人和老年人，因而在一般情况下，青少年更少实施那些需要较多知识和技能的犯罪，也更少实施与职务有关的犯罪。从现有的情况看，职务犯罪绝大多数都是由中青年以上（26岁以上）的人实施的。例如，1998年至2000年，北京市海淀区人民检察院共查办各类贪污贿赂、渎职案件112件，其中犯罪嫌疑人在25岁以下的7人，只占总人数的6.25%。

（二）年龄因素能影响犯罪动机进而影响犯罪类型

不同年龄段的人对生活的需求也会存在一些差异，这会影响犯罪人的犯罪动机，并进而影响犯罪的类型。一般而言，青少年处于青春发育阶段，好冲动、争强好胜的心理比较明显，犯罪动机多为逞强、泄愤等，因此他们更多地实施诸如杀人、伤害等犯罪行为；同时，由于青少年性心理开始萌芽，对性的认识模糊而片面，有较强的好奇心，不少青少年在不良社会文化的影响下，容易实施性犯罪，包括强奸、聚众淫乱、强制猥亵以及卖淫等犯罪行为。

相反，一些老年人由于生活上缺少依靠，经济困难，为生计所迫而实施盗窃、诈骗等财产犯罪。值得注意的是，虽然随着年龄的增长，老年人对性的需求逐渐降低，但老年人的性犯罪有上升的趋势。据一家管教所对59名60～81岁的老年罪犯的调查显示：其中7成与性有关，有40人属于强奸、嫖娼等性犯罪类型。据天津社会科学院的有关统计，1999年，在老年人犯罪的案件中，基于钱财的动机而犯罪的占总人数的53.2%，2002年的则为53.8%；而出于性满足动机的占第二位，1999年的为30.4%，2002年的为26.9%。可以说，财产犯罪和性犯罪是老年人犯罪的主要类型。

---

① 参见屈智勇、邹泓：《青少年违法犯罪的基本特点及发展轨迹研究》，载《中国青年研究》，2007（1）。

(三) 年龄因素能影响犯罪人对犯罪对象的选择进而影响犯罪类型

年龄对犯罪类型的影响还可以通过对犯罪对象的选择体现出来。如老年人随着体力和思维能力的减弱，参与社会活动的范围与深度日益缩小，容易出现诸如固执、幼稚、偏激和多疑等异常心理，从而在犯罪对象的选择方面出现相应变化：实施犯罪的对象多为反抗力微弱的儿童、妇女和有生理残疾或精神疾病者。[①]

从实际发生的案件来看，青少年犯罪的侵害对象以未成年人、孤寡老人、残疾人、青少年女性或幼女、独居和夜间独行者为主。[②] 其中，针对未成年人的犯罪占 50%以上。从原因上看，主要是因为青少年所接触的群体大多数是未成年人；同时，针对未成年人实施侵害对青少年而言更容易得逞。青少年自我保护意识较差，一旦遇到外来人侵害，不是束手无策就是主动就范，这也间接地助长了青少年将未成年人作为犯罪对象的心理。

与青少年犯罪类似，老年人犯罪的侵害对象也多为弱者，如未成年人、妇女或残疾人。老年人因自身原因，无法选择年轻力壮的中青年人为犯罪对象，而未成年人心智发育不成熟，容易被控制；妇女和残疾人对老年人一般也少有防备，这就给老年犯罪人提供了可乘之机。

与此相反，中青年人犯罪的对象则不限于弱者，中青年人本身也是其犯罪的主要对象。据统计，1999 年中青年作为被害人的，占作案对象人口总数的近 50%，2002 年也超过了 40%。这主要是因为中青年人身体强壮，经历丰富，事业有成，财物的积累往往达到很高的程度，加之社会活动范围大，参与社会生活的程度深，因此更容易与他人发生利益冲突而相互之间互为犯罪对象。

三、初次犯罪年龄与再犯率

再犯率，也称再次犯罪率、重新犯罪率。再犯有广义、狭义之分。广义的再犯是指在因犯罪受到处罚之后又再次犯罪的情况。犯罪学上一般都是在广义上使用再犯的概念。狭义的再犯在刑法意义上则主要是指累犯。

1985 年 1 月 8 日中央政法委转批的司法部《关于刑满释放、解除劳教人员重新犯罪、违法问题的几点意见》以及 1987 年 4 月 13 日司法部批转的司法部劳改局、劳教局、预防犯罪与改造研究所联合制发的《关于统一组织对提高改造质量和预防重新犯罪问题调查研究的意见》规定，重新犯罪是指原犯普通刑事罪的，刑满释放或被赦免以后，在 3 年以内再犯应判处刑罚的罪行的；原犯危害国家安全罪的，刑罚执行完毕或者被赦免以后，在任何时候再次犯罪的，或者 3 年以内再犯其他普通刑事罪而被判处刑罚的。这基本上是在狭义上使用重新犯罪的概念。按照我国 1997 年刑法典的规定，狭义的重新犯罪则主要是指被判处有期徒刑以上刑罚的犯罪分子，刑罚执行完毕或者被赦免以后，在 5 年以内再犯应当判处有期徒刑以上刑罚之罪的；或者危害国家安全犯罪、恐怖活动犯罪、黑社会性质的组织犯罪的犯罪分子在刑罚执行完毕或者被赦免以后，在任何时候再犯危害国家安全罪的情况。

从现有的资料来看，我国的再犯率一直处于相对较低的水平。据 2004 年“国际矫正与

---

① 参见张远煌：《犯罪学原理》，184 页，北京，法律出版社，2001。

② 参见伍华莉：《未成年人犯罪侵害对象的类型、心理特点及其保护》，载《青少年犯罪问题》，2002 (6)。

监狱协会第六届年会”上司法部公布的资料，我国共有监狱六百七十多所，在押罪犯一百五十多万名，监禁率为万分之十二。罪犯改好率一般在90%以上，绝大多数罪犯刑满释放后成为具有一定文化知识和劳动技能的守法公民，刑满释放人员重新犯罪率保持在8%左右的低水平。当然，这仅是就狭义的重新犯罪概念而言的。

导致犯罪人再犯罪的因素很多，既有社会因素，也有犯罪人的个人因素。各种因素相互交织，共同衍生出犯罪人的再犯罪行为。从年龄上看，初次犯罪年龄是衡量再犯率的一项重要指标。一般而言，犯罪人初次犯罪的年龄越低，其再犯率就越高；相反，犯罪人的初次犯罪年龄越高，则其再犯率也就越低。据对我国10个省、直辖市在押未成年犯的抽样调查，在2 752个有效样本中，有过犯罪经历的占27.2%。

在初次犯罪年龄与再犯率之间，往往存在如下的关联性。

1. 犯罪人初次犯罪年龄越低，其犯罪出狱后的时间也就相对越长，再犯率也会相应增高。

这是一个简单的时间计算。假使两个人所犯罪行相同，所判刑罚也相同，都是15年有期徒刑，但是甲的犯罪年龄是40岁，乙的犯罪年龄是20岁。又假使两人都服刑15年，那么甲出狱后为55岁左右，乙出狱后为35岁左右。按照我国平均寿命约77岁计算，甲出狱后还有22年的时间，而乙还有42年的时间。在其他条件都相同的情况下，完全有理由认为，乙再犯罪的可能性要高于甲再犯罪的可能性。因为乙在社会上生活的时间要长，发生矛盾冲突的可能性也自然会增大。因此，犯罪人初次犯罪的年龄越低，犯罪人也就越具备再次犯罪的时间条件。

2. 犯罪人初次犯罪年龄越低，其社会化缺陷的弥补和心理恢复的过程也就越长，犯罪人再次犯罪的可能性也就越大。

现代心理学研究表明，人在其发展过程中，有许多心理发展的关键期。这里的关键期，是指在人的发展过程中其生理成熟程度最适于学习一定能力或技能的某一段时期。如果在这些关键期里的主要问题没有得到充分重视和解决，就会出现这样或那样的问题。一般认为，0～1岁，是各种感觉特别是视、听觉发展的关键期；1～3岁是语言发展的关键期；3～7岁是动作发展的关键期；7～18岁是学习各种知识、掌握各种技能的关键期；25～40岁是创造的关键期。任何一个发展关键期的错过或者发展不完全，都会对个体以后的社会生活产生重大影响。因此，如果一个人的初次犯罪年龄处在某个关键期内，或者他的关键期是在监狱等监管机构内部度过的，则这种影响往往是根本性的或者难以修复的。例如，一个16岁初次犯罪并被判刑的人，其学习知识、技能的能力将遭受严重影响，以后想弥补这方面的缺陷，不仅需要有更多的经历，而且错过了关键期，有些知识或者技能再也难以掌握，这必将对其以后的生活造成连锁性的不良影响，增加其再犯罪的可能性。

与此同时，刑罚处罚对不同年龄的人影响也不相同。对于未成年人而言，由于犯罪时其心理发育并没有完全成熟，被判处刑罚这一事件本身对其的影响要远远大于心理发育成熟的成年人。犯罪的未成年人要想在以后恢复其心理发展的正常水平，其过程将更为漫长。在这一恢复过程中，除了其自身的努力外，更需要外界的有利帮助。如果不良心理和行为倾向得不到有效矫正，犯罪的未成年人更有可能由此步入犯罪生涯。相反，成年人受刑罚处罚的影响相对较小，而且即便受到了影响，也能很快运用其已经形成的心理防御机制恢复其正常的心理状态。因此，就刑罚处罚对成年人的心理损害程度而言，远轻于其对未成年人的。

【问题与思考】

1. 性别为什么会影响犯罪率？
2. 性别与犯罪类型有什么关系？
3. 男女两性在犯罪方式上有何差异？
4. 年龄与犯罪率和犯罪类型的关联性如何？
5. 初次犯罪年龄与再犯率之间存在联系吗？

【推荐阅读书目】

1. 张远煌．犯罪学原理．北京：法律出版社，2001
2. 吴宗宪．西方犯罪学．2 版．北京：法律出版社，2018
3. 康树华主编．犯罪学通论．北京：北京大学出版社，1996
4. ［俄］阿·伊·道尔戈娃主编，赵可等译．犯罪学．北京：群众出版社，2000
5. 熊谋林，江立华，陈树娇．生命周期研究：性别、年龄与犯罪．青少年犯罪问题，2013（1）
6. ［美］迈克尔·戈特弗里德森，特拉维斯·赫希著，吴宗宪，苏明月译．犯罪的一般理论．北京：中国人民公安大学出版社，2009

第九章 时间、空间与犯罪

内容导读

时间和空间与其他因素结合，不仅能成为影响犯罪原因的因素，更是影响犯罪分布状况、犯罪类型等方面特征的基本因素。把握犯罪活动的时空规律，有利于对预防活动的空间布防和预防活动的时机选择作出正确的决策。本章主要介绍时间因素和空间因素对犯罪的具体影响。对于空间因素对犯罪的具体影响，应注意结合社会因素加以全面理解。

时间和空间因素是制约人类活动的基本条件。随着空间环境和时间条件的改变，人类的情感体验、主观认识、行为动机、行为方式和内容也会发生相应的变化。因而，不仅人类一切外在的实践活动具有时间和空间属性，而且人类的精神活动也具有时空性。同样，犯罪现象总是表现为在一定时空范围内对某种现实的社会价值和社会秩序的侵害，不可避免地具有时空特性。这种特性既表现为随着时空条件的变化，犯罪的方式与内容、犯罪活动的地理分布、数量波动以及成员构成等方面会呈现不同程度的变化，也表现为在不同的时空背景下，社会的犯罪观和社会对犯罪的反应方式上的不同。因此，基于对犯罪现象的全面了解，有对之进行研究的必要。更为重要的是，从应用角度而言，有关这方面的研究有助于把握犯罪活动的时空规律，从而有利于对预防活动的空间布防和预防活动的时机选择作出正确的决策。

第一节 时间因素对犯罪的影响

犯罪之规定及犯罪状态都具有时间特性。从大的方面而言，在文化背景不同的历史条件下，犯罪自然有其相应的历史特征；即使在文化背景大致相同的同一国家或地区的不同时期，犯罪也具有鲜明的时代特征。有关这方面的比较研究，对于了解犯罪现象随着社会、经济及文化条件的变化而演变的历史过程是必要的，这同时也构成了对未来一段时间内的犯罪进行宏观预测的重要基础。但基于犯罪行为的实施一般都具有较明显的时间选择性，在不同的季节和不同的时刻，犯罪率和犯罪的类型有所差别，因此探讨犯罪的时间变化，则更吻合犯罪研究的应用目的。

一、季节与犯罪

季节是由于太阳的公转而形成的春、夏、秋、冬四季在一定时间内（一般为一年）周而复始的有序变动。季节变更的基本标志是同一空间范围内的气候变化。由于人们的社会活动及生活节律随着气候的冷暖而不同，所以作为社会生活表现形式之一的犯罪现象，也随着季节的变化而有显著差异。但是，这种变化并不具有绝对性，依据犯罪种类的不同，犯罪的季节变化程度又有所不同。一般而言，盗窃、抢劫等财产犯罪，自秋季开始增加，至冬季尤甚；针对人身的犯罪，尤其是强奸等有关风化的犯罪，自春季开始增加，至夏季尤甚；而其他类型的犯罪，则受季节影响而产生的波动较小。犯罪现象的这种季节性特征，并非个别学者的理论推导或某个国家单独考证的结果，事实上，这一结论已成为犯罪学研究中的一种近乎规律性的认识。对此，可从以下几个方面加以分析。

首先，犯罪的季节性特征已为充分的统计资料所证实。在西方国家，有关季节变化与犯罪的关系的考察，可以上溯到一百多年以前的 19 世纪中叶。法国的盖里（A. M. Guerri）在其研究报告中，先对英国 1843 年至 1856 年、法国 1829 年至 1860 年、意大利 1869 年 1 月份至 12 月份强奸犯罪的发案率进行了统计分析，结果表明：每年从 4 月份开始，强奸犯罪的发案率出现上升，至 8 月份一直处于攀升阶段，从 9 月份开始则趋于下降，其中发案率最高的月份为 7、8 月两个月。[①] 随着时间的推移，其后的许多国家所作的类似调查，都得出了近似的结论，这说明犯罪与季节之间的带有规律性的变化并不局限于 19 世纪的欧洲国家。在我国，有关统计分析同样印证了这一现象。如某省 1979 年至 1981 年三年强奸案件比率的月份统计资料表明，无论是发案率升降的季节变化，或是发案的高峰月份，与盖里的统计都基本吻合。[②] 另据对吉林省三类刑事犯罪（性犯罪、财产犯罪、暴力犯罪）与季节变化关系的研究显示，性犯罪的季节性最明显，夏高冬低，与气温升降呈正比关系；财产犯罪以秋、冬为高发期，春、夏为低发期；暴力犯罪则以 7、8 月为集中期。[③] 法国 1993 年刑事犯罪的统计报告也表明，1989 年至 1993 年盗窃犯罪的发案率，以季节而论，第四季度时最高，其次是第一季度时，再次为第三季度时，最低为第二季度时；就月份而言，则每年从 8 月份开始上升，一直持续增长到 12 月份达到顶点，到次年 1 月份仍然维持较高比例，但自 2 月份开始趋于下降。

其次，犯罪的季节性有其社会—心理学基础。季节的变更不仅意味着气候条件的变化，而且意味着人类实践活动的方式和内容在一定周期内、一定程度上有规律的变化。从本质上讲，真正意义上的社会活动，应当是社会性和自然性的和谐与统一。如果人类活动无视季节变更所引起的自然条件的变化，则其活动的过程就会受阻，甚至遭受自然力的报复。

---

① 参见辛明主编：《犯罪学》，92 页，重庆，重庆出版社，1991。

② 参见李田夫等：《犯罪统计学》，106 页，北京，群众出版社，1988。

③ 参见常伟光：《刑事犯罪的季节性研究》，载《犯罪与对策》，1989（4）；戴莉：《城市“两抢一盗”犯罪的时间规律及打击防范对策研究》，载《武汉公安干部学院学报》，2007（4）。

同样，犯罪活动虽然可以发生在人类生活的任何领域，但犯罪行为的实施除了要受多种社会因素的影响外，也要受自然因素的制约。随着季节的自然更替，犯罪者也会在相当程度上改变自己的行为方式，通过这种对自然的顺应，以图利用更多的犯罪机会和获取更多的"罪益"。例如，在广大的农村地区，伴随着秋季的来临，人们逐渐开始了劳作之后的收获，家庭财产也随之有所积累，这对于意图实施侵财犯罪的不良分子而言，也就进入了"有财可捞"的时候。又如，随着冬季的来临，人们衣着厚重，很难想象在寒风刺骨的户外易激起不良动机而实施性攻击，倒是为衣食所迫者，易生盗心。但在春暖花开和气候变热之时，随着人们户外活动量的增加和活动空间范围的扩大，不仅增加了人们在彼此接触中发生冲突和引发人身侵害的可能性，而且随着人们活动方式的改变，社会防范的空白面往往趋于扩大，实施性犯罪的机会也大为增加。如在气候炎热时，为了消暑临街而卧或夜不闭户，青年男女长时间在公园及其他休闲场所逗留，夜深不归等，都有可能给寻机作案者以可乘之机。

最后，犯罪活动是在人的心理驱动下实施的反社会行为，而人本身在生理和心理方面受季节的影响客观上存在差异。如在由春季进入夏季时，随着气温的逐渐升高，人体会出现机能代谢减弱、血液循环加快、情绪易于兴奋等生理反应，加之此时女性衣着单薄，第二性特征暴露比较充分，视觉刺激较为强烈，这种外在情景本身就容易激起人格结构中伦理道德意识不健康者的不良冲动。这就是为什么当气温升高时，性犯罪一般也明显上升的另一个重要原因。

二、时刻、社会周期与犯罪

犯罪的发生往往具有时刻或社会周期特征。这种特征是指在一天的不同时间点，以及在具有社会性内容并循环往复的社会周期（周末、节假日、上下班高峰时刻）中，犯罪现象的波动变化趋势。犯罪现象不仅受季节影响，而且在白昼和黑夜的不同时间点及不同社会周期内，其表现形态也因时而异，并呈现出一定的时间规律。而且，在不同国家或同一国家的不同时期，时间规律的具体表现形式也有所差异。

就犯罪的时刻而言，据美、日学者的研究，盗窃（除扒窃外）、抢劫、杀人、重伤、强奸、猥亵等犯罪，多在夜间22时以后发生，其中，盗窃以22时左右为最多，而其他犯罪则多发生在22时至凌晨2时这段时间里。[①] 我国台湾地区的犯罪统计资料表明，盗窃案多发生于9时至10时之间，伤害案多发生于18时至19时之间，杀人案多发生于21时至22时之间。另据武汉市对1981年至1985年刑事案件发生时间的统计，整体发案情况以19时至24时为最多；在案件类型上，撬盗犯罪易发生在夏季凌晨2时至3时；拦路抢劫和强奸犯罪易发生在夏季21时至22时。上述统计均说明，在一天的不同时刻里，犯罪的分布呈现出不均衡性，杀人、伤害、抢劫、强奸等针对人身的犯罪以及用强力破坏障碍物的入室盗窃犯罪，夜间发生最多，白天发生较少。出现这一现象的原因主要在于：从生理和心理角度看，夜间人体处于休息和疲惫状态，警觉性降低，抵抗力减弱，常常疏于防备或难以防备外来侵袭，易于给犯罪者以可乘之机；在社会防范方面，夜间的防范力量有所减少，有效的社会控制面相对缩小，可以为犯罪人利用的作案空间相应扩大，并且由于夜幕的掩护，犯罪者既便于作案，也易于隐蔽和逃脱，这在一定程度上也强化了犯罪人的作案心理。

---

① 转引自林纪东：《刑事政策学》，41～42页，台北，"国立编译馆"，1969。

正因如此，对物质环境进行整治，减少建筑群形成的死角，增加街区在夜间的照明度，不失为对犯罪进行情景预防的有效之举。此外，夜间饮酒者多，容易兴奋而好事，实践中，许多暴力案件正是因此发生的。

在时间范畴内，除了季节和时刻外，由于社会生活的作用或受传统文化的影响，还形成了若干时间长短不一的社会性周期。随着这些社会性周期周而复始的更替，作为一种社会行为的犯罪也会出现有规律性的变化。认识和把握这类变化，也是进行有效犯罪预防的重要环节。节假日是社会周期的基本表现形式，每逢此时，人们得以暂时摆脱劳作，放松休息，在普遍较之平时更为宽松的气氛下，不仅人们的自我约束减弱，社会性接触的机会大为增加，而且酗酒、纵欲、狂欢之类的消遣活动，都极易引发各种越轨行为。当这类社会周期来临时，加强社会治安就尤显重要。同理，在城市社会中，当上下班乘客流量达到高峰时刻，扒窃犯罪活动开始猖獗，此时组织专门力量活跃于公共交通线路上，才能有效地遏止这类犯罪活动。

在确认犯罪的时刻特征和社会周期特征的同时，应当注意，一方面，犯罪的具体时间分布受地域、气候、民俗及居民的生活习惯等方面因素的影响较大。同一类型的犯罪，在不同空间范围内的发生时间可能存在各自的特点，对这些特点和规律的准确揭示，应当以对该地区犯罪发生时间的系统分析为前提。例如，在美、日等国家，盗窃案件之所以发生于上午9时至10时的极少，与其作息制度和居民的生活方式有关。在这些国家，居民习惯于夜生活，早上上班或外出的时间迟，因而那时入室行窃的机会不多。在我们国家，早睡早起仍是大多数人的生活习惯，8点左右上班的作息制度，形成了8时至9时多数家庭人去屋空的情形，这无疑给“梁上君子”提供了有利时机。另一方面，同一犯罪类型的不同表现形式，在发案时刻上也可能差别很大。以盗窃犯罪为例，有入室盗窃和室外盗窃之别。在室外盗窃中，可以表现为扒窃或者利用器物钩取物品；而入室盗窃，既可能事前潜入，也可能乘虚而入或破门而入。由于扒窃以在人多拥挤的场合被害人注意力容易分散为作案之要件，故专以白天发生为主；但企图挖墙入室或撬门而入者，则只有在夜深人静之时，才方便下手。因此，对一种犯罪的不同表现形式，也应注意进行分别统计和分析，如此才能正确把握其时间特点，以组织有针对性的预防。

第二节 空间因素对犯罪的影响

空间以一定的自然环境（地理位置、气候、自然资源）和人文环境（如社会风气、社会制度、观念、风俗、民情等）为其内容。探讨空间环境与犯罪的关系，实质上是以某一自然因素或人文因素作为划分的依据，对一定区域内的犯罪现象进行比较研究。通过这种研究，可以发现犯罪现象在地域分布上的不均衡性和差异性。如某一地区内的犯罪数量较别的地区的更多，或者某种犯罪特别突出，或者在犯罪形式上出现了新的变化趋势等。有关这方面的规律性认识，对于防治犯罪对策的确立无疑是大有裨益的。

关于空间与犯罪关系的研究，理论上有两种趋势：一种倾向于不以一国地域为限，研究全球犯罪的地理差别和国家差别，如对温带地区和寒带地区犯罪现象差异的研究，对不同国别犯罪现象的异同进行比较便是。这种研究因其研究内容的复杂性和不确定性，加之所利用的同类统计数字之间的可比性较差，往往难以在犯罪对策方面获得有实质性意义的研究成果。但是，也不能否认，随着交通的发达和国家及地区间文化交流的日益发展，不同区域的犯罪现象也显示出某些方面的近似性，对别国或别的地区犯罪现象的研究，有助于了解犯罪的区域或全球态势，为本国在犯罪防治方面积极稳妥地进行国际交流与地区合作提供借鉴。另一种研究倾向是：以一国或某一地区为限，在法律制度和统计制度相同或相近的条件下，探讨犯罪的空间特点。属于这方面的研究主要包括：（1）各行政区域或自然地理之间犯罪的差别；（2）城市和农村的犯罪差别；（3）特殊空间的犯罪特点。

在一国范围之内，尽管各地区大致处于统一的法制之下，但由于不同空间内的自然因素和文化要素的不同组合，其犯罪现象也往往存在比较明显的差异。鉴于对城市犯罪的特殊意义在本书其他章节有专门论述，在此仅对其他问题的重要方面予以说明。

一、气候与犯罪

气候是指一定地区和一定时间内的气象变化情况，包括温度的高低、日照的强弱、降雨量的多寡及相对湿度和风力的大小等。气候，作为人类赖以生存的自然环境的构成要素，不仅对人类文化传统的形成、生活方式的演变有较为深刻的影响，而且构成了影响犯罪的外部情景条件之一。尤其是气候条件中的温度变化与犯罪的关系，更为犯罪学研究所关注。有关这方面的早期研究，以比利时学者凯特勒（Adolphe Quetelet）的研究结论最具代表性。他认为，在暖和的地方，容易发生侵犯人身的犯罪；而在寒冷的地方，容易发生侵犯财产的犯罪。其后，龙勃罗梭、菲利等人，也在各自的研究中提出了类似的看法。在现代的统计调查中，关于气温高低对犯罪影响的研究结论，与凯特勒的主张并无多大差别。如“美国骚乱委员会”于1968年公布的一份报告，把美国在20世纪60年代所发生的一系列骚乱行为普遍归咎于夏天的炎热，并且表明，大多数骚乱均是当气温超过华氏80度时才开始爆发的。① 总的说来，关于温度变化对犯罪的影响，西方学者的研究结论大致可以归结如下：骚乱、斗殴、家庭暴力、强奸及凶杀等这些针对人身的暴力行为与气温呈线性关系，即随着气温的上升而增加，随着气温的下降而减少；但同属暴力行为的抢劫犯罪与高温却没有什么联系，而是随着温度的下降呈上升趋势。

在我国犯罪学的研究中，对高温与暴力犯罪的关系目前尚缺乏系统性的专门论述，只是在若干调查报告中略有涉及。有学者提出，在气温升高的情况下，有明显上升迹象的主要是流氓和强奸两类案件，这与国外的研究较为接近；但杀人及伤害案件，在气候炎热时反而有所下降，这与国外的一般研究结论却不相符合。② 此外，根据统计资料和经验观察，当气温下降时，我国多数地区以盗窃案件为主的财产性案件呈上升趋势，这在北方地区表现得更为明显。

应当说，难以否认气温变化与一定范围的犯罪种类和数量变化之间的客观联系。因为气温的升降，会相应引起人体的一定生理反应，进而在一定程度上影响人们的心理状态和行为倾向。以高温天气为例，天气炎热会使人体出现血管扩张、热积蓄量增加等一系列生

① 参见［美］埃伦·G. 科恩著，羊荣兴译：《天气与犯罪》，载《社会公共安全研究》，1990（6）。

② 参见朱德林：《犯罪季节性研究》，载《社会公共安全研究》，1990（6）。

理反应。这些生理反应对人的心理和行为的影响往往表现为心情易于烦躁、精神欠佳、注意力不易集中以及自制力相对降低等，在这种情景下，如遇有其他因素的刺激，则比在气温适宜时更容易引发各种攻击性行为。同时，随着气温的上升，人们户外活动的时间和场所得以增加，彼此接触频繁，发生纠纷和冲突的概率增大，这也是某些暴力犯罪增加的原因。至于在气温偏低，尤其是天气寒冷时，以盗窃为主的财产犯罪呈现增加趋势，主要是由于此时衣食住行方面的需要有所增加，加之某些社会成员在此时谋生更为艰难，因而更容易萌发获取不义之财的动机。

除了气温变化外，其他气候条件也可能对犯罪产生影响，如我国传统的盗窃犯罪多发生在“月黑风高”之时，“偷雨不偷雪，偷风不偷月”成为不少惯偷分子总结出来的要诀。这表明气候条件是制约犯罪人作案心理的因素之一。

二、特定地域与犯罪

在特定地域中，即使在地理位置邻近、气候条件相同的地区，由于人文因素的组成不同，犯罪的空间分布也有很大差别。

1. 在政治文化中心，尤其是经济活动活跃的地区，财产犯罪和经济犯罪甚多，暴力犯罪相对较少。因为这类区域的社会成员文化程度普遍较高，自我控制力较强，遇有纠葛直接付诸暴力的较少；但这些地方经济发达，极易刺激物质欲望，加之交易频繁，容易发生经济纠纷，由此导致财产犯罪和经济犯罪较为突出。

2. 在偏僻或较为封闭的地区，民情淳朴，居民的物欲较弱，加之这些地区一般不存在复杂的经济关系，因而财产犯罪较少，但由于居民文化结构整体偏低，加之受社会活动范围狭小的限制，在人格结构方面容易形成某些缺陷，如好走极端、多猜疑、心胸狭窄、性情刚烈等，遇有冲突容易倾向于通过人身攻击解决问题，因而实施暴力犯罪较多。

3. 在居民变动频繁或外来人口活动集中的地方，犯罪率较高；反之，在居民稳定的住宅区和流动人口甚少的地方，犯罪率较低。其原因在于，在前一种情形下社会成员之间的联系极为短暂，难以发挥社会的监督与控制力，作奸犯科者往往无所顾忌；而在后一种情况下，由于居民定居的时间长，彼此间熟悉，能够形成较为稳固的社会关系，社会的控制作用得以发挥，实施犯罪极易被发现，故违法犯罪者较少。

4. 人口密度大的地区犯罪较多，人口密度小的地区犯罪较少。犯罪人也是社会的构成分子，犯罪行为始终表现为对他人或群体法益的侵害。所以在其他条件类似的情况下，犯罪的数量和人与人之间接触的程度、生存与发展的竞争程度形成正比关系，即在人口稀少、社会关系简单的地方，人们发生冲突的事由及范围相对有限，因而犯罪较少；反之，在人口众多、社会关系复杂的地方，人们发生争端的可能性增大，加之这类地区的社会控制难度更大，犯罪自然较多。

三、特殊空间点与犯罪

所谓特殊空间点，是指容易滋生犯罪的局部性人文地理环境。这类空间点因其地理位置和社会控制方面的特殊性，往往成为犯罪的多发地点，因而是犯罪防治的重点和难点。

1. 城市死角。建筑物的密集和各类公用设施的齐全是城市的重要特征，也是城市繁荣和城市居民生活便捷的重要保证。但城市的这一特征同时又很容易形成社会防范控制方面的一些死角，使一些地域成为利于实施犯罪或犯罪后潜逃和隐匿的空间，如立交桥桥洞、地下建筑设施、建筑工地、无人居住的住宅、棚户区、幽深的胡同、公园、封闭式电梯、地铁等，这些空间因其特殊的地理因素，往往为社会控制力所不及，因而成为违法犯罪案件的多发地带。

2. 城乡接合部。城乡接合部多为介于城市和乡村的咽喉部位，人口及车辆的流量大，社会成员的构成较为复杂，加之地处两个或两个以上行政区划的交接处，在社会管理方面不易协调，容易出现脱节现象，从而在一定程度上成为社会控制的薄弱或真空地带，常常被利用为流窜作案分子和逃犯的落脚藏身之地，以及不法分子进行窝赃、销赃、制假贩假的理想场所。

3. 偏僻的矿山、施工区及工厂区。这类地区远离城市，缺乏文化娱乐设施和消遣场所，并且在成员构成上男女比例严重失调，青壮年居多，他们精力旺盛，体力充沛，但其文化水平与其体力往往不相平衡，缺少适当的自制力，闲暇时易好勇斗狠，并常常借助酗酒、嫖赌行为打发单调的时光，因而该类地区引发的性侵犯、伤害、斗殴案件远比其他地区的多。

4. 国（边）境地区。国（边）境地区是国家间或地区间人员往来和货物流通的通道。外来人口比例大、人员流动频繁、商贸发达、信息灵通，是这类地区的基本特点。正是由于这一特殊的地理位置和人文构成，这里不仅成为国内流窜犯罪分子的重要聚集地，而且是走私、贩毒、偷渡及间谍等犯罪的频繁发生地。

第三节　城市与农村犯罪比较

城市和农村是两个不同的空间概念。在中国，由于长期以来形成的城乡二元化格局，几乎在社会生活中的所有方面，都打上了城市与农村的不同印记。以犯罪的空间因素为视角，比较城市与农村不同地域犯罪的时间和空间分布规律及犯罪的结构特征，对于制定和实施预防、打击犯罪的对策和措施具有重要的指导意义。

一、城市犯罪的总体特征

（一）城市犯罪率普遍高于农村的

就社会演变而言，乡村变城镇，城镇变城市，以及城市规模逐渐升级的城市化过程，是社会进步的重要标志。然而，城市与犯罪似乎又存在天然的默契。作为一种经验观察和常识性判断，人们不难发现城市的犯罪率一般高于农村的、大城市的犯罪率要高于小城市的这一总体特征。同时，城市的犯罪结构与农村的犯罪结构也存在着较明显的差别。从世界各国看，城市的犯罪率高于农村的、大城市的犯罪率高于小城市的，是普遍的统计规律。据美国联邦调查局统计，1991 年全美 7 种指标犯罪的发案率为万分之 589.8，而同年纽约的发案率为万分之 923.6，洛杉矶的为万分之 973；而据日本警视厅统计，1994 年全日本的发案率为万分之 142.7，但东京的发案率为万分之 208.8，大阪的为万分之 214.5；在法国，巴黎作为全国唯一的特大城市，不仅犯罪率居各城市之首，而且发生在巴黎地区的犯罪超过了法国所有城市犯罪总和的四分之一（达到了27%左右）。

在我国，城市犯罪也体现了高于农村的这一规律。根据对全国25个省市的统计调查，1989年城市的立案率为万分之21至万分之28，而同年度农村的立案率为万分之12至万分之23[①]；1994年我国法院系统工作报告披露，1993年全国判决生效的罪犯人数为451 920人，其中，上海有10 073人，北京有9 365人，参照1993年《中国统计年鉴》的人口统计，可以计算出当年判决发生效力的罪犯比例：全国为万分之3.85，上海为万分之7.94，北京为万分之8.50，上海、北京均高于全国平均数的2倍。而这一形势随着20世纪90年代中后期开始的以城市为中心的深度改革和城市化进程快速发展过程所引发的矛盾和问题的不断出现又得以进一步发展。在今天，“城市已成为犯罪的中心”是对我国城市犯罪整体状况最简明的概括。

以2013年为例，全国各级法院审结一审刑事案件95.4万件，判处罪犯115.8万人，其中，北京市各级法院审结各类刑事案件2.1万件，判处罪犯2.3万人，上海市各级法院审结各类刑事案件2.8万件。参照2014年《中国统计年鉴》中的人口统计，2013年已审结的刑事案件的罪犯比例：全国为万分之7.01，北京为万分之9.93，上海为万分之11.59；同期全国城镇人口的比重为53.73%，北京市城镇人口比重为86.30%，上海市城镇人口比重为89.60%，由此可以计算出全国城镇平均刑事案件判决比例为万分之3.77，北京和上海的刑事案件判决比例分别为万分之8.57、万分之10.38，均高于全国平均数的2倍。[②]

（二）城市犯罪总体上高于农村的主要原因

1. 城市与农村的非正式社会监督体系存在较大差异

在农村地区，社会结构和社会交往更为稳定，家庭及邻里成员的日常联系密切，价值观念和行为模式也相对单一，因而非正式社会监督（家庭、宗族、邻里等）对个体尤其是青少年的行为趋向保持有效的约束力。与此相反，城市社会关系的突出特点是人际交往的肤浅性、短暂性和生活的匿名程度高。城市化的进展，不仅加速了城市人口的流动和城市居民的生存竞争，而且加剧了城市居民因职业、受教育程度、生活习惯及情趣等因素而出现的社会分层。加之城市中更为发达的消费业和信息业，城市居民之间因日常生活交往的需要大大减少，彼此间的交往并不以地域上的邻近为条件，而是侧重于交往的功能性。于是，传统农村地区的“远亲不如近邻”的相融关系不复存在，取而代之的是较少顾及周围的人对自己行为的反应，强调“私人自由至上”和“注重自己的生活圈”的城市社会心态。在这种陌生人的生活氛围中，已难以期望非正式社会监督的功能得以充分发挥。在城市居民相互间的稳定联系和非正式社会监督均削弱的情况下，社会监督只能主要通过正式的渠道（如行政管理机构、自愿组织和法律机构）来进行，而这种监督不可能涉及社会和日常生活的方方面面，必然留下更多的社会控制死角。这正是城市中违法犯罪行为比农村多的基本原因之一。

2. 城市为犯罪活动的实施提供了远比农村更多的可能性

因为城市，尤其是大城市不仅高度集中了公共与私人财产，对犯罪者而言，这里充满了强烈的物质诱惑；而且在城市作案所冒风险远比农村要低，因为这里有更多的条件用来掩盖犯罪行径，作案后也更便于及时行乐，将赃物及时出手或迅速逃窜。在开放的空间和

① 参见戴宜生：《关于犯罪与治安问题的一些思考》，载《青少年犯罪研究》，1994（3）。

② 参见《2014年最高人民法院工作报告》；《中国统计年鉴》（2014），北京，中国统计出版社，2014。

贫富差距扩大的现实条件下，这些诱惑驱使那些怀有不良动机的人背井离乡奔向城市，从而出现犯罪从乡村集中到城市的现象。

3. 城市容易形成特定的犯罪高发区

城市化进程中城市管理的滞后与失误，导致建筑物破败、相对贫困人口以及流动人口高度集中的街区出现，这也是导致城市中出现违法犯罪高发区并因此增大城市犯罪总量的一个重要原因。

二、农村与城市犯罪的差别

随着城市化进程的加速和社会整体的进步，一方面，我国的农村在很大程度上已不是过去的农村；但另一方面，数十年形成的城乡二元格局即使在今天仍然没有被打破。因此，城市和农村在相互对接的同时，也仍然保持自己的某些固有特征。表现在犯罪方面就是虽然农村与城市犯罪出现了某些雷同趋势，但二者的差异仍然是主要方面。

（一）农村与城市犯罪的共同点

1. 传统财产型犯罪突出。盗窃、诈骗、抢劫等财产型犯罪的数量无论是在农村还是在城市，都占刑事犯罪数量的第一位，约占总数的三分之二，尤其是盗窃犯罪的数量，更是居于首位。1996 年全国立案的侵犯财产案件共 132 万起，占全部案件的 82.9%；城市地区立案的侵犯财产案件共 84.4 万起，占城市全部案件的 88.8%；农村地区立案的侵犯财产案件共 47.6 万起，占农村全部案件的 78.3%。

2. 严重暴力犯罪等大案、要案数量不断增加。1996 年全国立案的重大案件共 69 万起，占全部案件的 43.1%；城市地区立案的重大案件共 44.3 万起，占城市全部案件的 46.6%；农村地区立案的重大案件共 24.7 万起，占农村全部案件的 40.6%。①

3. 有组织犯罪、团伙犯罪比较严重。带有黑社会性质的有组织犯罪不仅存在于城市，在农村地区类似的恶势力犯罪团伙也大量存在，但又有自己的特点，即主要以家族成员为主，并在本地作案。

4. 公务人员犯罪呈显著上升趋势，尤其是贪污、受贿、挪用公款等职务犯罪，在农村地区也大量发生。

此外，青少年犯罪突出且社会危害性不断增大，也是城市和农村犯罪的共同特征。

（二）农村与城市犯罪的主要差异

1. 从数量特征看，农村地区的发案绝对数虽然在不断增加，但在全部案件总数中的比重呈下降趋势。据统计，1980 年至 1996 年，全国农村地区立案数由 46 万多起增加到 60 多万起，而其占全国立案数的比重却由 62%左右降到 32%左右。特别是 1993 年前后，河南、四川、湖南等农村人口比重很高的省（自治区），刑事案件的绝对数还都出现过不同程度的减少。以河南省为例，1992 年河南省农村刑事案件数量占河南省刑事案件总量的 71.7%左右，而后几年则出现了比重下降的趋势，1996 年的占 47.2%，1997 年的占 51.6%，到 1998 年的则为 49.6%。②

---

① 参见王勇哲：《现阶段我国的农村犯罪》，载《河南公安高等专科学校学报》，2001（4）。

② 参见魏月霞：《当前河南农村犯罪的新特点及防控措施》，见 http：//www.hnass.com.cn/zzxk/200205/no5-48.htm。

2. 从罪种结构看，城市与农村犯罪的差异突出地表现在：一方面，经济犯罪、新型犯罪、毒品犯罪、色情犯罪、盗窃机动车犯罪、交通肇事犯罪等主要发生在城市。以经济犯罪为例，自1998年以来，我国经济犯罪的总量持续居高不下，立案数从1998年的52万起增长到2001年的85万起，年增长率达到20%左右，远远高于普通刑事案件的增长速度。另一方面，农村的性犯罪较城市严重。以强奸罪为例，强奸罪基本上一直都是农村地区最为常见的犯罪类型之一。据统计，1990年强奸罪在农村地区全部犯罪中的比重为10.6%，1993年的为14.4%，1996年的为10.8%，1999年的为12.5%，始终居于前五名之列。

3. 在犯罪成员的结构上，城市除了青少年犯罪突出和惯犯居多外，成员结构十分复杂，犯罪人群囊括了现有社会分工种类下的各种人员，从一般社会成员到各级管理者和社会公众人物均有涉及；而农村犯罪的成员结构则比较单一。就农村而言，女性犯罪率较低。尽管农村女性犯罪也在逐年不断增加，但与城市相比，农村女性犯罪的比重要低于城市的，并且犯罪类型主要集中在杀人、伤害、拐卖人口等几类犯罪上，基本上不涉及公务犯罪、性犯罪等类型。统计显示，1999年城市犯罪人口中女性犯罪的比重为4.2%，但在农村仅为2.8%。在农村地区，老年人犯罪更加突出。近年来，我国的老年人犯罪一直呈上升趋势。从地域上看，这种现象在农村地区更加严重。有关资料显示，在犯罪的老年人中，农村户口的占55.3%，所犯罪行多集中在强奸、猥亵之类的犯罪上。

4. 在犯罪方式上，对于犯罪的组织化程度和高智能型犯罪，城市的也高于农村的。一方面，虽然犯罪的现代化、智能化趋势在农村也有所体现，但总体犯罪技能偏低。就暴力犯罪而言，农村的外显性暴力特征更为明显，如暴力抢劫、伤害以及强暴等。即使比例最高的盗窃犯罪，也主要采取撬门扭锁或挖墙入室等传统手段作案。另一方面，由于农村地区的多数犯罪人受认识能力和生活环境的局限，不仅犯罪动机的产生比较直白，而且在实施犯罪的过程中因情景刺激很容易发生犯罪动机的恶性转化，表现在犯罪手段上就是具有较鲜明的简单加残忍的特点。

5. 农村地区的犯罪具有随季节变化而起伏不定的特征。以年度为时间单位考察，可以看出我国农村地区犯罪由农事忙闲、气候温度两大因素决定的“季节性”特征仍然明显。每年的发案高峰主要集中在夏季，而春节前后则一般发案较少。但近年来，这种特征正在趋于淡化。

（三）农村犯罪与城市犯罪差别的主要原因

形成现阶段我国犯罪的城乡差异的最直接原因主要如下。

1. 我国城市化进程加快，大量原来属于农村的地区被迅速地纳入了城市的范围，以至于在进行犯罪统计时，将这类地区的犯罪案件也计算在了城市之列。而单纯的行政区划的调整并不能使当地人口的犯罪率产生明显的变化，因此，这是统计数字上显示发生在城市的犯罪比重不断上升，而发生在农村地区的犯罪比重不断下降的主要原因。而城市化所导致的大量农村青壮年涌入城市，大大增加了城市人口犯罪的概率，也是造成这一现象的重要原因。①

---

① 统计显示，1980年前后，我国共有县级行政区划约2 700个，其中县约2 100个，市（区）约600个，县与市区的数量占县级行政区划中的比重，分别为78%和22%。而到1996年年底即有约400个县和一些县的部分乡镇，在“县改市”过程中被改为或并入市或市辖区，从而使县的数量减少为1 700个左右，市区的数量则增加至1 080个左右，二者占全国县级行政区划的比重分别变化为62%和38%。参见王勇哲：《现阶段我国的农村犯罪》，载《河南公安高等专科学校学报》，2001（4）。

2. 随着我国社会转型的加快，相应的各项改革不断深化（尤其是户籍制度改革），大量的农村青壮年离开其户籍地，涌入城市务工、经商、求学，而留守农村的主要是中年人、妇女、老人和未成年人。正是由于存在这样的人口结构，因而农村犯罪人口中老年人和未成年人的比例高当属正常。同时，上述人口结构导致农村地区的未成年人不能得到全面的家庭教育，社会化过程较之城市同龄人更易发生障碍，难以形成正常的心理结构，这也是农村地区青少年犯罪大量增加的重要因素。

3. 部分基层政权组织的社会控制力弱化。一些基层组织因用人不当、搞宗亲小集团或基层干部自身工作能力差等原因，得不到群众的支持，不仅难以在犯罪防控工作中充分发挥作用，而且对违法犯罪现象亦充耳不闻、视而不见，甚至怂恿、包庇犯罪分子或其本身就是农村恶势力的后台。加之传统的宗族观念，封建行帮文化在新时期又得到了一定的恢复和发展。这些因素结合在一起为农村地区的犯罪增长，尤其是农村恶势力的发展提供了适宜的土壤。

4. 城乡二元体制的局限。农村地区的经济水平、农民的知识水平、思想观念、自身素质等较之城市从整体上看严重滞后，对新技术、新知识的认知和熟悉程度较差，新的经济形式在农村地区较少出现。这决定了农村犯罪基本局限于比较简单的传统犯罪。

5. 随着城乡一体化进程的发展，传统的农业作息时间规律已趋于淡化，大量农村人口在农忙时节从事农业劳动，在农闲时节则外出务工或经商，只有春节前后才是真正的农闲时间。此时各地的农业生产基本处于暂时停顿状态，且外出务工、经商、求学者绝大多数也在此时返乡。这就使农村地区夏季的实有人口较以往年份有所减少，而春节前后却有所增加。这种人口变化规律正是导致我国现阶段农村地区犯罪的季节性特征淡化的重要原因。

【问题与思考】

1. 如何理解犯罪的季节特征？
2. 特定时间对犯罪有什么影响？
3. 气候对犯罪有什么影响？
4. 特殊空间对犯罪有什么影响？
5. 城市为什么犯罪率较高？
6. 农村犯罪的总体特征是什么？
7. 城市和农村犯罪差异的主要原因是什么？

【推荐阅读书目】

1. ［美］埃伦・G. 科恩著，羊荣兴译．天气与犯罪．社会公共安全研究，1990（6）
2. 朱德林．犯罪季节性研究．社会公共安全研究，1990（6）
3. 戴宜生．关于犯罪与治安问题的一些思考．青少年犯罪研究，1994（3）
4. 常伟光．刑事犯罪的季节性研究．犯罪与对策，1989（4）
5. 王勇哲．现阶段我国的农村犯罪．河南公安高等专科学校学报，2001（4）

第十章
犯罪生成机制

内容导读

犯罪既是一种客观危害事实，也是一种法律评价结果。为此，犯罪生成机制概念，旨在从微观层面揭示具体影响犯罪行为发生和形成的因素及各因素相互作用的过程，进而把握犯罪规律。犯罪生成机制的内容，包括犯罪人格、犯罪情境与社会反应三要素的组合及彼此间的互动关系。犯罪生成机制概念的提出，克服了传统犯罪原因论的历史缺陷，提升了犯罪学理论的解释力，夯实了犯罪预防的理论基础，强化了犯罪学的反思与批判精神。本章学习的重点：犯罪生成机制的概念与内容；犯罪人格的含义及形成犯罪人格的影响因素；犯罪情境的概念及其犯罪生成功能；社会反应的类型与社会反应的犯罪生成功能。

第一节　犯罪生成机制概述

一、犯罪生成机制的概念

在人类的社会生活中，犯罪既是一种客观危害事实，又是一种法律评价结果。由此，犯罪并非是一种现成的存在，它总是表现为多种因素之间相互影响、相互作用所形成的一种状态，总是随着各影响因素作用方式的变化而处于不断的生成变化之中。

犯罪生成机制，是从微观层面揭示具体影响犯罪行为发生和形成的因素及各因素相互作用过程的基本概念。此处的“生成”，即产生和形成[①]；“机制”，原指机器的构造和作用原理，后被广泛借用于生物学、医学和社会科学研究之中。从“机制”一词的演绎看，无论它被用于哪个领域，均包含两个要件：一是其组织部件和结合方式，二是其内在的本质

① 参见《现代汉语词典》，1128页，北京，商务印书馆，2002。

联系，即必然规律性。也正因如此，在韦氏大辞典（Merriam-Webster）中，对“机制”的一个主要解释是“涉及或导致某些行动、反应和其他自然现象的一系列相关的基本活动或过程”①。为此，此处的“机制”取其“过程及规律”之意。

基于上述理解，犯罪生成机制是指影响犯罪行为发生和形成的各因素相互作用的过程及影响因素之间的本质联系。在这一概念中，一方面包括了犯罪发生的事实过程，即是哪些因素影响了危害社会行为的发生，这些因素是如何发生作用的；另一方面也包含了对危害社会行为的评价过程，即危害社会的行为是如何引起社会反应并最终获得正式（官方）犯罪命名的。可见，犯罪生成机制概念，不仅关注犯罪为何会如此发生这一事实过程，而且也考察所发生的犯罪是如何被纳入刑法规范内进行评价，并获得确定性犯罪命名的这一主观认定过程。因而，借助于犯罪生成机制概念，可以揭示犯罪生成的完整过程，描述犯罪生成的本真状态，进而把握犯罪发生和变化的规律。

犯罪生成机制概念的提出，在为剖析犯罪发生和形成的真实过程提供有力分析工具的同时，也克服了传统犯罪原因论在解释犯罪方面的历史性缺陷：(1) 因拘泥于说明宏观犯罪现象存在和变化的根据，而难以对微观犯罪行为的发生机制进行科学解释；(2) 由于缺乏犯罪发生机制的概念，只能以经过官方认定的犯罪人为中心来解释犯罪，难以认识到犯罪被害人在犯罪生成过程中的能动作用；(3) 由于没有“犯罪既是一种危害事实，又是一种法律评价”的基本意识，必然把刑事立法与刑事司法排除在犯罪生成过程之外，无法洞察刑事立法、刑事司法与犯罪生成之间的内在联系，从而难以全面揭示犯罪的规律。

可以说，犯罪生成机制概念的提出，不仅有利于深化对犯罪原因论的认识，提高犯罪学理论对现实犯罪的解释能力，而且有利于进一步夯实犯罪预防的理论基础，推动犯罪预防实现从观念到实践的跨越。同时，把社会反应（包括官方立法反应与司法反应）引入犯罪解释论，强化了犯罪学的批判精神，增强了犯罪学研究引领刑事政策观念变革和促进刑事制度完善的功能。

二、犯罪生成机制的内容

犯罪生成机制的内容，即影响犯罪发生和形成过程的基本要素及各要素之间的作用方式。

基于犯罪既是一种危害事实也是一种社会评价的基本认识，可以将影响犯罪生成过程的各种因素归纳为三个基本类型，即犯罪人格因素、犯罪情境因素与社会反应因素。此三要素之间复杂的互动过程即犯罪生成的过程。对这一过程，可作如下简要的理论表述。

受环境和遗传因素影响，形成犯罪人格的个体已具备了犯罪的内驱力；该个体因面临犯罪情境的诱发或促成作用，选择了通过实施犯罪的方式来满足自己的需要；该行为因引发社会反应而进入正式评价程序，如该行为被认定为触犯既定的刑法规范，该行为就会获得犯罪的正式称谓，行为人也因此获得具有污名效应的犯罪人身份。这就是犯罪发生和形成的客观过程。

① 《韦氏大辞典》，11版，455页，北京，世界图书出版公司，2001。

在犯罪生成的上述过程中，犯罪人格、犯罪情境和社会反应三要素缺一不可。如果缺少了其中任何一个要素的作用，其结果必然是犯罪不会发生，或者发生了也不会获得正式的犯罪命名。因为，犯罪人格作为犯罪发生的内在动力要素，是说明行为人为什么会采取实施危害社会行为的方式来满足自己需要的全部内在根据；犯罪情境作为诱导或促成因素，是决定行为人为什么会如此实施危害行为的外在条件；而社会反应作为评价要素，则最终决定已经如此发生的危害行为，是否会获得最具社会谴责意义的犯罪之认定。

由上所述，犯罪生成机制的具体内容表现为：作为主体的行为人因犯罪人格的形成而产生了实施犯罪的内驱力；在犯罪情境的诱导或促使下，行为人内在的犯罪动机外化为实际的犯罪行为；但这种事实性犯罪是否具有犯罪的法律属性，则取决于社会反应的介入方式和评价结果。其中，形成犯罪人格倾向的个体与犯罪情境的相互作用，构成了促使事实性犯罪发生的充分条件，但事实性犯罪是否会生成刑法意义上的犯罪，则只有经过相应的社会评价才可能得到确认。如果缺失法律属性的评价，无论实际发生的犯罪危害有多么严重，都难以生成蕴含特殊社会谴责意义的刑法中的犯罪。因为，作为极端蔑视社会秩序的行为类型，犯罪本质上是客观危害事实与主观社会评价交互作用而生成的。客观发生的危害事实，只有通过积极和有效的社会反应活动，其犯罪属性才能被揭示和得到最终确定，行为人也才会因此获得社会赋予的犯罪人地位。此即犯罪生成机制的全部内容。

以下围绕犯罪生成的三大基本要素具体展开论述。

第二节　犯罪人格的形成

一、犯罪人格的概念

人格，即个体由遗传、环境所决定的实际的和潜在的行为模式的总和。[①] 或者说，人格是个体在与其环境交互作用的过程中所形成的一种独特的身心组织，此一变动缓慢的身心组织使个体适应环境时，在需要、动机、态度、价值观念、气质、外形及生理等方面，有其不同于其他个体之处。[②] 人格实际上包含两方面的基本含义：在静态方面，是指个体全部内在品质的总和；在外显方面，则指行为人对环境的反应方式。

作为犯罪生成的基本要素之一，犯罪人格是指个体因生活环境和遗传的不良影响，在需要、价值观念、性格、气质以及生理等方面存在缺陷，从而使其具有以反社会的方式适应社会生活的行为倾向性。具体来讲，犯罪人格具有以下特征。

1. 犯罪人格是由个体生活环境不良和身心缺陷的相互作用形成的，因而它具有相对稳定性。这种稳定性表现为个人在社会生活的方方面面，基于满足自己的需要而经常或习惯性地漠视、轻视或抵触外在的约束。

---

① 参见陈仲庚、张雨新编著：《人格心理学》，47页，沈阳，辽宁出版社，1987。

② 参见刘英茂主编：《普通心理学》，51页，台北，台北大学出版社，1987。

2. 犯罪人格的内在结构，既有因后天教化形成的社会性成分，如价值观念，也有先天的遗传性因素，如气质类型、内分泌系统等。就形成具体犯罪的内驱力而言，后天因素和先天因素都有可能起主要作用。

3. 犯罪人格只是犯罪生成的主体条件。个体内在的反社会倾向转化为外在的反社会行为，则取决于犯罪情境的诱发或促成作用。

人格因素自犯罪学产生之时起，便被引入了犯罪原因理论。只不过那时的人们还不能够理解人格对犯罪生成的真实意义和作用机制。现代犯罪学探讨犯罪人格，并非为了论证社会中存在"天生犯罪人"，而是借助对个体人格特征的考察，揭示犯罪生成的内在动力机制，据此预测个体在给定情境中的所作所为，为实施有针对性的犯罪预防提供帮助。

犯罪人格的形成也是众多因素参与其中的复杂过程。以下从不同角度对影响犯罪人格形成的主要因素加以说明。

二、犯罪人格形成的社会心理学因素

（一）需要

需要是人类一切行为最深层的动因。在这方面，人本主义心理学的奠基者马斯洛的需要层次理论为探讨人类行为的动机提供了有力的分析手段。马氏认为驱使人类行为的是若干始终不变的需要。这些需要是社会的、心理的，而不仅仅是生理的。它们是人类行为真正的内在本质。[①]

在人的价值体系中，存在不同层次的需要，它们由低到高排列成一个需要系统：生理需要（对食物、饮料、氧气、睡眠、性、住所等基本生存的需要）—安全需要（对秩序、安定和生活中的确定性的需要）—归属和爱的需要（追求与他人建立友情和在自己的团体里求得一席之地）—尊重需要（包括自尊和来自他人的尊重）—自我实现的需要（希望自己的潜能得到充分发挥）。其中，低级需要由于与生存密切相关，是人类最原始、最基本的需要，满足它们的冲动也就最为强烈；高级需要在个体发展中出现得相对晚一些，满足它们要求有比低级需要更多的先行条件，加之高级需要与生存的关系不如低级需要那么密切，因而满足的冲动往往并不十分迫切。

一个经历了正常社会化过程而能较好地适应社会的个体，其需要应当是多层次的，并且其需求结构总体上趋于动态的平衡。这样，个体在遵循社会主导价值和行为模式的基础上，得以实现自身的追求与发展。但作为个体犯罪人格形成的基本要素的需要，则往往表现出如下特征。

1. 需要层次的相对低级性。满足物质或性的需要，固然是个体得以发展和延续的基础，但这种需要的满足，应当以为追求更高级需要创造条件为目的，并在满足方式和满足程度上受高级需要的调控。然而，在与财产和性密切相关的各类犯罪中，犯罪人身上往往存在一种较为普遍的不良需要倾向：过分追求低级需要的满足，视"吃、喝、玩、乐"为人生需要的全部或主要内容，对高级需要的冲动被严重弱化，并由此导致社会认知内容的

---

① 参见［美］弗兰克·G. 戈布尔著，吕明、陈红雯译：《第三思潮：马斯洛心理学》，40～50页，上海，上海译文出版社，1987。

偏离性和情境体验的庸俗性。与需要层次的相对低级性相适应，犯罪人在行为倾向上表现为对与追求“吃、喝、玩、乐”相抵触的行为准则持排斥或否定态度，对大众文化的吸收倾向于获取低级、庸俗或淫秽的信息。

2. 需要结构的不平衡性。这种不平衡性除了表现为各需求层次之间的不平衡之外，还表现为行为人对某种需要过分强烈，如过分追求自尊和自己在小团体中的地位与威望、过分寻求自我发展等。由于个别需要的恶性膨胀，行为人的思维活动往往集中于如何满足这种需要，而对满足需要的手段的正当性缺乏应有的考虑，对行为的后果缺乏应有的预见。

3. 需要内容的反社会性。这类需要就其层次结构而言，可能属于高层次的精神需要，但其性质却具有反社会性，例如，谋求反对、破坏现行社会制度，以及推行种族歧视等。这类需要的性质决定了满足该需要的手段必然具有反社会性。

（二）动机

需要，虽然是推动个体行为最深层的动因，但其指向具有概括性。当某种需要驱使个体倾向于具体目标并意欲付诸具体的行动满足需要时，动机便随之产生。

如同需要有层次之分，行为动机也可分为初级的原发性动机和高级的社会性动机。前者直接由生理方面的需要转化而来，无须后天的学习；后者是在一定社会生活条件下为某种高级需要所激发而逐渐发展起来的动机，如交往动机（希望与他人相处、满足群体感的动机）和威信动机（希望获得他人肯定、赞扬，满足成就感的动机）等。在个体需要呈现偏离状态时，满足需要的行为动机便有了反社会性色彩。

作为犯罪行为发生的直接推动力的犯罪动机，可以分为以下几类。

1. 贪利动机。对物质的兴趣作为犯罪动机是和满足物质需要的欲求相联系的（对物品、金钱及“吃、喝”的需要）。物质需要是人的一种基本需求，但当这种需要被恶性扩大或被扭曲时，行为动机便有了贪利性。而这种贪婪，无论是从法律还是从伦理角度来看，都是个体的一种否定性本质。在我国现阶段存在的各种犯罪动机中，最为突出的正是贪利动机。它具体表现为唯利是图、不择手段地攫取物质财富、追求超前消费和腐化生活、敲诈勒索、坑蒙拐骗、制假贩假、“权钱交易”等。

2. 人际交往中的冲突动机。这主要表现为报复、泄愤、嫉妒、自我证实、用强力压服他人等。在人际交往的冲突动机的各种表现形式中，实际上都隐藏着一个共同的特征——行为人恶劣追求“自我表现”的自私性。实践中，针对人身及公共秩序的各种犯罪，大多可归因于这类动机的推动。

3. 消极动机。广义上讲，所有促成犯罪人格形成的动机均属于消极动机的范畴。此处的消极性动机，专指行为人对履行自己的社会义务、职业义务、家庭义务以及其他义务的不负责任或漫不经心。这种动机的根源与前一种动机一样，也是和极端个人主义的心理定式相联系的。所不同的是，在这种场合下，犯罪人对情境作出消极反应和力图避免责任的心理占据了上风。

4. 政治或宗教动机。这类动机源于政治信仰或宗教信仰方面的根本冲突。对现行国家政权持敌视态度，对民族、种族的宗教偏见与歧视等，都是其表现形式。这类动机构成了实施危害国家安全犯罪的心理基础。

（三）信念

信念，是在社会生活过程中逐渐形成的具有系统性和个性特点的观念体系。如果说需要和动机在一定程度上还具有自发形成的特点的话，信念作为个体价值观、道德观、人生观及世界观的综合体，则完全是个体在社会生活中逐渐形成的自我理性。信念如同人生旅途中的"方向盘"，具有抑制或放纵内在欲望和行为倾向的功能，并从总体上决定着个体的生活格调及其个体与社会的融合程度。

作为影响犯罪人格形成的因素的信念，主要表现为对社会期待的非顺应性和反叛性。例如，蔑视诚实、勤劳、助人为乐、集体主义等维系社会健康发展的基本价值观念；视人生的轨迹为"人为财死，鸟为食亡"；视公共权力为个人资本；视"自由"为随心所欲；视"友谊"为能够为哥们两肋插刀；视"英雄"为胆子大、敢拼命；等等。个体一旦形成了这些不良观念，不仅在出现相应的外在诱发或促成因素时，其内在的反社会倾向性会毫无顾忌地转化为外在的犯罪行为，而且还会倾向于主动寻找或创造利于实施犯罪的条件，以满足其反社会性需要。

三、犯罪人格形成的心理学因素

（一）智力

在心理学上，智力主要指人的理解力和判断力。智力的高低或优劣除了与所受教育程度有关之外，同时还受制于一定的遗传因素和生活经验。

智力是否与犯罪有关？或者说违法犯罪者的智力水平是否一般低于非违法犯罪者的智力水平？这是犯罪学领域中一个由来已久的问题。西方国家 20 世纪初的研究结果是：50%～64%的罪犯有智力落后的现象。[①] 其后，以美国为代表的西方各国的犯罪学家进行了大量的统计研究。但从统计结果来看，由于采用的智力测量手段和统计范围等方面的差异，各种统计数字悬殊，有的甚至相互矛盾，难以得出智力与犯罪之间的确切关系。例如，希利在芝加哥和波士顿两地对 4 000 名常习犯进行了考察，认为其中智能上有缺陷的只占 13.5%；卡尔 · 默奇森（Carl Murchison）以军队为测试场地作了犯罪调查后，提出了否认智力与犯罪有关的报告；我国学者 20 世纪 80 年代在这方面的初步调查则表明，智力低下者在违法犯罪人员中占有相当比例。[②]

目前有关智力与犯罪的关系问题，还有不少尚待澄清的内容。但从现有资料来看，大致可以得出以下基本结论。

首先，先天性或后天性的智力低下与犯罪人格的形成的关系难以否认。在维持社会的生活秩序方面，正确理解行为模式、法律制度及社会组织的意义，是个体正常适应社会环境的必要前提，某些因智力低下缺失这方面理解能力的人，由于不能较好地控制或调整自己的行为，更容易受外界环境的不良刺激而实施危害行为，这是不难理解的。早期的研究多倾向于认同犯罪人的智力水平呈普遍低下的状态，而新近的研究资料和司法实践则证明，犯罪者与非犯罪者之间的智力并没有明显差距。

其次，智力对犯罪的影响主要表现在犯罪人的类型上。几乎各类调查都证明，不同类型犯罪者的智力发展状况有着较明显的差异。奸淫幼女犯、纵火犯、强奸犯等类型的犯罪人，智力水平往往偏低，而犯有伪造、诈骗、谋杀等罪的犯罪人，一般智力

---

① 参见［日］山根清道著，张增杰等译：《犯罪心理学》，20 页，北京，群众出版社，1984。

② 参见李田夫：《犯罪统计学》，40～41 页，北京，群众出版社，1988。

水平较高。

（二）性格

性格是与意志相联系的一种人格特征，是个体在抑制冲动和面对障碍时所具有的稳定心理倾向。

与非犯罪人群体相比较，犯罪人的性格特征总体而言，一方面表现为在相当一部分犯罪人身上，不乏实施行为的目的性、积极性乃至顽强性。但与正常群体相区别的是，这些心理特性是用来实现和满足反社会的要求与利益的。另一方面，犯罪人又往往表现出意志素质减弱的特点，缺乏遵守社会规范和与反社会行为倾向决裂的意志力。一旦他们遇到外界不良因素的刺激，就无力抗拒诱惑。就各种类型的犯罪人而言，其性格特征往往存在差异。青少年犯罪者的典型特征是缺乏自制力和自省精神，以及喜怒无常和轻浮的反叛性；暴力犯罪者的动机可能各不相同，但性格特点大多表现为对他人的痛苦缺乏怜悯之心，行为上具有粗暴、凶狠的特征，且富有挑衅性；而贪利性犯罪者一般都具有狡诈、冷酷及好逸恶劳的性格特点。

需要强调的是，性格因素只是人格构成要素的组成分子，既不能把性格视为人格的最主要内容，更不能混淆人格与性格这两个不同质的概念。

（三）气质

气质也是人格倾向的一种表现。这种倾向贯穿着一种稳定的情绪性，包括个体对情绪刺激的感受性，情感反应的强度、速度，以及心境起伏等一系列特点。这些心理现象大多与遗传有关。较之人格的其他方面（如需要、动机、观念），气质受后天的影响较小，变化也要缓慢得多。

“气质”概念源于古希腊学者西波克利特（Hippocrates）的“四体液说”。他认为，可将人体中的体液分为由心脏分泌的血液、大脑分泌的黏液、肝分泌的黄胆汁和脾分泌的黑胆汁四种，并提出了人的气质类型是由体液的分布状况而决定的。由于这种说法经久不衰，所以，“气质”这一术语的意义基本没有发生变化，但这种论点是不正确的。

在现代得到普遍承认的是心理学家巴甫洛夫依据人的高级神经活动特点所提出的气质类型理论。依照这一理论，高级神经活动主要表现为兴奋和抑制的心理过程，其具有三个基本特性：神经兴奋的强度与持久力；兴奋与抑制的平衡性；兴奋与抑制相互转化的速度。根据这三种特性的不同组合，就形成了与传统的“四体液说”相对应的四种气质类型，并且每种气质类型都有与之相对应的心理特征。

（1）胆汁质—兴奋型：神经活动过程中兴奋强、抑制弱，行为敏捷，情感外露而炽热，遇有困难时具有不可遏制的冲劲，但情绪易于激动，自制力差，由暴怒、狂想转为安静、心灰意冷的速度较快。

（2）多血质—活泼型：兴奋与抑制过程平衡而灵活性高，易于适应环境，善交际，兴趣广泛，富有朝气，但情感与兴趣容易发生变化，忍耐性和毅力较差。

（3）黏液质—安静型：神经过程平衡而灵活性低，不易冲动，态度沉着稳定，感情不易外露，但反应较慢，缺乏灵活性，较固执和因循守旧。

（4）抑郁质—抑郁型：兴奋与抑制过程较弱，情感细腻，善解人意，但对外界刺激敏感，注重内心体验，较孤僻、脆弱和怯懦，对外界反应迟疑。

气质作为人的神经类型的表现，同时具有积极的一面和消极的一面。就气质本身而言，并无绝对的好坏、优劣之分；同时，在现实生活中，并非每一个人都符合某种典型的气质类型，而更多的只是偏重于某一气质类型。

气质对犯罪的影响，主要表现在犯罪的种类和方式上。例如，胆汁质—兴奋型的个体，就难以完成需要耐心策划的犯罪行为；而黏液质—安静型的个体，实施激情型犯罪的概率很小。又如，同样是基于报复动机杀人，胆汁质—兴奋型的人可能因为瞬间的情境刺激而顿生杀意，事后往往伴随着悔恨；而黏液质—安静型的人，杀人动机的形成往往是由积怨而成的，事前计划周密，事后较少后悔。

四、犯罪人格形成的生物学因素

(一) 生理因素

生理因素对犯罪人格形成的影响，有两个方面值得关注。

一方面，人类生理功能发生正常变化时，可能对个体行为产生影响，如青春期、更年期、衰老期以及女性的月经期和怀孕期。在这些时期，伴随着生理功能的阶段性变化，个体的一般人格倾向容易出现变异。例如，在女性犯罪研究中，不少研究结论认为，由于月经期较为显著的生理变化，女性在性格等方面往往发生变化（脾气暴躁、焦虑、自制力较平时下降等），因而遭遇刺激时较平时容易出现攻击性的行为倾向。

另一方面，生理功能障碍是促使某些犯罪行为发生的因素。这方面主要包括神经功能障碍、因疾病导致的生理功能障碍、内分泌失调等。关于内分泌问题，一种较为普遍的看法是，男性犯罪比例之所以高于女性，原因之一就在于男性与女性分泌的性激素的功能不同。雄性的睾丸激素有促进攻击发生的作用，而雌性的卵子激素则具有缓解情绪和化解敌意的作用；同时，青壮年男子的雄性激素分泌率明显高于老年男子的，与他人的敌对情绪和攻击倾向也相应地高于后者的。这种生理现象在实施性犯罪及暴力犯罪的青春期男子身上表现得更为明显。由此推导出的结论是：当个体的雄性激素分泌过剩时，其攻击性也趋于强烈。

(二) 遗传

目前，这方面的研究主要集中在男性染色体异常与犯罪之间的关系方面。

在正常情况下，人体内有 46 条染色体。决定男性和女性形成的基本过程的是一对性染色体。正常男性的两个性染色体为“ XY”，而女性的性染色体为“XX”。染色体作为由生物物质——脱氧核糖核酸（DNA）所构成的一种化学链条状结构体，不仅具有控制生物体外形特征的功能，而且对个体的人格特征也有所影响。因此，当染色体的数目或结构出现异常时，就会引起人的机体出现某些反常现象。例如，当男性有 47 条染色体并且多出的一个染色体呈“XXY”结构时，会出现睾丸发育不全、精子破损、细胞核中经常有大量的性染色质集中和较普遍的神经紊乱等症状。不少研究表明，具有这种综合征的男性，易于实施性犯罪和自杀行为。

在所出现的各种染色体异常现象中，与犯罪人格的形成联系较为紧密的现象是，男性的细胞质中多出一个染色体“Y”，从而集合成“XYY”染色体。医学观察表明，带有“XYY”染色体的男性，具有不育症、一定的精神病症状、学习吃力、与他人交往困难、不成熟和好冲动等特征，因而正常适应社会的能力较弱。

第三节 犯罪情境

一、犯罪情境的概念

情境，即事物在具体场合中所呈现的样态。作为与个体社会活动密切联系的概念，情境区别于宏观意义的社会环境，本质上是指个体所处的具体活动场景。这种情境的内容不是单一的，而是个人生活、学习、工作状况诸方面情况的综合，也是直接影响个体行为的那些状况的综合。

在社会生活中，情境因素不仅构成了个体社会活动的背景条件，而且参与作为个体行为内驱力的动机的形成过程。犯罪行为作为人类社会行为的一种表现形式，在形成机理方面与其他社会行为并无差别。行为人犯罪前所处情境的构成状态，不仅左右着其已有的犯罪动机如何外化为客观的危害行为，而且行为人在是否应当（值得）通过实施反社会性行为来满足自己需要的问题上，即在犯罪的动机斗争方面，也受制于其所处的情境状态。从人类行为的驱动力来看，需要是一切行为最深层的动力。而“对需要转变为犯罪动机的过程有影响的因素，除了人，作为努力想满足这一需要的违法主体，他所处的具体生活情境也有重要影响”[①]。

基于以上分析，我们可将犯罪情境定义为：个体所实际面临的诱发其产生犯罪动机，或者促使其犯罪动机转化为危害行为的各种外在形势。

犯罪情境的概念是为了分析激发犯罪动机和促成犯罪行为实施的一系列最直接的情境因素而提出的。其目的在于将犯罪成因的研究从专注于解释“社会中为何存在犯罪”与“犯罪如何存在”，转移到分析“犯罪是如何发生和形成的”这一更具有实质性意义的命题上来，以此克服基于传统犯罪原因论难以提出具有可操作性的预防措施的弊端。据此，犯罪情境有别于下述相关概念。

首先，犯罪情境并非传统的犯罪原因（条件）概念的代名词。对犯罪原因（条件）的表述尽管多种多样[②]，但就其实质而言，所要说明的是犯罪现象存在和发展变化的根据，所要回答的问题是“社会为什么有犯罪”或者“人们为什么会实施犯罪”。显然，犯罪原因（条件）概念所涉及的只是抽象和静态的犯罪现象，没有将视角深入到犯罪行为在具体情境中的展开过程。犯罪情境着眼于人类行为发生的一般机制，将犯罪看成是具有犯罪人格倾向的个体在一定情境作用下符合逻辑的自然演进过程，所要着重说明的问题是：“在什么情境中人最容易产生犯罪动机和将动机转化为犯罪行为”。因此，两种概念考察犯罪的切入点和对于组织犯罪预防活动的价值是不同的。

其次，犯罪情境也不同于“犯罪的实现场”或“犯罪实现的条件”。我国少数敏锐的研究者认识到传统罪因论的缺陷，提出了“犯罪的实现场”和“犯罪实现的条件”概念。所

---

① ［苏］B. H. 库德里亚夫采夫主编，刘兆祺译：《犯罪的动机》，105 页，北京，群众出版社，1992。

② 参见曹子丹主编：《中国犯罪原因研究综述》，3 页，北京，中国政法大学出版社，1993。

谓犯罪的实现场（作用场），是指由时间、空间和侵害对象诸要素构成、为实施犯罪所必需的背景条件，其本身不是犯罪的原因，但却具有削弱或增强犯罪原因的作用，从而抑制或促进犯罪行为的发生。[①] 而犯罪实现的条件，一般是指在有了犯罪动机后，犯罪人选择或创造的实现其犯罪意图所必需的各种主、客观因素。上述概念虽然在一定程度上涉及情境因素对犯罪行为发生的影响，但这两个概念仍然是在传统的犯罪现象原因的范围内提出问题的。其目的在于分析犯罪现象存在的一般条件，而不是从犯罪生成机制角度揭示犯罪发生和形成的完整过程。

最后，也不能将犯罪情境简单地等同于“致罪情境”。致罪情境是犯罪心理学的概念，在内涵上，致罪情境只限于诱发犯罪动机的情境因素。但事实上，情境因素不仅有诱发动机的功能，而且具有促成动机转化为行为的功能。

应当指出，关于犯罪与情境问题的研究，是现代犯罪学在犯罪成因研究方面，继犯罪现象的一般解释之后由平面研究转向纵深发展的重要标志。犯罪情境概念的提出，对犯罪学研究具有重要的方法论意义。犯罪的表现形式具有复杂性和结构的多层次性，对犯罪成因的研究应当兼顾宏观层次上的整体把握和微观层次上的精细剖析。只有同时对作为社会现象的犯罪和作为个体现象的犯罪行为进行考察，才能全面揭示犯罪的规律，才能为犯罪预防的宏观决策和具体运作提供强有力的理论支持。

二、犯罪情境的形成

犯罪情境，作为围绕着激发犯罪动机和促成犯罪行为实施的一系列外部客观情况的综合，既具有客观内容，也包含个体的主观感受和切实体验。虽然情境因素的性质与刺激强度具有客观性，但对这种客观内容的主观体验却因人而异。因此，探讨犯罪情境的形成，应坚持主客观相统一的原则。

（一）犯罪情境形成的客观因素

犯罪情境的形成大部分是由于社会方面的原因。这具体表现为，在社会控制方面存在具有一定时间和空间范围的各种隐患或不安定因素。例如，某一区域内建筑物破败，人员流动性高，行为人犯罪后不被发现或规避处罚的概率较高；行为人所处的职业环境中管理制度混乱，便于窃取或侵占财物；邻里关系不好，缺乏相互守望的氛围，有便于实施犯罪的空间和时间条件等。

除了社会性因素之外，犯罪情境也常常源于下述几个方面的原因。

1. 由犯罪人方面形成

具体包括两种情形：一是行为人为满足某种需要故意造成的情形，如公务人员履行职务时故意刁难行为人，以此营造出利于贿赂的情境；二是行为人基于与犯罪意图无关的行为而形成诱发犯罪的情境，如行为人深夜在家中观看淫秽录像，激起强烈性冲动，外出在街上散步原本是为了平息内在冲动，却遇一单身女性，在性欲望的推动下顿生犯意，将该女性拖至路边强奸。

2. 由被害人方面形成

许多情形下，犯罪行为之所以发生，是由于被害人自己的行为、态度或生活方式营造

---

① 参见周密：《论证犯罪学》，136页，北京，群众出版社，1991。

了一种有利于针对其实施侵犯的现实环境或氛围。例如，被害人的轻信和利欲往往是诱发针对其实施诈骗犯罪的重要诱因；盗窃犯罪的发生，则常常以被害人看护财物的疏忽为条件。

3. 因自然力而形成

由于某些自然因素的出现或存在，形成了行为或秩序不容易控制的情形，如气候恶劣条件下发生的交通肇事；在灾难现场发生的盗窃、抢劫行为等。

除了上述单一的情况之外，实践中也可能出现某些组合形势，如甲方的醉酒状态与乙方的挑衅行为相结合，形成了诱发伤害行为的冲突动机，并同时促成这种动机转化为实际侵害的客观情境。

（二）犯罪情境的主观体验

犯罪情境的主观体验，是指个体面临某一外在情境时所呈现出的心理状态，如所形成的印象、引起的心理冲突、情绪波动等。由于个体的先天素质和社会实践的差异，不仅同一对象或客观过程会使不同个体产生不同的反应，而且同一客观过程对处于不同时间和空间条件下的同一个体，也可能使之形成不同甚至完全相反的主观印象。“外部世界对人的影响表现在人的头脑中，反映在人的头脑中，成为感觉、思想、动机、意志……”① 就犯罪情境而言，其出现或存在本身并不会自然地对置身于其中的个体发生作用。只有当个体对之予以确认和体验后，该形势才会对犯罪的决意和实施犯罪的方式产生真实的意义，外在客观形势因此才演变成为现实的犯罪情境。由此，犯罪情境对犯罪行为发生的诱发或促成作用，一方面取决于犯罪情境的客观内容（刺激的性质、强度与频率），另一方面也深受个体据此形成的主观体验的影响。在某些情形下，甚至主要取决于个体对情境的体验和认识，如犯罪人由于判断上的错误，将中性情景甚至不利情景误认为是利于其实施犯罪的情景；或者因行为人犯罪欲望十分强烈，对罪前情景不加选择。

当面临的犯罪情境一定时，个体会形成何种主观体验，主要受制于以下三类因素。

1. 个体已经历的社会化过程

社会化，即个体在各种社会单位学习社会与文化的信仰、价值、规范与社会角色的过程。社会化的目标在于：教给人们适应特定社会地位的权利和义务，以此使个体能够根据自己的社会角色合理控制自己的需要，形成与之相称的行为模式。但当某一社会单位（家庭、学校、邻里、工作单位等）未能充分发挥对其成员的社会化功能时，个体的社会化经历就会出现缺陷，控制需求和抵御外界诱惑的能力就会弱化。这正是不同个体在面临同一客观情境时会产生不同动机和实施不同性质的行为的重要原因。

2. 个体的心理和生理素质

除了个体的社会化程度之外，个体的心理和生理素质对于其在一定情境中采取何种性质和何种方式的反应，也有深刻的影响。青少年活泼好动与好奇心重、自制力差的特点，决定了他们更容易受情境因素的影响而实施攻击性或挑衅性行为。现代心理学的研究成果也表明，胆汁质—兴奋型气质类型的人，对情境刺激更为敏感，在冲突情境中产生犯罪动机和实施暴力犯罪的情况也更为普遍。

3. 个体先前经历类似情境的经验

个体在其过去生活中所经历的对需要的满足遇到挫折时的经验，也影响着其对冲突

① 《马克思恩格斯选集》，3 版，第 4 卷，238 页，北京，人民出版社，2012。

(问题) 情境的适应方式，如个人追求的目标受阻、在小团体中的地位受到影响、个人的利益遭受侵害等。在这种情境下，个体先前是趋向于放弃自己的目标或是寻求方法克服所面临问题的经验，对其再次面临类似情境时决定选择何种反应方式有重要影响。

三、犯罪情境与犯罪生成

现实生活中，具有犯罪人格倾向的个体，并不一定实施犯罪。只有当个体实际遭遇了一定情境因素的刺激时，才会萌生犯意和实施犯罪行为。由此，犯罪情境的犯罪生成功能表现为：或者诱发犯罪动机，或者促成犯罪行为的实施。

(一) 诱发犯罪动机

相对于行为的原因力而言，凡是促使个体产生犯罪意识的情境，均可称为原发性情境。特定个体正是由于这类情境的存在或出现，才得以获得犯罪的内驱力。就表现形式来看，原发性情境既可以表现为由单一性事件所构成的简单情境，也可以表现为由一连串前后相继的事件组合而成的复杂情境。

原发性情境对犯罪动机的形成作用可以表现为三种形式。

1. 由某一孤立事件诱发的犯罪动机

这是各类激情型犯罪的典型模式。在这类情形中，犯罪动机的产生、外化是由于某一相对孤立事件的诱发而在较短时间内相继完成的。例如，因相互发生口角而导致的突发性伤害；面对亲密伙伴的背叛或不忠顿生愤怒实施报复性侵害；等等。需要注意的是，由孤立事件直接诱发犯罪动机并直接促成犯罪动机的外化的前提是，个体犯罪人格的形成，如行为人具有粗暴、敏感、嫉妒、缺乏自制力等性格特征。

2. 由持续性冲突的积累引发的犯罪动机

这种原发性情境主要存在于人际关系较为密切的小团体中，如家庭、邻里和职业团体等。置身于某一小环境中的个体，在生活和工作中难免遭遇种种压力、冲突或不良诱惑。如果行为人没有及时意识到问题的性质或找不到解决问题的正当手段，这些矛盾和冲突在一定时间内就会“滚雪球”式地逐渐积累、恶化。当形势发展到出现问题又必须解决的时候，置身于此情境中的个体就可能萌生犯意。伴随着犯罪动机的强化，实施犯罪行为就自然而然地成为行为人解决问题的最终方式。发生于家庭内部的暴力犯罪，就属于这方面的典型例证。

3. 由职业特征诱发的犯罪动机

公务人员、金融单位或财务部门的职员往往多实施贿赂、贪污、挪用公款等与职业活动有关的犯罪，就与这类职员所处的持续性情境有关。从主观上讲，他们并非为了实施某类犯罪而进入职业领域，但由于职业活动中环境的压力与物质诱惑经常地在他们身上起作用，如果存在唾手可得的便利条件，即使人格比较健全者，也容易滋生非法获利的动机并达成中饱私囊的目的。

不同原发性情境诱发犯罪动机的作用是有差别的。就其性质来看，大致可以分为三类。

(1) 重度诱发情境。这类情境主要表现为，外在情形对个体需要的满足形成了巨大阻碍或冲击，如人格尊严或其他重要权益受到现实威胁或侵犯，遭遇重金贿赂等。面对这类情境，往往心理结构正常者，也容易作出过激反应或实施为社会规则所不容许的行为，更不用说已有犯罪人格倾向者。

（2）轻度诱发情境。这表现为行为人正处于与犯罪的动机斗争的过程之中，对是否实施某一犯罪尚犹豫不决，由于外界情境的诱发，其产生了犯罪的决意。在这种情形下，外在形势不仅仅提供了实施犯罪的便利条件，而且情境本身也渗入了犯罪的心理历程，即对犯罪动机的成熟发挥了作用。

（3）中性诱发情境。如特定的职业环境。社会分工本身无所谓犯罪的诱发性，如果只是客观上存在实施犯罪的便利条件，并不足以促使个体产生犯罪动机。只有形成犯罪人格者，才会对此“触景生情”，滋生出犯罪动机。

（二）促成犯罪的实施

犯罪的实施，表现为由内在犯罪动机向外在侵害行为的过渡过程。凡是对这一过程具有实质性影响的情境，都可被称为过渡性情境。或者说，过渡性情境是指为潜在的犯罪人所利用或创造的利于实现其犯罪意图的某种事实或状态，如与潜在的被害人独处的情形，已接近财物保管处所的事实，自然或照明条件利于隐蔽以及便于获取作案工具，等等。这类情境一般与个人犯罪动机的形成无关，却影响着犯罪动机是否外化为犯罪行为，并制约着犯罪的具体方式。“犯罪情境大部分表现为实现犯罪行为的动机，也就是说，这种情境将人已具有的动机引出来，并创造了实现动机的条件。”①

过渡性情境对于犯罪人的意义在于：如果没有这种具体情境的存在，犯罪就有可能只是一种“企图”，不能变成实现犯罪目的的侵害行为。除了激情犯罪者、人格障碍者和醉酒者等对犯罪时的情境是否有利极少考虑之外，对绝大多数犯罪人而言，有利于实施犯罪的外在条件是否出现或存在，往往成为其是否决定将犯罪行为付诸实施以及如何实施的先决条件。这也正是组织各种情境预防活动可以有效减少犯罪的根据。

对照人类行为的一般发生机制，不难发现如下基本事实：犯罪虽然表现形式复杂多样，但它总是行为人在特定的时间、空间条件下，采取一定手段针对行为人看来比较适宜的对象所实施的不法侵害。据此，构成过渡性情境的客观因素主要有以下内容。

1. 时间、空间条件

时间、空间因素，是制约人类活动的基本因素。在不同的时空条件下，人的情感体验及活动方式与内容也不相同。对犯罪人而言，时空因素的制约性主要表现在此时此地实施犯罪被发现、被抓获的风险程度。“所获收益应当大于或至少等于所付出的代价”始终是支配人类行为的基本法则。对同样具有理性思维能力的犯罪人而言，也是如此。这一定律对犯罪发生作用的例证，就是现实中犯罪行为的发生在时间和空间分布上具有明显的不均衡性。

2. 侵害对象

侵犯对象对实施犯罪的制约性表现在：对人实施侵害时，被害人可被利用或可被控制的程度，决定着行为人是否决意着手实施所意图的犯罪和实施的程度。在这方面，被害人在心理特征、行为倾向上存在的缺陷，如幼稚、贪图小利、举止轻浮、对自己的人身及财产安全缺乏应有的防范等，以及其自身的某些心理特点（年龄、性别及身体状况）甚至职业特征，对犯罪人来说，都是犯罪应当进行或能够得以顺利进行的根据和保障。当与意图实施的侵害行为相适应的对象尚未出现或不存在时，行为人内在的犯罪欲望往往会被暂时抑制，而另觅适合的侵害对象。在对物的侵害上，物品的属性、价值以及管理状态，对犯

① ［苏］B. H. 库德里亚夫采夫主编，刘兆祺译：《犯罪的动机》，76页，北京，群众出版社，1992。

罪人而言，则意味着有无必要和是否值得实施侵害行为。侵害对象的这种制约作用，在犯罪实践中，则表现为被害人群或遭受侵害的物品分布的不均衡性或相对集中性。正因如此，在社会人口中，客观存在"容易被害人群"。

3. 作案工具

作案工具决定着犯罪活动的"破坏能量"。缺乏足以对抗被害人反抗、有效破坏障碍物或作案后能够快速逃逸的工具，往往会对行为人实施犯罪的意志带来影响。因此，能否获取或是否存在适宜的作案工具，也是影响犯罪动机向犯罪行为过渡的重要因素。

如同原发性情境一样，过渡性情境对犯罪的促进作用也包含行为人的主观体验。在客观性质上，它既可能是有利于犯罪实施的，也可能是中性的。在后一种情形下，犯罪情境实际上只是被犯罪人视为适合实现犯罪意图的情境。

作为犯罪情境的两大构成形式——原发性情境与过渡性情境，在现实中往往是以组合状态存在的。不同的组合状态，决定犯罪发生的现实可能性的大小。图 10－1 为原发性情境和过渡性情境的不同组合，由此可形成四种不同的对应关系：

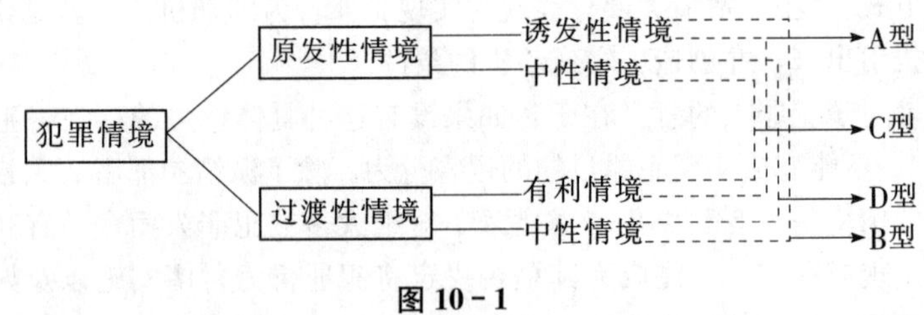

图 10－1

如上图所示，四种由重到轻的犯罪情境依次如下。

A 型：由于集合诱发性情境和利于实现犯罪的情境，此种情境成为最为严重的犯罪情境。在这种危险情境下，行为人的动机向行为转化的概率极高，而且不排除外界刺激成为犯罪发生的主要原因。

B 型：尽管不存在利于实现犯罪的外在条件，但存在对犯罪动机的形成有重要影响的原发性因素。如果该情境得以持续存在，随着行为人犯罪动机的强化，犯罪行为也会倾向于现实地发生。实践中，多数犯罪正是在这种情境中实现由内在动机向外在行为转化的。

C 型：这类情境主要代表了惯犯或职业犯的情形。尽管在行为的当时并无诱发性事件的存在，但由于行为人有较为稳固的犯罪心理，实施犯罪的动机始终存在，行为人会积极利用或创造利于实现犯罪意图的各种情境。

D 型：实质上是正常情境。在这种情境中，由于作为情境构成要素的人、事、物均处于正常状态，一般不会激发处于该情境中的个体形成犯罪动机或发生犯罪动机的外化。

四、作为情境因素的犯罪被害人

（一）被害人在犯罪生成过程中的能动性

在构成犯罪情境的各种因素中，被害人因素特别引起了当代犯罪学的关注。并且随着有关被害人和犯罪人的关系问题的深入探讨，被害人作为犯罪发生过程的能动因素，已成为一种规律性认识。

纵观犯罪学的发展历史，从 18 世纪中期开始，犯罪学主要关注的是犯罪行为。在刑事古典学派的学者们看来，犯罪行为是违背道德准则和法律秩序的行为，是犯罪人单方面的“为非作歹”，因而强调刑法适用过程中犯罪人的个人责任和对犯罪的法律控制。直至 19 世纪中期，犯罪学才开始注重对犯罪人的研究。根据实证主义学派学者的理解，犯罪活动是反映犯罪人人格缺陷的一种标志，而这种缺陷的形成既与遗传有关，又深受个体外在环境的影响，并据此提出了以犯罪人的人身危险性为中心的社会防卫对策。但是，无论对古典学派还是对实证主义学派而言，“受害者”和“犯罪者”都是一个静止的、模式化的概念。这种概念对人类看待犯罪问题方式的影响是如此深远，以至于在当代社会中，人们仍然自觉或不自觉地把犯罪者理解为积极的作恶者，是应对犯罪的发生负全部责任的一方，而被害人只是“被动的和无辜的受害者”，他与犯罪的发生无任何关系。伴随着对受害一方受害的原因及对受害者个性的研究，以及对犯罪生成过程的实证考察，人们日益清醒地认识到：“受害者”与“犯罪者”之间并非单纯的“善”与“恶”的关系，或者是被动与主动、客体与主体的关系，在更多场合下，被害与加害所表现出的是一种相互影响、相互促进的关系。或者说，犯罪正是由于二者之间的相互作用才会如此发生，这才是犯罪的常态。由此，在刑事政策上，学者们也开始把受害人作为犯罪控制的能动因素加以引入，从过去只注重从犯罪人角度探讨犯罪对策，转向同时注重预防被害的对策。

把受害人视为犯罪生成过程中的能动因素，并致力于开展被害人与犯罪生成关系的研究，其目的不在于袒护犯罪者和苛求被害者。与此相反，只有引入受害人这一能动因素，才利于阐明犯罪发生的真实过程，揭示犯罪被害发生的规律，从而从受害者一方提出和发展预防犯罪的对策，减少社会中的犯罪被害现象。

被害人在犯罪生成过程中的作用所涉及的核心问题是：被害人的过错程度和过错方式与犯罪生成之间的互动关系。源自被害人方面的过错表现形式多种多样，既可能是主观上的疏忽大意或漫不经心，也可能是某种不经意的暗示或挑衅性行为。正是这些过错单独或与其他情境因素的结合，诱发了他人针对自己的犯罪动机或促成了犯罪动机外化为实际的侵害行为。

（二）被害人的犯罪生成功能

从被害人在犯罪发生过程中所起的作用看，大致可以分为四种类型。

1. 无辜的被害人

这是为一般社会公众最容易理解的被害人类型。这类被害人之所以是无辜的，就在于他们自身对犯罪行为的发生，并没有产生任何诱发或促成作用。他们之所以成为事实上的被害人，纯粹是其自身以外的其他客观情形造成的。

（1）因职业活动或社会地位而受害。在社会生活中，某类群体因其职业活动的性质或社会地位，较之其他群体更容易成为某些犯罪的被害人，如在抢劫犯罪中，遭受伤害的银行职员、售货员以及出租车司机等，又如警察在依法执行公务的过程中被害，或政治人物遭受持不同政见者的谋杀等。

（2）因成为犯罪人改变自己处境或实施某种行为的障碍而受害。在这种情形下，被害人的存在这一事实本身，就成了犯罪人实施侵害行为的诱因或促成因素。例如，为缔结新的婚姻而伤害原配偶；为逃脱罪责而杀害目击证人；为摆脱难堪和推卸责任，杀害畸形婴儿和患有不治之症的亲属；等等。

（3）在偶然的场合成为被害人。例如，在危害公共安全的爆炸、纵火、劫机等犯罪中，因偶然在场而成为被害者。

上述三种没有实际参与犯罪发生过程的无辜被害人，也被称为典型犯罪被害人。实践中，这类被害人只是少数。

2. 因无知或疏忽大意而被害的人

这类被害人涉及面很广。他们之所以成为被害人，与其主观上的认识状态和行为倾向有关，也即由于社会阅历、认识水平、行为习惯等方面的影响，被害人未能对自己的人身或财产安全予以应有的注意和警惕，从而在一定的时空条件下将自己置于浑然不知的危险状态之中，并在客观上为犯罪行为的实施提供了某种便利条件。实践中，这类被害人往往表现出幼稚、轻信、爱占小便宜，或者粗心大意、行为马虎、交友不慎以及缺乏危险意识等特点。

【案例】徐某的一名熟人借走了他 3 300 元钱，久拖不还，这成了徐某的一块心病。冥思苦想之后，徐某决定请他认识的在社会上“很有两下子”的“瘾君子”沈某帮忙讨债。沈某正为无钱吸毒而一筹莫展，一闻此事大喜。沈某很快将钱讨了回来，但并没有交给徐某，而是把钱挥霍一空。不仅如此，沈某又反过来打徐某的主意，谎称徐某骚扰了他妻子，扬言要杀死徐某全家。徐某胆战心惊，塞给沈某1万元钱以图破财免灾。不料沈某得寸进尺，隔三岔五到徐家敲诈，徐某走投无路选择报案。

在本案中，徐某面临问题时轻率的处理方式以及软弱的个性，是使自己成为被害人的重要原因。对于类似情形的犯罪而言，虽然罪责的承担应该在犯罪人方面，但被害人自身的过错，客观上构成了犯罪发生并得逞的重要条件。

3. 在道德或法律上应受谴责的被害人

这类被害人被害往往与其自身的故意不当行为直接相关。在这种情形下，正是被害人的挑衅或攻击性行为，诱发了加害人的犯罪动机，或加速了犯罪动机向犯罪行为的转化。

从被害人角度来看，实施挑衅性或攻击性行为绝不是为了给自己引来灾祸，而是基于满足其某种不正当的欲望或者对外在刺激作出了不应有的激烈反应，但事件的发展却与其主观愿望相违背，反而使自己成为被害者。此种情况下，往往存在被害人和加害人互为条件和相互转化的现象。

实践中，被害人的有意过错与加害人的关系，按照被害方过错的性质，可分为两类：一类是构成此罪与彼罪的关系；另一类是构成违反伦理规范与犯罪的关系。在前一种情况下，被害人可被视为与犯罪人同样有罪的人，因为最终引起刑事追究程序的被害人，其被害之前的行为事实上已构成犯罪，并且正是因为他自己实施了犯罪行为，才直接诱发或促成了针对他实施的另一起犯罪行为。在后一种情况下，被害人的不正当行为对加害人犯罪行为的实施也具有直接诱发或促成作用，并且从道德评价角度来看，这类被害人可被视为“咎由自取”。这构成了在法律上应当适当减轻加害人罪责的事实依据。

4. 唯一有罪的被害人

涉及这类被害人的是两种特殊情形：一种是正当防卫中遭受防卫者反击的侵犯者。从客观后果来看，反击者基于自己的意志已将侵犯者致伤甚至致死，具有形式上的犯罪性，但由于这种反击是基于正义且符合法律规定的违法阻却事由，因而反击行为本身并不具有实质的危害，真正有罪的只是实施侵害行为并因此受到伤害者。另一种是“无被害人犯罪”中的行为人，如吸食毒品者、卖淫者等。

第四节　社会反应

一、社会反应的概念

社会反应是指将危害社会行为规定为犯罪，将行为人视为犯罪人并对其采取相应反应措施的全过程。

犯罪既是一种社会危害现象，也是一种法律规制现象。因此，犯罪生成的完整过程必然包含前后相继而意义不同的两个层面：事实层面和社会反应层面。前者表现为，具有犯罪人格特征的个体在具体情境中实施了客观上具有严重社会危害性的行为。在这一层面上，所能说明的问题是：已发生使社会遭受侵害的事实。后者表现为对既存的严重危害行为的社会评价。这一层面所要解决的问题是：应该赋予该行为何种社会意义。如果只有处于事实状态的危害行为，而缺乏相应的社会评价，即现行规则体系并未将其界定为犯罪，或者未能按照现行规则将其判定为犯罪，则这种事实性危害行为，无论其客观危害程度如何，都不能被正式称为犯罪，行为人自然也不会获得犯罪人的社会待遇。这就是社会反应在犯罪生成过程中的作用或价值所在。

由上可以看出，事实性犯罪只有获得相应的社会反应，才能凸显出其包含的现实社会意义。从形式上看，犯罪行为是对现存社会秩序和价值体系侵犯最为严重的行为类别，是有别于一般危害行为的一种社会性命名；犯罪人是有别于一般违法者的一种特殊称谓。而这种命名过程并不是自发性的，而是社会针对一定的事实和对象所作出的反映社会价值判断的积极或消极反应。离开了一定形式的社会反应，客观危害行为就仅仅是一种事实状态，而不能成为具有特殊社会内涵的行为类型。由此，社会反应作为犯罪形成的必要要件，构成了正确解释犯罪生成机制的基本要素之一。

二、社会反应的分类

社会反应作为多方主体共同参与的社会评价系统，依据其主体性质的不同，可以分为不同的种类。

（一）正式社会反应和非正式社会反应

1. 正式社会反应

正式社会反应是执法机关对触犯刑律的行为进行追诉和处罚的过程。参与这一过程的一方是各级各类刑事司法机关（警察机关、检察机关、法院和监狱等），另一方是犯罪嫌疑人、被害人和其他诉讼参与人。这是社会为了维持自身存续所必需的基本社会秩序而采取的终极反应形式。

在这一围绕着犯罪行为的命名和反命名的对峙过程中，由于司法机关是以社会的名义，并按照一系列法定程序对作为反应对象的某一行为的性质进行判定，所以这种反应具有最为严肃的社会象征意义。它决定着该行为最终是否被确定为犯罪，以及行为人是否会被赋予犯罪人的地位。正式社会反应的结果既可能是肯定性的——犯罪的命名成立，行为人因此获得犯罪人称谓，也可能是否定性的——犯罪的命名不成立，行为人恢复或保持其守法公民形象。应当注意的是，在这两种结果中都有可能包含与客观事实不相符合的因素。肯定性的反应结果可能涉及行为人的全部犯罪行为，也可能只涉及其犯罪生涯中的部分犯罪行为；而在否定性的反应中，犯罪命名的不成立，只是根据所掌握的事实从法律上所作出的判定，并不排除因证据不足和其他因素的影响而未能认定的事实上已经实施的犯罪。

正式社会反应除了司法反应之外，还包括立法机关对犯罪行为的标定过程。立法反应是司法反应的前提。没有立法上的明确界定，司法反应所应涉及的范围及应当采取的反应方式也就失去了准绳。

2. 非正式社会反应

非正式社会反应是社会反应的一种最普遍形式，它包括社会群体（家庭、学校、单位、交际圈）、单位及新闻媒体对犯罪行为所持的态度，如指责、批评、告发、纵容、私下了结、转移命名以及予以展示、渲染或揭露等。这类反应只是非正式社会监督主体依据法律常识和某一行为的危害特征作出的评价或判断，并不具有对行为进行正式命名的意义。因为，事实上实施了犯罪行为的个体，如果只是引发了非正式反应，他并不会获得犯罪人的身份。只有当该行为被披露或被告发，并导致司法机关介入，才会开始一系列的正式命名程序。正因如此，非正式社会反应所涉及的实际犯罪行为的范围和数量，要大于正式社会反应，并由此形成了不同规模的未被正式命名的犯罪行为（犯罪黑数）的。

（二）确定性社会反应和非确定性社会反应

1. 确定性社会反应

确定性社会反应，是有权机关（审判机关）对被控告的犯罪行为所作的具有权威性的最终命名。这种命名非依法定程序不得更改。它赋予了行为人一种确定的犯罪人身份。

2. 非确定性社会反应

非确定性社会反应，既包括各种非正式社会反应，也包括除审判机关以外的其他社会监督机关所作出的反应。从法治意义上讲，这类反应所涉及的只是犯罪嫌疑行为，其最终在法律上能否成立犯罪尚属未定。由非确定性社会反应向确定性社会反应过渡，不仅需要满足各种法定条件，而且还要经过若干过滤环节。这些环节包括：告发—受理—侦查—起诉—审判—监禁。每经过一个环节，社会反应的对象也相应递减，最终被正式命名为犯罪、行为人因此成为囚犯的，只占最初反应的很小比例。

在社会反应过程中，作为反应对象的犯罪呈现数量逐级递减的现象，在犯罪学中被称为社会反应的“漏斗效应”。这种效应可以用图 10－2 表示：

实际发生的犯罪

被告发的犯罪

被追究的犯罪

嫌疑犯

被判有罪者

囚犯

图 10－2

(三) 包容性社会反应和排斥性社会反应

1. 包容性社会反应

包容性社会反应，是旨在对犯罪人进行矫正，使其重新社会化的各种措施。伴随着对犯罪行为理性认识的日益深化和人权保障精神在刑事领域的普遍确立，各种减缓对犯罪人的身体和心理强制的刑罚方法及其替代措施，在世界范围内得到发展，由此确立了包容性社会反应在正式社会反应方面的主导地位。罚金刑、缓刑以及社会矫正的广泛适用，都是这方面的例证。

2. 排斥性社会反应

排斥性社会反应，是旨在限制或剥夺犯罪人作为一名合格社会成员的资格的各种正式反应方式，如长期徒刑、无期徒刑以及死刑的适用。从科学的刑事政策层面上看，这类严厉的反应措施虽然对于阻止犯罪人的再犯具有显著效果甚至终结性的意义，但犯罪学的大量实证研究结论已经反复证明，这类措施对于潜在犯罪者的威慑效应，远比立法者和社会公众所期待的要微弱得多。因而，任何力图通过严厉惩罚来减少犯罪的观念、主张和实践，不仅都是不现实的，而且是十分有害的。

包容性社会反应和排斥性社会反应所涉及的只是对被确认的犯罪所采取的反应方式，在犯罪生成的意义上，它主要限于对社会中再犯现象的影响。对始发性犯罪行为的生成更具有普遍意义的，则是前两种社会反应分类。

三、立法反应的犯罪生成功能

立法反应过程，即筛选危害社会行为予以犯罪的命名、分类和配置刑罚的过程。某类行为能否被正式视为犯罪，先取决于立法层次的社会反应。这一反应过程表现为：立法者将那些在统治阶层看来具有严重社会危害性、需要运用刑罚予以处罚的行为，从一般危害行为中分离出来，纳入刑法调整范围，从而赋予这些行为以正式的犯罪称谓，并以刑罚这种特殊方式予以反应，以此划清犯罪与其他社会越轨行为之间的界限。这表明，所谓犯罪行为，并不仅仅是由行为人实施的严重危害社会的行为，它同时也是由刑法标定的一个行为类别，是反映了统治阶级意志的、具有强烈社会否定评价意义的特殊称谓。因此，离开了立法上的犯罪命名，任何严重的危害行为就只是一种客观的危害事实，而不具有法律上的犯罪所包含的特殊社会意义。正是在这种意义上，刑事立法成为犯罪生成不可或缺的要素。

关于立法与犯罪生成的关系，可以从以下两个递进层次进行考察。

(一) 立法反应规定着犯罪生成的可能形式和规模

立法通过对犯罪行为的抽象标定，为在一定时空范围内认定犯罪提供了统一的形式标准，并决定着刑事法律介入社会生活的可能深度和广度，也即决定着可以被当作犯罪处理的行为范围。在这种意义上讲，犯罪生成的形式以及可能的种类和规模，直接取决于立法反应的方式和强度。当立法上对某些领域的越轨行为的社会危害性的反应趋于强劲时，刑事立法对这类行为的表现形式及犯罪成立要件的规定就趋于严密，立法反应的范围和深度也得以扩大。由此，不仅旧罪名所包含的行为状态得到扩充，而且新的犯罪类型也会出现，从而可以被命名为“犯罪行为”的行为类型相应增加。伴随着“命名”范围的扩大，在刑事司法和犯罪统计方面所涉及的犯罪规模和犯罪率就必然出现增加的趋势。反之，当立法上确认一定领域中的某类行为的危害性已经降低甚至消失时，就会收缩或者放弃对这类行为作出反应，从而可以被命名为犯罪的行为类型也就趋于减少甚至不复存在。对于立法与犯罪生成的这种此消彼长的关系，我国新旧刑法的立法变化提供了分析的适例。

在实行改革开放政策以前的有关刑事立法中，为了维护国家的“统购统销”政策，曾把利用地区差价进行长途贩运的行为命名为“犯罪行为”；后来，随着社会形势的发展，这种互通有无、利于实现社会资源合理配置的横向经济发展形式，不仅不再具有社会危害性，而且成为发展社会主义商品经济所必需的形式。于是，刑事立法上不再对这种行为作出反应，“长途贩运”这种行为也因此由原来的犯罪行为变为正常的商业行为。同样，为了强化对社会主义市场经济秩序的确立和维护，我国1997年新刑法将许多以前不视为犯罪的行为界定为犯罪行为。除了在总则中新规定了单位犯罪的内容之外，在刑法分则“破坏社会主义市场经济秩序罪”一章之下，增加了大量新罪名，从而使该领域内可以被命名为“犯罪行为”的行为类型大大增加。对于原有的某些犯罪类型，刑法则通过完善原有犯罪构成要件，使其罪名的覆盖面更为宽泛。例如，对于盗窃这种传统的犯罪形式，新刑法完善了该罪的客观构成要件，即将旧刑法条文中构成犯罪的单一数额标准，修改为“数额较大或者多次盗窃”两个标准。随着认定标准的改变，可以被认定为盗窃罪的行为范围也就相应扩大。

从上述内容中可以清楚看到，犯罪行为，一方面是一种具有社会危害性（行为的事实特征）的行为，另一方面又是一种国家通过刑事立法程序正式予以标定的具有特定社会意义（行为的价值评断）的行为。从犯罪学角度来看，这种罪名的增减和构成要件的变化，无疑对犯罪行为的生成方式和生成范围有着实质性的影响。正是在这种意义上，立法反应成为决定犯罪数量特征、犯罪结构特征乃至犯罪变化趋势的重要因素。这也说明了，在理解现阶段犯罪规模比较庞大的状况时，要注意从立法变化中去寻找答案。

（二）立法反应可能促进犯罪

立法反应除了是决定一个国家或地区官方犯罪统计的规模和结构的基本因素之外，本身也可能成为诱发犯罪或刺激犯罪增长的重要因素。

1. 过分依赖犯罪的法律控制会弱化预防犯罪的社会基础

法律虽然只是社会控制的手段之一，但它作为政治权力者的有力工具，在政治强力和“法治主义”大旗的推动下，不断向社会生活的各个领域渗透，不断取代其他形式的社会控制而日益成为处理社会纷争的标准模式。然而，伴随着法律控制的一味扩张，犯罪学所应注意到的是犯罪控制领域中的如下消极变化：法律控制的强力扩张，不仅相应抑制了非官方社会控制力量的正常发展，而且容易使社会公众和组织形成过分依赖法律处理矛盾和纠纷的惰性思维与行为模式，放弃他们作为社会成员的应有责任感，从而将消除犯罪诱因、减少犯罪危害的任务完全交由官方机构负责。其结果是：由于缺乏相应社会力量的支持，不仅对犯罪的防范和追诉变得更为困难和效率低下，而且社会中实际可控制的领域被收缩，可供利用的犯罪条件和犯罪机会相应增加，从而犯罪的实施更为容易，犯罪得逞的概率也大大提高。这种社会生活法治化的悖论显然客观存在，但人们很少将其纳入“法律调控与犯罪生成”的作用与反作用的互动过程中进行考察。这种状况，对我国犯罪控制理论和实践而言，尤其值得注意和警惕。

2. 立法自身可能成为犯罪的诱因

立法的本意在于抑制社会成员实施其禁止行为的意念和动机。但在不少场合下，立法者的这一初衷反而诱发了人们突破禁令的强烈动机。这正如贝卡里亚曾经睿智地指出："走私罪也是法律自身的产物。因为关税越高，渔利也就越多。随着警戒范围的扩大，随着违禁商品体积的缩小，人们更热衷于品尝走私，实施这种犯罪也更便利。"① 同样，有关禁止毒品、赌博、卖淫、色情读物等方面的法律，客观上具有诱使人们去实施这些犯罪的功能。因为严厉禁止这类服务或产品，一方面增加了从事这类交易的风险，但另一方面也增加了进行这类活动所能获得的利润乃至愉快体验。随着禁止的力度加大，在风险加大的同时，预期的暴利也将更多，实施这类行为的动机也就更强烈。

3. 立法可能直接创造犯罪

法律，尤其是刑事立法必须忠实地体现统治阶级的意志，必须满足立法者维护现存政治、经济、文化及社会秩序的需要。同时，刑法较之其他法律往往更趋于保守。为此，当立法者主要基于当下的政治愿望、秩序维护或为了"道德创业"而设置罪名时，这种立法不仅仅是制造了犯罪的诱因，而且是直接创造了犯罪。关于这方面的立法例在古今中外并不鲜见。

应当指出，在立法反应与犯罪行为生成的关系上，对于那些侵犯人类基本情感和道德价值，直接危及社会基本生活秩序的行为，其行为本身性质的规定性决定了立法上的犯罪命名对犯罪行为生成的作用，主要表现在对犯罪生成的形式和发生范围（即可以被命名为犯罪行为的规模）上。而对于主要是妨碍现行统治或管理秩序之维护的行为，由于这类行为性质本身的相对性，立法上的犯罪命名不仅决定着犯罪生成的形式要件，而且它自身也成为犯罪生成的一个具体原因。在这里，立法上禁令的设立与犯罪行为的成立有着质的内在联系。犯罪生成的具体形式以及犯罪的种类完全随着立法上的犯罪命名的变化而变化，由此形成了在不同时间和空间范围内犯罪本质的相对性。由此产生的一个基本问题是：对犯罪的控制，不仅要着眼于社会环境的治理，而且应着眼于立法反应本身的理智态度和慎重选择。

四、司法反应的犯罪生成功能

立法上的犯罪命名只是一种抽象的定义，而实际的犯罪命名则取决于司法层面上的社会反应。在现代社会中，这一反应过程包含一系列前后相继的、日趋复杂的命名和处罚程序。司法反应的可能范围，虽然受制于立法规定的犯罪定义，但司法反应本身并非只是根据罪刑目录的机械操作，而是一个客观事实和主观判断的交融过程，是对犯罪的再定义过程。只有在这一过程中被确认为触犯刑律的行为，才会被正式贴上"犯罪行为"的标签，从而在形式上获得区别于其他行为的"犯罪性"；行为人也才因此获得具有特定社会意义的犯罪人地位。

司法反应的犯罪生成功能具体表现在：它在程度和范围两个方面制约着立法上犯罪命名的现实化程度，并以自己的方式参与着诱发甚至制造犯罪的过程。

（一）司法反应决定着犯罪生成的现实规模

作为一种客观现象，司法反应的范围与立法反应的范围并非等同，前者往往要小于后者所确定的范围。理论上讲，凡立法上规定为犯罪的行为，一旦发生都应一律平等地予以

---

① ［意］贝卡里亚著，黄风译：《论犯罪与刑罚》，80页，北京，中国大百科全书出版社，1993。

追究。但在现实生活中，由于受犯罪类型、立法技术、诉讼模式、执法主体和执法对象等因素的影响，司法机关对获悉的犯罪所持的态度和反应的强度是有所差别的，这也决定着立法中规定的罪名在现实中被实际运用的可能程度。

1. 犯罪命名存在事实上的不平等

这种不平等除了由于法律自身对某些犯罪情形的宽恕性规定之外，更多的是因为人种、国籍和社会经济地位以及受教育程度等方面的不同而产生的。例如，在西方社会，一种较为普遍的现象是：立法上的犯罪化标准较为精细并彰显平等，但司法上的犯罪化标准和社会反应的严厉程度却因行为人的差异而有很大不同。因此，在犯罪命名的社会阶层的官方统计上，总是可以得出"犯罪主要是底层社会成员实施"的结论。而这种具有一定普遍性的官方结论，往往是不真实的。因为社会管理阶层人员的犯罪，不仅更难以被发现，而且发现后被定罪的概率也较底层社会成员的低。对此，犯罪黑数调查结论已经予以证明。

2. 社会反应的重点因时因势而变

一般情形是，司法机关对于直接危及日常生活秩序和严重影响社会安全感的犯罪行为以及为一定时期刑事政策所强调的犯罪，反应更为积极，相应地，从法律上正式追究和认定这些犯罪的比例会提高，而对于某些领域或某些种类的犯罪，如偷税漏税犯罪、环境污染方面的犯罪、法人（单位）犯罪、权力阶层的犯罪和一般性盗窃犯罪等，司法机关往往难以作出强有力的反应或无力作出应有的积极反应。这种情形无疑缩小了社会反应的立法范围，并且事实上降低了对这些犯罪行为予以正式命名的可能性。

3. 司法者认定犯罪有自由裁量的空间

在现行刑事法律适用的同一时空范围内，不同的执法主体可能对同一事实是否应归入犯罪之列作出不同的评断。也即，对同样的危害事实，在法律性质的认定上会因人而异。这种在统一法制下的不同评断，可能有众多的原因（出于刑事政策、客观形势的考虑或受业务水平限制等），但对犯罪学而言，重要的是注意到这一现象对犯罪生成规模和犯罪结构的实际影响。

4. 立法技术制约着犯罪命名的程度

当某一行为构成犯罪不仅有定性要求，而且有数量标准时，该类行为实际被命名为犯罪的范围就更具有弹性。以盗窃罪为例，当成立的要件之一是盗窃财物"数额较大"时，由于司法者掌握尺度的不同，盗窃行为被定罪的范围也大相径庭。

（二）司法反应可能诱发或制造犯罪

司法活动作为立法活动的延伸，原本是为了达成立法者期待的遏制犯罪的目的，然而，这种遏制功能在实践中时常走向它的对立面。

1. 刑事司法活动本身孕育着引发犯罪的因素

法律考虑的始终是具有共性的抽象行为，其适用对象也不是特定的个人，而是一般意义上的共性人，而裁判者的唯一职责又是严守法律。这决定了在裁判者的视野中，对具体行为犯罪性的评价重要的不是透过行为本身去把握能反映行为人犯罪倾向性的客观事实，而是要审查现有的侵害行为是否符合法律的具体规定。也即，在裁判者的视野中，考虑的主要不是"什么样的人实施了犯罪"，而是"标准化的人实施了什么犯罪"。这决定了以追究刑事责任为实质内容的司法反应本身，难以在实质上实现罪、责、刑的统一。如此一来，形式合理而实质不合理的犯罪认定和处罚就难以避免。这不仅会导致刑罚个别预防的基础发生动摇，而且处罚上的不当正是诱发新的或更严重的犯罪的重要原因。可以说，司法者的严格执法在维护法制的统一、张扬法律权威、追求形式正义的同时，本身也暗含着对抗法制的反作用力，并现实地孕育着产生犯罪的因子。

2. 犯罪的污名化效应与监禁刑适用，对继发性犯罪的生成作用难以避免

一方面，犯罪的命名不仅使行为人原有的正面形象被彻底否定，而且对其今后的社会生活会造成难以修复的负面影响。正是犯罪的这种污名化效应，促使一些犯罪人难以回归社会，深陷犯罪泥潭而不能自拔。另一方面，监禁刑的适用，使初犯尤其是青少年犯罪者有机会接触监禁亚文化，在监狱内学习犯罪心理与犯罪方法，成为社会中累犯和再犯的潜在人员。

3. 司法反应可能直接制造犯罪

这一点突出地表现在三个方面：其一，因客观因素或执法主体的认识能力而出现的冤假错案。其二，因司法者的不良动机造成的“出入人罪”。其三，因司法腐败而形成的伴生性犯罪。司法腐败的特殊致罪性在于：它比其他腐败行为更能动摇和贬损社会的公平和正义价值，更容易在广泛的范围内导致极其恶劣的规范失范效应，从而大量催生其他犯罪行为。

五、非正式社会反应的犯罪生成功能

（一）非正式社会反应与犯罪生成的关系

非正式社会反应，作为非官方组织或社会成员对其发现或认为的犯罪行为所持的态度及采取的应对行为，在犯罪生成过程中，是立法反应之后、司法反应之前的一个重要的连接环节。

立法反应只表明有认定犯罪之规范，而法的效果在于执行。认定犯罪的司法过程，起始于刑法禁止的侵害行为的发生。但作为犯罪生成事实基础的某一侵害行为发生后，并不能自动地引发司法反应。官方机构对犯罪作出反应的前提是：获悉或知晓犯罪行为的发生。在现实生活中，不仅“亲告罪”的追诉权归属于被害人一方，而且绝大多数公诉案件的线索均源于各种形式的非正式社会反应。因此，如果没有非正式社会反应的积极参与，就很难引起正式的犯罪命名程序。同时，作为非正式社会反应根据的，除了法律常识之外，还包括内部纪律、行业规章、乡规民约、习俗和惯例等。这决定了具有犯罪性的侵害行为更多是依据其他规范而不是刑法作出反应的。

从犯罪生成的立场来看，非正式社会反应所涉及的是这样一个事实过程：行为人实施了一项在法律上应当被当作犯罪处理的行为，受害人或第三人对此作出积极或消极的反应，并因此引起或阻断正式的犯罪追诉和命名程序。如此，非正式社会反应作为犯罪命名程序的启动器，与立法反应和司法反应共同构成了社会反应的完整体系。

（二）非正式社会反应的犯罪生成功能

1. 引发犯罪命名程序

引发功能是从启动刑事追究程序意义上而言的。非正式社会反应的这一功能源于对所获悉犯罪行为的积极反应形式。在这种反应形式下，被害人或第三人主动向官方机关就其认为的犯罪的行为进行控告或检举，在控告、检举符合法律规定条件时，便可引发高度程式化的正式归罪过程。对这一归罪过程的标准流程可作如下表述。

在被害人、犯罪嫌疑人（被告人）、证人、鉴定人、辩护人和裁判者的共同参与下，负

有追究职责的司法机关试图对被告发的犯罪行为进行正式的定性。如果这种认定成功，即经法定程序把某行为认定为“犯罪”，则事实性侵害行为就转化为刑法上的犯罪行为，行为人因此便获得“犯罪人”的身份和待遇；如果因为事实或程序规则的限制而致追诉失败，即使发生的侵害行为具有犯罪性，这种行为也不会获得正式的犯罪称谓，事实上的“犯罪人”得以继续保持非犯罪人的身份。

2. 阻却犯罪追究过程

阻却功能源于社会反应的消极形式，如包庇、沉默、转移命名等。在这种情况下，由于被害人或知情的第三人对应当予以追究的犯罪行为不进行告发，从而阻却了刑事追诉活动的介入。这样，事实性犯罪行为所包含的否定的社会价值，由于缺乏现实化的犯罪认定而无从体现，所以行为人得以摆脱其应有的具有强烈社会谴责意义的犯罪人身份。

实践中，非正式社会反应的阻却犯罪命名的功能有多种表现形式。

（1）保持沉默。表现为两种形式：一是加害方与被害方因认识能力的局限，均不认为实际发生的侵害在法律上已经构成犯罪；二是被害方因受心理或身体强制而不愿、不敢或不能进行告发。

（2）“私了”。即加害方通过给予被害方一定形式的补偿，获得被害方不对其进行控告的承诺，在私下化解了具有犯罪性质的冲突。

（3）转移命名。表现为社会组织对其掌握或发现的、应当交由刑事司法机关处理的犯罪行为，根据非刑事规范、内部规则或乡规民约擅自作出处理。这样一来，本应在法律上被认定为犯罪的行为，最后被认定为非犯罪行为。转移命名就其对正式命名的阻隔作用而言，同被害人的沉默和加害方与被害方之间的“私了”并无区别，但由于这种阻隔行为是以组织或团体的名义实施的，所以它所导致的规范失效效应要更为严重。在我国现实社会中，由于公众维权意识淡薄、执法环境有待改善等原因，对犯罪保持沉默或予以“私了”“转移命名”的现象是普遍存在的。例如，实践中不时出现的，某些基层组织将刑事案件，甚至是强奸、严重伤害乃至杀人等严重刑事案件，当作一般民事纠纷进行调解；又如，对应当予以刑事追究的贪污、受贿行为，通过党纪政纪处分予以了结的事例，实践中也并不鲜见。

综上所述，立法反应、司法反应及非正式社会反应的犯罪生成作用，说明犯罪始终是一个处于不断变化过程中的关系概念。现实中的犯罪正是刑事立法、刑事司法、作案人、受害人各方共同作用的结果。由此引出的一个基本刑事政策观念就是：要想有效治理犯罪，仅仅关注犯罪人方面的因素远远不够，同时关注诱发或促成犯罪的环境因素仍然不够，只有再注意审视和消除社会反应系统自身的弊端和缺陷，才有望达致长治久安的目标。

【问题与思考】

1. 如何理解犯罪生成机制的概念及意义？
2. 什么叫犯罪人格？
3. 影响犯罪人格形成的社会心理学因素有哪些？
4. 智力、气质对犯罪人格的形成有什么影响？
5. 生物学因素对犯罪人格的形成有何影响？
6. 什么是犯罪情境？如何理解犯罪情境的犯罪生成功能？
7. 如何看待被害人在犯罪生成中的作用？

8. 什么是社会反应？社会反应的类型有哪些？
9. 如何理解立法与犯罪生成的关系？
10. 如何理解司法与犯罪生成的关系？
11. 非正式社会反应对犯罪生成有什么作用？

【推荐阅读书目】

1. ［英］艾森克著，王俊秀译．人格理论与犯罪问题．青少年犯罪研究，1998（8）
2. 张远煌．论刑法调控与犯罪生成．法学，2004（6）
3. 张远煌．犯罪解释论的历史发展与当代趋势——社会反应与犯罪生成关系论要．法学家，2004（5）
4. 陈仲庚，张雨新编著．人格心理学．沈阳：辽宁人民出版社，1986
5. 翟中东．刑法中的人格问题研究．北京：中国法制出版社，2003
6. ［德］汉斯·约阿希姆·施奈德著，吴鑫涛，马君玉译．犯罪学．北京：中国人民公安大学出版社，1990
7. 张远煌．现代犯罪学的基本问题．北京：中国检察出版社，1998
8. 周密．论证犯罪学．北京：群众出版社，1991

第四编

犯罪预防论

第十一章
犯罪预防概述

内容导读

犯罪预防是犯罪学研究的出发点和落脚点。犯罪预防有广义和狭义之别。狭义的犯罪预防是一种积极的事前预防，是指以消除或限制犯罪行为发生的可能性为唯一目的或主要目的的各种措施和活动的总称。广义的犯罪预防是一种传统的预防概念，它包括所有能对预防犯罪产生影响的事前干预措施和事后的处罚或矫正措施。在当代，严谨的、具有可操作性的狭义预防概念得到了提倡和推动。本章应掌握的重点包括：广义犯罪预防和狭义犯罪预防的特点；犯罪预防的价值；犯罪预防的分类；犯罪预防的具体措施。

第一节　犯罪预防的概念

一、犯罪预防的界定

犯罪预防，作为一个为人们所熟悉的大众性专业术语，从表面上看，其含义似乎不言自明，但实际上，犯罪预防的含义因具有相当灵活性而难以准确界定。在回答什么是犯罪预防，或者说，犯罪预防应当是什么这一问题时，由于深受对犯罪原因理性认识的程度和体现国家反犯罪意志倾向的刑事政策的影响，加之各国的政治制度、法治环境、犯罪形势及其他社会条件方面存在差异，不只是在世界范围内，有时甚至在一国范围内，也难以取得对于犯罪预防的内容、方法、手段等基本问题的一致看法。

遵循犯罪预防的规律，澄清犯罪预防的概念，既是构建严密的犯罪预防理论体系的基础，也是克服实践中预防活动范围不明、预防活动功能发挥欠佳以及预防实效评估难以操作等问题的一个前提性因素。

(一) 广义的犯罪预防

从犯罪学的历史发展来看，自刑事实证学派，尤其是菲利提出具有现代意义的犯罪预防理论以来，直至20世纪80年代，各国犯罪学家几乎都是从同一个角度尝试着提出各种预防概念，即从广义上去理解和界定犯罪预防，把与犯罪作斗争的一切方法和手段均包括在预防之列，使犯罪预防成为无所不包的庞大理论和实践体系。

菲利在其《犯罪社会学》一书中，较系统地阐述了其预防犯罪的刑事政策思想。在他看来，为刑事古典学派所信奉的人的绝对自由并不存在，犯罪行为除受个人意志影响外，还受各种不同的致罪因素的影响。从菲利的论述中，可以引出在犯罪预防方面两个具有革新意义的研究结论：(1) 古典刑罚应当为基于再犯预防而不是报应思想的个人防卫措施所代替；(2) 犯罪的一般性预防应求助于消除或减少影响犯罪的社会因素的集体防卫措施和刑罚的替代方法，而不是倚重于刑罚的威慑价值。显然，菲利是把以社会改革为主要内容的各种刑罚替代方法以及预防再犯的个别化措施均纳入犯罪预防体系，由此奠定了广义犯罪预防的理论基础。

在当代，广义的犯罪预防概念又为新社会防卫学派所推崇。在他们看来，社会防卫，无论是个体的重新社会化，还是集体性防卫，始终都是预防性的。

这种思潮同样反映在不少西方国家的刑事政策之中。例如，在1989年国际犯罪预防的里斯本大会上，法国司法部代表团在向大会提交的报告中，除各种旨在阻止犯罪行为发生的事前干预手段外，将对再犯的预防及对刑事犯罪受害人的赔偿等都列入预防之列。

在苏联、东欧各国，广义的犯罪预防概念更是被推向极致。苏联犯罪学家认为，“犯罪预防，就是用来消除犯罪原因和条件或者减弱这些原因和条件的作用，从而保证减少并在将来彻底根除犯罪的各种因素的社会措施体系。”① 波兰著名犯罪学家霍维斯特更明确地指出：预防概念，较之刑法中及同刑罚相联系的一般预防与特殊预防概念更广，所有对消除犯罪原因及条件能够起作用（即使起中介作用）的措施，都应包括在犯罪预防的概念里面。②

在我国，无论在理论上或实践中所奉行的也是这种预防观念。

在论及犯罪预防的概念时，我国理论界比较一致地认为预防的内涵和外延是广泛而复杂的。概言之，“预防犯罪乃是一个综合多种力量，运用多种手段，采取多种措施，以防止和减少犯罪及重新犯罪的举措体系”③。在实践中，运用政治、经济、行政、法律、文化、教育等手段预防犯罪，发动各方力量对社会治安进行综合治理，是我国的一项基本刑事政策。

(二) 狭义的犯罪预防

作为一种历史事实，应当承认自现代犯罪预防思想产生以来，在实践及理论方面，长时间占优势的正是一种“预防就是一切”的无所不包的预防概念。但是，广义的预防并非预防的唯一概念。自20世纪80年代以来，在当代犯罪预防理论研究及预防实践中，一种更为慎重的、力图比较清晰地限定预防活动范围的预防概念正日益受到重视。这一新的预

---

① [苏] 兹维尔布利等著，曾庆敏等译：《犯罪学》，130页，北京，群众出版社，1986。

② 参见 [波] 布·霍维斯特著，冯树梁等译：《犯罪学的基本问题》，133页，北京，国际文化出版公司，1989。

③ 冯树梁主编：《中国预防犯罪方略》，3页，北京，法律出版社，1994。

防概念起始于欧洲。

1982 年，欧洲理事会委托其下属的一个专家委员会，草拟有关犯罪预防的内容及组织的建议，该建议于同年成为欧洲部长理事会的第 837 号建议案。在该建议案中，把基于刑罚之确定和执行的惩罚性及威慑性预防排除在预防范畴之外，并将犯罪预防只视为实现刑事政策的一种手段，而与刑事政策的其他手段相区别，如对犯罪受害人的援助，对犯罪人的重新社会化、非刑罚化以及个性化的治疗，扩大剥夺自由刑的替代措施等。该建议案虽然没有给出一个准确的预防定义，但其涉及的内容无疑表现的是一个与广义预防概念相对应的狭义的犯罪预防概念。随后，在 1984 年的欧洲司法部部长第 14 届大会的决议中，再次强调了前述建议案中准确界定预防范围的重要性，并认为这是进行有效预防的前提条件。

在理论研究方面，受欧洲理事会建议案的推动，许多欧洲学者从新的角度对预防概念展开了深入研究，并提出了一系列狭义的犯罪预防概念。其中，最为人们认同的是比利时学者于 1986 年提出的如下概念。

“预防，是指国家、地方组织及社会团体，通过消除或限制致罪因素及对孕育着利于犯罪机会的物质及社会环境的恰当管理，以达更好地控制犯罪的目的而采用的一种手段。”①

较之传统的犯罪预防概念，这一概念具有三个突出特点。

1. 在预防的内容上，不再包括犯罪发生后对犯罪人再犯的预防措施，只把先于犯罪的实施而采取的有针对性的措施和活动视为预防的具体内容。

2. 在预防的途径上，除了致力于消除或限制影响犯罪的一般传统因素（尤其是社会性因素）之外，提出了一个具有重大创新意义的思路：对孕育着利于犯罪机会的物质及社会环境的恰当管理。由此，开辟了传统的社会预防与刑罚预防之外的第三条预防途径——犯罪的情境预防。

3. 在预防的主体上，除国家外，还包括地方组织和社会团体。这种“三位一体”的主体结构，可以说是对犯罪规律经过长期艰苦认识，并冲破意识形态束缚后的理性回应。这也表明，在当下再说刑事政策的主体就是党和国家已经不合时宜了。

从狭义角度去探讨犯罪预防，并力图建立起更具有科学性和可操作性的犯罪预防体系，是当代犯罪预防论中的新思路。对此，在中国犯罪学和刑事政策研究中应予以重视。

二、犯罪预防概念评析

就广义和狭义的犯罪预防概念之比较而言，后者是一种更为严谨，也更为符合犯罪学研究本意的预防概念。

1. 从词源学角度看，无论是在外文还是在中文词汇中，预防都是指“抢先”、“提前”或“事先防备”。或者说，预防的本意在于：防患于未然。如果事件已经发生，再作出事后性的反应，则这种反应因已经脱离了预防的本来意义，就不能再被称为预防了。因此，在严格意义上，犯罪学中的犯罪预防，应当是指在犯罪发生之前所运用的各种干预措施和阻止手段。

2. 从预防理论的历史演变看，犯罪预防正在经历着从“经验型感性预防”到“实证型理性预防”的转变过程。菲利及其他实证派学者当时所论及的犯罪预防，实际所涉及的是

---

① 转引自［法］西蒙·加桑：《犯罪学》，587 页，巴黎，达洛兹，1994。

一种充满激情的庞大社会变革计划，一种缺乏实践内容的纯理论构架。随后，在不同地域中的预防实践赋予了这种预防概念以“实体性”意义。由此，犯罪预防在长时间内成为一种其内涵及外延都难以准确界定的、缺乏严密科学论证的经验型概念。随着当代犯罪学理论的进一步发展和对预防实践效率的日趋不满，人们开始对这种经验型预防概念进行理性反思，并从逻辑及实证考察两个方面，力图提出一个尽可能符合逻辑又具操作性的预防概念，以此构建严密的犯罪预防理论体系和保证预防活动的最大效率。预防概念的这种前后相继的演变过程，正表明人们在犯罪预防问题上认识的不断升华。

3. 一种包罗万象的预防概念，不仅无助于建立起可具操作性的理论体系，而且实践中必然导致预防活动方向的模糊性和范围的不确定性，从而难以保证预防活动真正发挥出其应有的社会效益和对预防活动的实绩进行科学评估。

4. 从世界范围看，排除事后制裁手段的犯罪预防概念正日益成为刑事政策决策的科学基础。在这方面，1990 年 8 月经联合国第 8 届预防犯罪和罪犯处遇大会通过的《综合性预防犯罪措施汇编》，较全面地反映了国际社会对预防犯罪措施的性质和范围的共性认识。在这份国际性资料中，所指的预防犯罪措施共分为三类：（1）社会性预防措施，包括家庭、学校、青少年活动、就业与医疗保健政策、城市规划与住房政策等；（2）情境预防措施，包括减少犯罪机遇的措施，增加犯罪被察觉风险的措施（如环境的自然监督、正式与非正式的监督等），阻止犯罪的措施（如加固或转移犯罪目标、消除作案手段等），影响犯罪收益的措施（如财物标记等）；（3）社区预防措施，主要指社区发展和多机构合作方案，如通过社区发展预防犯罪，促进青少年与社会一体化，加强社区治安等。显然，上述措施都属于在犯罪发生之前采取的，旨在减少犯罪诱因和限制犯罪条件的措施。[①] 对犯罪预防措施的这种限定，反映了国际社会与犯罪作斗争的如下背景条件和现实困惑：刑事司法的正规程序——对罪犯的逮捕、起诉、判刑、惩处和改造——在控制犯罪方面的效果非常有限。显然，对这种现实的唯一理性反思就是：刑事政策应当更加重视对犯罪的事前预防，并着力开发刑事手段之外的预防措施。

基于上述认识，对犯罪预防的概念应当从两个方面来理解。

一方面，就刑事政策的决策而言，与犯罪现象作斗争，固然应当立足于事前的积极干预，但也不能放弃对犯罪的事后惩戒。也只有如此，才能形成控制犯罪的完整体系。因此，在刑事政策层面，宜坚持广义的犯罪预防概念，以便调动社会和国家力量，综合运用包括刑罚等制裁手段在内的各种措施，形成与犯罪原因的复杂性和多层次性相适应的事前预防与事后惩罚相结合的犯罪控制体系。

另一方面，就犯罪预防实践和预防理论的研究而言，犯罪控制体系作为一个十分复杂的大系统，其有效运作和深入研究，有赖于众多的社会组织和学科门类的精细分工与合作。事前预防，作为实现刑事政策目标的一种基本手段，作为整个犯罪控制体系的基石，应当有自己的界限和范围。因此，在犯罪学中专门的犯罪预防领域，宜采用狭义的预防概念，即应对被称为犯罪预防的手段和措施予以严格限定，以恢复“预防”的本来面目，并以此区别于事后的惩戒性措施。

具体地讲，凡是被称为预防措施或预防行为的，应当具备以下四个特征。

---

① 参见徐景峰：《联合国预防犯罪和刑事司法领域活动和文件纵览》，73～108 页，北京，法律出版社，1992。

1. 其主要目的或至少部分目的是消除或限制产生犯罪现象的社会原因或便于实施犯罪行为的社会性机会。

2. 这些措施或行为应当是针对全体公众或公众中的某一群体，也即预防措施或行为应当是一般性的，而不是个别化的。

3. 从干预的时间来看，避免或阻止犯罪行为的措施或行为，只有在该犯罪行为发生之前介入的，才能被称为预防性措施或行为，而不能是之后介入的。

4. 既然预防意味着在犯罪行为发生之前所采取的各种措施或行动，那么这些措施或行为本身就不能具有直接的威慑性。因为，现实的威慑意味着犯罪行为已经实施。

按照上述标准，可将狭义的犯罪预防定义为：以消除或限制犯罪行为发生的可能性为唯一目的或主要目的的各种措施和行为的总称。

显然，在这一概念中，不仅排除了事后的干预活动，而且不包括一般性的社会福利措施。具体讲，狭义犯罪预防与广义犯罪预防的主要区别点在于以下方面。

其一，狭义犯罪预防不包括刑事干预。在狭义的犯罪预防语境下，预防与刑事干预是两个不同的范畴。前者本质上是一种事前措施或事前干预，后者则是一种事后反应或事后干预（威慑、重新社会化或赔偿）。

一方面，按照上述定义，借助于刑罚威慑力的预防应被排除在狭义犯罪预防之外。源于刑罚一般恫吓力的预防属于广义上的预防。这种一般性威慑力的研究应属于其他专门理论研究的内容。这种专门理论，在学科归属上依据学科分类和学术传统的不同，可以属于犯罪学的专门分支，也可以属于刑事政策学或刑罚学的研究内容。但无论如何，狭义的犯罪预防论正是基于区别于一般威慑性预防的观点而提出的，其目的在于为提高预防的实际效率提供更直接、更具有针对性的理论指导和帮助。

另一方面，狭义的犯罪预防同样不包括在所采取的法律措施中针对累犯的个别化预防措施。犯罪预防论中的预防以其一般性为特征，也即是针对所有犯罪行为或某类犯罪行为的，而不是针对具体犯罪行为。对累犯的个别预防属于广义的预防，它遵循着与一般性预防完全不同的原则、策略和手段。但需要注意的是，上述限定并不排除在某些情形下针对具体对象的措施仍然具有典型的事前预防功能。例如，自 1980 年以来，根据美国联邦政府的相关法律规定，一旦公寓里的房客被发现参与暴力和毒品犯罪活动，或允许其他客人参与此类活动，则将被驱逐出所在的居所。这类规定固然是针对具体犯罪行为而规定的，但它同时对于预防暴力和毒品犯罪也具有直接的意义。

其二，狭义的犯罪预防也不包括一般性的社会福利措施。社会福利措施，是指对某些社会阶层提供某些机会或予以物质援助，以改善其生活境况的各种措施。由于这些措施有可能对预防产生某种影响，所以人们常常趋向于把这些措施不加区别地视为预防措施。这种观念是很值得商榷的。因为这样就使预防措施失去了自身的特定性，演变为一种一般性的社会救助活动，从而导致不可能有效地规范预防活动和正确评估预防的价值。作为预防措施，其唯一目的或主要目的应当是着眼于对犯罪的事先阻止。

此外，刑事警察对于犯罪的追究活动，毫无疑问是一种事后性的打击活动而非预防活动。但是，警察机关实施的社会预防或直接组织、参加的社会预防活动，则属于狭义的犯罪预防。

应当指出的是，警察预防具有其自身的特殊性：一方面，警察介入（如在一定区域设定警察机构和警察的街面巡逻）的有效性与警察的控制权力及刑罚所代表的威慑力量的现实化是密切联系的。另一方面，这种介入由于改变了犯罪人意图犯罪的罪前环境，从而构成抑制犯罪动机或限制犯罪条件的情境预防的一种形式。因此，就效果而言，警察预防往往具有立竿见影的及时性效应，如在巡逻辐射的范围内，往往伴随着街头犯罪的明显减少，但这种预防又更多地局限于犯罪控制的重点空间点和时间点上。总之，只有因时因地地将警察预防与其他社会预防形式紧密结合起来，才能充分发挥预防的总体功效。

第二节　犯罪预防的价值

犯罪预防，既是犯罪学研究的出发点，也是犯罪学乃至整个刑事学科的最终归属。因为，无论是对犯罪现象的正确描述，还是对犯罪原因的客观分析，最终都是为了制定科学的预防对策，采取有针对性的预防措施和提高犯罪控制的效果。

长期以来，犯罪学家们在这一领域进行了各种有益的探索。但从理论研究上看，犯罪预防研究远不如犯罪原因研究那样活跃和深入，仍然是现代犯罪学中的薄弱环节；在实践方面，由于具有科学性和可操作性的预防理论支持的不足，再加之习惯于事后急功近利地压制犯罪增长的刑事政策倾向，虽然“预防治本、打击治标”，“预防为主、打击为辅”的理念一直被提倡，但预防观念并未能真正深入人心而见之于实践，预防应有的“治本”功效远未发挥出来。如何完善科学的犯罪预防理论体系，全面提升预防性对策和措施在反犯罪对策体系中的基础和核心作用，使犯罪控制步入着力于遏止、限制和消除犯罪的诱发因素，而不是专注于事后打击的良性轨道，这既是当代犯罪学理论研究所面临的时代性课题，也是刑事政策实践迫切需要解决的重大现实问题。

一、犯罪预防的价值

论及犯罪预防的价值时，人们习惯上认为这是一个不言自明的问题。但作为以实证研究为基础的犯罪学理论，有责任对这一看似常识性的问题作出自己的理性分析。从广义上讲，关于犯罪预防的价值分析包括对刑事制裁等事后措施的价值分析。鉴于这种惩戒性预防的实施具有自己的特殊性，从实现刑事政策目标的角度来看，它本身也是一种犯罪控制手段，加之随着晚近以来预防性刑法的兴起，刑法的运用兼有事后惩罚与事前预防的属性，故本教材设专章讨论。此处关于犯罪预防的价值仅从狭义的预防角度展开。

犯罪预防的价值集中体现在以下两个方面。

（一）预防体现了比事后制裁更高的价值追求

相对于犯罪后的制裁措施，事前预防体现了更高的价值目标。这就是：预防更能全面和充分地体现犯罪控制中的人文关怀，更利于通过犯罪控制，促进社会的和谐发展。

一方面，犯罪总是与血腥、损害和恐惧等恶害相互联系，是秩序与安宁的对立物。而预防的要义或本质在于：通过采取比较温和的或未雨绸缪的措施或行动，限制或减少滋生犯罪和实施犯罪的环境与条件，使犯罪尽可能少地发生，或者尽量降低犯罪的现实危害程度。从社会控制角度来看，预防所体现的是政府维护社会秩序和保护公民基本权益的一种更高的责任意识和主动态度，所反映的是政府力求使社会成员远离犯罪、能够尽量享受正常社会生活的价值追求。而在犯罪发生之后施加的制裁，无论这种制裁的形式如何，也无论这种制裁在现行价值体系下如何实现了公正诉求，它总是意味着对社会和个人的现实损害已经形成，总是伴随着对犯罪人原有权利的限制或剥夺，以及犯罪人的关联人群的新的痛苦和损失的形成。因此，在犯罪控制的路径选择上，以强调社会责任（政府责任）为基础的、尽量使社会成员不犯罪的犯罪预防，较之犯罪后以强调和追究个人责任为基础的“秋后算账式”的制裁，前者属于对社会成员的主动的和无创伤性的保护手段，后者则属于被动的和被迫的矫正与威慑手段。这样一来，二者所体现出的“人就应该像人一样地活着”的人文关怀程度就难以同日而语了。

另一方面，社会中并不存在天生的犯罪人，犯罪的最大诱因和实现条件始终是社会结构的缺陷和社会运行机制的不良。由此，以消除和减少犯罪诱因、限制犯罪实施条件为基本内容的犯罪预防，始终与推进经济体制、政治体制、文化体制和社会体制的改革与创新相联系，始终与全社会道德意识和法制意识的提高及社会生活的法制化、规范化和社会冲突化解机制的健全同步发展。犯罪预防在刑事政策决策中主导地位的牢固确立和预防措施的切实贯彻意味着社会中的不和谐因素能够在现有条件下得到最大限度的化解、限制和消除，产生犯罪的社会条件被有效控制，人民安居乐业、社会安定有序、国家长治久安的局面就容易形成。因此，在观念上和实践中，始终将预防放在犯罪控制的最优先位置，尽量避免制裁所容易形成的新的矛盾和冲突的弊端，正反映了以人为本、建设和谐社会的本质要求。

（二）预防比事后制裁具有更高的犯罪控制效率

虽然在任何社会中，为了维系最基本的社会秩序，对犯罪的事后打击是不能放弃的，但预防具有比制裁更高的犯罪控制效率。这是因为预防是建立在对产生犯罪的原因和犯罪实施机理的科学分析之上的，能够对症下药地采取限制犯罪诱因、减少犯罪机会的措施，从根本上减少犯罪发生的概率。对这一结论，应当从正、反两方面进行认识。

一方面，预防之所以是犯罪控制系统中最基本的手段，其根据在于：制裁的不充分和制裁的有害性。对此，人类与犯罪作斗争的历史已作出了明确无误的回答。

尽管包括刑罚在内的制裁手段具有一系列形式多样、性质各异的功能，如一般教育功能、集体威慑功能、个体矫正功能以及隔离功能等。但这些功能实现的程度都表明制裁所追求的目的远远未能达到。以在国家正式的制裁体系中最严厉的刑事制裁为例，由刑罚的确定及适用所产生的一般教育作用及集体威慑作用比立法者和司法者预期的要微弱得多，基于个体矫正而意图实现的再犯预防也在相当程度上归于失败。犯罪统计表明，不仅几乎所有国家均存在再犯率的较高比例，而且再犯者实施的犯罪往往比先前的更为严重。这意味着作为刑事制裁代表的监狱难以避免地蜕变为“再生犯罪或学习犯罪的场所”。面对刑事制裁在犯罪控制方面的无力状态，人们提出的倚重于对犯罪的事前干预而不是消极地去获取事后干预的效果，就是一种符合逻辑的自然选择。可以说，自 19 世纪末期菲利提出具有现代意义的社会预防思想以来，从立法到司法的整个刑事系统控制犯罪的有效性就开始了它的第一次贬值，或者说就开始了其真实价值的回归。随着犯罪的增长和公众安全感的下降，人们对刑事制裁手段的效率的不信任感相应地增加，预防的必要性和重要性就更显突出。

另一方面，从理论和实践层面来看，预防都具有比制裁更大的减少犯罪现象的潜力功能和现实作用。

从理论上看，尽管并非所有的犯罪学理论都承认预防的优越性和现实可能性，例如：以迪尔凯姆为代表的犯罪社会学理论，将犯罪视为一种正常甚至有益的社会现象，其逻辑结论便是预防活动难以对犯罪产生多大影响，并确认这正是人类犯罪控制实践失败的原因所在；而"标签理论"确认越轨行为和非越轨行为之间并不存在差别，犯罪是刑事立法定义和司法活动认定的产物，因而对犯罪或者无预防可言，或者彻底否定"制造"犯罪的刑事立法和刑事司法系统；对一些传统的刑法学者来说，同犯罪作斗争方面的失败或不尽如人意，主要在于刑事制裁的软弱无力，因而对犯罪的有效控制虽然需要预防，但重点在于强化对犯罪人的制裁；等等。甚至有的犯罪学理论从根本上否定预防犯罪的可能性，如在天生犯罪人理论的视角下，把犯罪原因归于个体先天性的生理—心理机制的异常，其结果是任何社会性的事前干预措施于犯罪行为的发生而言，都只能是无所作为的。

但是，上述认识或者因为缺乏科学性而难以成立，或者因为提出问题的角度过于极端而难以在一般意义上被采信。现代犯罪学中占绝对主导地位的观点始终确认：建立在科学犯罪原因论基础上的犯罪预防不仅是完全切实可行的，而且是理性控制犯罪的最优方略和最佳路径选择。从实践层面来看，秉承预防为主、打击为辅观念的"预防—制裁"二元控制模式，不仅是中国刑事政策的基本指导思想，而且是世界各国刑事政策运行的基本轨迹。

具体地讲，预防之所以比单纯制裁具有更强的从根本上减少犯罪的功能，可以从以下四个方面来分析和理解。

1. 人的基本属性在于其社会性，犯罪本身也是人类社会活动的一个类别。作为人的社会活动基本推力的需要结构，只能产生于人所生存于其中的社会环境；人的任何有社会意义的活动，也总是在一定社会环境①中展开的。因而，犯罪主要是社会环境的产物，该命题作为一个基本事实是可以被人们达成最广泛的共识的。从影响人的外部环境来看，环境的内容和形式并非永恒不变。人类活动得以开展的环境条件或者因偶然现象的发生而改变，或者因受人类自身活动及社会有意识的影响而发生改变。一方面，环境的可变性决定了影响犯罪的最广泛的社会性因素的可控制性；另一方面，社会成员的行为模式基于"适者生存"的自我发展的本能性选择，随着外在环境的变化，也会进行自我调整，大体上保持与环境变化相适应的趋同性。正因如此，立足于现实条件，着眼于对相关社会因素进行有针对性的改变或干预，便具有了最大限度地限制、削弱乃至消除犯罪的社会诱因的功能。

2. 在微观层面，犯罪表现为深受行为人（个体性的或小集体形式的）人格特征（生理、心理特征及二者组合状态）影响的侵害活动。而这种人格特征很大程度上也是可以通过人为的引导和外在的环境的影响予以改变的。作为社会成员的个体，其行为并非主要是由生理遗传和体质决定的，体现社会主导价值观念和一般行为模式的教育活动和示范行动对儿童和青少年良好个性的形成及正确行为倾向的培养有决定性影响；即使是价值体系和行为模式基本定型的成年人，在与社会环境的接触过程中，其人格特征和行为方式也会因时因地发生变化。正是基于人的可变性这一客观事实，在着力改良外在环境的同时，如果对社会成员的价值选择和行为模式施加顺应社会发展的积极影响，就能从内、外两方面最广泛地抑制不良需要结构和犯罪动机的形成。而一旦社会成员没有了犯罪的思想，犯罪也就无

---

① 这里的社会环境，不仅包括经济、政治这类硬环境，还包括文化环境，尤其是作为政治、经济、文化特征载体的制度这类软环境。

从发生了。

3. 尽管个体的差异性与社会的多元性决定了任何措施和行为都无法完全消除社会成员的犯罪思想，但对那些因环境因素或人格特征的影响已经产生了犯罪需求或犯罪冲动的人而言，其将内在的犯罪动机转化为外在的犯罪行为并不是随心所欲的，而是往往要受到具体犯罪条件的制约。或者说，现实中的犯罪行为都是行为人的人格特征与犯罪时的情境因素相互作用才发生的。这是犯罪行为发生的一般模式。根据这一规律，如果采取相应的情境预防措施，限制犯罪的物质条件，增加犯罪的阻力或风险，就能在很大程度上打消社会成员已有的犯罪思想，或者至少抑制其犯罪动机的外化。

4. 从实践角度来考察，迄今为止，在世界范围内已进行了众多的预防活动，并且不少国家对其中的一些预防活动进行了评估性研究。研究结果表明，针对社会发展后备军的青少年的社会预防活动的成效是十分显著的；而日益广泛实施的旨在抑制犯罪动机和减少犯罪机会的情境预防也收到良好的效果。我国的实践经验也充分表明，凡是在预防措施得力、预防活动开展得好的地区，犯罪就能从根本上得到控制，社会治安就能保持持续的稳定。目前的普遍情况是，由于预防决策的科学性欠佳和组织实施的不力，犯罪预防的潜在功能尚未得到充分发挥。

二、犯罪预防的限制性因素

在确认了预防的优势价值的同时，也应注意到一个常常为人们所忽视的基本问题，即预防的限制性因素。人们在论及预防活动的作用程度和作用范围时，习惯上又容易对以刑罚为代表的制裁手段在控制犯罪方面的实际价值予以不应有的贬低。事实上，预防作为控制犯罪的一种最基本手段，其作用范围和实际效果也是受多方面因素制约的。清醒地意识到预防本身的现实局限性，客观地评价制裁手段的作用，并在实践中注意理性地利用制裁手段来弥补预防措施的不足，这些正是在刑事政策决策上确立预防的优先地位，在实践中充分发挥预防活动的功能，并形成“预防—制裁”良性发展的犯罪控制模式的重要前提。

基于理论的考察和现实的印证，预防在犯罪控制方面的有效性主要受制于以下几个方面的影响。

（一）犯罪行为方面

实践中，犯罪的表现形式多种多样，犯罪发生的领域和诱发犯罪的因素也各不相同，犯罪预防理论所研究、制定的方法不可能对所有的犯罪形式都具有同等的预防作用。一方面，有的犯罪因其性质决定了只有主要通过刑罚的威慑和警察的镇压活动，才有可能及时制止危害结果的发生或防止危害后果的扩大，如恐怖分子的犯罪活动、有组织犯罪及带有强烈政治色彩的犯罪等。另一方面，对于能够通过预防方法予以积极影响的那些犯罪，因其表现形式的不同，预防效果也有较大的差异。对构成犯罪现象最大类别的盗窃犯罪而言，采取增加巡逻、加固门窗、安置警报装置等措施，对于减少大多数入室盗窃往往有十分明显的效果；而针对室外强奸、抢劫等街头犯罪活动采用的预防措施，如加强对某些地区的巡逻、改善街区照明条件以及对公民进行预防被害方面的教育，也能产生明显降低发案率的效果。但是，对于其中的职业犯罪者、惯犯和犯罪动机强烈者，这些预防措施都不足以抑制或打消其犯罪欲望。

（二）行为人与犯罪被害人方面

从行为人方面来看，不同的个体由于人格或个性特征方面的差异，对同一种预防措施的感应能力有很大的差别，致使同一种预防措施难以产生同等的预防作用。例如，加强对公民的道德品质及法制观念的教育这种社会性预防措施，对人格尚未完全定型的青少年具有明显的正面引导效果，但对于成年人而言，其正面效果则相对弱化，不足以矫正业已形成的不良心理。同时，犯罪作为社会行为的一种方式，具有其自身的功能价值，如作为抗议社会不公、解决所面临的矛盾和冲突的手段等。既然如此，就难以避免某些社会成员自觉选择这种方式来解决他们自己的问题。面对这些犯罪意志坚定的自觉犯罪者，温和的预防措施就会显示出其苍白的一面。

在犯罪被害人方面，现代犯罪学的基本结论是：被害人既是犯罪侵害的最后受害者，也往往是犯罪发生的策动者或帮助者。在现实生活中，不少多发性犯罪，如诈骗、盗窃、抢劫、强奸、伤害、凶杀等，正是在被害人不同程度的参与下，得以发生和得逞的。而以增强被害预防意识和提高自我防护技能为基本内容的犯罪被害预防，其实际效果存在与预防社会成员形成犯罪思想同样的因人而异的困难。

（三）可适用的预防手段方面

首先，由于把握犯罪规律方面的局限，不可能保证拟订的所有预防措施都是完全切合实际的，而这种偏离与预防无效或降低预防效果是相联系的。

其次，即使所提出和实施的措施是贴切的，也可能因其付出的代价过高而无法被广泛采用，从而影响其控制功能的充分发挥。例如，警察的巡逻由于增加了犯罪时被捕获的概率，对于降低巡逻区域内的犯罪率的确有效，但这种预防形式又往往导致犯罪活动在时间和空间上的转移，也即，犯罪活动又相对突出地在巡逻的间歇时间或巡逻较少的地段发生。为了有效地预防犯罪，就有必要增加巡逻的密度和巡逻的范围。但警力和财力在任何时候都是有限的，因此，警察的巡逻只能在十分有限的重点区域内进行，而不可能遍及全社会的每个角落。

（四）社会中某些现行的价值观念及实践活动与犯罪预防存在冲突

人类在追求某些价值目标时，常常在价值体系内部和实践活动方面出现新的冲突，从而影响其所追求的价值目标的实现。例如，为了保护人类健康，一方面，各国政府都在倡导禁烟，另一方面，各国政府又都不愿意釜底抽薪，彻底禁止香烟的生产。在禁烟口号日益高涨的同时，生产厂家却为扩大生产规模、提高市场的占有率而激烈竞争。这种矛盾状态于社会本身而言，在功利价值的影响下常常也是无可奈何的。

犯罪预防领域也同样存在这样的矛盾和冲突。犯罪学研究表明，因离婚导致家庭结构的解体是青少年人格发育不全，降低其对社会不良影响的抵御能力，从而更容易犯罪的一个重要诱因。因此，维系作为社会细胞的家庭的团结和稳定，无疑是一项预防青少年犯罪的带有根本性的重要举措。然而，结婚与离婚自由又是公民的正当权利；并且，随着婚姻、家庭方面价值观念的变化，离婚率上升在一定的程度上已成为现代社会的一个标志。由此导致的家庭教育功能的弱化和情感满足功能的欠缺，不能不说是当代青少年犯罪率居高不下的一个重要原因。例如，城市中高层建筑的不断兴起，一方面有利于改善居民的居住条件和节约土地，但另一方面，又导致人与自然关系的日益疏远、个人生活匿名程度的增高与邻里关系的冷漠。随着传统的“邻里相望”功能的弱化，实施犯罪的空间条件相应地增加。

（五）预防是同犯罪作斗争的一种比较温和的事前方法，需要以制裁作为后盾和保障

预防，虽然是治理犯罪之本，但其对犯罪的控制主要表现为对社会成员的思想和行为模式的一种潜移默化的渐进性影响，或者表现为对实施犯罪行为的条件和机会的一种非强制性的阻止与限制。这种控制方式无疑可以最大限度地减少犯罪，但并不足以阻止所有犯罪的发生。在预防失败的情形下，社会不能就此解除武装。为了维护最大多数人的利益和维系社会自身的发展，司法者必须拿起制裁这一武器，为预防所难为之事。同时，制裁这种包含了强制与暴力成分的手段的理性运用，也有助于保护和巩固现有的预防效果。可以说，离开了预防的制裁固然是一种缺乏人道精神和效率的制裁，但离开了制裁的预防则是一种缺乏保障的软性预防，因而也就难以真正达到预防的目的。

在犯罪治理上，应当确立预防是基础、是根本，制裁是预防的必要延续和补充的科学观念。但是，这一观念并不排除在特定犯罪形势下，在一定的时间和空间范围内，侧重于利用制裁手段所产生的打击和威慑效应去恢复或开拓预防局面。只有坚持标本兼治、预防为本的基本原则，正确对待两者相互依存、相互配合的关系，理智而符合实际地同时运用预防和制裁手段，才能实现对犯罪的最佳控制。

预防的限制性因素也充分说明，犯罪与人类社会是始终相生相伴的。治理犯罪的目标不在于彻底消灭犯罪，而是在尊重犯罪必然性的前提下，通过的科学治理，在现有能力和条件下尽量减少犯罪的发生和控制犯罪的危害。

第三节　犯罪预防的分类

犯罪预防可以依据不同的标准和用途进行分类。不同的预防分类，决定了与之相互适应的预防方式与预防手段。

一、广义的犯罪预防

广义的犯罪预防大致可以分为以下几类。

（一）青少年犯罪预防与一般犯罪预防

这是一种最具传统性的分类。长期以来，人们实际上趋向于认为社会预防和再教育措施主要适用于青少年犯罪，源于刑罚的一般威慑力适用于一般犯罪的预防，而刑罚之适用则在于再犯的预防。

这种分类主要是建立在这样一种事实基础上的，即青少年的人格处于形成过程中，其心理倾向和行为方式尚未定型，加之，此时又特别容易因外界的诱惑或不良影响而步入歧途，因此应当通过适当的教育或矫正措施，预防其犯罪或使其不再犯罪。而成年人的人格已经定型，难以再进行重塑或改变，对刑罚之惧怕则是阻止成年人犯罪和成为再犯的主要手段。至于青少年与成年人这种分类所涉及的社会人口的范围，随着各国有关青少年的年龄标准的不同而发生相应变化。例如，在法国，最初青少年在法律上仅指 14 周岁～16 周岁的人，后扩展至 18 周岁，再后来又确认了“年轻的成年人”这一概念，把年龄段提升至 14

周岁～25周岁。在我国，由于犯罪学的发展起源于青少年犯罪研究的推动，加之现有的人口结构特征，青少年犯罪预防在犯罪控制中具有特别重要的意义。

（二）一般预防与特殊预防

这也是一种传统的犯罪预防分类。但这种分类在不同语境下的具体含义有所不同。

在一般意义上，一般预防与特殊预防是根据预防手段介入的时间、预防对象的范围、预防手段的性质等作出的区分。具体讲，一般预防是指在犯罪发生前采取的针对所有社会成员或某一群体所采取的各种非制裁性手段，其主要功能在于提高社会成员对主导社会价值的认同度，防止犯罪思想和不良行为倾向的形成。而特殊预防则是在犯罪发生后，对犯罪者所采取的惩罚和矫正措施，其重要功能是防止行为人再次犯罪。应当指出的是，传统意义上的一般预防，往往与犯罪原因中的泛因论相互联系，其内容过于宽泛，缺乏具有可操作性的理论支撑，因而是一种缺乏效率的预防形式。

而在刑罚的制定、适用和执行的意义上，也有一般预防和特殊预防的提法。这在我国尤其为刑法学研究者所强调。这里的一般预防的具体内容主要包括对社会成员的一般威慑和法制教育，以及对犯罪被害人的安抚与补偿；而特殊预防则是指通过对犯罪人犯罪能力的限制、剥夺以及对其行为倾向的矫正，防止其再犯。应当说，刑罚预防只是作为刑事政策的最后手段而存在的，其基本功能在于通过再犯的预防来弥补事前预防的不足，而不是一般性地阻止犯罪的发生。理论上所谓的刑罚的威慑、教育、安抚功能，实际上只是刑罚的派生性功能。虽然不能完全否认刑罚对于一般性地预防社会成员犯罪具有一定的作用，但理论和实践已经反复证明：这种作用虽然被立法者和司法者寄予了厚望，但事实上，刑罚的本质和特点决定了其对犯罪的一般预防功能是十分微弱的。因此，在现代刑事政策视野中，始终是十分谨慎地对待刑罚的一般预防功能的。如果缺乏这方面的清醒认识，在刑事政策的决策中，就有本末倒置、陷入“刑罚万能”泥潭的可能。

（三）一级预防、次级预防、三级预防

这是根据预防的层次，仿照医疗上的疾病防治模式提出的一种预防分类。

所谓一级预防，是指针对全体人口的旨在改变社会及物质环境中的罪因条件而采取的各种措施，例如针对全体公民进行的法治教育，可增强个人对合法与非法的识别能力和自我控制能力；针对在经济和社会上处于弱势的人群进行救济性干预，可改善他们在教育和其他方面合法生活的机会。次级预防是针对表现出特定犯罪危险性的社会人群或容易滋生犯罪的环境所采取的预防措施，如对有违法行为的少年及时进行帮教，在娱乐场所安装监控系统等。三级预防是以已然的犯罪人和已然的犯罪环境为目标，通过重新适应社会的个别化措施改善犯罪人的人格从而预防再犯，或者通过环境整治提高监控水平，使已经受到犯罪侵害的人们不至再次受到侵害的预防措施。

除上述三级分类法外，还有其他一些三级分类法。例如，一些西方学者提出的改善生存条件的预防，改良有缺陷的社会制度及社会结构的预防，以及为犯罪人及社会残疾人提供服务的预防。另外一些学者则在青少年犯罪的预防领域内，又划分出三类预防，即防备性预防、治疗性预防及再教育预防。

此外，有的学者还提出预防的四级分类法，即惩罚模式、医疗模式、机动模式及社团模式。

（四）社会预防与情境预防

这是自20世纪70年代以来最为流行的一种犯罪预防分类法。这种分类是建立在犯罪现象的原因理论与犯罪行为的发生机理基础上的，体现的是犯罪的宏观预防与微观预防的分野。这一预防分类的提出，加速了预防理论向预防实践的转化。

社会预防主要是针对影响犯罪现象存在和变化的基本因素所采取的各种措施与活动，目的在于减少犯罪的社会性诱因。具体说，社会预防旨在通过强化家庭、同伴、学校、邻里、社区等环境以及教育、文化、体育等领域中存在的促进个人守法的措施与活动，来减少个人或组织实施犯罪行为的概率。社会预防往往集中于人生的早期阶段和成长阶段，但事实上，在职业生涯中注重犯罪的社会预防，对于形成减少犯罪的文化氛围也具有重要意义。社会预防的组织和实施面广点多，要求进行两项前后相继的预备活动：其一，确定不良因素的性质及范围；其二，提出旨在排除或疏导这些因素的影响的行动方案。

情境预防重点关注的是犯罪目标、物理环境与实施犯罪之间的关系问题。情境预防是基于当代犯罪学中的这一基本认识而提出的：对影响犯罪的一般性因素的控制，牵涉面广，产生效益的周期较长，而着眼于犯罪行为实施的微观环境，通过有针对性地限制实施犯罪的条件，或增加犯罪的风险，就能立竿见影地避免或减少许多犯罪行为。情境预防正是基于犯罪行为发生的机理，力图掌握直接影响犯罪动机产生和转化的环境条件的控制权。从操作层次来看，情境预防具体表现为两类预防措施：一类是旨在减少诱发实施犯罪的动机的各种情境因素的措施；另一类是以提高捕获率、增加犯罪代价为目的的措施，如建立和完善防盗安全机制、改良建筑物的构造、增加瞭望功能和减少因城市建筑而形成的阴暗角落等。

类似于上述分类的还有针对犯罪人的预防和针对受害人的预防。

二、狭义的犯罪预防

狭义的犯罪预防是根据犯罪行为发生机理而提出的。依据犯罪行为的生成模式，无论犯罪行为的性质和表现形式如何，其发生都包含前后相继的三个阶段，即犯罪动机的形成、犯罪情境的存在及内在动机向外在行为的过渡。据此，可以相应地把预防活动分为三类。

（一）犯罪人格形成预防

1. 通过涉及所有人的一般措施的非直接预防。这类措施旨在从积极方面对不特定的个体人格的形成施加积极影响或创造相应的条件，如从保障少年儿童正常人格形成的基本条件出发，完善法律上有关收养、抚养中相对人的义务及罚则的规定；以社区为单位，积极开展创建文明小区和文明家庭的活动，为青少年及其他社区成员创造健康的社会环境；切实落实九年制义务教育，全面推行素质教育；坚持开展普法宣传和法制教育。

2. 通过针对某一特定的社会人群或特别易于成为攻击对象的人或物采取的措施的直接预防。例如，针对酒吧、夜总会等娱乐场所会对青少年人格的形成具有明显的负面作用的情况，从制度上作出限制，使这类场所远离学校，并确定经营者有义务禁止未成年人入内；针对出租车容易遭受抢劫的现象，告诫从业人员应严格遵守安全规则（开启警报装置，安置防护栏等），不走不确定的行车路线，夜间尽量不要远离城区等。

这类预防措施对于净化人格形成的外部环境，提高个体的认知能力和行为调控能力，避免陷入被害情境，减少被害事件的发生具有现实的作用。

（二）犯罪情境预防

1. 采取消除或减弱情境因素诱发犯罪或促成犯罪的措施或行为。在这一方面，犯罪预防应立足于对特定物质环境或人文环境的认识及对犯罪特点的准确把握，提出和落实旨在防止出现诱发犯罪动机或便利实施犯罪的情境因素的具体措施和方法。这类预防措施的本质在于：通过有针对性地改变环境条件或环境的构成要素，使接触或身处这种环境中的人难以产生犯罪心理，或者难以找到将犯罪动机外化为侵害行为的条件或机会。例如，增加建筑物入口处的照明度，要求值班人员着装整齐并保持警惕，这样一种情境条件就可以传递给那些意图在此行不轨之事的人一种强烈的心理暗示：此处不宜作案。同样，在单位内部，通过健全和认真执行有关的规章制度，形成严格照章办事的氛围，不仅能抑制单位人员产生贪污、挪用和侵占财物的企图，而且由于增加了实施这些行为的可以预见的风险，即使单位内部存在不良分子，也难以将侵财动机外化为具体的行为。

2. 采取旨在消除实施犯罪计划所需的工具条件的行动，尤其是采取某些技术性措施，对犯罪行为的快捷实施造成障碍，如严格限制销售、携带和运输武器、剧毒物品与易燃易爆物品；严格控制军警器材、标志及专用车辆的使用等。

(三) 行为过渡阶段的预防

行为过渡阶段的预防是指在将要发生或正在发生犯罪的场所，通过警察的及时出现和积极干预，阻止侵害行为造成现实危害或进一步转化为恶性犯罪。这种预防以警察机关的高度机动性和报警机制的完备性为条件。面对现阶段社会矛盾比较突出、群发性事件增多以及陌生人之间的突发性犯罪概率增加的趋势，强调行为过渡阶段的预防具有重要意义。

第四节　犯罪预防的实施

预防，尤其是社会预防固然是犯罪的治本之策，但犯罪预防由于涉及面广、协调性和计划性强，其实施需要比较高明的组织艺术。为此，组织预防活动应当遵循一系列旨在保障预防活动达到预期目的的操作程序和活动准则。

一、犯罪预防的实施步骤

从操作程序上看，所有的预防活动可分为五个步骤：犯罪状况的事前分析、预防目标的界定、预防类型的选择、预防活动的实施及预防活动的科学评估。

(一) 犯罪状况的事前分析

为了拟定（提出）犯罪预防的计划，明确预防的重点和范围，必须准确地了解准备实施预防活动的地理区域内（街区、城市乃至全省、全国）的犯罪状况。为此，应当进行三个方面的犯罪学分析：

1. 该区域内犯罪的时间及空间分布情况；

2. 该区域内犯罪的结构情况，包括犯罪数量特征、犯罪类型结构、犯罪人的构成及受害人的构成等；

3. 犯罪的时间、空间分布及犯罪结构在未来一定时期内的变化趋势。

（二）预防目标的界定

从一般意义上讲，所有的预防活动均以减少犯罪或遏制犯罪为目的。然而，相对于具体的预防活动而言，这种一般化的目标过于宽泛，无助于准确界定所要实施的预防活动需要达到的具体目标。因为减少犯罪或遏制犯罪这一总目标，只有被分解为更具体的可以切实推进的子目标，并随着各个子目标的逐步完成，最后才能有效实现。预防目标的高调化或一般化，是预防实践中容易出现或容易忽视的问题。为此，在实施具体预防活动之前，应当根据对犯罪状况的事前分析以及本地区（本单位）的实际情况，按照轻重缓急，设定若干个具有现实可能性的具体目标，并分步骤、分阶段地达成。

对于如何确定具体的预防目标，在此，以情境预防为例，可以引入"犯罪危险程度"这一具有可操作性的概念作为分析手段。也即，对预防的具体目标的界定应当从分析"危险人口"（包括有犯罪倾向性的人口和容易遭受侵害的人口）与"危险情境"（利于犯罪实施的环境）入手，并对构成这种"危险人口"和"危险情境"的具体原因作深入的分析，在此基础上将预防活动确定为逐渐减少或消除其中的若干危险性因素的活动。只有将预防的一般目标进行分解和细化，分期、分批地逐一落实，才能保证预防活动的针对性、持续性和有效性。

（三）预防类型的选择

在确定具体的预防目标后，应当选择相应的预防方式和预防措施。在这方面，应当以犯罪预防的一般分类为基础，结合具体情况，选择和组合成一套适合本次预防活动的预防方式与预防措施体系。预防方式与预防内容的统一性、预防措施的针对性和综合性是选择预防类型的基本原则。

（四）预防活动的实施

毫无疑问，相当部分的预防活动属于国家机关日常管理活动的正常范围之列。国家机关在预防活动中承担着规划者、组织者和协调者的角色。其中，肩负着特殊责任的部门便是负责维持治安的警察机关。

社会组织和公众是实施犯罪预防的基础性力量。在开放和流动的社会条件下，国家力量与社会力量的有效结合是保证预防活动效果的关键。在这里，需要明确的一个问题是：社会公众应在何种程度上参与犯罪预防？为了准确地分析这一问题，应当从公众的概念中划分出两个部分：一是危险群体（潜在的犯罪人和潜在的受害人）；二是普通意义上的公众。

显然，危险群体是作为预防活动的客体而参与犯罪预防的。这种参与不仅是预防活动所希望的，而且是必不可少的。

至于危险群体之外的公众与社会组织，其参与犯罪预防的形式较为灵活和复杂。为了保证这种参与的有效性与合法性，法律必须明确公众与社会组织参与预防活动的组织形式及参与的范围和限度。目前，这方面面临的主要问题是：一是如何改变社会力量参与的粗放模式，使公众和社会组织参与官方预防活动的运作机制能更加切合经济社会发展与犯罪控制实践的要求；二是如何制度化地激励公众和社会组织参与犯罪预防的积极性。

（五）预防活动的科学评估

在现实生活中，预防活动的倡导者和支持者常常对实施预防活动寄予极大的热情和希望，而往往忽视对预防活动的效果进行评估。但预防实践表明：预防活动的实际效果并非人们想当然的那样乐观。为了保证预防资源配置和使用的效率，有必要对所实施的预防计划进行科学评估。

对预防活动进行科学评估是实施理性预防的逻辑要求。但这种评估应当区别于国家机关所作的一般工作总结。这种评估应当在对预防的全过程进行追踪调查的基础上，组织专门的评估小组进行。并且，这种评估应当是周期性的，并贯穿于实施预防活动的过程之中，而不是一定要等到预防活动实施完毕。只有这样，才有助于保证评估的客观性和对预防活动进行适时的调整。

评估的标准应当是犯罪现象的减少或犯罪增长得到控制的程度。在这方面，应注意因某一局部区域的预防行为所导致的犯罪行为在地域上的转移现象。如果存在这种现象，则需要在更高层级上统一组织相应的预防活动。

效果评估作为实施预防活动的一个基本方面，其必要性是十分明显的。预防活动意味着相当数量的人力、财力及时间的投入，而在一定范围内可利用的资源总是有限的，因此，从效益原则出发，应当尽力保证所投入的资源能得到最大限度的利用。为此，对预防活动的评估应当明确回答以下问题：

1. 所进行的预防活动是否达到了预期的目标；

2. 在现有条件下，采取其他的措施和方法是否能获得同样或更好的效果；

3. 预防活动中存在的问题以及产生这些问题的具体原因。

二、犯罪预防的措施

在所有的预防措施中，大致可以区分出两类，即一般性措施与具体预防活动。前者可称为初级预防，是针对不特定的社会人群拟定和实施的；后者属于次级预防，它所针对的并非所有人口，而是一定的“危险人群”或“危险环境”。

（一）法律预防措施

1. 直接预防

直接预防，是指制定旨在消除或减少犯罪诱因或犯罪条件的各种规定。有关社会治安和行政管理方面大量的立法便属此类，如对武器买卖的严格控制，禁止毒品交易和吸食毒品，禁止印制、销售淫秽书刊及进行卖淫嫖娼活动；在交通管理方面，对酒后开车、超速行驶进行控制等。这类预防性法律常常以行政、民事处罚和刑事制裁作为后盾，并创造出一种实施犯罪行为的“障碍情境”，对预防犯罪具有明显的作用。

2. 间接预防

间接预防，即从有关法规的立法原意或主要目的看，并不是为了犯罪的一般预防，但就其调整的范围和干预效果而言，能够在一定程度上影响犯罪学所探讨犯罪的社会因素甚至某些个体性因素，也即对犯罪的一般性预防能够产生间接影响。属于这类预防性立法的范围十分广泛，有关家庭、婚姻、青少年教育以及就业、住房、社会保障等方面的法律和规定，通过维系良好的社会关系和改善社会成员的生存环境，客观上都具有一定的健全社会成员的人格、抑制犯罪思想产生的功能。这类预防措施重在社会的改良，因而其预防犯罪的效果是肯定的，但其作用的程度又是不确定的。不过，在制定相关政策或出台相关法规时，注意到彼此之间的协调性，尽量顾及犯罪预防的需要，避免因过分强调所调整的社会生活领域的特殊性或重要性，甚至基于部门或局部利益立法所产生的负面效应，则是应当强调的。例如，有关保险方面的立法，如果过分考虑以高额的保险赔偿金来吸引客户，则可能成为保险欺诈犯罪的重要诱因。

(二) 社会性预防活动

这种预防活动是针对犯罪，尤其是青少年犯罪进行的前沿性预防活动。它之所以被称为“社会性”活动，一方面是因为这些活动是由司法机关之外的社会组织或社会工作者组织和实施的，带有相当的广泛性；另一方面，这种预防主要是针对违法青少年的“社会不适应症”及他们成长的社会环境而实施的，旨在为个体人格的形成和社会矛盾的化解创设出一个良好的外部环境。在我国，社会性预防包括农村的村民委员会、城市的居民委员会等自治性组织以及其他公益性社会组织实施的预防活动。

(三) 限制犯罪机会的预防活动

这方面的预防活动涉及的范围较广，大致可分为三类。

1. 实施公共教育计划

一般而言，如果公众对犯罪现状、犯罪的原因、犯罪的危害、与犯罪作斗争的手段及预防的具体方法了解得越多，则越有利于有效地组织和实施犯罪预防。因此，组织实施这方面的宣传活动是提高公众的社会责任感和自我防卫意识、改变其不良行为倾向，从而提高其参与犯罪预防活动的热情或增强被害角色意识、减少和限制犯罪机会的一种有效手段。现代传媒的发展为实施这种预防提供了良好的平台。在实施方式上，可采取电视公益广告、张贴告示及散发宣传手册等形式进行。在我国，只要注意充分发挥各类基层组织、社会团体和新闻媒体的引导作用，公共教育计划的实施就有着比西方国家的更为丰厚的社会基础。

2. 潜在被害人的自我防卫措施

在很大程度上，有关犯罪预防的宣传活动的目的在于促使潜在被害人采取自我防卫措施以避免可能成为财产或人身犯罪的对象。事实上，违法犯罪行为的潜在受害人通过必要的物质投入进行自我防卫，构成了旨在减少犯罪机会的各种预防活动的核心。面对犯罪尤其是财产犯罪的持续增长以及警察预防的局限性（不充分性和有限性），公众的一个重要选择就是在有关自身安全方面予以必要的物质支出。预防犯罪毕竟不仅仅是国家或社会组织的职责，它也是每个社会成员自己的事情。正是在这种背景下，在世界范围内，私人保安得到了迅猛发展，安全方面的消费已日益成为现代人基本消费的组成部分。至于潜在被害人进行自我防卫的形式，可分为两种。

(1) 采用旨在减少犯罪者接近或占有目的物的可能性的措施。例如，在财物上打下不易擦掉的标志，以此增加盗贼处理赃物的困难，便于最终能从盗贼或销赃犯手中辨认出被盗的财产；在财物集中场所安置先进的保险柜，加固门窗、抽屉以及安装警报装置和安全门等。这些措施的目的在于使盗贼或抢劫犯难以接近财物的存放处，或作案后难以及时逃离和妥善处理赃物。

(2) 求助于保安机构。独立于警察机关的私人保安机构近年来在西方各国发展迅速，其从事人员的数量已超过了所在国的警察总数。在我国，自改革开放以后，这类性质的机构也开始出现。保安业务的范围很广，几乎涉及社会生活的各个方面，如负责现金的押送，负责大商场对偷窃活动的监督，负责大企业的内部安全，负责提供人身保护，等等。

3. 对环境进行整治

这方面的活动需要在政府的统一规划下，相关部门分工协作，并积极借助于社会力量，才能得到有效实施。环境整治主要包括以下内容。

(1) 针对治安状况恶化的地区或管理混乱的区域（单位、行业），进行集中治理，取缔各种不法经营和地下黑市，及时查处违法犯罪者，加强对该地区的巡逻和警戒，恢复和维持该区域（单位、行业）的正常管理秩序，以便有效地消除违法犯罪的诱因。

（2）通过对城市环境整体布局的改善，建立具有预防犯罪功能的物质空间。这种减少犯罪机会的新的预防形式最早由美国一位建筑学家奥斯卡·纽曼提出。他在《可防御的空间：通过城市设计预防犯罪》（1973）一书中，对这种预防方法予以了系统化的解释。

"可防御性空间"这一思想的理论根据是：利用环境设计改变物理环境的空间样式和功能，以此改变居民的行动方式和增进相互间的社会联系，达到预防犯罪的目的。① 其实施方案是：应用工程学方法建造防范性高的建筑设施（群）、街区和城市，加强城市、街区和建筑设施的区域性监视作用，提高城市自身和城市居民预防犯罪和预防被害的能力；避免或减少由于城市或街区的区域性监视作用减弱，产生有利于犯罪分子乘机实施侵害的死角。

从实践及理论角度来看，可防御性空间的设计可以构成犯罪预防的一个必要条件。在城市的改建和新建过程中，可以根据城市的不同情况有针对性地运用这种环境整治方案，突出"以人为本"的城市设计和建设理念，从物理环境方面增加城市居民对所在城市、社区、街道的认同感和居民彼此之间的亲近感，从而形成一种共同维持安宁的生活秩序、抵御违法犯罪的良好氛围。但环境与社会行为之间的关系并非是单向性的，而是一种复杂的联系。因此，只有在防御性空间计划和其他预防措施相配套时，才能发挥其应有的作用。

（四）警察的预防活动

传统上，"警察"一词总与"镇压""暴力"等概念相联系。但伴随着犯罪学的发展和人类对犯罪预防的理性认识的日益深化，警察的职能在更大程度上被定位于维护社会治安，从而在犯罪预防中发挥着更为主动和全面的作用。

1. 警察对青少年犯罪的预防

与涉及面广、持续时间长的以青少年犯罪预防为主的社会预防活动不同，警察在这方面的预防活动主要针对青少年社会生活的某一方面或某一时期，采取与日常业务活动相联系的预防活动。这类活动主要包括以下内容。

（1）根据治安状况，对辖区内的青少年进行法制宣传、守法教育等活动。

（2）对青少年守法状态的摸底调查和对重点人口线索的掌握。

（3）针对有轻微违法活动的青少年采取的阻止其犯罪的各种措施，如责令家长加强管教；与其学习和工作场所进行沟通，建议注意对其进行帮教；帮助解决其生活中的实际问题等。

鉴于青少年人格方面的特殊性和预防活动本身的特点，应当对从事青少年犯罪预防活动的警务人员提出特殊的要求，并注意对具体承担这种预防活动的人员进行必要的培训。从国外实践来看，接受过专门培训的女警察比男警察更适宜于对少年儿童的某些面对面的教育和引导工作。

2. 警察对一般犯罪的预防

除了对青少年的特殊预防活动之外，警察从事的大量工作是对一般违法犯罪活动的预防。这一预防活动实施质量的高低，对于能否保持社会治安的良好状态具有重要影响。

在这方面，可以采取的预防方式包括以下内容。

（1）充分发挥警察的"出现"效应。警察的存在能在一定范围内增强人们的安全心理，

---

① 参见［日］伊藤滋编，夏金池、郑光林译：《城市与犯罪》，187页，北京，群众出版社，1988。

并对潜在的犯罪人形成一种心理压力。例如，根据人口变化情况或治安需要，设置派出所，组织巡逻，增设检查岗亭等。

（2）检查和严格执行相关的治安法规。这种预防活动与警察的社会日常管理工作紧密相连，如加强对公共复杂场所的巡查，对旅店业、典当业、废品收购业、刻字业等特种行业落实治安法规情况的监督和检查，强化单位和公众的防火、防盗意识，以及对发现的治安问题及时向有关部门提出建议，消除诱发犯罪的隐患或便于实施犯罪的各种条件。

（3）进行预防被害教育。结合幼儿园和中小学的课程设置，增设专门针对少年儿童防止校园暴力侵害的内容，提高其认知危险情境及获得及时救助的能力，以及开展交通法规方面的教育，减少交通事故的发生；针对社会公众，通过印制宣传材料、制作公益广告等多种形式介绍常见多发案件的作案方式、作案特点与预防措施，提高公众的防卫意识和防卫能力。

（4）对有违法犯罪倾向的个体进行及时的教育和救助。

（5）加强对基层治保组织、安保人员的专业指导，及时调解可能导致违法犯罪行为发生的民间纠纷，及时发现和报告可疑人员或可疑情形。

【问题与思考】

1. 什么是犯罪预防？
2. 如何理解广义犯罪预防与狭义犯罪预防的关系？
3. 如何理解犯罪预防的价值？
4. 如何看待犯罪预防的限制性因素？
5. 犯罪预防的类型主要有哪些？
6. 实施犯罪预防的基本步骤是什么？
7. 如何确定犯罪预防的目标？
8. 犯罪预防措施主要有哪些类型？
9. 警察的预防活动主要包括哪些内容？

【推荐阅读书目】

1. 冯树梁．中国预防犯罪方略．北京：法律出版社，1994

2. 冯树梁．中外犯罪预防比较研究．北京：中国人民公安大学出版社，2003

3. ［美］史蒂文·拉布著，张国昭等译．美国犯罪预防的理论实践与评价．北京：中国人民公安大学出版社，1993

4. ［英］约翰·格拉海姆，特雷弗·白男德著，王大伟译．欧美预防犯罪方略．北京：群众出版社，1998

5. 徐景峰．联合国预防犯罪和刑事司法领域活动和文件纵览．北京：法律出版社，1992

6. ［澳］亚当·苏通，阿德里恩·切尼，罗伯·怀特著，赵赤译．犯罪预防：原理、观点与实践．北京：中国政法大学出版社，2012

第十二章 犯罪的社会预防

内容导读

犯罪的社会预防是相对于犯罪原因中的社会因素而言的，并与犯罪的情境预防和犯罪的刑罚预防共同构成犯罪的预防体系。社会预防是国家和社会针对犯罪现象产生的社会原因所采取的措施和行动，其基本目的在于：消除或抑制产生犯罪的社会因素，最大限度地遏制犯罪产生或减轻犯罪的危害。因此，社会预防是具有全局性和根本性的预防措施，是犯罪预防体系中的基础防线。犯罪的社会预防的依据在于：犯罪现象主要是由社会自身因素所造成的。因此，除了社会的自我理性调整之外，不可能存在更为基础和更有效的预防途径。

第一节　社会预防的概念及功能

一、社会预防的概念

所谓犯罪的社会预防，是指由社会各种力量共同参与的，旨在消除和削弱能够引起犯罪现象发生的各种因素，从而有效防止和减少犯罪的各种社会活动及措施。

犯罪的社会预防理论是当今世界各国犯罪学者共同倡导的犯罪预防理论。该理论以实证主义、社会理论为指导，以揭示犯罪的社会原因为前提，提倡犯罪预防的社会实践与导致犯罪的原因因素的对应性。其基本观点是：既然犯罪主要是各种社会因素共同作用于行为人的结果，那么预防犯罪也应当从影响犯罪的各种社会因素着手。实证派犯罪学代表人物菲利认为，犯罪属于一种社会疾病，对它的防治可以适用与卫生医疗机构防治人体疾病相同的规则，即“通过改变最易改变的社会环境”，就能控制和减少很大一部分犯罪。[1] 具

① 参见［意］恩里科·菲利著，郭建安译：《实证派犯罪学》，184页，北京，中国人民公安大学出版社，2004。

体而言，就是通过对经济、政治、道德、文化以及生活环境的改革来消除犯罪的根源。社会预防理论改变了具有长久历史的，以犯罪人处罚为中心、以专门机构为唯一正式力量的传统思维模式，把犯罪预防的责任从司法系统扩展到整个政府、社会和所有社会公众，这对于全面消除或限制犯罪的各种诱因和条件，求得社会的长治久安，具有根本性意义。正因如此，犯罪的社会预防是现代犯罪预防观和预防实践的基石。

犯罪的社会预防活动具有极其丰富的内容和广泛的参与主体，除了由专门机关进行的打击犯罪活动之外，其他各种社会组织、部门实施的各种具有预防意义的活动全都包括在其中，从而决定了犯罪的社会预防有如下性质和特征表现。

1. 社会预防的核心是创造一个完善、健康、和谐的社会，目的在于提供一个能够抑制犯罪和其他消极现象产生的社会环境。因此，就其内容来说，犯罪的社会预防实际上包括了国家在政治、经济、文化建设和社会管理等方面的一致努力。社会预防的过程也与社会管理、社会改革和社会规划活动在很大程度上是相互重合的。显然，社会预防的措施直接指向社会自身，即社会制度、社会结构、社会文化的本身的不完善、不和谐或者存在缺陷而又能够加以改变的方面。在社会预防中，社会是主体与客体的统一，既是预防活动的主体，也是预防活动的客体。当然，社会预防最终体现为作为社会主体的人的意志活动，体现为人按照社会健康、和谐发展的客观要求来组织管理和规划社会。因此，社会预防特别强调社会发展规划和社会政策与预防犯罪规划和对策之间的相互衔接。

2. 社会预防活动的主体十分广泛，包括国家的各级党政机关，企事业单位，各种社会团体、基层组织，也包括家庭、学校、社区等。国家各级党政机关是社会预防活动的组织者和领导者。各种社会团体、基层组织植根于社会之中，可以及时发现种种容易引发犯罪问题的苗头，能够及时帮助疏导矛盾，消除或减弱诱发犯罪的消极因素，把犯罪消灭在萌芽状态，是犯罪预防的基本力量。家庭、学校和社区则是每个人最早接触的社会环境，对个体人格的形成以及行为模式的选择，能产生决定性的影响，是预防犯罪的第一道防线。

3. 社会预防过程实质上也是社会自我调整和完善的过程，其各项具体措施并不像刑罚措施那样是为对抗犯罪而专门设定的。社会预防措施的直接目的在于尽量减少社会中存在的各种易于诱发犯罪的因素，这一目的无疑又是从属于使社会获得健康、和谐的发展这一根本目的的。社会预防的这一特点，说明了一个重要事实，即预防和减少犯罪与社会发展的必然要求是一致的，社会预防的水平与社会发展进程是同步的。

4. 较之其他犯罪预防，社会预防是一种积极预防，是一种治本措施。它的目的不只是针对已经出现的问题作出事后的反应，而是主动运用社会改革的方式对社会这架庞大的“机器”进行全面的“维护”与“保养”，使其能够正常、持久地“运转”，减少犯罪这类“损耗”和“故障”的发生。

5. 犯罪的社会预防是一个多层次的社会构建和犯罪防控体系。该体系中的种种预防措施及手段涉及社会生活领域中的方方面面，也关系社会建设与发展的各个环节。为了深入研究和全面把握社会预防理论和实践，应当对犯罪的社会预防体系进行适当的层次划分。我们认为，根据社会预防措施活动和措施存在的领域、所针对的对象以及所要解决的问题具体内容的不同，可以将社会预防分为宏观预防与微观预防两个层面，它们分别又由各种更为具体的预防活动和措施所构成。

总之，社会预防是犯罪预防的根本环节。着眼于限制、消除导致犯罪的众多因素，采取大量的、综合性的建设或改革措施，才是预防犯罪的根本。需要强调的是，社会预防的成效取决于对犯罪原因和犯罪生成规律的把握，以及预防活动的协调性和预防措施的针对性。如果不能正确把握这些因素，国家和社会所采取的一切预防措施都将会是低效的，甚至无效的。

二、社会预防的功能

犯罪的社会预防意在创造一个优良的社会环境，从而从根本上减少犯罪发生的可能性与机会。这就要求犯罪的社会预防应当具有一定的现实功能，即社会预防活动所应当具有的客观功效。这种客观功效的真正发挥，正是预防犯罪目的得以实现的保障。综合地看，社会预防既有对社会的整体构建功能，又对犯罪现象的产生、发展、变化起到相应的防控功能。这两者之间还具有相互促进、相互影响的联系。

（一）社会预防的社会构建功能

如前所述，从本质上讲，社会预防的核心就是创造一个完善、健康、和谐的社会，最大限度地消除和抑制诱发犯罪的因素。所以，社会预防对整体的社会发展具有现实的构建功能。这种构建功能表现为：社会预防的所有措施对社会经济、政治、文化建设的发展与完善有着积极的促进作用。这一功能具体表现在两个方面。

1. 对社会具有整合功能。社会整合的实质就是使社会成为一个具有共同价值趋向的、有凝聚力的团结整体，增强公众对社会共同价值的遵从和顺应。而社会预防措施旨在强调通过健全和强化针对社会矛盾、冲突和纠纷的协调和化解机制，及时消除和抑制可能引发犯罪的各种不安定因素。因此，预防活动的开展，在有效防止和减少犯罪发生的同时，也有力地促进社会的整合。这种社会整合功能表现在众多的方面，例如，权力监督的制度性缺失是当前腐败犯罪比较严重的重要原因，针对这种情况，通过从制度上消除或限制腐败犯罪的条件，在收到预防或减少腐败犯罪效果的同时，也会增强人民群众对党和政府的信任感，从而提升社会凝聚力。又如，通过将犯罪预防的目标纳入国民经济和社会发展规划之中，注意刑事政策与其他社会政策之间的协调和平衡，就可以消除因政策因素引发的社会矛盾和冲突，在减少各类犯罪的同时，促进社会经济的全面发展。

2. 对社会具有规范控制功能。规范控制功能，是指社会为了保证其成员遵守社会规范，维护社会秩序，而施之于个人或群体的影响与制约。社会控制可以分为正式控制和非正式控制两种。前者是指由政府、法庭等职能机构实施的制度化控制。后者则指凭借舆论、禁忌、礼仪、习俗等形式进行的非制度化控制。社会预防措施的规范控制功能是显而易见的。首先，社会预防措施体系中的不少措施本来就属于严格意义上的社会控制手段，如国家行政执法部门的行政执法活动以及有关的行政法规。其次，作为社会预防主体的国家、政府、社会组织（如工会、妇联、企业、学校）、社会群体（如家庭、邻里、社区），都是超个体的社会控制力量。它们通过组织管理、纪律约束、法律强制、舆论谴责等形式制约着社会中的每一个人，促使个人遵从社会统一规范的要求。最后，社会预防的各项具体措施和手段无不表现出一定的社会规范价值，这些规范价值一旦为个体所内化，便会转化为个体进行自我控制的内在力量，抑制不良欲望和犯罪动机的形成。

（二）社会预防的犯罪防控功能

犯罪的社会预防功能一方面体现为具有社会构建的作用，另一方面还更具体地表现为具有直接的犯罪防控作用。各种社会预防措施相互交织、相互作用，能够起到抑制犯罪动机、限制犯罪机会和条件，从而防止或者减少犯罪行为发生的作用。

1. 抑制犯罪动机。犯罪动机是促使人实施犯罪行为的内心冲动，是推动个体人犯罪的内心原动力。犯罪动机往往与社会中个体人的内心需要相联系。当个体人的内心需要得不到满足的时候，其就会产生实施某种行为的内心冲动。积极的内心冲动会促人奋发进取；相反，消极的内心冲动则会诱使人们走上违法犯罪的道路。一般来看，社会预防的各种防控措施都是针对犯罪赖以滋生的各种社会因素采取的有针对性的措施。这些措施具有优化、净化社会环境，抑制、减少诱发犯罪的各种因素的作用。在形成良好的社会外在控制机制的同时，个体就更容易形成比较稳定的内在控制机制，从而从根本上抑制个体萌生或形成犯罪动机，收到防患于未然之效。正是从这一角度上讲，犯罪的社会预防是一种典型的罪前预防。

2. 限制犯罪机会和条件。抑制犯罪动机虽然对预防犯罪具有根本的作用，但现实表明，社会是不可能完全抑制所有社会成员形成犯罪动机的。为此，对于那些社会中的不安定分子，就应当采取限制犯罪机会和犯罪条件的措施来减少犯罪的发生。国外犯罪学研究中对什么情况下会发生犯罪曾有生动的比喻："呆坐的鸭子、适合的条件、贪心的狼"。"呆坐的鸭子"是指适宜犯罪侵犯的对象或目标；"适合的条件"是指适合作案的环境、机会等；"贪心的狼"是指具有犯罪动机的潜在的犯罪人。可见，只具有犯罪动机而没有作案的目标和条件，犯罪是难以发生的。而在犯罪的社会预防措施中，许多措施是基于犯罪生成的这一规律而采取的。例如，通过合理布局警察巡逻的线路，尽可能扩大其控制的辐射效果；通过加强被害预防的宣传，提高公民预防被害的意识和能力；等等。应注意的是，限制犯罪机会和条件的预防效果同抑制犯罪动机的预防效果是相互联系的。比如，就激情犯罪和见财起意、见色动心等临时起意的犯罪而言，限制了犯罪的机会和条件，也就意味着抑制了犯罪动机。

总而言之，社会预防的社会构建功能和犯罪防控功能是相辅相成的两个方面。由于预防和减少犯罪与社会发展进步的内在要求是一致的，在进程上也是同步的，所以，社会预防对犯罪的防范目的包含于社会建设的目的之中，而社会的充分进步与发展，既是从根本上减少犯罪的前提，又是犯罪的社会预防功效充分发挥的最终结果。

第二节 宏观社会预防

一、宏观社会预防的概念

宏观社会预防是相对于微观社会预防而言的。这是根据社会预防活动和措施的不同层次、不同的对象范围进行的划分。所谓宏观社会预防，是指以社会整体为预防范围实施的具有宏观性、基础性、综合性和全局性的犯罪预防活动。宏观社会预防主要是国家围绕着社会发展和建设这一核心所进行的种种组织和管理。这种组织和管理活动在为国家政治、经济、文化等各项事业提供一个良好的发展环境的同时，也必然促使社会犯罪预防体系形成良性循环。

宏观社会预防有如下几个特点。

1. 预防主体的广泛性。各种社会力量的广泛参与是有效预防犯罪的先决条件。而宏观社会预防正是依靠各种社会力量积极参与的社会预防活动。在我国犯罪预防的实践中，预防主体表现为各级党政机关、司法机关、各种社会组织和社会公众四个方面。各方面力量共同积极参与到犯罪预防工作中来，形成与犯罪作斗争的坚实基础。

2. 预防手段的多样性。犯罪现象的产生具有多重复杂的社会原因，涉及国家政治、经济、文化、教育、法制等诸多方面。与此相适应，预防犯罪的手段也必然是综合性的，包括政治手段、经济手段、文化手段、教育手段和法律手段等。

3. 预防作用的间接性。宏观社会预防是以整个社会为对象的社会预防活动，所采取的措施一般属于社会发展建设的整体性措施。这些措施旨在通过消除或减轻包括犯罪问题在内的各种社会发展障碍，优化社会环境，促进社会的和谐发展。因而，它较之以特定区域或特定群体为单位的微观社会预防而言，对犯罪起到的则是间接性的预防作用。

总之，宏观层面的社会预防是最基础性的，它与社会物质文明和精神文明建设进程相统一。下面从制度建设预防、社会政策预防和社会道德预防三个方面进行具体阐述。

二、制度建设预防

（一）社会制度的一般含义

人类社会形成于人类理性的交往实践过程中。“人类的相互交往都依赖于某种信任，信任以一种秩序为基础。而要维护这种秩序，就要依靠各种禁止不可预见行为和机会主义行为的规则。我们称这些规则为‘制度’。”① 所以，社会的制度化就是人类社会的基本理性特征。所谓社会制度，是指为了满足社会发展的客观需要，在特定的历史和现实条件下形成的社会关系，以及与此关系相联系的社会活动的规范体系。社会制度既是由一系列相关的社会规范构成的，也是相对持久的社会关系的定型化。关于社会制度的含义可以从三个层次来理解：一是社会总体宏观制度，即社会形态，如资本主义制度、社会主义制度；二是社会建设发展中不同领域里的中观制度，如经济制度、法律制度等；三是作为具体的社会行为模式的微观制度，如考勤制度、审批制度、惩罚制度等。这里所讲的制度建设预防是从社会制度的中观角度来理解的，即在坚持社会主义制度的基础上，研究如何通过民主政治制度建设、经济制度建设和法律制度建设来预防犯罪现象的滋生。

一般说来，这种社会制度具有如下社会功能。

1. 行为导向功能。由于社会制度是相对持久的社会关系的定型化，所以它可以通过权利和义务系统确定人与人之间的关系，为人们提供恰当的思想和行为模式，使其较快地适应社会生活，以避免个人与个人、个人与组织以及个人与社会之间的矛盾和冲突。

2. 社会整合功能。作为规范体系的社会制度具有协调社会行为、调适人际关系、发挥社会组织的权威影响、清除社会运行的障碍以及建立社会正常秩序的功能。

3. 传递与创造文化的功能。社会制度的运行保存并传递了人类的发明、创造、思想、信仰、风俗、习惯等文化内容，使之世代沿袭，推广普及。同时，社会制度还促进文化的

---

① ［德］柯武刚、史漫飞著，韩朝华译：《制度经济学：社会秩序与公共政策》，3页，北京，商务印书馆，2000。

累积与继承，推动人们不断创造新的物质文明与精神文明。

应当注意的是，在特定的历史环境下，社会制度也具有一定的负效应。当社会经历了高速发展之后，已经建立的种种具体制度常常代表社会上的传统行为模式，容易产生刻板、僵化的倾向，不易随时代的发展而及时变迁，从而使社会制度对个人行为和社会的发展产生一定的阻碍作用。因此，不断改革社会制度，加强制度建设是保障社会整体持续良性运行，防止犯罪现象滋生的必然要求。

(二) 通过加强民主政治制度建设来预防犯罪

政治制度是掌握国家权力的统治阶级（阶层）利用掌握的国家权力实现社会管理的制度体系。从民主政治制度建设层面预防犯罪，主要是通过一系列的改革措施，着力克服种种政治弊端，建立健全民主、公平、廉洁、高效的社会权力控制系统，以此减少犯罪发生的可能性。我国社会主义基本制度有着自身的优越性，它符合广大人民群众的根本利益，而且有助于抑制犯罪的发生。但是，在这一基本制度下的一些具体制度环节中，还存在一些重大弊端和缺陷，如党政干部的选拔制度、权力分配制度和权力监督制度等。这些政治制度方面的缺陷，在严重影响社会主义制度优越性的充分发挥的同时，也成为犯罪现象滋生的制度性根源。因此，加强民主政治制度建设就是要围绕“执政为民”的理念，加强社会权力控制机制的建设，就是要进行社会管理体制的改革和完善。这不仅是社会主义社会自我完善的重要形式，而且是预防犯罪的重要措施。

就现阶段而言，加强民主政治制度建设所针对的主要预防对象就是腐败犯罪。腐败现象本身不仅直接威胁着国家的政治安全，而且对其他犯罪具有强烈的刺激、诱发和暗示作用。同时，腐败还是其他犯罪最有力的保护伞。可以说，通过制度建设着力治理腐败犯罪，就抓住了治理整个犯罪的“龙头”。

1. 建立健全国家党政机关内部的民主工作机制。各级党政机关实际掌握着管理社会、进行各种资源调配的权力。任何权力的行使都存在在运行中膨胀、变异的危险。如果缺乏科学的、民主的工作机制，那么党政机关在履行社会管理职责的过程中，不仅容易出现本位主义、官僚主义、一言堂等专制主义的管理作风以及滥用权力的情形，而且一旦出现也难以及时纠正。

2. 建立有效的监督制约机制。在管理社会事务中，贯彻民主机制的首要方法就是形成良好的权力监督制约机制。这是防止权力膨胀和异化的有效手段。因此，必须加强和完善各种监督机制的建设，从监督机制的种类上、运作上、权威性上进行全方位的建设，以此形成以党内监督、行政监督、法律监督和社会舆论、社会群众监督为内容的立体监督体系。

3. 广泛进行党纪、党风、党性教育。中国共产党作为中国的执政党，其执政能力决定着社会发展和国家建设的方方面面。各级党政管理者在行使权力的过程中是否秉承“权为民所用”的政治理念，直接关系到是否能够营造一个和谐、安定的社会环境。在社会深刻变革时期，继续发挥党的宣传、教育优势，广泛开展有针对性的党纪、党风、党性教育，净化、纯洁党组织，既是提高党的执政能力的重要手段，也是预防人民公仆走向人民对立面的重要措施。

(三) 通过完善经济制度，优化经济体制来预防犯罪

经济制度和经济体制是有联系，但又完全不同的两个概念。经济制度，是指占主体地位的生产关系的总和。在我国现阶段，虽然存在个体经济、私营经济和外资经济等非公有制经济，但公有制是主体，是社会主义经济制度的基础。经济体制是经济制度的具体实现

形式，是指人们在经济活动中，各种经济规则、经济法规、经济的组织制度和监控制度的总和，是社会生产关系在各个经济领域的具体体现。

马克思主义认为，物质生活的生产方式制约着社会生活，一切社会现象都可以从与其相适应的社会经济生活中找到根据，犯罪现象也是如此。因此，预防犯罪也必须着眼于社会经济生活，通过完善经济制度、优化经济体制来消除或抑制诱发犯罪的经济因素。

1. 不断完善适合我国发展现实的市场经济体制。十一届三中全会以后，为了从根本上改变束缚我国生产力发展的经济体制，我国对原有的经济体制进行了大刀阔斧的改革，建立了充满生机和活力的社会主义市场经济体制。实践证明，经济体制改革使中国发生了深刻的变化，社会许多方面都取得了明显进步。但与此同时，犯罪现象也明显增长。从世界范围来看，这是社会转轨时期难以避免的现象。现阶段之所以经济领域中的犯罪现象大量滋生，很大程度上与经济体制方面的缺陷有着直接的关联。因此，在社会主义条件下，不断完善适合中国发展现实的市场经济，不仅是促进经济又快又好发展的需要，也是杜绝或抑制犯罪的经济诱因、有效地预防犯罪的需要。

2. 明确政府在市场经济环境中的角色和地位，落实政府的真正职责。长期以来，在计划经济体制的影响下，政府形成了直接干预经济生产活动的习惯。在市场经济条件下，政府应是市场经济建设的宏观指导者，并为市场经济建设提供服务和保障，而不是具体经济活动的参与者。不合理地干涉，甚至控制市场主体的生产经营活动，既不利于形成公平的市场竞争，也不利于调动市场主体的能动性、积极性。而公平竞争秩序难以确立，正是导致市场无序和诱发腐败及其他犯罪的重要现实原因。

3. 建立健全合理、公正的利益分配制度。无数的犯罪现实证明，分配制度的不合理是诱发、导致犯罪发生的主要原因之一。因此，在经济建设中必须处理好效率和公平、先富和后富、经济效益和社会效益的关系，确保利益分配的公正、合理。否则，随着贫富差距的无限扩大，其结果不仅会使贫困阶层中的一些成员迫于生计而走上违法犯罪的道路，而且更为重要的是，社会分配不公会导致社会中下阶层的成员形成较为普遍的仇视社会和现行制度的亚文化现象。这种现象一旦形成，不仅会使犯罪剧增，而且社会自身发展的基础也会受到严重威胁。

4. 切实保护公民的私有财产所有权。财产所有权是公民在社会生活中享有的一项重要权能。这项权能不只关系到公民个人拥有私有财产的多寡，更关系到公民个人的种种社会资格、社会价值和社会地位。从经济学角度上讲，任何人都是有理性的经济人，受经济利益原则的支配，获得经济利益是人从事社会活动的根本目的。私有财产是公民个人经济利益的具体体现，如果得不到保护，则公民的个人价值得不到认可，人格得不到尊重，这是对人的社会性的否定。因此，切实保护公民的私有财产所有权对稳定社会关系具有重大作用。我国宪法、物权法等多部法律都明确规定保护公民的私有财产所有权。在社会生活中，各级、各类管理机构严格遵守和执行这些法律，不仅能够充分调动公民创造合法财富的积极性、创造性，而且是促进社会安定的重要因素。

（四）通过加强法律制度建设来预防犯罪

法律制度是国家用以调整社会关系，管理经济发展以及其他社会公共事务的法律、法规和制度的总和。在法治社会，法律制度是国家借以管理社会的常规手段，也是处理社会矛盾和冲突的标准模式。就犯罪而言，它既是一种社会现象，也是一种法律现象。法律作为社会生活的调节器，作为人们行为的规范准则，必然会随着社会生活的变化而适时改变自己的调整方式、调整力度和调整范围，并因此影响或决定着犯罪的现状和变化趋势。完善的法律制度是社会完善的标志，同时也是实现社会整合、预防和控制犯罪的重要措施。

通过加强法律制度建设来预防犯罪，其要义在于，在尊重犯罪规律的基础上理性立法和司法，尽可能避免法律制度本身促成犯罪的负功能，以此充分发挥其应有的预防犯罪的正功能。

1. 完善立法。法律制度的完善并不意味着它必然走向烦琐，而是意味着法律制度在体现社会公平和正义要求的前提下，部门齐全、赏罚适度、疏密有致。完善我国立法工作的主要任务，一是堵塞法律制度上的漏洞。随着经济、文化和社会的发展，针对出现的各种新型犯罪，立法机关应及时完善刑事立法，不给犯罪分子以可乘之机。二是协调好法律体系内部各种法律之间的关系，以便形成法制的整合力量。

2. 完善执法。执法是国家法律指导、调节社会生活的具体方式。执法状况直接影响社会公众对法律的认可和信仰，影响法律平息纠纷、化解冲突和预防犯罪人再犯的社会效果。因此，要加强执法队伍的组织建设、业务建设和廉政建设；做到执法的规范化、程序化、制度化和人性化；消除现实中存在的执法不严、执法不公、粗暴执法甚至以罚抵罪、以官抵罪等现象，真正做到不仅在形式上执法，而且在实质上执法。只有如此，才能使执法的过程成为不断消除社会消极因素，增进社会和谐因素的过程。

3. 充分利用法律资源，增强法律的实效性。迄今为止，我国制定并颁布了四百多部法律、近一千部行政法规、近万部地方性法规和更多的部门规章，从根本上改变了无法可依的局面。但我国现有法律资源并没有得到合理、充分的利用，法律规范的司法化程度不高。这使众多的法律制度并未起到调整社会生活、解决社会矛盾的作用。在依法治国已是社会发展的必然选择的背景下，国家应当充分利用法律资源，严密犯罪预防的法律体系。

4. 加强法制宣传和教育。在这方面必须以人民群众喜闻乐见的方式，在全社会开展广泛、深入、扎实的普法教育和各种形式的法制宣传教育，提高全民的法律意识，增强他们的护法、守法观念。公众法律意识和守法观念的形成不仅会强化其自觉遵守法律规范的意识，而且会增强其维护自身合法权利的意识，并由此激发出与犯罪现象作斗争的觉悟和勇气。

三、社会政策预防

（一）社会政策与犯罪预防的关系

社会政策原是社会学领域的研究内容，对其研究所形成的理论被称为社会政策学，但实际上关于社会政策的整个知识架构又远远超出了社会学的知识体系，其涉及政治、经济、文化、法律等众多的知识学科。从宏观上讲，社会政策也属于社会制度的一部分，是对社会制度内容的具体化实践环节，一切社会制度设计都必须通过一系列的实践政策来落实。一般认为，社会政策是通过国家立法和行政干预，解决社会问题，促进社会安全，改善社会环境，增进社会福利的一系列方针、政策、原则和计划的总和。在认识上，可以将社会政策理解为是社会行动的有目的的过程，是“设计出来的关于目标、价值和实践的规划”①。

---

① ［英］科尔巴奇著，张毅等译：《政策》，64页，长春，吉林人民出版社，2005。

在当今世界上，社会政策被认为是关于国家与公民的个人福利之间的关系。对于公民来说，社会福利是国家、社会应尽的责任，是每个公民应享受的权利。社会政策的具体内容是十分广泛的，一般包括：社会福利与社会保障政策、文化教育政策、医疗卫生政策、城市规划与住房政策、人口政策、劳动就业政策等。如何从犯罪学的角度，尤其是从犯罪预防的角度来理解社会政策的本质属性，是一个重要的认识问题。

首先，社会政策是国家政策，表达的是国家的政治目的，反映的是国家对社会发展的价值观念。国家制定社会政策的基础是对精神文明建设与物质文明建设的认识与把握。如果认识正确，社会政策就会起到促进社会进步、化解社会矛盾的作用；反之，则会有害于社会进步，激化社会冲突，甚至导致社会对抗。

其次，社会政策的基本目标在于协调社会关系，解决或避免社会问题，防止社会冲突，以保证社会协调发展。由于社会现象联系的复杂性，社会政策不仅要解决社会中某一个领域内的问题，还要考虑社会如何协调稳定发展，所以，社会的整体运行态势始终是其关注的重点。这决定了社会政策的内容必须是多方面、多层次的，而且目标也是多元化的和多层次的。

再次，预防犯罪是社会政策目标的一部分，是社会政策自然而然的附属内容之一。由于犯罪现象的产生是多方面的社会因素共同作用的结果，所以制定多方面的社会政策，发挥其共同作用，是消除社会中犯罪滋生的诱发因素、有效预防和控制犯罪现象发生的根本措施。

最后，以如何有效地运用刑罚及类似方法同犯罪现象作斗争为内容的刑事政策是社会政策的组成部分。因此，刑事政策的制定既应建立在科学的犯罪原因认识论的基础上，又要注意与其他社会政策之间的协调，如此才能真正发挥出有效预防和打击犯罪的实际功效。从这种意义上讲，刑事政策是有组织地反犯罪活动的“艺术”。

（二）社会政策的犯罪预防功能

犯罪不仅仅是某种行为模式，更是一种社会关系的反映，是社会关系的紧张程度达到了不可调和的产物。马克思主义犯罪观认为，犯罪现象也表明了个人与社会之间的冲突状况。犯罪行为是个人对社会的一种对抗形式，是个人与社会之间的关系紧张的一种表现。它是孤立的个人侵犯统治关系的行为，是对统治阶级建立起来的法律秩序的蔑视和反抗。因此，如果能够保持社会关系的平稳状态，就可以在很大程度上有效地预防犯罪现象的发生。而在这方面，社会政策是可以大有作为的。因为就社会政策本身来说，它是一种社会关系的“调节器”，是国家解决犯罪这一突出社会问题的重要工具。

社会政策之所以在犯罪预防中具有重要作用，从根本上讲是基于对犯罪原因的正确把握。针对社会中存在的种种犯罪诱发因素，社会政策的实施将有助于从犯罪产生的根源上、条件上预防犯罪，这也是由社会政策的功能所决定的。从积极的方面来说，科学、适当的社会政策具有以下犯罪预防功能。

1. 社会政策通过调节社会矛盾、化解社会冲突来预防犯罪的发生。犯罪原因的研究表明，在许多情况下，犯罪行为是社会矛盾与冲突的产物，是社会矛盾激化的表现。社会间的矛盾与冲突本质上是利益上的矛盾与冲突，是不同的利益主体在追求利益最大化的过程中与他人或与社会形成的矛盾与冲突。社会政策是国家权力对社会生活的实际干预，这种干预具有实际意义上的经济学效益，具有对社会利益资源进行调节、分配的功能。因此，良好的社会政策通过利益资源调节和合理分配，可以化解社会矛盾，避免矛盾激化，实现社会利益的优化和整合。例如，通过制定和执行科学的分配政策、税收政策、就业政策、物价政策、工资政策、住房政策等，能够协调社会各方面利益的分配关系，避免分配不公和贫富差距过大，从而起到积极的犯罪预防作用。

2. 社会政策通过有效的社会管理与社会控制来预防犯罪的发生。社会政策是国家及其机构、人员用来组织管理社会的主要手段之一，是以国家政权为后盾的社会管理措施体系的组成部分。它通过国家权力的运行机制对社会生活进行干预和组织，并由国家强制力来保障政策目的的实现，具有绝对的权威性。社会政策的这一属性，与其本身所具有的国家意志是分不开的。正因如此，推行和实施社会政策就表现出明显的国家强制性，如果需要，它完全可以以法律的形式作出规范性表达和采取更具体的落实措施；它的覆盖面极广，所有社会成员和社会群体的行为都会受社会政策的强力干预，并接受其调整或指引。在这样的情形下，贯彻正确的社会政策，就会促进社会的稳定和形成一体化的局面，社会整体上也具有了抑制社会动荡、抵抗违法犯罪现象的巨大能力。

3. 社会政策通过社会价值导向与价值整合来预防犯罪的发生。社会政策是国家基于对现存和未来社会关系的认识而作出的，体现了国家决策的价值取向与价值判断。反过来，这些社会政策又影响整个社会的价值取向与价值判断。由于社会政策可以凭借国家权力而推行，由其表达出的价值取向代表着社会价值的主流观念与发展趋向，所以社会政策对社会价值准则的确立、取舍或整合有着十分重要的导向与影响作用，甚至会直接影响社会道德状况。因此，推行良好的社会政策能够促进正确的道德观、价值观的形成，促进社会物质文明与精神文明的建设，从根本上有助于防止犯罪的发生。

值得重视的一个重要问题是，社会政策也是把“双刃剑”。如果社会政策有着科学、正确的内容，并且能够得到切实的执行，那么便会有效发挥其上述积极功能；而失误的社会政策则会起到相反的作用，不但不利于预防犯罪，反而可能激化社会矛盾，诱发大量新的犯罪。

（三）具体社会政策的犯罪预防功能

社会政策的调整对象决定了其内容是十分丰富的。以下就具体社会政策的犯罪预防功能进行简要分析。

1. 社会分配政策。现实中许多犯罪现象的背后都隐含着社会分配不公的深刻原因。在利益分配问题上，国家和社会必须防止出现利益分配不公的现象，坚持效率与公平兼顾的原则。一方面，社会分配要与社会经济发展水平相适应，防止出现过度分配或分配不足；另一方面，更要注意避免在分配中造成不合理的贫富差距，导致社会阶层的不当分化，因为社会阶层的不当分化将会给社会稳定带来极大的隐患。

2. 社会福利政策。社会福利是国家和社会对贫困阶层人员予以救济保障的各种手段、措施，主要有社会保险、社会福利、社会救济、医疗保险、养老保险、失业保险、住宅保障、最低工资保障等内容。现阶段我国社会保障体系的不完善已经成为社会安全隐患。建立和完善有关的社会保障制度，在缓解个人的生存压力的同时，也缓解了社会治安压力。

3. 教育政策。众所周知，教育是提高人口素质的最基本途径，接受教育是一个人社会化的主要方法。同时，教育也是社会发展和社会稳定的动力。我国自古以来就有着优良的教育传统，但在改革开放以后，在大力发展社会教育的过程中，由于种种因素的影响，我国的教育出现了严重的偏差，其结果是，除了不同地区的教育水平差别巨大之外，教育中高分低能、社会责任感不强、义务观念淡薄、人际协调能力差等社会化障碍现象普遍存在。

这些现象的大量存在，不仅意味着未来的社会建设者可能难以担当继往开来的重任，而且意味着潜在犯罪人群大量增加的可能性。因此，国家应当致力于制定科学的教育政策来引导、规范教育事业。成功的教育是充满义务的教育，是平等、无差别的教育，是真正追求人的素质全面提高的教育。只有这样的教育才是社会发展的真正动力，才能为防止受教育者陷入犯罪泥潭作出巨大贡献。

4. 城乡发展政策。我国在长期发展中形成了城乡二元结构体制。应该说这种体制是建立在农村社会相对不发达，农民利益在一定程度上受剥夺的基础上的，最终形成了农村与城市在经济、文化发展上的严重不平衡。因城乡二元结构不平衡导致的社会不公引起的社会矛盾已十分明显。这方面比较典型的例证当属农村和农民犯罪问题。在农村地区，农民犯罪的比重不断上升；在城市里，农民工犯罪问题也对社会安定形成了威胁。农民犯罪既有农村文化落后的原因，更有经济利益与城市反差太大的原因。农民的付出与所得极不相称，使农民很容易产生不平与仇恨情绪而实施违法犯罪行为。因此，急需制定合理的城乡发展政策，通过提高农民收入、减轻农民负担、加强农村文化教育、发展小城镇建设等措施，改变城乡二元结构体制，缩小城乡差别，稳定了占全国人口绝大多数的农民，也就稳定了全社会。

5. 就业政策。从某种角度说，犯罪是一种对机会的限制与封锁的自然反应。安定而有保障的生活必须建立在相当的经济条件之上，但在现实生活中，并不是任何人都具有获得相当经济条件的机会。对绝大多数人来讲，就业是取得安定而有保障的生活的唯一机会，没有就业机会就意味着生存、发展机会的丧失，而当生存受到威胁的时候，任何人都可能采取非正常的手段来谋生。因此，制定和切实推行科学的就业政策，尽可能公平、合理地为社会成员提供就业和发展的机会，是减少犯罪、保证社会安定的有效手段。

6. 社区建设政策。社区建设是优良的社区环境的基础。优良的社区环境并非只是指优雅的、方便的居住环境，还包括安全的生活环境。无论是城市社区还是农村社区，都应当把居民生活安全列入建设的主要目标。街道建设、楼宇建造、公共设施、社区管理组织等建设要与有利于预防犯罪的目标相结合，如有利于形成良好的邻里关系，能够消除安全死角等。国家有必要制定一些规范化政策来引导社区建设，增强社区对犯罪的防范能力。

7. 青少年政策。青少年犯罪不仅危害当代社会，更危害未来社会。因此，预防青少年犯罪始终为世界各国的社会政策所高度关注。青少年政策应当以保证青少年个体的充分发展为目的，体现对青少年的保护原则。国家应当根据青少年发展的特点，制定关于青少年教育和文化娱乐活动的专门政策，并完善青少年工作机构、福利机构、教养机构以及司法制度。

8. 犯罪人处遇政策。犯罪人处遇直接关系到犯罪人是否重新犯罪的问题。从狭义角度来讲，犯罪人处遇政策就是刑罚政策。从世界范围来看，现代刑罚制度改革研究对犯罪人处遇政策已经形成了一致的主流观点，即仅依靠刑罚惩罚是不能有效预防犯罪人重新犯罪的，应当在刑罚之外选择适当的方法。对此，李斯特有经典的论述："在现代刑事政策研究方面的一个重大成就是，最终达成了这样一个共识：在与犯罪作斗争中，刑罚既非唯一的，也非最安全的措施。"① 目前，西方众多国家推行的轻刑化政策和非刑事化政策都是对这一理论的实践。

---

① ［德］弗兰茨·冯·李斯特著，徐久生译：《德国刑法教科书》，20页，北京，法律出版社，2000。

四、社会道德预防

（一）道德的一般概念

道德是人类在长期的生存实践中逐步形成的，依靠社会舆论、传统、习惯和内心信念来维系的，以善恶为基本评价标准，调整人们相互之间关系的行为规范。它是人类社会最原始、最直接、最普遍适用的行为规范。从远古时期开始，共同生活在一起的人们就已经从生活实践经验中内化出朴素的生活规范和行为要求，并不断地继承和发展，最终形成了今天我们所熟悉的道德规范体系。道德生存成了人类社会最重要的生存方式。

道德对于人类社会的重要之处在于，它是维系社会存在和发展的最基本的规范体系。没有道德规范，整个社会就会分崩离析。虽然诸如政治、法律、宗教信仰等都是人类社会不可或缺的规范种类，但它们都是建立在道德规范基石之上的。因为道德观念如同血液一样存在于人们的意识中，并引导人们的言行和选择。有什么样的道德观，就会有什么样的政治、法律和宗教信仰。作为社会上层建筑的基本内容，道德规范是人们把握现实世界的一种特殊方式，对人类的社会生活有着多种功能和作用。

1. 道德规范的评价功能。道德是人们在长期共同生活中对事物、事件以及行为等现象形成的是与非、善与恶、丑与美、真与假的基本意识判断，这种意识判断有相当的稳定性，并可世代相传。因此，当道德规范内化为人的意识观念时，就会产生评价自己和他人行为的功能，成为人们生活中最基本的是非、善恶判断标准。

2. 道德规范的导向功能。由于道德规范中存在人们关于社会生活的共同价值观念，是社会生活的共同价值基础，所以它有助于人们正确认识和选择自己的行为，在生活中起到引导人们去主动适应社会现实的作用。优良的道德有助于把人们的力量和智慧凝聚到高尚的共同目标上来，并营造出良好的生活氛围和发展空间；反之，亦反。

3. 道德规范的调节功能。在共同生活中人们难免会形成种种矛盾冲突，难免引起心理上、情绪上的变化，不满、焦虑、怨恨等情绪就可能随之产生。这些情绪如果不能得到及时、有效的缓解、消除，就有可能使人产生过激行为，对社会造成危害。道德规范有助于人们在一些繁杂的道德境遇中迅速作出道德评价和合乎道德要求的行为选择，有助于人们主动调节自己的心理状态，并使之由不适应、不平衡向适应、平衡转化，从而建立起新型的人际关系，保持和促进社会的稳定与发展。

4. 道德规范的控制功能。道德依靠社会舆论的压力、传统的模范效应、个人内心的信念等力量，对社会中的每一个人都会形成内在的控制和约束作用。这种控制和约束作用构成了一个人的自律机制，使人不会肆意地实施不道德的行为。所以，道德规范是保持社会稳定，促进全社会各方面协调发展的重要保证。它可以未雨绸缪，把各种错误的思想倾向消除在发生之前；可以增强道德主体的自觉意识，提高全社会应对各种突发事件和抵御风险的能力，降低防范危机的成本，减少社会震荡。

（二）道德观与犯罪

在犯罪学中无论是探讨犯罪行为产生的原因，还是研究如何预防犯罪，都离不开对道德的研究。这是因为在对违反道德行为的研究中，可以找出犯罪行为产生和演变的规律。道德观念是个体内在的主观意识，人的外在行为除了受心理和生理因素的影响之外，主要是人的内在道德观念的不同反映形式。可以说，人的一切行为都有其深刻的道德因素背景。

因而，道德与犯罪有着密切的关系，是研究犯罪原因的一个重要视角。在很长一段时期中，道德因素甚至一度替代并遮蔽了人们对影响犯罪的其他因素的探索，乃至于一言以蔽之，犯罪就是极端不道德的行为，犯罪人就是道德极其败坏之人。虽然事实证明该结论有失偏颇，但不可否认，道德观与犯罪行为密不可分，在很多情况下它可能是影响犯罪的一个决定性的因素。

关于道德观与犯罪行为的关系，主要表现在以下三个方面。

1. 道德判断的偏离会直接导致行为失范。道德判断是指个体对于是非的评价，对于他人或者自己行为的道德性质的评价。这种评价将直接影响人们的行为决策。一个人如果缺乏这种评价能力，或者评价的标准错误，就会产生错误的认识，颠倒是非，从而导致行为失范，犯罪行为正是行为失范的极端表现。

2. 道德情感的扭曲可使行为人丧失起码的羞耻感，从而实施非道德行为。道德情感是促使人们将道德认识转化为道德行为的重要力量。但是仅仅具有道德认识、知道善恶并不见得必然直接引起符合道德要求的道德行为。只有当一个人产生向善之心，能在善行中获得情感满足，对善充满向往，并同时对恶行产生羞耻感和厌恶感时，道德认识才能真正指引人作出向善的行为。反之，道德情感的缺失或错位会导致行为人对于自己的恶行缺乏羞耻感，道德认识就会与其行为相互背离，甚至还会因为行为人失范情感的作用，扭曲其原有的道德认识。现实生活中常常发生这样的现象：一些被拐卖或被强迫卖淫的妇女原本是受害人，最后自己却充当人贩子或组织卖淫者，去拐卖、招揽其他妇女。在这种行为变化的背后，存在一个道德情感的变化。换言之，她们不再认为贩卖人口或者卖淫是不道德的行为。

3. 道德失范会导致社会严重的信念危机。道德是社会整体的共同信仰，是社会共同体中每个人共同的行为准则，是任何人都需要遵守，都应该遵守的规范。当社会道德状况处于良好状态时，遵守社会道德、符合社会道德的行为会获得道义上的赞赏，行为人因此会获得道德满足感与自豪感。这种正面的道德评价有助于鼓励人们继续按照道德标准行事，从而在道德行为与道德评价之间形成良性循环。反之，如果符合道德的行为得不到社会的应有赞赏，而违背道德准则的不良行为也得不到社会应有的谴责，那么道德评价的功能就会完全萎缩，人们的道德情感也会让位于实际利益的功利计算。随着人们普遍丧失对道德的信心，道德对社会成员的约束力将会被严重削弱，各种不道德行为将大量产生。而“世风日下”“人心不古”的道德环境，正是犯罪得以不断滋生和犯罪预防难以发挥效能的重要原因。

（三）犯罪的道德预防

自古以来，我国许多思想家就十分重视道德教化在预防犯罪中的作用。孔子曾说：“道之以政，齐之以刑，民免而无耻；道之以德，齐之以礼，有耻且格。”① 即认为只有用道德礼仪去教化人们、规范人们的行为，人们才能做到既有羞耻之心，又依社会规范行事。东汉王充也提出“学校勉其前，法禁防其后”②，“礼者禁于将然之前，而法者禁于已然之后”③。主张先应当加强道德礼仪的教育，如果不奏效，再辅之以刑罚制裁。此外，德国哲学家康德也同样认为法律调整人们的外部关系，而道德则支配人们的内心生活和动机。这些观点都在强调，道德预防对于犯罪行为来说是一道重要的社会控制阀。

---

① 《论语·为政》。

② 《论衡·率性篇》。

③ 《汉书·贾谊传》。

犯罪的道德控制就是通过道德教育和道德实践活动，增强人们的道德意识，以道德来规范、评价人们的行为，形成人与人、人与社会之间的良性互动关系，从而达到防止和减少犯罪的目的。在这方面，应当把握以下几点。

1. 道德教育必须结合家庭教育和学校教育，以青少年道德教育为重点。道德力量是潜移默化地起作用的，人的优良品德的形成也是一个漫长的过程。因此，道德建设中的教育与实践应从人的早期成长开始。青少年有较长的时期是在家庭和学校度过的，其中学校应担负起最为重要的道德教育的责任，应当成为培养青少年品德的主要场所。学校作为有组织、有计划、有目的地培养人和教育人的机构，应当根据不同年龄阶段的学生的不同认知能力和心理特点，根据不同类别学生的不同道德需求，科学地规划道德教育的具体内容和目标，并创造与之相适应的、生动活泼的教育方法，增强道德教育的实际效果。一旦青少年在道德认识、道德情感、道德意志和道德行为等诸方面获得充分的发展和提高，就会使其倾向于从善憎恶，从而远离犯罪。

2. 在运用道德手段预防犯罪时，应当注意道德的控制作用是有限的，不能过分夸大道德预防的功效。道德控制侧重于教育感化，靠的是每一个人具有的内在信仰，并由此形成自我约束力。因此，一个人一旦放弃信仰，突破道德良心的自我约束，突破对社会舆论谴责的恐惧，道德对他的约束就会显得苍白无力。加之，在开放、流动和价值观念多元化的现代社会，道德规范的约束力趋于弱化，仅仅依靠道德的力量是难以有效维护社会秩序的。因此，完备的犯罪预防体系需要道德、法律和公共权力之间的兼济互补。

3. 正确认识和对待道德规范的矛盾与冲突。人们在经济地位、文化教养、职业、年龄、交往群体、社区和地理环境，以及种族、风俗习惯等方面有着许多差异，而在这种不同文化背景下，每个人所表现出来的道德水平、道德状况以及道德观就更不尽相同了。这就会在不同的人之间形成道德规范、标准的矛盾与冲突。宽容与理解是解决这一矛盾冲突的唯一方法。应当以不同的道德标准去评价拥有不同道德资源的人的行为。如果以抽象的、一般的道德标准去度量不同人的具体的行为，就可能发生道德评价的偏移，从而产生不良的社会导向。

4. 道德建设是以精神文明为核心的文化建设。文化在社会生活中具有极为重要的功能。对个人而言，文化起着塑造人格，实现社会化的作用；对社会而言，文化具有社会整合和社会导向的功能。积极、健康、向上的思想文化对于犯罪欲念具有重要的抑制作用，消极、低级、颓废的思想文化则对犯罪具有诱发作用。因此，在道德建设中既应正视文化的多元性，注意正确引导亚文化，又要积极倡导主流文化，大力弘扬先进文化。在社会管理中，还要注意加强文化市场的管理，清洁各种形式的大众传媒，堵塞不良文化的制造和传播途径，努力形成丰富多彩、健康向上的文化环境。

第三节　微观社会预防

所谓微观社会预防，是指在相对较小的社会领域内进行的犯罪预防活动。这种预防活动一般是在人们具体的生活环境内展开的，其主要目的在于消除特定环境中各种可能滋生犯罪的不良因素、机会和条件，创造一个有助于抑制犯罪动机、减少犯罪发生可能性的微观社会环境。微观社会预防属于犯罪预防的前沿阵地，具有不同于宏观社会预防的如下特点：（1）微观社会预防的针对性较强，所采取的种种手段、措施比较具体；（2）它直接指向具体的预防对象，如家庭子女、在校学生或社区等；（3）其直接目的就是防范犯罪的发生。如果说微观社会预防是犯罪预防的基础，则宏观社会预防又是微观社会预防的基础。二者相互衔接，共同构成了犯罪社会预防的整体。

微观层面的社会预防主要包括家庭预防、学校预防和社区预防三个方面。

一、家庭预防

在影响犯罪现象发生的诸多因素中，家庭不良因素是重要的因素之一。家庭是社会最基本的组成单元，是人的第一生存环境。它不仅是一个生活单位，而且是一个重要的社会控制机构，发挥着对家庭成员最初的社会化功能。一个人的道德情操、伦理观念、生活态度、行为模式以及规范意识等都是先从家庭中获得的。良好的家庭环境是一个人健康成长的基本保障，而不良的家庭环境是家庭成员犯罪，尤其是青少年犯罪的一个重要原因。犯罪的家庭预防的核心在于如何增进家庭的社会化机能，使家庭生活对家庭成员的人格形成和行为模式以及规范意识的养成，产生良好的引导作用。

（一）提高家长对教育好子女的重要意义的认识

青少年犯罪在很大程度上与父母忽视对子女的教育或教育方法不当息息相关。要发挥家庭的第一道防线作用，应先提高家长对子女教育重要意义的认识。子女既是家庭成员，更是未来的社会建设者。努力使子女成为合格的社会成员是家长应当承担的社会责任。因此，父母是子女最重要的老师，应当树立“养不教、父母过”的观念；家长应成为引导子女正确认识社会，树立健康的价值观、人生观，学会与人良好交往的第一责任人。教育子女是父母的天职，教育好子女既是一种家庭责任，又是一种社会责任。

（二）稳定家庭结构

家庭这道防线是否牢固，与家庭的结构素质有着密切关系。由于每个家庭的结构特征各不相同，如婚姻基础、家庭人口、经济状况、家庭成员关系、家长的道德修养、文化程度、心理素质、身体素质等方面各有差异，所以不同家庭防线的牢固程度是有所不同的。从国家立场来看，应注意通过政策引导、法律规制和调动积极的社会力量等措施，努力维护家庭结构的健全、稳定，使尽可能多的家庭处于稳定状态。

1. 坚持婚姻自由、计划生育政策，倡导优生优育、男女平等、互敬互爱的良好风气。这是形成良好家庭环境的基础，是家庭健康、稳定的关键。

2. 保持较好的经济状况。家庭生活中既有精神生活的内容，也有物质生活的内容，其中物质生活是家庭生活的基本保证。因此，离开一定经济条件的支持，家庭生活是难以维系的。在这方面，尤其应注意从维护社会安定角度出发，认识到对困难家庭提供救助的社会意义。

3. 养成良好家风。家风是一种文化现象，是一个家庭在长期共同生活中形成的有关生活模式、观念、气氛等传统风气。建立和睦、融洽、健康、民主的家庭氛围，形成良好的邻里关系，这不仅有利于家庭成员在潜移默化中形成良好的品行，而且有利于及时发现和纠正家庭成员的不良心理和行为倾向。

(三) 科学家教，培养子女健全人格

要发挥家庭在预防犯罪方面的作用，家长必须通过科学的教育方法和教育态度，引导子女确立基本的是非判断标准，培养其正确对待自己、他人和社会的生活态度和行为方式。家庭教育的内容和方法涉及的面很广，从预防犯罪的角度来看，应强调如下几个方面。

1. 应兼顾子女的智力教育与品行教育。现实生活中，家长望子成龙心切，花大本钱进行智力投资，却不注重品德教育的倾向较突出。在应试教育的大背景下，家庭教育尤其要注意克服和矫正这种不良倾向。

2. 家庭教育要从小抓起。对于儿童必须注意科学喂养和早期教育，因为人格的形成在人生初期即已开始。一个人小时候养成的习惯，往往伴随其终身，有问题小时不管，大时想管不仅需要更多的努力，而且需要特定的条件。因此，家庭教育应当从小抓起，及时发现问题，及时纠正，防微杜渐。

3. 教育方法要科学。首先，不能迷信“棍棒底下出孝子”，动辄打骂训斥，虽然此种办法有时也可见效，但常常事与愿违，或者使子女丧失自信心、荣誉感，自暴自弃；或者使子女产生惧怕心理，悲观绝望甚至自杀；或者使子女对父母产生反感、抵触和对立情绪；或者破坏了家庭关系，使青少年逃离家庭，游荡于社会，入伙作恶。其次，不能一味地溺爱子女。随着独生子女家庭日益增多，不少家长对独生子女过于娇惯，使其养成了自私、贪婪、懒惰、粗暴、任性、冷漠等不良习性。这些习性如果得不到有效的矫正，久而久之往往会集习成恶，一遇外界环境的刺激，就很可能引发犯罪行为。最后，不能按自己的主观愿望强行管教孩子。家长急于使子女“成才”，不顾子女的兴趣、爱好和自身的条件，强迫他们学习自己不感兴趣的东西，如强迫孩子练琴、绘画、考大学等。这样做在扼杀了孩子的潜在能力的同时，还可能引发逆反心理。实践中，不少“杀亲罪”（即亲人之间的伤害行为）正是由此诱发的。

4. 家长应以身作则，身教重于言教。父母是子女学习的第一对象。家长在日常生活中要形成表里如一、言行一致的作风，要求子女做到的，家长必须先做到；要以自己的示范行为使孩子潜移默化地学到正确的道德观念、良好的思想品质和行为习惯。为此，对家长自身的品行与修养就提出了要求。

(四) 家庭教育应与各种社会教育力量相结合

青少年不仅生活在家庭中，而且生活在其他社会环境当中。要使家庭教育具有针对性并收到更好的效果，家庭教育就要善于主动与学校和有关单位的工作密切配合，形成青少年教育的合力。尤其要关注结构残缺家庭、问题家庭等不良家庭中的子女教育问题。由于不良家庭中的子女往往得不到来自家庭内部的正确教育和引导，学校以及基层组织和邻里等社会力量的及时介入，对于弥补家庭教育缺陷、帮教不良家庭子女，就显得特别重要。

二、学校预防

在传统社会里，家庭是一个人获得基本生活经验，得到社会教育的最主要的场所。现代社会，随着家庭功能的变化和社会教育周期的延长，家庭的教育职能已经部分地为学校所取代，这使学校日益成为青少年塑造良好个性和实现社会化的主要场所。

学校教育与家庭教育的不同之处在于：家庭教育基本上是一个潜移默化的过程，暗示与模仿是家庭教育的重要机制；学校教育则是有目的、有计划地对学生施加正面影响。

作为社会教育机构，学校是传授和学习文化、规范的重要场所，是个体社会化的重要执行者。同时，学校也是一个社会控制机构，对于人格的形成与发展有着深刻的影响。所以，在犯罪预防中，学校预防也是一道重要防线。成功的学校教育是防止青少年违法犯罪的重要途径，失败的学校教育则可能埋下致使青少年犯罪的种子。为了更好地发挥学校在犯罪预防中的功能作用，学校教育必须从以下几个方面进行不断地改革和完善。

（一）在办学理念上，要强调学校是社会成员的社会化机构，而不只是传授知识、培养智力的机构

长期以来，我国十分重视发展教育事业，在增加教育投资、实行教育改革、确保义务教育、扩大教育规模等方面进行了许多尝试，积累了很好的经验。例如，改革我国教育机构单一化的体制；根据社会发展的现实需要，合理确定各类学校的比例；大力发展各种层次、各种类型、各种行业的职业技术学校，使大批青少年获得上学的机会，并为其将来的就业提供保证。但是，我国历来的传统教育观念认为，学校的使命与职责就是传授知识、智力培养，即单纯的教育功能。目前来看这种传统观念是有所欠缺的，学校教育的核心任务是为社会培养未来的合格成员。同时，国家大力发展教育，会使学校有足够的数量、时间、空间与能力，将更多青少年在较长时间纳入其教育的氛围之中，使青少年得到应有的社会化机会。因此，在办学观念上，要将学校教育与社会发展联系起来；在教育评价体系中，要使学校承担起应有的稳定社会秩序的责任。

（二）在教育模式上，应从应试教育向素质教育全面转移，推行导向教育、品行教育

长期以来，我国普遍盛行的应试教育模式造成了严重的社会问题，导致学校（尤其是中小学）教育目的的错位，极其不利于学生的正常成长。应当树立学校教育首先是品行教育和职业道德教育，其次才是知识和技能传授的教育理念。教育的目的是人全面素质的培养和提高，而不是应试知识的积累。因此，应当推行导向教育。所谓导向教育，就是学校围绕学生全面素质培养的目标，在实施教育时，使每一项教育内容都有明确的目的指向，而不是一味地、笼统地传授学业知识。导向教育包括如下内容。

1. 抓好人生目标导向教育。学校教育以爱国主义、集体主义、优良传统和道德意识、法治精神等为内容引导和教育学生，使学生树立起正确的人生观和价值观，养成良好的品德意识和行为习惯，成为有理想、有道德、有文化、有纪律的合格公民。

2. 抓好志趣导向教育。应针对学生的不同志趣，给予正确的引导和帮助，使学生合理的需要得到适当的满足，把学生旺盛的精力和探索精神引导到对科学知识的追求和正当有益的活动上来。这既有利于学生生理、心理的健康发展，又减少了学生接触社会不良因素的机会。

3. 抓好需求导向教育。大力引导学生正确对待和选择物质方面的需要和精神方面的需要，反对不良消费和享受；着力培养学生自力更生、朴素节俭的生活习惯。

4. 抓好遵守法纪导向教育。切实贯彻国家的普法要求，结合社会治安状况，有步骤地进行法制教育，使学生树立起法制观念和守法意识，并教会学生善于运用法律力量保护自己的合法权益。

5. 抓好性道德导向教育。培养学生形成正确的性观念、性意识、性道德，防止青春期“性神秘”、性文盲给学生带来的反作用。

6. 抓好正确交往导向教育。培养学生形成正常的社会交往能力，以便使他们善于社交、善于表达，形成良好的、积极的、健康互助的人际关系。

（三）坚持开展公平、无差别的学校教育

学校教育应面向全体学生，而不只是面向少数“高才生”。不能为单纯追求高升学率而放弃或变相放弃对大多数学生的教育，尤其不能放弃对学习成绩较差、品德较差的学生的教育。抓好这些学生的教育和转化工作，引导他们健康成长，是发挥学校教育预防犯罪作用的重要体现。

（四）提高教师队伍的整体素质

教师是人类灵魂的工程师，是人类文明的传播者和建设者，是学校预防犯罪任务的主要承担者。学生能否形成健康的人格，与学校教师的思想品质和业务素质有着密切的关系。

（五）优化学校环境，树立优良学风

学校作为教书育人的场所，应当是一个整洁、安全，充满了积极向上风气的环境。这样的学校环境有利于学生的身心健康，有利于学生形成良好的学习习惯和行为习惯。学风是一个学校在长期办学中形成的、具有一定稳定性的教育与学习的风尚。优良的学风会起到不断激励人上进的作用，而不正常的学风则会影响学生的学习积极性，甚至影响正确学习观、价值观、人生观的树立。优化学校环境，树立优良学风应注意以下几点内容。

1. 积极引导学生树立正确的学习目的，形成端正的学习观。

2. 管理要宽松适度，既有适当的纪律约束，又不至于压抑青少年的天性；既要在管理约束中使学生养成规范意识和自律能力，又要引导学生的天性向积极的方向发展。

3. 要致力于形成尊师重教、互相信任的师生关系。从一定意义上讲，良好师生关系的建立过程，也就是对学生良好人格的培养过程。尊师重教、互相信任的师生关系还会直接对学生之间的关系产生积极影响。

4. 确保校园安全，防止校园暴力行为。一方面，校园暴力直接造成对学生身心健康的损害，另一方面，如果校园暴力得不到有效遏制，就会产生十分不良的心理暗示，使学生形成依靠暴力手段解决矛盾、纠纷的倾向。

5. 创建安全的周边环境。在相关社会力量的配合下，国家有关部门应着力净化校园周边的环境，使不适合学生成长的社会因素，如网吧、歌厅、夜总会等单纯消费的设施远离校园，防止学生沾染不良习气。

三、社区预防

社区既是一个由相对稳定的人群生活于其中的地理单元，又是聚居在一定区域范围中的人们通过种种生活行为联系所形成的相对独立的生活共同体。社区是人的亲密生活环境，人的行为尤其是私生活行为大多是在社区内完成的。作为集经济功能、政治功能、文化功能于一体，兼有社会化、社会控制、社会福利和社会参与等职能的社区，在预防犯罪方面具有极其重要的意义。

（一）社区预防的特点

社区作为社会成员工作、学习、生活的最主要场所，也是犯罪活动的主要空间。社区中的人、事、物，特别是社区居民的人身和财产，常常会成为犯罪分子选择的主要目标。从实践中看，社区是犯罪行为重要而直接的发生地，也是重要的受害发生地。从国际社会来看，社区历来是社会控制的基本单位，社区在预防犯罪中的作用日渐受到各国政府和有关国际组织的重视，制定和实施以社区为基础的预防犯罪方案愈来愈受到普遍的鼓励和支持。

社区预防的目的在于形成一种抵御、制止犯罪的社区氛围和社会心理，消除或限制犯罪机会，使犯罪分子难以作案、难以藏身。在这方面，无论是社区成员、社区组织还是社区环境，都具有预防犯罪的功能。可以说，社区预防是犯罪的社会预防的基础，在犯罪预防体系中具有其他预防难以取代的明显优势。

1. 社区预防具有明显的综合性，是各层次犯罪预防的焦点。社区是人们生活的基本区域，构成社区的因素有很多，如家庭、学校、市场、社会单位、公共场所等。因此，从社区角度进行犯罪预防，势必会关系到其他层次的犯罪预防，如家庭预防、学校预防本身就是在一定的社区之中进行的。而且对犯罪分子进行刑罚预防，也有相当一部分必须依靠社区来进行，如社区矫正和缓刑、假释的执行等。至于更宏观层次的社会预防，也只有通过人们的社区生活才能得以贯彻。

2. 社区具有相对的独立性。由于社区中的成员结构、所在的区域、设施、环境都相对稳定，社区中存在的问题和隐患也就相对稳定，因而决定了社区预防的范围较为明确，人们能够比较容易地认识和把握社区中预防的重点、难点。因此，社区利于进行常规性的预防工作的安排部署。

3. 由于社区中的人员结构、环境结构及存在问题相对比较稳定，所以社区预防手段的针对性一般都很强，能够做到有的放矢。

4. 由于共同的社区生活培养出了社区居民共同的生活体验和生活经验，所以在同一个社区中组织群众，实施为保护共同生活安宁的犯罪预防活动，有较强的可操作性，群众参与积极性高，便于组织、领导和部署，预防措施的运行也容易落到实处，能够收到较好的预防效果。

(二) 社区预防的措施

社区预防措施是多方面的。从层次上看，社区预防措施可分为两类：一是在社区整体层次上的集体预防措施；二是在个人层次上的家庭预防措施。[①] 社区预防的根本在于每个社区成员和每个家庭的积极参与，形成一种社区集体预防的态势。

1. 建立健全社区安全防御的组织机制，开展安全文明小区建设活动。以村镇、街道、住宅小区等为单位，建立警务室或基层的安全保卫组织；对社区进行强化治安管理，形成群防群治的预防网络。

2. 在社区内广泛开展以人防、物防、技防为基础的综合性犯罪预防。社区作为具有多种功能的社会子系统，在预防犯罪中有着得天独厚的优势，社区可以调动广泛的人力、物力开展多层面的犯罪预防。应当注意，在任何情况下，人防是关键，是最主动的预防手段。物防和技防虽然也有着重要的现实作用和预防的特殊优势，如不会因人而异、具有持久的恒定性等，但不能成为社区预防的核心，更不能代替人防。

3. 充分发挥各种调解组织的作用，及时化解矛盾。现实中许多犯罪都是由矛盾纠纷激化而产生的。因此，要预防在先，遇有纠纷及时调解，消除隔阂，化解矛盾，促进家庭和睦，邻里亲善，减少犯罪发生的概率。

4. 充分发挥社区功能。社区是个结构严密的多功能小社会，积极开展社会工作和社区

---

① 参见［英］约翰·格拉海姆、特雷弗·白男德著，王大伟译：《欧美预防犯罪方略》，3页，北京，群众出版社，1998。

服务，在预防犯罪方面可达到事半功倍的效果。

（1）强化邻里关照意识。搞好邻里关系，相互照应，和睦相处，不仅能够尽量减少邻里纠纷和摩擦，消除不利因素，增强理解和信任，而且家与家、户与户之间要充分利用相互守望功能，提高邻里之间对犯罪预防的整体意识。为此，社区应通过推动邻里互助和友善活动，增强居民凝聚力，提高社区成员的整体意识、参与意识和大家庭意识，强化邻里预防的作用。

（2）组织积极向上的社区文化。健康有益的文化生活可以陶冶情操，满足人们的精神需求，使人们的素质在潜移默化中得到提高，从而减少犯罪的诱因。社区应充分发挥自身的功能优势，兴办各种文体场所，如小图书室、小活动室、小健身房等。同时，应加强对舞厅、网吧等公共娱乐场所的管理，创造有利于预防和减少犯罪的社区文化氛围。

（3）积极开展就业指导。在措施上，一是通过各种形式的文化补习、劳动技能培训，提高待业人员素质，增强就业的实力；二是帮助待业人员树立正确的就业观，做好就业前的心理准备；三是进行就业登记，通过劳务中介等组织，为待业人员开拓就业渠道；四是有条件的社区可兴办一些经济实体，安排就业，通过社区就业来安定社区秩序，发挥预防犯罪的作用。

5. 有组织地开展社区矫正和帮教活动。社区矫正是指将符合社区矫正条件的罪犯置于社区内，由专门的国家机关在相关社会团体和民间组织以及社会志愿者的协助下，在判决、裁定或决定确定的期限内，矫正其犯罪心理和行为恶习，并促使其顺利回归社会的非监禁刑罚执行活动。在社区内开展对特定犯罪人员的矫正活动，是我国当前刑事制度改革的重要内容之一，其犯罪预防意义十分突出。

（1）有利于避免传统监禁刑罚矫正给犯罪人带来的负面影响。传统监禁刑以完全剥夺人身自由为方式，对犯罪人进行改造。该方法一方面不可避免地形成人性压制，另一方面也造成社会财富的巨大投入。然而实践证实，监禁环境在许多方面并不利于犯罪人的改造，尤其是短期的监禁往往造成改造不足，而且更容易产生“交叉感染”，使犯罪人的人身危险性不但没有减少，反而可能增加。

（2）在开放的日常生活环境中开展矫正工作，有利于犯罪人的正常社会化，促使其回归到正常的生活秩序中来。其中的原理十分简单：正常的环境才是培养人适应正常环境的能力的最佳场所。社区矫正的模式使犯罪人体验到社会的宽容、人格的被尊重，从而更容易被感化。同时，开放的矫正也会带来公众与犯罪人之间的相互理解和沟通，从而易于化解矛盾，消除隐患。

（3）在社区中进行犯罪人的矫正工作，可以利用更多有效的社会资源，增强矫正的功效。社区在配合有关机关，选聘参加矫正活动的人员，制订帮教计划，落实帮教、监管措施等方面，可以提供积极的帮助，使曾有犯罪经历的帮教对象能够迷途知返，避免再次走上违法犯罪的道路。

【问题与思考】

1. 什么是犯罪的社会预防？
2. 社会预防有哪些特点和功能？
3. 如何从制度建设方面预防犯罪？
4. 什么是社会政策？它与刑事政策有何关系？

5. 如何从社会政策方面预防犯罪？

6. 如何通过社会道德建设预防犯罪现象的发生？

7. 在青少年犯罪预防中，家庭和学校担负着何种责任？

8. 如何通过社区建设预防犯罪？

【推荐阅读书目】

1. ［意］恩里科·菲利著，郭建安译．实证派犯罪学．北京：中国人民公安大学出版社，2004

2. ［英］约翰·格拉海姆，特雷弗·白男德著，王大伟译．欧美预防犯罪方略．北京：群众出版社，1998

3. ［美］路易斯·谢利著，何秉松译．犯罪与现代化．北京：中信出版社，2002

4. 陈明华，卢建平，何勤华，郭建安．比较犯罪学．北京：中国人民公安大学出版社，1992

5. 冯树梁．中外预防犯罪比较研究．北京：中国人民公安大学出版社，2003

6. 刘晓梅．关于社会转型期犯罪问题的若干思考．天津社会科学，2004（3）

7. 王志强．试论和谐社会勾践中的预防犯罪机制．现代法学，2005（4）

第十三章 犯罪的情境预防

内容导读

情境预防是晚近以来世界范围内犯罪预防的主流趋势之一，它是指通过恰当地改变或控制日常生活情境，防止因此诱发犯罪动机或利于实施犯罪行为的各种行动和措施。情境预防的实质是：通过提升潜在犯罪人被发现和被检举的风险、增大犯罪实施难度和减少犯罪收益等措施，达到减少犯罪的目的。本章学习的重点包括：情境预防的概念，情境预防的价值，情境预防产生的理论与实践根据，以及情境预防的具体措施。

第一节 情境预防的概念

一、情境预防理论的发展

(一) 情境预防的发展历史

虽然情境预防理论产生于20世纪后期，但是，在此之前人类早就有了朴素的情境预防观念和运用情境预防措施的实践。孟母三迁、审慎择邻的故事，民间不露富的做法，防盗告示，更夫制度等，无一不流露出朴素的情境预防理念；古代城堡通过设置陷阱、城壕、吊桥等方法来防范敌人进入，通过警卫人员、保镖等人的巡逻预警，利用关卡来严格审查等，就是典型的情境预防措施。我们在日常生活中也早已习惯在所有物上标明姓名、记号等易于识别的标记，防止物品丢失；通过在家畜身体上烙印以及使用锁钥、保险箱等防盗措施来表明自己对财物的所有权，以防盗窃；等等。从这种意义上说，犯罪的情境预防是一个历久弥新的话题。

从理论上看，关于这种传统的通过一定的技法以改变情境达到预防犯罪目的的方法和思路，19世纪欧洲的犯罪统计学派和20世纪初叶美国的芝加哥学派对此都曾经有所涉猎。

随着现代社会科技的飞速发展和运用，这类方法正越来越广泛地为人们所利用。如何将这类分散的技法予以系统化、理论化，阐发其在犯罪学中应有的理论地位和价值，以进一步科学地指导相关犯罪预防措施的实施，就成为当代犯罪学界不容回避的课题。

20 世纪 70 年代后半期以来，犯罪与环境的关系问题再次引起世人的关注。其直接契机并非来源于犯罪学家，而是来源于美、英等国的建筑学家和城市规划专家。受他们启迪的欧美犯罪学家、刑事司法实务者继踵其后，才进一步尝试着探讨和构筑这类犯罪预防理论。

在美国，受建筑行业记者简·雅各布斯（Jane Jacobs）于 1961 年出版的《美国大城市的生与死》一书的影响，1971 年，犯罪学者杰弗利出版了《环境设计与预防犯罪》；次年，建筑学家奥斯卡·纽曼（Oscar Newman）也出版了《易于防范的居住空间》。这两本书分别体现了杰弗利的防范性环境设计理论（crime prevention through environmental design，简称 CPTED）和纽曼的防范空间理论（defensible space theory），二者成为此后这类新犯罪预防理论的基础，影响极大。

在英国，1980 年年初，罗纳德·克拉克（Ronald Clark）等陆续出版了《设计与防范》《情境犯罪预防》等书，1992 年其又出版了实用且影响巨大的《情境犯罪预防——成功案例研究》，由此创立了英国的情境犯罪预防（situational crime prevention）理论。此外，同一时期加拿大等国家也相继开始研究自然环境，即建筑物的结构和建筑的位置等与犯罪的关系，以达到减少犯罪的目的。

到了 20 世纪 90 年代之后，在犯罪预防论风行全球的背景下，这类新的犯罪预防学说更得到了迅猛发展，国际交流更为密切。例如，1990 年，由克拉克发起的国际性研究团体“环境犯罪学与犯罪分析”（Environmental Criminology and Crime Analysis）研究会，每年召开学术会议；从 1993 年开始，该研究会的专业性杂志《犯罪预防研究》也公开面世。

随着这类新出现的犯罪预防学说在理论界日益引人注目，实务界也开始了对这方面的最初尝试。20 世纪 70 年代后半期至 80 年代，美国以联邦司法部为中心，成立了“通过环境设计预防犯罪”课题组；英国以内务部为中心，成立了“情境犯罪预防”（situational crime prevention）课题组，这些课题组由犯罪学、建筑学、城市工程学等领域的学者组成，他们在推进理论研究的同时，将情境预防与现实政策结合起来，通过相关政策措施使之具体化。

（二）情境预防的概念

此处所谓的情境（景），泛指与犯罪行为发生有关的综合情况，是所有情境因素互相作用、融合形成的总情境，是在与犯罪相关的行为人互动中显现的、可能影响特定犯罪行为发生的各类现存的或即时性的主客观因素融合成的总态势。情境既具有客观内容，也具有主观性内涵。从与犯罪相关的行为人角度出发，客观内容是指能从客观上使人产生犯罪动机，并将其转化为犯罪行为的外在形势；主观性内涵是指过往情境在与犯罪行为参与人互动中业已形成的，经行为人主观能动性加工过的，已融化和体现在具体行为人内心中的行为心理定式，这种定式在一段时间内具有一定的稳定性和可知性，因此也具有可观察性。

关于情境预防的概念，在理论上有不同表述。其中，尤以英国学者克拉克提出的概念最具代表性。在克拉克看来，情境预防是通过确认（identification）、管理、设计、调整等方式，持久、有机地改变情境，影响行为人的理性选择，减少犯罪的机会情境因素（situational opportunity）和促成情境因素（situational precipitators），从而达到犯罪预防的目的。[①] 依据这一定义，可以将情境预防简单地表述为：通过恰当地改变情境因素，防止因此诱发犯罪动机或利于实施犯罪行为的各种行动和措施。

情境预防理论是由西方国家在工业化、城市化进程中不断摸索而产生和发展起来的。近三十年的理论研究和实证检验证明，将犯罪原因的视角从影响犯罪现象的一般因素转移到影响犯罪行为发生的具体情境因素，将犯罪预防的重点由强调正式或者非正式的社会控制转移到同时注重对犯罪行为发生过程的控制，这样一来，不仅使犯罪预防措施更具有操作性、现实性和成效性，而且极大地降低了犯罪预防成本。随着情境预防成为西方国家犯罪预防的主流理论之一，犯罪预防也由传统的二元主义发展成为三元主义，即形成了司法（刑罚）预防、社会预防与情境预防“三足鼎立”的犯罪预防体系。

在犯罪学界，对于犯罪的情境预防，除了采用情境（景）预防理论称呼之外，还使用环境犯罪学、场所犯罪学、地域犯罪学、防范环境设计犯罪学等别称。[②] 但不管称呼如何，它们的共通之处在于通过分析犯罪行为发生的一般规律，采取增加潜在犯罪人被发现和被检举的风险、增大犯罪实施难度、减少犯罪收益等措施，最终达到减少犯罪的目的。

（三）情境预防的思考视角

犯罪行为离不开人，传统的犯罪学理论常局限于以犯罪人为核心的研究思路，没有看到在犯罪发生过程中，犯罪人仅是一系列因素之一。事实上，犯罪人只是犯罪行为的一个要素，不能仅以解释有动机的犯罪人来解释犯罪行为发生的全部规律。情境预防就是来自实践并得到升华的破解这种单一思路的努力之一。

既然情境对于犯罪心理的形成能够起作用，犯罪人个人的背景因素对犯罪情境因素的理性判断和选择有影响，这就有可能使情境与个体倾向相结合、犯罪与犯罪性相结合，在情境因素和犯罪倾向之间构筑一个桥梁，使理性选择理论成为一个能够最大限度地解释犯罪的理论框架。因此，从实践来看，存在两种预防犯罪的途径，一是以潜在犯罪人为本位，尽可能消除其犯罪倾向；二是以犯罪情境为中心，通过增加犯罪难度和风险、降低犯罪收益来减少犯罪机会。而后者正是情境预防所极力倡导的。美国就选择了这两种途径，其具体表现：其一是刑罚严厉化，由此导致美国监狱服刑犯激增，收容的人数曾达到 200 万人之多，进入过剩收容的时代；其二是创造犯罪难以实施的社区，即在社会上创造通过物理性干预使犯罪无法实施的结构。其中后者正属于情境预防的手法。又如，由英国内政部公共关系部编写出版并免费发送的手册《预防被害有效指南》，在篇首就作了这样的表述：大多数犯罪都是针对财产而不是针对人的，并且经过精心策划的犯罪只是少数，大多数犯罪都是年轻男子在遇到机会时凭着一时冲动所实施的——比如，当他们发现了遗留在车内的财物或房屋的一扇没有关好的门或窗户。你可以通过加强你的车和住宅的安全防护措施来减少其危险性，达到预防犯罪的目的。[③] 根据上述调查结果，情境预防理论主张把消除“产生犯罪机会的情境、状况”作为预防犯罪的重点。

虽然情境预防理论的研究重点是犯罪行为，但它仍然重视行为人在犯罪中的地位和作

---

① See Derek B. Cornish & Ronald V. Clare, “Opportunities, Precipitators and Criminal Decisions: A Reply to Wortley's Critique of Situational Crime Prevention”, *Crime Prevention Studies*, 2003 (16), pp. 79-80.

② 参见［日］守山正、西村春夫：《犯罪学への招待》，51 页，东京，日本评论社，1999。

③ 转引自郝宏奎：《评英国犯罪预防的理论政策与实践（二）》，载《中国人民公安大学学报》，1997（6）。

用，只是不再像传统犯罪学那样，把犯罪看成是由犯罪人所实施的单向的静态行为，而把它看成是由犯罪人、被害人和社会（就宏观犯罪现象而言）或情境（就微观犯罪行为而言）一起参与的互动过程。从认识论角度出发，行为人作为生物体，其意识的形成是符合外界情境刺激—反应—形成行为心理的发展过程的。同时，行为人不是完全被动的，他能够体验、感知情境，也能通过主观能动性改变和创造情境。因此，一方面，情境能够影响行为人心理的形成，并在行为人的动机外化为行为时起作用；另一方面，行为人也可以在体验、感知情境的基础上，通过主观能动性改变和创造情境，也可以理性地对情境进行选择。正因如此，我们可以通过改变情境的方式来影响行为人的理性选择。这说明了情境与行为人之间存在双向互动关系，而这种双向互动关系正是情境预防理论作用机理的逻辑基础。

关于情境预防的基本思路或原则，可以归纳为四个方面：

1. 尽可能减少日常生活中诱发犯罪动机或实施犯罪的机会；
2. 预防的对象是具体的、特定的犯罪形态；
3. 预防的方法是针对有可能诱发犯罪的环境进行治理（改变、管理、设计以及操作等）；
4. 预防犯罪的重点是增大实施犯罪的危险性（风险），尽量减少犯罪所得利益。

二、情境预防的价值

情境预防理论丰富和发展了当代犯罪学理论，对相关各国预防和减少犯罪活动作出了重要贡献，也对当前我国犯罪预防的理论与实践产生了积极影响。

（一）情境预防丰富了犯罪预防的理论思路

情境预防的思想是从犯罪行为所面临的“情境”入手，以犯罪行为为研究的核心和出发点。情境预防理论在犯罪生成的理解上，实现了从“背景变量”到“前景变量”的视觉转换，这就为我们在社会生活情境中有效地预防犯罪提供了极有价值的理论思路。也就是说，这种新的预防理论摒弃了传统犯罪预防仅仅从犯罪现象的一般原因入手的思路，找到了犯罪行为这个联结犯罪现象与行为人的最佳切入点，因而使犯罪预防措施具有了突出的可操作性和现实性，极大地降低了犯罪预防的成本，提高了犯罪预防的实效性和针对性，实现了从被动预防犯罪到主动的预防犯罪，从法律制止（legal deterrent）到物质制止（physical deterrent），从立足于行为人预防到被害人预防的转变。现实生活中，一项罪行的发生与否往往是犯罪情境刺激行为人产生犯罪动机的结果，是行为人在特定情境下权衡犯罪的风险与回报、成本与收益之后作出的理性抉择。在这种风险和收益的模式下，如果提高了行为人实施犯罪行为的难度和危险性，减少其可能收益和回报，就能大大减少犯罪的发生及其总量。这一原理正是情境预防能够风靡西方各国，并在犯罪预防实践中取得显著效果的根本原因。

（二）情境预防是简捷、经济的犯罪预防手段

情境预防是以犯罪行为的发生模式为研究核心和出发点的，有别于司法预防和社会预防都是着眼于对犯罪人的预防，故能成为司法预防、社会预防的有力补充手段，并且是一种利于调动社会力量的简捷、经济的犯罪预防手段。目前，西方国家所呈现的司法预防、社会预防与情境预防“三足鼎立”的犯罪预防体系，充分说明了其所具有的独到价值。众所周知，司法预防本身并不能独自有效地发挥预防犯罪的作用，并且容易产生副作用；社会预防虽有治本之效，但有赖于复杂的组织、庞大的资金支持，并且收效周期较长。与它们相比，情境预防显得更简捷、更经济，无须改变现有的社会结构和社会制度，所关注的是直接导致犯罪

的因素，是一种直接作用于犯罪行为的预防方法，所以在具体的预防实践中能够迅速见效。并且，情境预防不需要投入大量的资金，在实际生活中易于掌握和大量运用。尤其在我国目前犯罪增长、治安状况比较严峻的情况下，注重情境预防的作用显然更具现实意义。

从情境预防实施的效果来看，在其最早的发源地之一的英国，由于政府大力倡导情境预防措施，犯罪率出现了逐年平稳下降的趋势。在美国这个犯罪最为突出的国家，其犯罪率也罕见地从 20 世纪 90 年代开始出现下降的趋势，甚至连纽约这个被称为犯罪天堂的城市，由于严格地推广了情境预防的理念和措施，从 1993 年到 1998 年，该市的凶杀、抢劫、强奸等 7 种主要犯罪的发案数量下降了 50.05%。日本是犯罪率一直较低的发达国家，其政府也一贯重视犯罪预防，提倡政府与社会、民众共同联手，采用“交番”和“巡回联络”制度，认真分析犯罪热点（hotspot），采用各种手段强化正式监视和自然监视。例如，日本名古屋市在犯罪威胁严重的地区设立防范示范道路，标示示范道路标志板，安装设置紧急电铃、电话、防范信号灯，最后该市的评估结果显示，犯罪比此前下降了 60.6%，居民安全感提高了 74%，犯罪预防成效显著，犯罪率呈稳中有降的倾向。① 此外，情境预防在德国、荷兰、澳大利亚、加拿大、新加坡等国家以及我国台湾地区，也均有上佳的表现。

（三）情境预防与我国的基本刑事政策具有很强的互补性

情境预防理论与我国现阶段的基本刑事政策存在内在的吻合性，有利于融入我国现有的犯罪预防体系。随着我国犯罪预防思路的发展变化，以防为主的社会治安综合治理理论成为我国 20 世纪 90 年代以来犯罪预防的主流观点。所谓社会治安综合治理，就是鉴于社会治安问题是社会各种矛盾的综合反映，必须动员和组织全社会的力量，运用政治的、行政的、经济的、教育的等多种手段进行综合治理，从根本上预防和减少违法犯罪。但目前社会治安综合治理在预防犯罪的实际效果上并不理想。究其原因，在于没有找到如何使该理论更好地指导犯罪预防实践的途径，也就是没有找到社会治安综合治理理论“软着陆”的契合点。在这方面，情境预防理论给我们提供了一个很好的答案和启迪。

首先，社会治安综合治理理论与情境预防理论之间可以说具有极强的互补性：前者从宏观角度入手，将预防措施归纳成指导性强的宏观原则，大局观强；后者从微观的预防实践入手，将预防措施逐步演绎至微观层面，操作性强。如若两者能够紧密结合，可为系统地整合犯罪预防措施提供新思路和新方法，节约稀缺的社会预防资源，提高预防犯罪的整体效益。

其次，情境预防与社会治安综合治理方针中的群众路线是一致的。综合治理的每一项工作只有得到群众的积极支持和参与，各项措施才能落到实处。而情境预防理论是建立在对以国家权力为代表的强行性解决问题的传统方法持怀疑态度的前提下的，这种怀疑实质上反映了西方社会犯罪问题的深刻化和社会价值的更加多元化。这种观念不仅包含对社区共同体的信赖，更是对“草根阶层”的市民运动寄予了厚望。它强调社区和市民在犯罪预防上的主体地位，确认了社会成员自己的责任——“这是我们能够做的事”，改变了过去控制犯罪单纯依赖国家的意识。因此，情境预防提倡的是地域化而非中央集权化地解决治安问题，即将过去事后应付型转换为事前预知型。②

---

① 参见黄富源：《犯罪防治官建立犯罪防治网络及推动预防策略之研究》，37～41 页，台北，台湾警察大学，2004。

② 参见［日］守山正著，熊䶮译：《犯罪预防理论探讨——社区治安和环境犯罪学的关系》，载《公安研究》，2001（4）。

充分发动群众，有效调动尽可能广泛的社会力量参与犯罪预防，是社会治安综合治理方针的核心观念。这决定了我国犯罪预防工作应有的基本思路是：在社会治安综合治理的整体框架内，深入情境预防的理论研究，大力推进情境预防实践，以此把社会治安综合治理方针真正落到实处。

三、情境预防的局限性分析

任何一种单一的预防方式都不可能是没有局限性的。情境预防也是如此。例如，在性质上，情境预防不能消除犯罪的社会诱因，只是治标之策（即其效果具有地域和时间的限制），存在侵犯隐私之虞以及犯罪转移等问题。此外，对犯罪人而言，存在超越防范技法的"道高一尺，魔高一丈"的问题。欧美或者日本虽然都广泛地使用了闭路电视监视器（CCTV），但据英国学者华林顿的研究，其效果维持在最初的6个月左右。还有，即使安装监视器，如果犯罪人是伪装过的，则对其基本没有效果，甚至反而衍生出误把非犯罪人当作犯罪人的冤案等人权问题。

在所有关于情境预防局限性的问题中，情境预防会引发犯罪转移是一个涉及情境预防价值的核心问题。

对情境预防理论和措施持不同见解者认为，它会导致犯罪转移（"气囊效应"）现象，即情境预防并不能从整体上降低犯罪率，只不过是使犯罪从一个地方转移到了另外一个地方，从某些目标转向另外一些目标而已。就情境预防的某些措施而言，其的确在一定程度上存在犯罪转移的问题，但事实上，只要措施运用得当，并采取其他综合措施加以弥补和防止，并不一定会造成大量的犯罪转移。因为犯罪人并不是天生犯罪人，他们在一生中若未遇到合适的犯罪情境，并不必然导致犯罪的发生。这种机会犯的出现往往是由于强烈的环境刺激的结果，一旦这种刺激不复存在，行为人也就不会刻意去寻找犯罪机会、去创造犯罪条件。从我国的实证数据来看，大部分犯罪人（约80%，包括机会犯和习惯犯）实施犯罪时，均选择或认真选择情境，只有少数人才没有选择。① 而对于惯犯，他们更加注意对犯罪情境的选择。

美、英等国的实证调查发现，在运用情境预防的国家，如果对相关目标都推广情境预防，则不存在犯罪转移问题。例如，英国为预防机动车盗窃，立法要求新车上安装方向盘防盗锁，但没有要求旧车安装防盗锁，结果导致犯罪转移，同期旧车的被盗案件大量增加。而德国的立法则规定，无论是新车或旧车都要安装防盗锁，从而在机动车大量增加的情况下，机动车被窃案件反而明显减少，其他盗窃案件并没有相应增加。又如，1980年联邦德国警察部门为了减少青少年盗窃摩托车的犯罪，推行了一种情境预防措施——强令所有驾驶摩托的人必须戴安全帽。采用这种措施之后，人们无法看到飙车者的真实面目，飙车者所追求的满足虚荣心的期望落空，因而盗窃摩托车的犯罪数量从该年之后开始逐渐下降，而相关的盗窃汽车和自行车的犯罪在同期并没有显著变化。②

大量实证案例论证表明，多数情境预防措施不仅没有引发犯罪转移，而且有犯罪控制

---

① 参见周路主编：《当代实证犯罪学新编——反作用规律研究》，177页，北京，人民法院出版社，2004。

② See Ronald V. Clarke, "Theoretical Background to Crime Prevention through Environment Design (CPTED) and Situational Prevention", *Designing Out Crime*, 1989.

扩散（diffusion）效应，也就是不仅没有“气囊效应”，而且会有“油斑效应”[①]。例如，英国萨里（surrey）大学的部分停车区装了闭路电视摄像机后，不仅在这些安装了闭路电视摄像机的区域，学校里所有停车区的汽车失窃案都减少了。可见情境预防的效果不仅仅限于那些预计中的对象，罪犯常常慑于情境预防的效力而不得不在类似场所也停止犯罪。

此外，在个别情况下，伴随着情境预防措施的运用，也可能发生与之关联的犯罪。对此，剑桥大学的波特姆斯（Anthony E. Bottoms）就曾以家里的小孩偷吃放在食品柜的巧克力为例子加以说明。在这类问题的对策中，父母若将巧克力藏入抽屉并上锁，以防孩子偷吃，则属于情境预防的方法。但孩子们却未必反省自己，可能转而偷盗他人的巧克力。事实上，发生这种盗窃行为的关键不在于采取了情境预防措施，而在于对孩子缺乏诸如不能偷盗巧克力等物品的教育。这种教育已属于犯罪的社会预防，在社会学中属于个人的社会化问题了。

总之，情境预防也许在某些方面也有检讨的必要，但其预防犯罪的实际功效是不容怀疑的。就科学的犯罪预防体系而言，只有兼收并用具有立竿见影效果的情境预防和作为治本基础的社会预防方法，才能真正建立犯罪的事前预防体系，从而真正把预防犯罪的中心从注重惩罚于已然之罪转向防患于未然之恶。

第二节　情境预防的根据

一、情境预防理论产生的背景

（一）实践背景

1. 预防实践的现实需要

进入 20 世纪 60 年代以来，西方发达国家普遍面临着犯罪高潮的压力，而传统犯罪学理论对这种情形缺乏科学的解释能力，先前的犯罪预防理论在预防效能上更不能尽如人意。这种情形促进了犯罪的情境预防理论的产生。

2. 人类实践经验以及犯罪学实证研究的启示

一方面，人类自古以来在日常社会中大量采用情境预防措施防止人身或财产遭受侵害的丰富实践活动，为情境预防理论的构想和发展提供了充足的素材。另一方面，情境预防理论的产生是从英国学者调查专门收容违法青少年的教养公寓（一种让违法犯罪的青少年集中居住的、便于观察的简易公寓）的处遇效果的实证研究中得到的启示。通过调查，他们认为，青少年是否有逃离和违规行为的可能性与他们的成长经历及性格无关，而与他们的居住环境在不同时期的状况，特别是是否处于能够逃离和进行违规行为的状态有关。这就凸显了特定时空下情境的重要性。也就是说，犯罪不是无规则地、随机地发生的，而是遵循一定模式，在具备一定条件下才发生的。由于社会上的犯罪机会并非均匀地存在，在

---

① Ronald V. Clarke, *Situational Crime Prevention: Successful Case Studies*, NY: Harrow and Heston, 1997, pp. 31-33.

这种情况下，犯罪人就倾向于理性地选择犯罪，即在那些比较适合的情境中才会实施犯罪。在实证调查的基础上，后经克拉克等学者的归纳与总结，初步形成了情境预防的基本原则，最后才逐渐上升为一种新的犯罪预防理论。

（二）理论背景

1. 对传统犯罪原因论的失望。传统的犯罪原因论，主要从犯罪的生物学、心理学和社会学角度解释社会为什么有犯罪和犯罪人为什么会实施犯罪。20世纪80年代之后，持悲观论调者认为，从这种视角解释犯罪的原因不仅是困难的，而且即使了解了犯罪原因，也难以构筑良好的犯罪防线。因此，学者们期待着一种改变视角的犯罪原因探索，并希望能够有助于提出新的犯罪预防理论。这就使犯罪学关注的重心发生了变迁：从犯罪人转移到被害人再转移到犯罪行为，也使犯罪预防的重点发生变化，为情境预防理论的发展预留了空间。

2. 欧美国家出于对传统的刑事司法系统的悲观失望，其刑事政策从20世纪70年代之前的社会复归思想占主导地位，转移到20世纪80年代前半期的社会复归思想的衰退和正义模式兴起的时代，再转移到直至目前的以社区为基础的犯罪预防论的时代。当代犯罪预防论认为，过去的刑事司法机关是在犯罪实行后对犯罪人的事后处理系统，而现在其应当转变为以社区为基础的、在事前阻止行为人实行犯罪的系统。

3. 合理（或称理性）选择理论的复兴，导致两个刑事政策的强化：一是抑制刑论，二是犯罪预防论。犯罪预防论认为，预防犯罪的重心应从犯罪人重新转向犯罪行为。

4. 环境犯罪学的发展使其关注和研究的重点已从传统犯罪学对犯罪人主要从生物学、心理学乃至社会学等角度研究犯罪形成的因素，转移到20世纪60年代以来保护被害人观念的上扬，再转向对犯罪行为的关注。[①] 现在理论界已经越来越意识到："可以通过改变犯罪人、被害人和环境之间的关系来减少实施犯罪的机会。"[②]

5. 社会学、心理学、被害人学以及微观经济学等理论的最新研究成果，为情境预防理论的产生注入生机和活力。例如，社会学家威廉·托马斯在《行为形式与情境》一文中提出一个重要观点：人的行为既受情境的影响，同时也影响情境的改变，两者是相互作用的。这些社会学的新观点也为情境预防理论的产生奠定了一定的理论基础。被害人学的发展则为之拓展了研究视野，犯罪经济学家贝克尔的微观经济学理论更为情境预防理论提供了技术层面的科学研究手段。

（三）人文背景

情境预防理论的产生还得益于人类多角度的综合思考及其理论发展这一人文背景。例如，第二次世界大战以来，在经济学领域，西方国家在强调自由竞争经济的同时，也开始注重经济宏观调控理论，反垄断法和反不正当竞争法开始对强调绝对自由竞争经济说"不"。经济领域的思想变化，特别是对地球环境不断恶化的担忧，促成人们对形式主义人权的理性思考，当代人权理念的成熟和对绝对人权自由观点的反思等无不与之有关。又如20世纪80年代以来，在犯罪学理论研究中，整合理论（integration theory）已成为一种趋势。杰弗利的科际整合理论（interdisciplinary theory of criminal behavior）、詹姆斯·奎因·

---

① 参见［日］守山正著，熊肃译：《犯罪预防理论探讨——社区治安和环境犯罪学的关系》，载《公安研究》，2001（4）。守山正先生认为犯罪学关注的变迁是"犯罪人→被害人→犯罪行为"。

② ［英］Ronald Blackburn著，吴宗宪、刘邦惠等译：《犯罪行为心理学：理论、研究和实践》，334页，北京，中国轻工业出版社，2000。

威尔逊和理查德·朱利叶斯·赫恩斯坦的犯罪与人性理论、迈克尔·戈特弗雷德森和特拉维斯·赫希的犯罪的一般理论（general theory of crime）等，均具有一个显著的特点，就是整合。[①] 犯罪学家约翰·L. 齐林在《犯罪学及刑罚学》中深刻地指出："存在着说明一个人如何变成罪犯的各种条件的混合作用，这些条件包括：他的体格构造方面的，他的早期社会影响方面的，他的缺乏教养，他的贫穷，以及包括习惯、风俗、理想、信仰、实践等在内的围绕着他的社会环境。他周围的社会条件构成了一个舞台，各种因素都在这舞台上扮演着各自的角色，并且通过他的行为去展现他本性中的善或恶。罪犯正是在这样的情形之中被制造出来的。"[②] 情境预防理论也是得益于整合理论发展的启迪。

二、情境预防的理论根据

一般认为，情境预防的主要理论根据是合理选择理论、日常活动理论、防范空间理论、防范环境设计理论和破窗理论。下面分别予以介绍。

(一) 合理选择理论（Rational Choice Theory）

该理论认为，行为人作为一个理性人，是正常的、理智的、能够思考和计算的人。作为一个完全的纯粹的经济人，经济规律是他所遵行的规则，他能够认识自己的行为及其后果，并能对自己的行为所要付出的成本和可能带来的利益进行比较，只要有可能，他都是倾向于用最小的行为成本去换取最大利益的人。这种假设实际上是合理选择理论的基石和逻辑起点。据此该理论认为，犯罪行为人是在自己的经验和学习知识的基础上选择犯罪，他所实施的犯罪行为是一种有目的的、故意的和自觉的行为，即对犯罪的所得和损失经过理智思考或决策后才实施的。

根据合理选择理论，克拉克等人认为，犯罪决定以及影响犯罪人作出犯罪决定的因素，都会因犯罪场景以及犯罪行为的不同而不同。因此，在分析犯罪人的犯罪决定与行为选择时，要对犯罪行为进行细致的分类；如果要对某种犯罪作出合适的干扰，就必须对犯罪人的犯罪决定与行为选择作出更为系统的考察并进行更为细致的分析。

合理选择理论就是运用犯罪发生的情境因素（situation）和犯罪人的犯罪倾向二者之间的互动关系来解释犯罪的发生机制。具体地说，犯罪作为人的行为的一种形式，是由有犯罪动机的人发现或创造出犯罪机会时才能发生。换句话说，动机和机会都是犯罪发生所不可缺少的条件。因此，情境预防的实践导向决定了它不是忽视犯罪人，而是把犯罪人作为犯罪情境预防设计平台中的一部分，把犯罪情境凸显在中心位置，把犯罪人这个传统犯罪学关注的焦点退而只作为构成犯罪情境的一个要素。

(二) 日常活动理论（Routine Activity Theory）

它是由堪称现代犯罪学奇才的菲尔逊（Marcus Felson）和科恩（Lawrence Cohen）在题为《社会变化和犯罪发生率的趋势——以日常活动为视角》的论文中提出的。他们认为，能够实施犯罪的机会在日常生活中大量存在，因此，犯罪的目标处于毫无戒备的状态是引发犯罪的原因。他们还检讨了 1941 年至 1974 年美国的日常活动变化和犯罪率关系的资料，得出 20 世纪 60 年代以来美国生活方式的主要变化是：(1) 青少年人口的增加；(2) 便携

① 参见吴宗宪：《西方犯罪学》，604～640 页，北京，法律出版社，1999。

② 转引自［美］理查德·昆尼等著，陈兴良等译：《新犯罪学》，71 页，北京，中国国际广播出版社，1988。

式的小电器制品的普及；(3) 双职工家庭的增加和传统的社会关系的弱化。这些变化刺激和影响了 20 世纪 60 年代以来犯罪的增加。与之相对应的诱发犯罪增加的具体原因如下。

1. 有潜在的犯罪人 (likely offenders)。作为犯罪主体的潜在犯罪人，因青少年人口的增加而增加。

2. 有适合的犯罪目标 (a suitable target)。这是犯罪能够产生的前提条件之一。犯罪目标通常包括人、物、地点等，但是能够"适合"于犯罪的，必须符合一定的标准即"VIVA"：价值 (value)，是指犯罪目标的价值，犯罪人通常会考虑目标的价值以及其可以从中获取多大的利益；物理特性 (inertia)，是指目标的大小以及重量等物理特征，如手机、手表、化妆品等因其体积小、价值高皆属易被盗品；显著性 (visibility)，目标越是显眼和易被察觉，越容易成为犯罪的目标，如佩戴的贵重饰品；易接近性 (accessibility)，目标越是容易接近越可能成为犯罪的对象，如陈列在商店门外的货物，或者深夜出入于偏僻街区的行人，都具有犯罪的易接近性。菲尔逊等提出的目标对犯罪的适合性这一命题，为后来西方的学者所支持，后来者将具有犯罪适合性的目标称为"热点产品"(hot product)。

3. 没有监视者 (absence of a capable guardian)。即使存在适合的犯罪目标，犯罪也未必发生，原因是如果存在有能力的监控者，可以对潜在的犯罪人起到威慑作用。所谓没有监视者，或说监视者不在，一般指缺乏巡逻警察、保安人员、邻里守望、门卫、警惕的职员和闭路电视监视器 (CCTV) 等情形，尤其是主人外出的空宅。

基于上述认识，菲尔逊等人认为，犯罪的发生既然存在于日常活动的机会结构中，那么为减少犯罪的机会，就应该改变我们的生活方式。因此，该理论的实质就是提倡通过减少犯罪机会来减少犯罪的发生。

(三) 防范空间理论 (Defensible Space Theory)

防范空间理论由美国的杰依库布斯和纽曼率先提出。美国建筑行业记者简·雅各布斯于 1961 年出版了《美国大城市的生与死》一书，最早论及环境对市民安全性的影响。这位女记者对当时节节蹿升的高层化住宅成为诱发犯罪的原因，以及都市设计走向垂直化、郊区化腐蚀社区生活的倾向加以抨击，并提出了以下三点防范犯罪的基本策略：(1) 确保区域区别，即明确区分公共的和私人的空间；(2) 确保居民的监视作用，即高层建筑也应像传统社区一样确保"街道的眼睛"(eyes on the street)，以尽可能确保住户能够注视街道的动静；(3) 确保行人的监视作用，也就是使街道处于被行人频繁使用的状态。

建筑学家纽曼受杰依库布斯的启发，继续对市民的居住环境进行实际调查，于 1972 年出版了《易于防范的居住空间》一书。20 世纪五六十年代正是美国政府大量建设廉价高层居住小区的时期。纽曼认为，这些高层居住小区正成为犯罪的温床。因此，他认为这些社区的设计，从预防犯罪的角度考虑，不应通过依靠警力，而应依靠社区的控制来达到预防犯罪的目的。在他看来，作为易于防范的居住空间，在环境设计上应遵循以下四个原则：(1) 区域性的设定，即为防止外部的侵入，使住宅地街区化、区段化，以强化各街区的责任区域，从而强化对各地域的监控；(2) 确保自然的监视，即在建筑物的配置等环境设计上，应充分考虑居住者在日常生活中能够便利地监视小区；(3) 形成居住地的形象，即造就不为犯罪所侵害并与周围环境协调的良好的街区氛围，使之产生正面形象；(4) 整顿环境，即尽量让住宅地与安全地区相邻近，使之处于低犯罪、高监控的氛围中。

(四) 防范环境设计理论 (Crime Prevention through Environmental Design)

在环境与犯罪问题受到建筑学家、城市规划专家的关注之后，在最早把犯罪与环境设计作为一个课题进行研究的犯罪学者中，首推美国的杰弗利。他提倡生物社会犯罪学（bio-social criminology），认为犯罪是遗传与环境相互作用的产物，因此，应当运用生物（遗传）社会（环境）犯罪学的理论来研究犯罪现象，犯罪预防应该考虑到犯罪发生的环境和犯罪人之间互动的特性。在1971年出版的《环境设计与预防犯罪》一书中，他系统地论述了这一见解，并批判了传统的刑事司法制度着重处罚实施犯罪后的犯罪人，认为有必要在行为人实施犯罪之前直接干预、控制环境，以预防犯罪。杰弗利在彻底批判传统的复归社会的思想和抑制刑论的基础上，提出了基于环境工程学的犯罪预防论。在他看来，个人之所以获得犯罪行为方式，归根结底可以追溯到其本人的生物条件。由于社会对个人的生物特性的干预具有有限性，所以，必须通过环境设计预防犯罪，只要建设一种不利于进行犯罪学习和实施犯罪行为的环境，就可以有效地预防犯罪发生。

杰弗利的防范环境设计论（Crime Prevention through Environmental Design，简称CPTED），并不像纽曼后来提出的仅以住宅地为对象那样，而是把防范视野扩大到住宅地之外的学校、商业区等地域，以建立综合的环境设计。这一理论的核心思想是：只要对城市进行妥善的环境设计和规划，改善都市的物理环境，强化人与人之间的沟通及关系，就可以消弭人与人之间的疏远感和隔阂及其隐匿情形，增加互动，从而减少犯罪行为的发生。

晚近以来的防范环境设计实用手册——《环境预防犯罪操作手册》，主要提倡以下四种防范原则：（1）强化监视，以增加潜在犯罪人被观察的风险，便于辨识和逮捕，如改善道路照明，利用电子眼进行监视，对容易受到攻击的区域（热点地区）配置安全警卫、警察或者守望相助团体等；（2）采取必要措施限制外来人员的自由行动，如减少进入小区的路口，封闭道路，设置门锁或栏杆等障碍物，以增强领域感，并限制犯罪人顺利通过本区域；（3）支持小区居民防范犯罪的活动，吸引更多的居民使用该区域，如为这类活动提供场所、支援社区的街头宣传活动；（4）启发居民的防范意识和服务社区事务的意识，如加强防范犯罪的宣传活动、强化与警察的联动等。

（五）破窗理论（Broken Windows Theory）

破窗理论源于1969年美国斯坦福大学心理学家在旧金山进行的一项试验。这项试验是把一辆完好的车子摆在旧金山的某个街道上面，不去管理它。结果，第一个星期没有遭人破坏，第二个星期时，其中一个窗户被人打破，结果不到四个小时，该车被偷得仅剩下一时无法盗取的轮胎。这一理论是威尔逊等人在1982年发表的题为《破窗——警察与社区安全》一文中首次提出的。[①] 其基本含义是：如果对打破了的窗户置之不理，就会给周围的居民带来负面的社会心理学上的影响，即形成居民之间相互尊重感和社会责任感的淡薄，其结果是导致整个街区的荒废。

其实，破窗仅是一种比喻，是指低层次的轻微的违法及扰乱公共秩序的行为，它们犹如破窗一样，如不及时制止，会演变成越来越严重的犯罪行为。同时，轻微违法行为与重大犯罪一样，都会引起公众的恐惧感，因为恐惧感往往来自公众日常生活的直接感受。如果这些轻微的违法行为不能被及时地制止，一方面，违法者从无人管理中得到“鼓励”，因而会实施更加严重的犯罪行为，此即所谓的“犯罪升级”效应；另一方面，公众会对社会、法律失去信心，失去正义感和道德感，社区治安会更加恶化。因此，如果出现这种“破窗”

① See James Q. Wilson & George Kelling, “Police and Neighborhood Safety: Broken Windows”, *Atlantic monthly*, 1982 (3), pp. 29-38.

现象而不及时予以纠正，将会导致小区环境荒废的扩大化；同时，也将导致整个区域防范环境意识的降低，带来整个街区的进一步荒废。

后来，美国学者进一步揭示了破窗理论对于社区的衰败与失序从而导致犯罪率上升的影响：

1. 物理环境的恶化，城市社区遍布涂鸦或垃圾，而人们或机构不再关心这种恶化情形，这些最终将造成社区中居民和商店的被害恐惧感的增加；

2. 居民和商店使用者比较关心自己的个人安全，而逐渐漠视公众秩序；

3. 缺少“街道监视”，使社区青少年变得更大胆，其攻击或破坏频率提高；

4. 居民因感觉到社区青少年渐渐变得麻烦，从社区公共场所撤离，躲进小楼，只关心自己的人身与财产的安全；

5. 社区外的潜在犯罪人视这个“没落社区”为犯罪的有利场所，大胆侵入社区实施犯罪，使整个社区犯罪比率逐渐增加。

正如“千里之堤，溃于蚁穴”所揭示的道理一样，破窗理论重在说明维护社会秩序必须从轻微违法的小事抓起，防微杜渐。对轻微违法行为的处理，其意义不仅仅在于对违法行为本身的处理，更重要的是在于对行为者和有潜在违法犯罪倾向者的教育，使其不再实施违法犯罪行为，改邪归正。同时，认真及时地处理轻微违法犯罪行为，可以树立公众对警察的信心，使公众愿意与警察合作，提供情报信息，增强社区的凝聚力，树立良好的道德风尚。破窗理论产生后，很快就被应用到实际的警务工作中，并取得了良好的效果，因此其成为社区警务战略中的一个重要观念。

（六）情境预防的其他理论根据

情境预防除了上述主要理论根据之外，还整合了其他相关理论。

1. 犯罪机会结构（the opportunity structure for crime）理论。该理论属于整合性理论，其核心观点是构成犯罪机会的因素有三种：目标、被害人和便利因素，它们相互作用，构成一个复杂整体——犯罪机会结构。① 其中，犯罪目标是指可以侵害的物质性对象，如汽车、银行、超市等；便利因素是有利于犯罪发生的客观性因素，包括犯罪工具和催化因素，如酒精、毒品。

2. 死角理论（犯罪区位理论）。日本学者伊藤滋在1982年指出，城市的现代化进程制造了大量为城市犯罪的发生提供条件的城市死角，这些死角既有客观性的空间死角、时间死角，也有主观性的心理死角和社会死角。其中，时间死角就是指各种情况下出现的无人目睹犯罪行为，易于被犯罪人选择为实施犯罪行为的特定时间；空间死角是指由于视线被建筑物体遮挡，或是因管理人员一时或长时间不在现场形成的物理性死角；心理死角是指人们所具有的忽视犯罪的危险性，对犯罪丧失必要的警惕性等心理倾向；社会死角是指因为居民互不关心、互不联系，对社会治安和他人缺乏应有的责任感，削弱了社会关系中对犯罪的无形监视力而形成的有利于犯罪发生的社会条件。因此，死角的存在是犯罪发生的诱发因素，也是推动犯罪发生的有利条件，反之，对死角的控制和改善，就是有效的犯罪预防思路。

3. 犯罪诱惑理论（seductions of crime theory）。美国社会学家杰克·卡茨（Jack Katz）认为，人之所以犯罪，是因为犯罪本身对犯罪人有吸引力，犯罪本身对犯罪人的奖励性质

---

① 参见黄富源：《犯罪防治官建立犯罪防治网络及推动预防策略之研究》，21页，台北，台湾警察大学，2004。

（或意义）是导致大量犯罪行为发生的重要原因。传统犯罪学理论忽视了关于犯罪本身对犯罪人所具有的意义的探讨，而以犯罪的“背景”（如种族、阶级、性别、都市、区域等）变量来解释犯罪，却忽视了对“前景”变量的考察。所谓“前景”变量，就是指在实施犯罪行为当时发生的事情以及个人对犯罪行为的感受，它在解释犯罪行为的原因中更加重要。作为“前景”变量的一些事件和情境构成情境诱因（situational inducements），这些情境诱因产生引诱个人实施犯罪行为的力量，吸引个人实施犯罪行为。此外，卡茨从其现象学观点出发，认为应当从犯罪人的角度理解犯罪情境和犯罪行为。如果这样去做，就会发现任何犯罪人的犯罪行为都是有其原因的，任何犯罪人都是按照自己的逻辑理解情境诱因和作出行为反应的。如果不从犯罪人的角度看待犯罪情境和犯罪行为，就会发现犯罪人的犯罪行为是无理性的。

4. 被害结构选择理论（structural-choice theory of victimization）。1994 年，Miethe 和 Meier 使用了保护人、引人注意的目标特性、对犯罪的接近性（proximity to crime）和对犯罪的暴露性（exposure to crime）等四个概念，并提出了两项命题：一是日常活动或是生活方式会借由潜在犯罪加害者和潜在被害者之间的接触而创造出犯罪机会的结构；二是对潜在被害目标的评估，不论是个人还是财物，其被守护的程度将决定其是否会被选定为犯罪目标。

5. 犯罪赃物市场理论。Willins 在 1977 年提出，如果我们能改变方向，探讨盗窃犯罪被害者、盗窃犯罪发生的社会文化环境以及盗窃犯罪的市场需求，也许我们的成果将会更为丰硕。关于销赃的重要性，Patrick Colquhoun 于 1975 年在其著作中曾提出：在考量各种不同盗窃犯、抢劫犯及诈骗犯特性时，毫无疑问，收买赃物者是当中最邪恶者，如果没有他们协助购买通过偷窃或欺诈得来的赃物，则盗窃犯必须放弃其交易。

6. 定向问题控制理论（problem-oriented policing）。Goldstein 于 1979 年提出：社区警察通过日常工作，详细分析社区内存在的导致犯罪发生的各种因素和预防犯罪的各种资源，并据此探索恰当的解决问题的方法，以达到预防犯罪的目的。这一过程具体包括四个步骤：审查（scanning）、分析（analysis）、反应（response）、评估（assessment），即 SARA 方法。

7. 生活方式暴露理论（lifestyle-exposure theory）。美国犯罪学家亨得廉（Hindelang）认为，一个人之所以被害，是由于其生活方式具有某些特性，这些特性决定个体经常暴露在公共场所、处于被害的危险情境中，或经常与具有犯罪特性的人接触，增加了他的被害危险或使之成为被害人。我国台湾地区学者张平吾认为，不同的生活方式蕴含着不同的被害危险，经常与具有犯罪特性的人交往的人，暴露在危险情境中的机会越多，被害的可能性越大。①

8. 犯罪场所论与边界带理论。从理论上说，当今的犯罪人能够便利地利用各种交通工具穿行于一定的空间，其犯罪活动区域未必限定在居住地附近。但在犯罪场所分析方面，犯罪学家布兰丁嘉姆夫妇提出的犯罪场所论具有启示意义。他们认为，犯罪人脑海中浮现的地图是由居住地、工作点（或学校）和消费商业地域构成的三角形区域。此外，他们还于 1975 年提出：在性质迥异的街坊之间的边界地带最容易遭受犯罪骚扰——许多罪犯将自己居住的街坊边缘地区看作是最有吸引力的作案地区。②

9. 犯罪场理论。我国有学者认为，犯罪的发生像世间物体的相互作用需要“场”来实

① 转引自李伟：《犯罪的基本范畴》，195 页，北京，北京大学出版社，2004。

② 参见王发曾：《城市犯罪分析与空间防控》，55 页，北京，群众出版社，2003。

现一样，也需要在一定的背景下现实化，这种背景便是犯罪的作用场。本来犯罪作用场只是客观存在，并不与犯罪发生联系。然而，这种背景条件一旦被潜在犯罪人感知和接受，便具有了主观色彩，并成为促成犯罪发生的便利条件。犯罪场是一个系统，由两类因素构成：一类是犯罪的客观背景条件，它包含时间、空间、侵害对象、社会控制疏漏、潜在的犯罪人要素五个方面；另一类是潜在的被害人。因此，可以通过控制犯罪场来达到预防犯罪的目的，并且这种方法更为经济可行。①

综上所述，犯罪的情境预防理论的产生是当代社会发展和犯罪预防走向深入的必然。从整个情境预防理论框架来看，环境犯罪学主要阐明情境对犯罪产生的影响，对犯罪的情境预防理论的导入主要起"引子"作用；日常生活理论说明了犯罪的发生是因为在日常活动中存在大量的利于实施犯罪的情境因素，强调从被害人的日常行为状态来分析和预防犯罪；而合理选择理论阐明情境与人的互动关系，强调从犯罪人对犯罪情境的主观体验来分析犯罪。这些理论成为情境预防理论的核心理论。此外，定向问题控制理论是情境预防措施的方法论基础；犯罪机会结构理论则将上述理论予以整合，说明了犯罪机会的构成因素以及构成方式。其余理论也起到补充和完善情境预防理论框架的作用。因此，可以说，情境预防理论属于整合性的综合理论。

第三节　情境预防措施

一、情境预防的具体措施

情境预防理论基于其产生的直接契机和形成的基本原则，一开始便显现出与传统犯罪学理论注重讲宏观、讲原则、讲抽象，希望"放之四海而皆准"的思维方式不同。例如，在情境预防理论的指导下，英国政府免费分送的《预防被害有效指南》这本小册子就包含了近四百种防止受害的小窍门，分为家人、家里、职业和社区四个部分。情境预防理论的领军人物克拉克也十分重视探究情境预防的具体措施，并在实践中予以验证，甚至不厌其烦地讨论诸如电话簿姓名的中性化，以防其丢失后被他人利用进行骚扰等看似非常具体细微的琐事。从 1975 年到 1992 年，克拉克第一次系统地汇总出情境预防的 3 类措施，即（1）增加犯罪困难度，（2）提升犯罪风险，（3）减少犯罪收益；并将其细化为 12 种具体措施。经过了十多年的运用和总结，1997 年他将情境预防扩展为 4 类（增加了"削弱犯罪动机"一类）共 16 项具体措施；到了 2003 年，克拉克在《机会，促进因素和犯罪决策：对 Wortley 批评情境犯罪预防的回答》一文中，更将其继续发展为 5 类 25 项具体措施（参见表13－1）。② 从这一发展变化的情形中，可以领略到情境预防措施在理论上的逐步调整、充实和完善，从而使情境预防理论日益成为影响巨大的犯罪预防流派理论的轨迹。

---

① 参见储槐植：《犯罪学》，90 页，北京，法律出版社，1997。

② See Derek B. Cornish & Ronald V. Clare, "Opportunities, Precipitators and Criminal Decisions: A Reply to Wortley's Critique of Situational Crime Prevention", *Crime Prevention Studies*, 2003 (16), p. 90.

目前，关于情境预防具体措施的总结，以克拉克在 2003 年对情境预防措施的概括最具代表性。

表 13-1　　　　克拉克在 2003 年提出的 5 类 25 项情境预防技术表

增加犯罪困难度	提升犯罪风险	减少犯罪收益	减少犯罪刺激	排除犯罪借口
1. 目标物强化： 方向盘锁 防抢劫玻璃墙 防撬行李包	6. 扩大关护： 保持日常警惕 夜间结伴出行 制造有人在家的假象 随身携带手机 “蚕茧式”邻里守望	11. 隐藏目标： 远离街道停车 使用中性电话簿 外观不标注银行运钞车字样	16. 减少挫折感和压力感： 减少排队时间、高效服务 增加公共座位 公共场合播放温柔音乐、使用柔和的灯光	21. 制定规则： 制定商业租金规则 反骚扰法律 旅馆登记制度
2. 通道入口控制： 公寓楼对讲系统 电子门禁系统 货物扫描系统	7. 加强自然监控： 改善街道照明 防卫空间设计 支持报警和举报	12. 移开目标： 使用移动式车载无线电 妇女收留所 电话预付卡	17. 避免冲突： 分隔球迷 减少酒吧拥挤 统一出租车车费	22. 张贴告示： “禁止停车”告示牌 “私人财产”告示牌 “熄灭营火”告示牌
3. 出口检查： 出口门票 出口文件 行李电子标签	8. 减少匿名性： 出租车司机 ID 卡 驾驶水平贴花纸 校服等制服	13. 标志财产： 财产标志 车辆登记、停放标志 家畜烙印	18. 减少情绪冲动： 控制色情暴力文化 鼓励文明球迷 禁止种族污蔑	23. 唤醒良心： 路边设置速度显示板 海关申报签名 “顺手牵羊也是盗窃”
4. 犯罪转向： 街道封锁 为妇女修建独立洗澡间 分散酒吧地点	9. 利用现场控制者： 用 CCTV 对双层巴士车监控 便利店夜间两人值班 鼓励联防、治安巡逻	14. 瓦解黑市： 监控典当市场 控制二手市场 发放小贩牌照	19. 化解同伴压力： 不酒后驾车 树立“拒绝并无不妥”观念 驱逐麻烦制造者	24. 帮助守法： 方便图书馆借阅 公厕 垃圾筒
5. 控制犯罪工具、武器： “聪明”枪支使用 使被盗手机失效 严禁对未成年人销售喷漆筒	10. 强化正式监视： 电子警察 防盗报警装置 安全警卫、保安员	15. 灭除犯罪收益： 染色墨水防盗抢袋 清除涂鸦 超速限制装置	20. 阻止不良模仿： 快速修复损坏物 电视锁频 对犯罪描写进行新闻检查	25. 毒品和酒精控制： 在酒吧设酒精测试仪 干扰毒品和酒的供应 倡导无酒社交活动

在上表的 5 大类措施中，增加犯罪困难度是以让犯罪人远离犯罪目标和犯罪工具为目的的；提升犯罪风险，是指强化监视、检查体制，以便发现犯罪；减少犯罪收益，其目的是使犯罪所得的利益减少；而减少犯罪刺激、排除犯罪借口，旨在避免引发犯罪动机或抑制潜在犯罪人的犯罪动机。细化的 25 项具体措施均具有针对特定犯罪预防的实用性和实效

性。例如，“目标物强化”，包括设置或强化针对犯罪的物理性障碍，或者通过补强可能成为犯罪标的的对象物的弱点，增加实施犯罪行为的难度，是减少犯罪机会的最简便的方法。具体来说，设置锁钥、保险箱、金属栏杆等，对小轿车增设防盗警报装置，对汽车设置方向盘锁，均具有简便易行的优点。以最常见的盗窃犯罪为例，人们经常将没有什么防护能力的锁具戏称为只防君子不防小人，但实际上，正是这些不起眼的防护能力很差的小锁具，往往可以防止大量的顺手牵羊式的盗窃行为的发生。究其原因，一方面锁具表明了物品的归属，撬锁必须花费力气和时间，存在风险；另一方面，锁具在标识财物界限的同时，也标识了罪与非罪的界限。从顺手牵羊、闯空门到用锁具加固、人员守护和高科技的技防手段，人们预防被害的措施不断升级。大幅度地提高犯罪难度和风险，将对犯罪人的理性选择施加更大的影响。其他诸如“出入控制”，则是自古以来常用的预防措施。现在使用 ID 卡等作为预防犯罪的方法，正被企业、商店等广泛利用；“移开目标”，是指把容易成为犯罪被害的对象物，转移到隐蔽的、不易遇见的场所，从而防止见财起意。

二、情境预防措施的寻找方法与评估

1. 情境预防措施的寻找方法。克拉克不仅汇总了情境预防的具体措施，而且从实践的角度提出了寻找情境预防措施的方法。情境预防的方法论有着严格规范的研究模式，Gladstone 于 1980 年将其总结成五个步骤（五步法）：(1) 筛选出一个特定的犯罪问题；(2) 对有关导致犯罪发生的情境条件的数据信息进行分析；(3) 系统地研究阻断犯罪机会的可能方式；(4) 实施其中最有希望、最可行和成本最低的措施；(5) 对预防犯罪的效果进行评估。[①] Goldstein 于 1990 年总结的 SARA 方法[②]，也简单明了地阐述了寻找情境预防措施的方法。

2. 情境预防评估方法体系。情境预防方案的科学评估方法可分为五个等级：第一等级是从共时性的角度；第二等级是从历时性的角度；第三等级是建立实验组和对照组，并着重观察实验组在应用犯罪控制方案之后的犯罪变化的状况；第四等级是在第三等级的基础上，排除有可能影响实验结果的变量；第五等级是对犯罪方案进行随机性的应用，并与对照组相比较。通常以第五等级最为科学，但这种方法仅适用于分析较小的单位。克拉克提倡采用第四等级的方法（少数属于第三等级）来对情境预防方案进行评估。

与对社会政策的效果评估一样，由于影响的因素和变量较多，对于犯罪预防的效果评估是一件比较复杂而需要谨慎对待的工作。为此，对情境预防理论的发展有突出贡献的学者克拉克也十分注意在收集整理实证案例上下功夫。克拉克在 1980 年指出，公开发表的约九十个有关评估情境预防计划的研究报告都证明了情境预防在减少犯罪机会和预防犯罪方面取得了相当大的成功。[③] 事实上，情境预防理论以其针对性、可操作性、方便性、实效性等特点，在西方犯罪预防学界的影响日隆。

---

① See Ronald V. Clarke, *Situational Crime Prevention: Successful Case Studies*, NY: Harrow and Hesston, 1997, p. 4.

② See Ronald V. Clarke, *Situational Crime Prevention: Successful Case Studies*, NY: Harrow and Hesston, 1997, pp. 8-9.

③ See Ronald V. Clarke, “Situational Crime Prevention: The Theory and Practice”, *British Journal of Criminology*, 1980 (11).

三、情境预防措施的运用

情境预防理论从其诞生到现在的时间尽管不长，但通过英国、美国、荷兰、澳大利亚、日本等国家的实践，证明其已取得良好的成效。

英国是采用情境预防措施最早和最广泛的国家之一。从 20 世纪 80 年代中期开始，由内政部主导的犯罪预防组织，在“多机构参与预防犯罪”思想的指导下，以警察机关为领导机构，由政府多个职能部门共同参与，特别是在 1988 年开展的强调社会、团体、个人均应积极参加的“我们共同扑灭犯罪”活动，起到了很好的效果。从 1993 年至 1997 年，英国的犯罪数连续四年多下降了 10.3%以上，这是历年所没有的。① 可以说，情境预防理论在英国首战告捷。

情境预防措施移师美国后，被运用于改善美国现实社会的结构，以环境设计来预防犯罪（CPTED）的手段几乎在各领域中皆可看到。通过改变道路减少犯罪就是这方面的例证：将道路封死，或将路面缩窄，或者变成单行道，使道路成为所谓的迷路，假设遇上路面的临时抢劫，抢劫犯也难以驾车逃亡，其结果是路面抢劫的大幅度减少；为了防止高速公路上从远方驾车过来的有组织犯罪人的毒品交易，把高速公路的出入口从原来的地方撤除；等等。这些防范措施的实施也取得明显成效。在纽约，根据对 20 世纪 90 年代后期犯罪率下降的研究报告，除了失业率对盗窃升高影响明显，对被捕入狱人数增加有幅度不明显的影响之外，主要是警方强力推动的以情境预防措施为主的犯罪预防所起的作用最大。据统计，1990 年至 1999 年，盗窃下降超过 66%，谋杀下降 73%，攻击案件下降 40%，抢劫及盗车分别下降 67%和 73%。2001 年，研究者在检验破窗理论的有效性时发现，“破窗”政策对犯罪降低有显著影响，其他解释因素则相关性不大。

日本近年来也十分注意推广运用情境预防措施。例如，铁路车站导入自动检票机以防止非法乘车；设置女性专用车厢以防范车内性骚扰；在高层建筑电梯门安装玻璃窗，以便能够观察到里面的人。

由于情境预防在西方后现代化国家中有上佳表现，所以其成为世界犯罪学界广泛认可并极力推荐的犯罪预防措施。1990 年，在莫斯科召开的联合国预防犯罪研讨会上，专家学者们形成了一个重要文件——《预防犯罪实施战略》，总结了有关国家情境预防的经验，把情境预防的战术措施提高到战略层面来研究。在 20 世纪末，近百个已发表的研究资料表明，情境预防措施在减少特殊形式犯罪中的运用是成功的；荷兰司法部一项评议报道表明：在 55 次研究中仅有 33 次研究发现了这一方法有一些不是太大的缺陷，而另外 22 项研究没有发现任何缺陷。②

第四节　情境预防理论实证分析

西方发达国家在工业化过程中大都经历了犯罪高潮，在司法预防、社会预防效果不佳

① 参见郝宏奎：《评英国犯罪预防的理论政策与实践（五）》，载《中国人民公安大学学报》，1998（3）。
② 参见［英］罗纳德·克拉克：《情境犯罪的预防与青少年》，载《青少年犯罪问题》，2000（6）。

的背景下，情境预防理论应运而生，取得了令人瞩目的犯罪预防成果。我国社会正处于加速工业化、市场化的转型时期，同样面临着犯罪高发的困扰。因此，有必要加强情境预防理论研究，充分发挥情境预防理论对我国犯罪预防工作的实际指导价值。

情境预防与我国"社会治安综合治理"以及"预防为主、打击为辅"的基本刑事政策之间具有很强的互补性。由于该理论并不像其他犯罪预防理论那样，关注意识形态、道德、文化、法制等外部环境，而是主要从具体行为人与情境的双向互动中，探寻影响犯罪行为发生与否的有利或不利的情境因素，其预防措施大多具有很强的针对性、可操作性、实效性，很多措施也具有大众化、日常化、便利化、低成本化的特点，所以可移植性高，不存在因政治、经济和文化差异而出现"水土不服"的问题。从国际上看，经联合国预防犯罪处遇大会推荐，包括发展中国家或地区在内的各国或地区引进该理论后，均有不错的表现，特别是该理论在我国台湾地区的有效运用更说明了这点。

实际上，我国的犯罪预防实务部门已经在自觉或不自觉地运用情境预防理论的许多原则和措施。以福建省福州市为例，警方采用在GPS电子地图上标注发案点和时间的方法收集数据，分析福州市的刑事案件发案规律，从实际角度证实了犯罪热点——犯罪机会分布不均匀现象的存在，同时运用情境预防的定向问题控制理论和相关原则与措施，已取得积极的预防效果。

本节试图以福州市的实践为视角，运用实际犯罪预防工作中的数据，对情境预防理论在我国的运用进行解剖麻雀式的分析论证。

一、犯罪热点情况分析

（一）福州市区的犯罪热点概况

分析数据证明，福州市尤其是市区确实存在犯罪热点，且呈高度集中的分布趋势。

1. 犯罪时间热点的存在情况

以2004年街面"两抢"（抢劫、抢夺）为例（见表13-2），发案量最集中的是上半夜，达288.7起/小时，是发案量最少的上午时段120.6起/小时的约2.4倍；入室盗窃则较集中于下半夜，占39%；盗窃机动车则集中于下午和上半夜，共占65%。"两抢"案件之所以集中于上半夜，是因为此时人们出行消费较多、思想较为放松、警惕性较低，夜晚比白昼易于作案，作案时不易被注意或察觉，易于逃逸，且路上巡逻和执勤警力与白天的一样，并没有增多。实质上，这正说明了情境因素的作用：夜间犯罪困难度和风险度较低，而收益较高（因侵害目标多），因而犯罪较多。

表13-2　　2004年度福州市"两抢"发案时段分析①

时段	8～11时	11～14时	14～18时	18～24时	0～8时
数量（起）	362	583	652	1 732	1 189
起/小时	120.6	194.3	163	288.7	148.6

2. 犯罪地域热点的存在情况

从GPS电子地图可以非常直观地看到全市犯罪热点地区的分布，以2004年市区发案量

① 资料来源：福州市公安局110报警服务台。

最高的4个派出所（市区共40个派出所）为例，刑事案件总计为5 795起，占市区四城区[①]29 710起刑事案件的19.5%；110派警数39 853次，占四城区（244 260次）的16.3%；“两抢”1 010起，占四城区（4 521起）的22.3%；“入室盗窃”630起，占四城区（3 653起）的17.2%；“机动车盗窃”257起，占四城区（1 463起）的17.6%。

下面为各派出所详细案件分布情况。

（1）仓山区建新派出所。位于福州市西边城郊接合部，2004年刑事案件共1 794起，占四城区的6%；派警9 625次，占四城区的3.94%；“两抢”236起，占四城区的5.22%；“入室盗窃”135起，占四城区的3.70%；“机动车盗窃”72起，占四城区的4.92%。

（2）仓山区盖山派出所。位于福州市南边城郊接合部，2004年刑事案件共1 265起，占四城区的4.26%；派警7 330次，占四城区的3.00%；“两抢”226起，占四城区的5.00%；“入室盗窃”145起，占四城区的3.96%；“机动车盗窃”48起，占四城区的3.28%。

（3）鼓楼区温泉派出所。位于市中心区，与东边城郊接合部相邻，2004年刑事案件共1 293起，占四城区的4.35%；派警10 723次，占四城区的4.39%；“两抢”215起，占四城区的4.76%；“入室盗窃”137起，占四城区的3.75%；“机动车盗窃”61起，占四城区的4.16%。

（4）晋安区鼓山派出所。位于福州市东南城郊接合部，2004年刑事案件共1 443起，占四城区的4.86%；派警12 157次，占四城区的4.98%；“两抢”333起，占四城区的7.37%；“入室盗窃”213起，占四城区的5.83%；“机动车盗窃”76起，占四城区的5.19%。

3. 热点案件类型的存在情况

以2005年1月至10月全市刑事发案数为例，侵财类案件立案30 780起，占总数39 962的77%。这与近年来侵财类案件均占案件总数80%左右的全国基本形势相一致。[②]这说明改革开放后，人们的财物增多，侵财机会增大，犯罪的难度减少。例如，盗窃摩托车案件之所以增多，主要是因为摩托车保有量巨大，防范不严，易于被偷窃。对于未加防盗锁的摩托车，一般仅需几秒就可撬开电门锁和摆头锁，因此，97%以上的犯罪人选择未加防盗锁的摩托车。从情境预防角度来看，针对盗窃摩托车案件进行预防的一个有效措施就是花半分钟锁上防盗锁。

（二）对犯罪热点地区情况的相关分析

采用情境预防分析方法，可以看出鼓山、建新、盖山三个案件多发的派出所辖区内的多发案件路段的环境，除了均属城郊接合部（符合边界带理论）之外，还有若干惊人的容易引发或实施犯罪的相似情境因素。

1. 道路方面。机动车道和非机动车道宽阔，车行速度均较快（对犯罪人而言便于快速捕捉目标、迅速贴近、迅速离开）；机动车道和非机动车道互通口较多，不到百米就有一个（犯罪人乘机动车进出方便，不引人注意，因为也有很多普通人违法使用非机动车道）；机动车道和非机动车道的隔离采用高近2米、植有株距间隔较密集的绿化植物（不利于被害

① 福州市共辖五区八县。此处四城区指鼓楼区、台江区、仓山区和晋安区，不包括马尾区。

② 如2005年上半年全国共发生侵财案件171.1万起，占案件总数213.1万起的80%以上。参见《公安部昨公布上半年全国治安状况》，载《海峡都市报》，2005-08-12。

人发现危险）；主机动车道与次干道交叉口很多（犯罪人逃逸时可迅速进入次干道或进入村道）。以鼓山派出所辖区的福马路为例，在近三公里长的路面上，南向有5个路口，北向有4个路口，路边小道更多。

2. 目标方面。由于福州近年来实施城区东扩、南进、西拓的城市发展战略，鼓山、建新地区均建设了千余栋住宅，加上两地区均有大量工业园区存在，所以，人、财、物的流量激增。这意味着环境提供了容易选择的犯罪目标。

3. 自然监视方面。以上地区还有一个与城区或其他地区不同的特点，即沿街店面开业的非常少，给人以冷清的感觉，加上这些店面与非机动车道之间均有3米宽的绿化带隔离，机动车与非机动车之间、非机动车与沿街店面之间的自然监视作用几乎丧失。

4. 正式监视方面。以上地区均未安装闭路电视（CCTV）监控设备。虽然上述派出所的警力和车辆装备等比一般地区多30%以上，但仍感觉警力欠缺。

5. “破窗”效应问题。由于地处城郊，外来人口众多，闲散人员聚集，交通路口管理较差，交通设施、路灯损坏也未能及时修复，交通显性违法情况比较普遍，故整体地区形象较差。

二、情境预防措施的应用效果

关于情境预防措施在我国的应用效果，以下通过正反两个案例来分析其效用，并以一盗窃团伙为例，剖析犯罪人的理性选择。

（一）正面案例分析——采用CCTV技防措施的成效

CCTV监控系统是国际上公认的有效预防措施之一。2005年7月发生于英国首都伦敦的地铁恐怖爆炸事件的迅速侦破，就得益于遍布伦敦全城的450万个摄像头：在案发后几小时内，警方就已经掌握嫌犯正面彩色人像，后来又发现嫌犯于爆炸发生前9天曾提前踩点演练。福州市也非常重视CCTV监控系统的建设，2005年将其列为市政府“为民办实事”项目，拟用3年时间在52个社区和重要部位安装，如果完成，其监视覆盖面可达全市市区的75%。2005年，已安装技防系统的小区、单位未发案或及时发现犯罪未造成损失的比例为85.6%，提供线索和证据157次，抓获嫌疑人95人。晋安区8个已安装技防系统的小区，犯罪案件下降了54%。福清市安装技防系统地区的发案数，也从安装前的2003年共发案222起，2004年的1月至9月共发案236起，下降为2005年1月至9月的共发案23起，比上一年同期下降了90%。这些说明技防系统对犯罪人的理性选择有很大的影响。

（二）反面案例分析——街道照明措施的效用

2004年，福州市政府鉴于干旱导致缺电严重，不得不出台了夏季用电高峰期限制和减少街道照明举措，路灯只开一边，且隔一开一，严格禁止沿街商店使用灯箱广告和泛光照明。这一不寻常的举措正好为验证作为情境预防重要措施之一的街道照明的作用提供了机会。福州市公安局已经估计可能形成案件高发的情况，为此也加大了巡逻盘查力度。结果，在对2004年、2005年街面“两抢”案件进行比较时（见表13-3），明显发现限电期间的2004年7月、8月发案畸高，突然从三百多件跃升到500件以上。而在此期间“两抢”总体案件上升的问题，在次年即2005年7月、8月用电正常时期，并未有特别显现。

表 13-3 福州市 2004、2005 年“两抢”数据对比表①

月份	1月	2月	3月	4月	5月	6月	7月	8月	9月	10月	11月	12月
2004 年每月（起）	209	278	317	333	342	375	518	520	451	390	428	357
2005 年每月（起）	403	312	483	514	470	429	432	464	392	437	—	—

（三）从一个盗、抢犯罪团伙看犯罪人的理性选择

2005 年 9 月 5 日，福州市公安局摧毁了一个作案上百起的特大盗窃机动车、飞车抢劫团伙，抓获以文某为首的盗、抢犯罪嫌疑人 11 名，同时抓获 2 名销赃犯罪嫌疑人。下面根据团伙成员供述材料，依据情境预防理论对该团伙犯罪进行剖析。

1. 作案地点的选择。主要有两块地域。一是地域 A：鼓楼区湖前、江厝路以及体育中心地区一带，距其暂住地 3 公里。二是地域 B：六一北路、华林路、鼓楼温泉地区一带，距其暂住地 5 公里。选择理由如下。地域 A：属开阔地，没有自行车、摩托车停放点，停靠此处的自行车、摩托车无人看管；江厝路为四车道次干道，中间无隔离栏，马路两侧主要为店面，人流量不大；湖前小区一带主要为居民住宅区，仅在住宅区入口处有一传达室，1 名保安人员值勤，出入人员、自行车、摩托车无盘查、无登记，小区内部没有停车场，居民自行车、摩托车随意停放；体育中心一带没有自行车、摩托车停放点，群众进入体育中心后，一般将自行车、摩托车随意停放在体育馆周边；本区域位于福州市城乡接合部，道路纵横交错，分叉多，便于犯罪嫌疑人作案后迅速逃逸。地域 B：六一北路、华林路、鼓楼温泉地区道路主要为四车道主干道；是娱乐业集中区域，道路两侧多为店面，店面后为居民住宅区，住户半数左右为出租户；道路中央虽有隔离栏，但每隔数百米有一缺口，犯罪嫌疑人发现目标以及作案后逃逸时，多通过这些缺口调头。另外，犯罪人在上述地域作案时，均选择避开公安机关所在地。

2. 作案时间的选择：犯罪人作案时间分为两段，分别与地域 A、地域 B 相对应。地域 A 的作案时间多为中午 12 时至 15 时，地域 B 的作案时间多为夜间 23 时至次日凌晨 2 时。主要原因：地域 A 与时间 A 的结合，主要是考虑上下班的女性较多。地域 B 与时间 B 的结合，主要是考虑酒吧、桑拿、酒店等娱乐、消费场所仍在营业，市民尤其是易于侵害的女性上班族流量较大。

3. 侵害目标的选择：选定下手目标均为中、青年女性。团伙头目文某称，该类人群均携带皮包，且警惕性相对较低，与针对男性相比对其下手容易得手。尤其是女性包内财物较为丰富，犯罪收益较高。

4. 销赃渠道：均由王某等 2 人负责销售，并提供假车牌。

5. 同伴影响：后来加入的人员既有父带子的，也有同乡关系的，他们多艳羡“名声响亮”的文某的出手大方。

6. 关于犯罪转移现象：犯罪转移观点认为，情境预防使犯罪人感到某种犯罪风险后，会转向其他时空或实施其他类型的犯罪。但该团伙主犯文某于 2001 年先后两次因盗窃自行车被处以治安处罚，两次被抓获地点相距不足 1 公里，与后来组织的团伙的主要活动地域 A 同属一地。文某受过多次惩罚却不轻易转移犯罪地域的情况，说明了在犯罪机会和犯罪危险性方面，犯罪人更倾向于考虑犯罪机会。只要有较多的犯罪机会，犯罪人一般不会轻

① 资料来源：福州市公安局 110 报警服务台（截至 2005 年 10 月）。

易变换犯罪时空和犯罪类型。

【问题与思考】

1. 什么是情境预防?
2. 情境预防在现代犯罪预防体系中有什么重要意义?
3. 情境预防理论是在什么背景条件下产生的?
4. 情境预防的主要理论根据是什么?
5. 情境预防的基本原则有哪些?
6. 情境预防的主要措施有哪些?
7. 情境预防理论对我国犯罪预防理论和实践有何借鉴意义?
8. 情境预防与刑罚预防和社会预防相比，有何独特的价值?

【推荐阅读书目】

1. 周东平．犯罪学新论．厦门：厦门大学出版社，2006

2. 郝宏奎．评英国犯罪预防的理论政策与实践（一）～（五）．中国人民公安大学学报，1997（5）～（6），1998（1）～（3）

3. 王海涛．试述对犯罪的预防情境——犯罪控制的第三条路．北京大学法学硕士学位论文，www.cnki.net，2004

4. 李伟．犯罪学的基本范畴．北京：北京大学出版社，2004

5. 庄劲，廖万里．犯罪的情境预防原理．江西公安专科学校学报，2005（1）

6. ［英］罗纳德·克拉克．情境犯罪的预防与青少年．青少年犯罪问题，2000（6）

7. ［日］守山正著，熊肃译．犯罪预防理论探讨——社区治安和环境犯罪学的关系．公安研究，2001（4）

第十四章 犯罪的刑罚预防

内容导读

刑罚预防是指国家通过设立和适用刑罚来防止犯罪发生的活动。刑罚虽然具有一定的一般预防功能，但特殊预防（再犯预防）是其主要或基本功能。刑罚的制定、适用以及执行是实现刑罚预防功能的主要途径。刑罚功能的发挥受到诸多因素的影响，这些因素大体可分为三个方面：观念层面的因素（决策者的犯罪观、刑罚观以及公众的法律意识）、刑罚制度层面的因素（刑罚圈的划定、刑罚量的设定、刑罚制度的设计）以及操作层面的因素（刑罚适用和执行过程中的具体因素）。学习本章的重点包括：刑法预防的特征；刑罚预防的功能；刑罚预防的局限。

第一节 刑罚预防的概念

传统上，一提到“犯罪”，人们会自然而然地想到“刑罚”，这两个相对应的概念构成了刑事法律的基本范畴。刑罚是与犯罪相伴而生的，在人类社会漫长的历史时期中，它被作为与犯罪作斗争的核心手段。即便是在犯罪的抗制手段已经日益多样化的今天，刑罚在防控犯罪、维护社会秩序方面仍然发挥着其不可或缺的重要作用。因此，在任何有犯罪现象存在的社会形态中，如何运用刑罚手段预防和控制犯罪，都成为一个备受关注的问题。

一、刑罚预防的概念

预防犯罪是刑罚所固有的功能，同时也是刑罚的目的。刑罚在本质上是一种剥夺性痛苦，它以剥夺或者限制公民某一方面的权利或者利益为内容。然而，单纯的惩罚并不是刑罚的目的，刑罚存在的意义和目的在于通过对犯罪人的惩罚来预防犯罪、保卫社会，而不是纯粹为了惩罚罪犯，满足抽象的社会正义理念。正如功利论者所认为的，惩罚是给人以损害的一种制度，而损害本身不是给人以幸福，而是给人以痛苦，所以其不具有作为刑罚目的的正当性。刑罚因而不能以惩罚本身作为其所追求的目的，作为刑罚之正当目的的只能是预防犯罪的发生。这是因为，一方面，刑罚既然是一种给人以损害的措施，其正当性便只有通过阻止更大的损害才能得到证明，而所谓阻止更大的损害，只有通过预防犯罪才能得以实现；另一方面，刑罚在功能与目的上具有一致性，预防犯罪是刑罚固有的功能，也是刑罚可以实现的目的，而且，预防犯罪有益于社会防卫其生存条件，因而其作为刑罚的目的具有天然的正当性。① 所以，刑罚的意义和目的主要在于前瞻未然的犯罪行为，通过刑罚的制定、适用和执行，达到预防犯罪、防卫社会的目的。

刑罚预防，是指国家通过设立和适用刑罚来防止犯罪发生的预防活动，具体来说，就是指国家通过制定刑罚以及对犯罪分子追究刑事责任，发挥刑罚的惩罚、威慑和教育改造功能，从而遏制犯罪的专门性活动。

刑罚预防在整个犯罪预防体系中的定位，首先取决于犯罪预防概念的界定。关于犯罪预防的概念，主要有广义和狭义两种观点。广义的犯罪预防包括一切防止犯罪、惩治犯罪和预防犯罪的活动，它除含有犯罪发生前的预防外，还包含犯罪发生中和犯罪发生后的打击与改造措施等。狭义的犯罪预防则是指在犯罪发生之前主动采取措施进行防范。在这一概念中，只把先于犯罪的实施而采取的有针对性的措施视为预防活动，而将犯罪发生以后对犯罪人采取的预防其再犯的措施排除在预防范畴之外。② 因此，只有在广义犯罪预防概念的前提下，讨论犯罪的刑罚预防才有意义。

广义的犯罪预防思想不仅为新社会防卫学派所推崇，而且在不少西方国家的刑事政策中也有所反映。在我国，长期以来，不论是理论界还是实务界，所奉行的也是广义的犯罪预防观念。在广义犯罪预防概念的前提下，学者们对于犯罪预防的体系和模式问题进行了探讨，提出了诸多见解。例如，有的学者提出犯罪预防体系包括社会预防、心理预防、治安预防、刑罚预防四个层次或环节；有的学者则提出社会预防、心理预防、治安预防、刑罚预防和被害预防五道防线的预防模式；也有学者从犯罪生成的全过程入手，提出犯罪前预防、犯罪（过程）中预防、犯罪后预防的三阶段预防模式；还有的学者根据犯罪防控措施在犯罪预防中所起的作用的不同，将犯罪预防分为三道防线：第一道防线——抑制犯罪的动机，第二道防线——限制犯罪的机会和条件，第三道防线——预防重新犯罪。犯罪预防的方式和手段虽然多种多样，但是，在当代犯罪学视野中，不外乎可以划分为三个层次的预防，即社会预防、情境预防和刑罚预防。前两个层次的预防虽然战略意义和实践意义更大，但具有柔性的一面。而刑罚的存在及运用恰好可以实现“刚柔并济”。刑罚所体现的刚性禁止和约束可以从另一个方面来强化和巩固社会预防与情境预防的效果，为社会预防和情境预防功能的充分发挥提供强有力的后盾支持。因此，刑罚预防作为犯罪预防的最后一道防线，是犯罪预防体系中不可或缺的组成部分。

二、刑罚预防的特征

与犯罪预防体系中的社会预防和情境预防相比，刑罚预防具有自身的特性，概括来说，

① 参见邱兴隆：《关于惩罚的哲学——刑罚根据论》，4页，北京，法律出版社，2000。

② 参见张远煌：《犯罪学原理》，278页，北京，法律出版社，2000。

主要表现在以下几个方面。

(一) 预防主体的专门性

所谓预防主体的专门性，是指刑罚预防是由专门的机关来进行的。刑罚预防的主体是享有刑事立法权和刑事司法权的国家机关，具体来说，就是国家的立法机关和司法机关。

立法机关（在我国，即全国人民代表大会及其常务委员会）制定刑事法律，规定刑罚的种类及具体运用刑罚的原则、制度和量刑标准，规定适用刑法的机关、程序，并规定一定时期适用刑法的基本政策。

司法机关包括公安机关、国家安全机关、检察机关、人民法院以及监狱。各个机关依照法律规定，履行不同的职责：公安机关和国家安全机关对属于各自职权范围内的刑事案件享有侦查、拘留、预审等权力；检察机关依法行使对刑事案件的批捕、提起公诉或决定免予起诉以及对部分刑事案件行使侦查权，并对刑法适用的整个过程享有监督权；人民法院享有审判权，依法对刑事案件进行审判，决定是否适用刑罚以及刑罚的种类和轻重；监狱则是行刑机关，依法执行部分刑罚（有期徒刑、无期徒刑和死刑缓期二年执行），对罪犯进行强制性的教育改造。除了上述机关以外，其他任何组织和个人都不享有适用刑法的权力，不能成为刑罚预防的主体。

(二) 预防手段的专一性和强制性

对犯罪的刑罚预防是通过制定和适用刑罚来实现的。这里所谓的“专一性”，是与其他预防手段的多样性（如道德手段、制度建设、社会政策的完善、情境的改变等）相比较而言的，刑罚预防的手段仅限于刑罚。就刑罚的内容来说，它也具有自身的体系，包括若干刑罚种类，如财产刑、自由刑、资格刑、死刑等，在每一种类中又包含若干种具体的刑罚方法。

以我国刑法为例，我国现行刑法中规定的财产刑包括罚金和没收财产两种；自由刑包括管制、拘役、有期徒刑、无期徒刑。刑罚也是一类最具强制性、最为严厉的法律制裁手段，它以剥夺或者限制犯罪人的某种权利或者利益为内容，并且刑罚的适用必须由专门机关严格依照法律的实体性规定和程序性规定进行。因此，就手段或措施的严厉性和强制性而言，刑罚预防无疑比其他预防表现得更为突出，这也使刑罚预防能够成为犯罪预防体系中其他预防措施的后盾和保障。

(三) 预防对象的相对广泛性

就犯罪预防的对象而言，其他预防关注的焦点是潜在的犯罪人。刑罚预防则有所不同，刑罚预防的对象固然主要是已经犯罪的人，但一定程度上也包括潜在的犯罪人。对已经犯罪的人适用刑罚，强制进行教育改造，使其改过迁善，不再重蹈覆辙。这是刑罚预防的基本方式和主要目的。[①] 基于此，刑罚预防原则上属于典型的事后预防。[②]

虽然刑罚的制定和公布强烈地表达了国家对一定行为的禁止意图，在某些情形下可以使某些潜在的犯罪人面对可能的惩罚望而却步，从而实现预防初犯的目的，但是，必须认识到，这种一般预防由于受制于犯罪生成的复杂原因，因而其实际效果是十分微弱的。刑罚之所以能够成为犯罪预防体系中不可缺少的手段，是因为它具有强制限制或剥夺犯罪人

① 参见许章润主编：《犯罪学》，2 版，375 页，北京，法律出版社，2004。

② 参见康树华：《论犯罪预防》，载《中国刑事法杂志》，1999 (1)。

再次实施严重的社会危害行为的功能，即再犯预防功能。而这一功能又恰好可以弥补事前预防措施的不充分性。如果忽视了刑罚的一般预防相对于再犯预防只是刑罚的派生性功能，相对于事前预防只是补充功能这一基本事实，不适当地强调刑罚对潜在犯罪人的威慑作用、教育作用和安抚作用，将难以真正建立起科学的犯罪预防体系，从而也就难以实现犯罪的有效预防。对此，理论和实践都已经作出了充分回答。

第二节　刑罚的预防价值

一、刑罚的预防功能

预防功能是指刑罚所具有的防止犯罪发生的功能。根据所针对的对象不同，刑罚的预防功能可分为两个方面，即特殊预防功能和一般预防功能，前者是针对已经犯罪的人的，后者是针对潜在犯罪人的。

（一）特殊预防

特殊预防是刑罚的基本功能，它旨在通过矫正犯罪人的不良人格特征和行为倾向，减少再犯。刑罚之所以具有防止重新犯罪的功能，是因为如下理由。

一方面，刑罚的适用和执行使犯罪人的某种权利被剥夺或者受到限制，这就大大减少了犯罪人再次实施犯罪的机会和条件。例如，被判处自由刑尤其是监禁刑的犯罪人，其人身自由被剥夺或者受到极大的限制，不能够随心所欲地行动。犯罪人不具备实施某种犯罪的便利条件，即使他有犯罪意图也无法或者很难付诸实施，监禁刑的隔离无害化功能于是得以体现。被判处财产刑特别是被没收财产的犯罪组织和个人，丧失了继续进行某种犯罪活动的经济基础和资本，其再犯能力遭到了严重的削弱或者剥夺；被适用资格刑的犯罪组织和个人，丧失了从事某种犯罪活动所必备的资格和条件，因而无法再继续实施该类犯罪；至于被执行死刑的犯罪人，则是被永久地剥夺了再犯能力，没有再次犯罪的可能。

另一方面，刑罚适用与执行的过程实际上也是对犯罪人进行教育改造的过程。以定罪量刑为主要内容的刑事审判过程，对于犯罪人来说也是一次深刻的教育，使其对于自己行为的社会危害性、违法性等重新进行认识和评价，特别是对于那些对法律无知的犯罪人，这一过程所具有的教育意义就更为明显。而接下来的刑罚执行过程，特别是在自由刑的执行过程中，劳动锻炼、严格的管束、深入的法制教育以及长时间的自我反省等，都能够促使犯罪人转变自己的人生观念、生活态度，改善自己的原有的心理结构，消除犯罪的欲念。

此外，亲身体验刑罚所造成的身心痛苦，作为过去生活中经历的一种严重教训，也有助于犯罪人在今后理性地选择自己的行为。

（二）一般预防

一般预防在于引导、规范公民行为，增强其不犯罪的思想。刑法本质上是一种社会行为规范，它通过明确宣布对一定行为的禁止来约束、规范人们的行为，有助于增强人们不触犯刑法的思想，从而提高其行为选择的理性程度。①

一方面，刑法对于犯罪行为规定了相应的刑罚，人们可以认识到哪些行为是刑法所禁止的，如果实施该行为，可能会给自己带来何种不利的法律后果，从而不敢贸然去实施刑法所禁止的行为。

作为违反法律的最严重的后果，刑罚总是表现为犯罪人一定权利的丧失或者被限制，而这些权利往往是公民权利中至为重要的部分，例如，人身权利、财产权利甚至生命权。因此，那些意欲实施犯罪行为的人，除了对法律无知者以外，在理性状态下必然会考虑其可能要为该行为所付出的代价。这种关于代价的考量或者犯罪经济学上所谓的“犯罪成本—犯罪收益”的权衡，对于行为人而言，就构成一种心理上的压力或矛盾，影响着其对自己行为的选择。慑于刑罚之苦，一部分人会有意识地抑制自己的犯罪冲动，也有的人会在犯罪过程中迫于这种沉重的压力而中止犯罪。尽管刑罚不可能制止冲动性犯罪，也无助于防止那些经过理性选择而实施的犯罪，但是，刑罚立法作为一种潜在的威慑力量，毕竟能够对社会中的某些不稳定分子产生一种现实的压力，从而有助于在一定时间内和可见条件下降低刑事案件发案率。

另一方面，刑罚是社会对某种行为持最强烈反对态度的表现，它以此来帮助树立和加强社会的道德规范。刑法上的罪刑规定并不仅仅是纯粹的行为规范，即不允许（禁止）做什么，更重要的是，它还表明了一种鲜明的价值判断立场，明确了社会对于犯罪行为的最严厉的谴责态度，使人们认识到犯罪行为的社会危害性或者使这种认识进一步得到强化，引导人们将这种外在的禁止内化为个人内心所认同、所遵从的行为规范，从而自觉地约束个人的行为，使其不去实施侵害他人、危害社会的行为。这对于树立和维护社会的善恶、是非和正义观念，预防犯罪的发生，是更加具有积极意义的。正如瑞典学者契连所指出的，在某种情况下，刑罚的威慑作用“与其说是用恐惧的手段遏制住人的行为，不如说是它拨开了人们的双眼，使他们能看到行为的社会危险性，唤醒其良心，使其变得较为敏感”②。如果说基于刑罚的威慑功能而实现的预防是一种消极预防的话，那么，通过制定、适用和执行刑罚唤醒、强化犯罪人及其他人的规范意识，从而预防犯罪，则属于积极预防。

此外，通过对犯罪人适用刑罚，还可以平息犯罪被害一方的愤怒情绪，使之在精神上得到一定的安抚，从而有助于消除被害一方的复仇冲动，防止其为了报复而实施犯罪。

刑罚的一般预防功能与特殊预防功能之间具有非常密切的联系，一般预防主要寓于特殊预防之中，而且通常是通过后者的作用来实现的③，特殊预防则可以巩固和促进一般预防效果的实现。需要指出的是，刑罚特殊预防的具体方式和力度以及对一般预防功能的理性认识程度，往往受刑事政策的左右。例如，较之初犯、偶犯等再犯可能性不大的犯罪人，对于累犯、惯犯等人身危险性较大的犯罪分子，在特殊预防的方式上就应更加严厉，在制裁的力度上就应更大。又如，在社会治安形势比较稳定、犯罪率较低的时期，人们对一般预防比较容易保持相对理性的态度，而在社会治安形势恶化、犯罪率较高的时期，通过严厉打击现行犯罪收到威慑效果的心理，往往就容易得以滋生或得到强化。

---

① 应当强调的是，犯罪的真实情况是：不仅许多犯罪是在非理性冲动下发生的，而且更多的犯罪是行为人明知故犯的。正是在这种意义上说，刑罚的一般预防功能实际上是十分有限的。

② ［挪］约翰尼斯·安德聂斯著，钟大能译：《刑罚与预防犯罪》，92页，北京，法律出版社，1983。

③ 参见杨春洗主编：《刑事政策论》，256页，北京，北京大学出版社，1994。

二、刑罚预防的局限性

刑罚是国家代表社会对犯罪作出的最严厉的正式反应，刑罚在实现社会正义、预防犯罪、维护社会秩序等方面所起的重要作用是不可忽视的。但是，历史和现实的经验、教训也表明：刑罚对于犯罪的预防作用也是有限的。

（一）犯罪现象产生的必然性以及犯罪原因的复杂性，决定了刑罚功能的有限性

一方面，早在1882年，意大利犯罪学家菲利就曾经提出了“犯罪饱和理论”，他认为，一个社会总有与之相应的一定数量的犯罪，就像“我们发现一定数量的水在一定的温度之下就溶解一定数量的化学物质而并非原子的增减一样，在一定的自然和社会环境下，我们会发现一定数量的犯罪”①。现代社会学的研究也表明，任何一个社会都不可能不存在犯罪现象。

另一方面，刑罚对社会中潜在犯罪人的影响主要是一种心理层次的影响（如威慑、教化、安抚等），但犯罪产生的原因是十分复杂的。从宏观角度来看，它是社会的政治、经济、文化等多方面因素综合作用的产物，从微观角度而言，它是犯罪人、被害人和情境因素相互作用的结果。相对于层次众多、构成复杂的犯罪原因，刑罚除了可以针对具体的犯罪人发挥其比较有效的预防再犯的功能之外，在对潜在犯罪人的一般预防方面，更多的情形下是显得苍白无力的。如果强加给刑罚不适当的一般预防的功能定位，则无异于在滥施刑罚。

（二）刑罚自身的能力也决定了刑罚功能的局限性

刑罚虽然具有预防犯罪的功能，但它只能在一定程度和一定范围内发生作用。就一般预防而言，刑罚虽然具有一定的威慑作用，但这种威慑并不是对所有的社会成员都能发挥同样的作用。如果一般预防能够百分之百的有效，犯罪行为就不会发生了。

从人类社会的历史和现实来看，刑罚的一般预防作用在不同的国家里、对于不同类型的案件，其效果是不一样的。比如，刑罚的一般预防作用在公民普遍漠视法制的社会里，比在具有良好法制观念的国家里要小。就不同类型的案件而言，刑罚对盗窃、诈骗、偷税等犯罪行为的发生具有一定的一般预防作用，但却难以预防基于生理本能（如性犯罪）和心理冲动实施的犯罪。

同时，刑罚的一般预防作用对于不同人的影响程度也有明显差别。那些对法律无知的人，刑罚的存在对其并未起到威慑或者约束作用；而那些虽然熟知法律但心存侥幸，认为自己可以逃脱刑罚惩罚的人，也不会因为刑罚的存在而不去实施犯罪；还有那些将生死置之度外的理性犯罪者，也不会因为慑于刑罚而放弃犯罪。

就刑罚的特殊预防而言，其实际功能也同样是有限的。现实中再犯、累犯的存在清楚地表明，并非所有受过刑罚处罚的人都不会再次实施犯罪。特殊预防的效果也因人而异：有的人会为一次失足而终生忏悔，也有人多次犯法被罚而满不在乎；有的人犯罪是因生活所迫、偶尔为之，有的人则是贪得无厌、恶习难改；同样数额的财产刑，对甲意味着倾家荡产，而对乙可能不过是九牛一毛、无关痛痒。不同人的心理状况、生活环境、犯罪原因及对刑罚的耐受性是有差别的，刑罚的适用和执行给不同人带来的痛苦感受各异，对其今

---

① ［意］恩里科·菲利著，郭建安译：《犯罪社会学》，56页，北京，中国人民公安大学出版社，1990。

后行为可能产生的影响也会有所不同。

(三) 刑罚运用所需要的客观条件也决定了刑罚预防的有限性

要充分发挥一般预防效果，就必须提高犯罪被揭发、罪犯被逮捕和判决有罪的危险性，“假如每家门旁都设有警察，那么违法犯罪的人就会变得极少”①。而这无疑是不可能的。刑罚的运用需要一定的物质支撑：刑事体制（包括刑事立法与刑事司法）的运行需要投入大量的人力与物力，而刑事设施的维持更离不开一定的物质条件。以监禁刑为例，服刑人的吃穿用度，监狱管理人员的工资，监狱设施的建设、维修和管理等，需要较高的成本花费。尽管刑罚适用并非投入越多，效益越高，但是，司法资源的有限性的确影响着案件侦破、行刑的质量和效果等，从而影响刑罚功能的充分发挥。

(四) 刑罚适用具有难以避免的副作用

刑罚的预防功能不但是有限的，而且在一定条件下，刑罚还可能产生与人们的期望正好相反的负面效果。正如德国刑法学家耶林所言，刑罚是一柄“双刃剑”，用之不当，则国家与个人两受其害。刑罚如果运用不当，非但不能起到预防犯罪、维护社会秩序的作用，反而可能激发或者加剧社会矛盾，从而引发新的犯罪。同时，刑罚对于受刑人以后的生活也会造成负面的影响。一方面，刑罚（特别是长期监禁刑）的适用和执行会导致受刑人的社会适应能力降低，在刑罚执行完毕之后，难以重新适应正常的社会生活；另一方面，正如标签理论者所指出的，“被判过刑”会成为一种烙印或者标签，一直存在于受刑人的身上，即使已经刑满释放，社会无形中还会把他当作犯罪人看待，对其缺乏应有的信任，使其在生活、就业等方面可能受到不公正的或者歧视性的待遇，甚至促使其走上犯罪的生涯。

总之，对于刑罚预防犯罪的功能及效果，应当具有客观、清醒的认识。刑罚是国家惩罚和预防犯罪的重要手段，但不是基本的手段，更不是唯一的手段。因此，指望主要依靠刑罚来实现对犯罪的预防，在观念上是落伍的，在实践中是有害的。

第三节　刑罚预防的实现

刑罚虽然具有预防犯罪的功能，但能否使这一功能得到应有的发挥，则取决于刑罚的具体运用。可以说，即使刑罚制定得很科学，如果运用不当，也将使刑罚变质而面目全非；反之，刑罚纵欠完美，如果运用得宜，则可收补偏救弊之功。所以，如何正确运用刑罚，是能否充分发挥刑罚功能、实现刑罚效果的关键。

一、刑罚预防的实现途径

刑罚的运用涉及刑罚的制定、适用（裁量）及执行，这三者既构成刑罚运用过程的主要阶段或环节，也是实现刑罚预防的三个主要途径。

---

① ［挪］约翰尼斯·安德聂斯著，钟大能译：《刑罚与预防犯罪》，37页，北京，法律出版社，1983。

（一）制定、宣传刑罚

国家通过制定、颁布刑事法律，明确刑罚的适用对象和范围，可以使社会公众知晓实施何种罪行会被处以何种刑罚，以及刑罚惩罚的轻重程度，促使公民在进行行为选择时考虑刑罚的有关规定，对实施某种犯罪行为可能给自己带来的不利后果进行理性的权衡，从而抑制犯罪的冲动或者消除犯罪的欲念。

同时，制定和宣传刑法的过程，也是统一和培养整个社会的法律意识的过程，对于引导人们遵守法律、抵制犯罪的诱惑具有极为重要的意义。在制定、颁行刑法的同时，做好刑法的宣传工作，让社会公众知法、懂法，这是实现刑罚一般预防作用的一个重要环节。在我国古代，统治者主张“刑不可知，则威不可测”，认为只有让刑法（刑罚）保持一种神秘感，人们不知道什么样的行为会触犯刑律、会受到什么样的刑罚惩罚，这样，刑法（刑罚）对社会公众才更加具有威慑力。古代统治者的这种主张和做法是为其统治、镇压人民服务的，以便他们可以根据统治的需要以及自身的喜恶，恣意出入人罪。现代刑法坚持罪刑法定主义，主张刑罚的明确性、公开性，更加强调刑法的规范意义，强调行为后果的可预测性，人的社会主体地位得到尊重，权利得到保护，这就使刑罚的一般预防不再表现为消极的、单纯的恫吓，而是体现为一种积极的规范性引导，引导公民树立与国家的刑事法律相协调的法律意识，并最终将其转化为自己理性、自主的行为选择。

（二）适用（裁量）刑罚

在刑罚适用过程中，刑罚的特殊预防功能和一般预防功能都得以发挥。一方面，对犯了罪的人依法适用刑罚，使犯罪人直接感受到犯罪行为给自己带来的不利后果，并且在定罪量刑的过程中受到教育，对自己的行为重新进行认识和评价。实践中经常有一些犯罪人在犯罪时对于刑法的禁令茫然无知，在经过法庭审理之后，才深刻认识到自己行为的社会危害性和违法性。同时，刑罚的适用也使犯罪人逃脱制裁的侥幸心理彻底破灭，从而重新树立起对刑法的尊重和敬畏。另一方面，通过对实施了犯罪的人适用刑罚，社会公众会认识到刑法的规定并非是一纸空文，而是必须予以重视和遵守的禁令。这无疑就加强了制定和宣传刑法的实际效果。同时，刑罚的具体适用会产生一定的扩散效应，对那些蠢蠢欲动或者犹豫不决的不稳定分子产生现实的震慑，促使他们抑制其犯罪冲动。

（三）执行刑罚

刑罚的执行是发挥刑罚功能的必不可少的环节。如果说在刑法制定和颁布之时，刑罚对于人们来说还只是停留在概念形态的话，刑罚的适用则将这一抽象的概念变成了可能，刑罚的执行则将这种可能变为了现实。如果没有刑罚的实际执行，刑罚的预防作用也就成了空谈。

刑罚的执行既是教育改造犯罪人、防止其再次犯罪的过程，也是发挥刑罚的一般预防作用的过程。通过刑罚执行和强制的教育改造，多数犯罪人能够真诚地悔过自新，并在刑罚执行完毕后，自觉遵守禁令，做守法公民；有的则是慑于刑罚之苦，不敢再次实施犯罪。无论其是基于主动的还是被动的缘故而不再犯罪，刑罚的特殊预防都得到了实现。对于没有犯罪的人来说，虽然没有亲身体会到刑罚之苦，但是，耳闻目睹他人的行刑经历也会对其造成思想上的震撼，对其起到警示作用。

刑罚的制定、适用与执行，这三个途径的内容各有不同，刑罚预防功能的发挥也有所差异。刑罚的制定和宣传是针对社会全体公民的，因此，在这一阶段，刑罚的一般预防表现为一种抽象的预防；刑罚的适用与执行则是针对特定的对象，即犯了罪的人，随刑罚的实际运用，其特殊预防作用得以发挥，并因此在一定范围内现实地产生一般预防效果。同时，作为构成刑罚运用整个过程的环节，三者之间又紧密相连：刑罚的制定是刑罚适用（裁量）的前提和依据，没有刑罚适用（裁量），刑罚执行就无从谈起，任何一个途径（环节）都不可能脱离其他途径（环节）而单独发挥作用。只有三者密切配合，才能充分发挥刑罚的预防功能，实现预防犯罪的效果。

二、影响刑罚预防效果的因素

刑罚的制定、适用（裁量）和执行都是在一定的社会环境中和一定的社会条件下进行的，因此，刑罚功能的发挥必然会受到诸多社会因素的影响，这些影响既可能是积极的，也可能是消极的。概而言之，影响刑罚预防效果的因素可以分为以下三个方面。

（一）观念层面的因素

1. 决策者的犯罪观和犯罪对策观

作为预防和控制犯罪的对策手段之一，刑罚的设定及功能的发挥自然应当以对犯罪的认识为前提。决策者对犯罪现象认识的理性程度直接影响刑罚的制定、适用及执行。

树立理性的犯罪观，首先，要认识到犯罪的必然性。犯罪作为“蔑视社会秩序的最明显最极端的表现”①，其本质特征是社会危害性，是对整个社会关系和利益格局的侵犯，因此在法律上、政治上受到否定的评价，在伦理上被视为一种恶而招致否定的道德评价。惩治和预防犯罪自然具有合理性和必要性。但是，仅仅看到犯罪的表现及其所造成的危害，还不足以形成对犯罪的理性认识，更重要的是，需要对犯罪的根源或原因予以探究。犯罪的存在或变化的主要根据就在社会自身，犯罪是人类社会中一种无法避免的必然现象，而不是偶然现象。犯罪在任何社会中都存在，并且是一种正常的社会现象，消灭了犯罪的社会是完全不可能存在的，犯罪并不是基于任何人性的缺陷或社会的弊端而产生的，而是公共健康的一种因素，是任何社会都不会缺少的部分。这也是现代社会学研究的一个基本结论。

其次，要认识到犯罪具有相对性。同一行为在不同的社会、不同的时代背景下，在法律上的评价是会发生变化的，而且，即便在同一社会的同一历史时期，其性质也不是绝对确定和一成不变的。随着社会发展、制度变革或者治安状况的变化，人们的价值取向和伦理道德标准在渐进式地变化着，犯罪的判断依据本身也会随之发生变动，此时此地被认为是具有社会危害性、为社会所难以容忍的行为，到了彼时彼地，就可能被社会认为是“无害”的行为。如果对犯罪现象不作全面的分析，将犯罪视为一种可以凭主观意志消除的“绝对的恶”，自然就会形成绝对化的犯罪观和狭隘的犯罪对策观，这必然导致忽视或不着力构建以社会预防为基础的犯罪预防体系，形成过分依赖于刑罚制裁和威慑功能的心理倾向，由此，就容易在刑罚制定、适用以及执行上采取绝对主义立场，例如，在制定刑罚时，一味地强调重刑惩治，设置大量的重刑、死刑；适用（裁量）刑罚时“就高不就低”；刑罚执行方式较为严厉，缓刑、假释的适用条件苛刻且极少适用等。

因此，只有认识到犯罪存在的本质和犯罪的必然性，树立犯罪的相对性观念，才能使国家的刑事政策和刑罚反应方式真正地建立在科学与理智的基础之上，防止在犯罪控制目

① 《马克思恩格斯全集》，第2卷，416页，北京，人民出版社，1957。

标上出现偏差（如非理性地下达犯罪控制指标或主观地限定犯罪率），以及由此而导致的在犯罪防控过程中不惜代价地投入刑罚资源。必须强调，非理性的犯罪观和犯罪对策观带来的不是犯罪的减少，而是犯罪的增加和对经济发展与社会进步的严重阻碍。

2. 决策者的刑罚观

决策者对刑罚功能、刑罚作用的认识影响着其所选择的刑事政策，并直接影响着刑罚制定、适用以及执行的全过程。

如前所述，作为国家代表社会对犯罪作出的最严厉的正式反应，刑罚在实现社会正义、维护社会秩序、预防犯罪等方面起着应予肯定的重要作用。但如果过于强调甚至夸大刑罚的功能或作用，则可能导致在刑罚目的、刑罚运用以及效果上出现偏差。就我国而言，这种倾向更是值得高度警惕的。

由于数千年漫长的封建社会的影响，无论是在当权者还是普通民众中，重刑主义的观念都根深蒂固。每当犯罪率上升，大案要案增多，社会治安形势恶化时，公众和决策者往往就倾向于将其原因归结为刑罚太轻或打击不力。于是，在公众的呼声和要求下，决策者本能的反应就是加重刑罚和打击力度。我国从 1983 年至今，已经先后组织了数次全国范围内急风暴雨式的“严打”。在这期间，全国各地又针对本地方的犯罪情况，周期性地进行更为频繁的专项“严打”。但“严打”后的实际情况是：粗放式的过量的刑罚资源投入，在获得抑制犯罪的短期效果后，社会治安状况仍然不尽如人意，犯罪形势依然严峻。刑罚量有限而犯罪量无限，如果遵循重刑主义的逻辑，继续不惜一切代价地超量投入刑罚，必将使刑罚趋于极限而难以为继。对此，即使在对当代犯罪原因理论和犯罪预防体系缺乏系统关注的刑法学界，学者们也在扪心自问的基础上达成了普遍的共识。

刑罚只是社会防卫自己的最后手段，是犯罪预防措施体系中的补充措施。只有在这一刑罚观念基础上探讨如何发挥刑罚的功能，才是理性的和有意义的。因为，在刑罚手段的运用上应当讲究“可持续发展”，刑罚资源的有限性也决定了刑罚不可能随着犯罪的增长而无限量地投入。如果夸大刑罚的作用，对刑罚的功能予以不当的期待，不仅不利于刑罚功能的正常发挥，反而可能导致负面效应。正如德国法学家耶林所言：“刑罚犹如双刃之剑，用之不得其当，则国家与个人两受其害。”因此，理性的刑罚观既要肯定刑罚的有效性，同时也要认识到刑罚的局限性。如此，才能使刑罚回归本位，在该发挥其自身作用的层面上去充分发挥自身预防犯罪的积极作用。

3. 公众的法律意识

刑罚预防的对象是有意识、有思维的人，人的主体性、能动性决定了社会成员在规范（包括刑法规范）的适用过程中不可能处于完全被动接受、任由摆布的状态，人们要思考、要选择，因而规范（包括刑法禁令）并非一经制定和传达，就必然能够发挥作用的。刑罚作用的发挥、效果的实现都需要社会成员的认可和配合，这实际上是一个互动的过程。因此，公众对于刑法（刑罚）的反应和态度也会对刑罚预防功能的发挥产生直接或间接的影响。例如，在一个公众的法律意识普遍较强的社会里，守法成为一种公认的美德，大多数人认同法律所确定的规范并自觉遵从，在这种环境下，刑罚的一般预防作用就能够得到较好的发挥。相反，如果在一个社会中，公众的法律意识普遍淡薄，因违法往往能获得比守法更多的利益，人们就会习惯于藐视法律和规则，产生不以违法为耻的犯罪思想。在这种环境和氛围里，不仅刑罚的一般预防作用荡然无存，即使是特殊预防的实际效果也会被严重削弱。

(二) 制度层面的因素

制度层面的因素主要是指有关刑罚的各项规定，刑罚规定是具体适用刑罚与执行刑罚的前提和依据，刑罚规定的合理与否必然会影响刑罚预防的效果。

1. 刑罚圈的划定是否合理

刑罚圈指的是刑法所规定的对犯罪行为适用刑罚方法进行制裁的范围，也就是说，刑法中对于哪些犯罪行为规定应予刑罚处罚，简言之，即法定的犯罪圈划多大。刑罚圈的划定，实质上就是刑罚资源与其他社会控制资源的配置问题，即对犯罪行为是动用国家刑罚资源，还是利用非刑罚控制措施进行控制。合理地配置社会控制资源，恰当地划定刑罚圈，是刑罚有效运作的前提和基础。[①] 刑罚圈如果划定得过宽，刑罚的触角延伸得过长，将不应当受刑罚处罚的行为（例如，道德违反行为、民事违法行为、行政违法行为）也纳入刑罚处罚的范围之内，就会导致刑法泛化，国家的刑罚权任意扩张，从而妨碍社会的正常发展；同时，刑罚圈过大，使刑罚资源的投入过于分散，也容易导致刑法效能的降低。反之，刑罚圈如果划定得过窄，即对于应当受到刑罚制裁的行为没有规定刑罚，没有将其纳入刑罚的调控范围，将会导致刑法调整弛缓，使很多应该受到严厉处罚的严重危害社会的犯罪分子逍遥法外，刑罚预防犯罪的效果因此发挥不够充分。

2. 刑罚量的设定是否合理

刑罚量是指刑法所规定的对犯罪行为适用的刑罚的数量和强度，也即对具体犯罪行为规定、判处和执行的刑罚的种类、程度。刑罚量的设定应当遵循罪刑均衡的原则，刑罚的轻重应当与犯罪的危害性程度相当，罪刑相称，罚当其罪。这样合理的刑罚既有助于人们树立刑罚公正的理念，也能够为犯罪人和被害人所接受和认可，从而适应刑罚预防犯了罪的人再次犯罪和威慑潜在犯罪人、防卫社会的需要。无论是轻罪重罚还是重罪轻罚，都会对刑罚预防功能的发挥造成不利的影响。刑罚规定得过轻，无异于隔靴搔痒，不仅起不到惩罚、教育、改造犯罪人的作用，反而可能削弱其对刑罚的畏惧，刺激其重新犯罪。正如边沁所指出的，“一个不足的刑罚比严厉的刑罚更坏，因为一个不足的刑罚是一个应被彻底抛弃的恶，从中不能得到任何好处。对公众如此，因为这样的刑罚似乎意味着他们喜欢罪行；对罪犯如此，因为刑罚未使其变得更好”[②]。同时，过轻的刑罚还会使被害人或其亲属对国家的刑法丧失信心，认为正义没有得到伸张，从而可能驱使被害人或其亲属对犯罪人进行私力报复，酿成新的犯罪。相反，刑罚规定得到过重，会导致犯罪人对刑罚的合理性产生怀疑，增强犯罪人及其亲属对国家的离心力，并且过度消耗国家的刑事司法资源，也会使刑罚效益下降。在刑罚规定上如果不能合理地体现出对轻罪和重罪的区别对待，还会促使犯罪人去实施更严重的犯罪。例如，如果对一般的抢劫财物和抢劫杀人的情形都规定同样的刑罚，那么就会促使犯罪人在实施抢劫时无所顾忌地杀死被害人。此外，罪刑均衡还意味着对于同样的犯罪行为，应当规定相同的刑罚。对于相同的犯罪规定不同的刑罚，这会损害刑法公正理念，削弱社会成员对于刑法的信仰，影响刑罚预防的效果。

3. 刑罚制度的设计是否完善

完善的刑罚制度有助于刑罚预防功能的发挥。这里的完善包括两层含义。

首先是刑罚制度体系的完善，既有重的一面，比如，累犯制度、数罪并罚制度，也有

---

① 参见梁根林：《刑罚结构论》，18～19页，北京，北京大学出版社，1998。

② ［英］边沁著，孙力等译：《立法理论——刑法典原理》，68页，北京，中国人民公安大学出版社，1993。

轻的一面，比如，自首制度、立功制度，对于不同的犯罪人予以区别对待。

其次是刑罚制度具体内容的完善，包括刑罚制度的适用条件、适用规则等。刑罚制度的内容设计如果存在明显的缺陷、漏洞及其他不合理之处，必然会影响刑罚预防效果的实现。

以假释制度为例，假释制度设立的初衷是激励服刑人员努力地改过自新，减少长期监禁刑对罪犯的不良影响，使其尽早、尽多地接触社会，以便更好地获得适应社会的能力。但是，由于我国现行刑法中假释制度的规定不够完善，关于假释适用实质条件的规定（即“不致再危害社会”）过于原则、抽象，缺乏可操作性，对假释犯的执行、监督机构、措施等没有明确、具体的法律规定，被假释者在假释期间的帮教和监督措施脱节，使很多法官在适用假释时存有顾虑，假释的适用率很低，难以发挥作用。要改变这种局面，就先要从假释制度的完善入手，确立假释前再犯预测机制和释后保护管束机制，如建立假释前调查制度，重视对犯人的人格调查，并运用科学的方法进行再犯预测，为假释的适用提供科学依据，尽量减少或避免假释适用上的随意性；建立完备的监督保护制度，一方面加强对假释犯在考验期内的监督管束，另一方面注意对假释出狱人的保护。研究表明，假释出狱人的生活问题以“心理适应”、“就业适应”和“人际适应”为最主要，因此，假释监督机构在对假释者进行监管考察的同时，还应当重视为出狱人提供心理咨询、就业及人际关系方面的辅导和帮助，以确保罪犯假释后能够尽快适应正常的社会生活，减少再犯的可能性。

（三）操作层面的因素

就刑罚预防效果的实现而言，刑罚的制定只是一个起点，刑罚要真正有效地发挥作用，还有赖于其恰当的适用和执行。刑罚制度最终要通过刑罚的适用和执行来予以落实，因此，刑罚适用和执行过程中的一些具体因素或者存在的问题必然会影响刑罚预防功能的发挥。

1. 刑罚的适用是否公正

刑罚适用中的不公正，主要表现为同罪不同罚，即对同一犯罪所判处的刑罚因犯罪人身份、时间、地域等不同而出现明显差异。例如，甲、乙实施同样的行为，甲被判无罪，而乙则被判有罪；犯罪人是本地人的，判刑较轻，对外地人则判刑较重；同样的犯罪行为，在甲地被判处罚金，在乙地却被判处徒刑。需要说明的是，这里所说的“同罪异罚”应当指的是在同一刑事立法前提下的情形，如果涉及不同时期立法有修改的情况，则不属于此处所说的“同罪异罚”，比如，在我国实行计划经济时期，长途贩运商品的行为被定为投机倒把罪，受到刑罚处罚，而1997年刑法修订以后，这种行为不再被作为犯罪，自然不受刑罚处罚；再如，同样是伪造货币的案件，由于1979年刑法和1997年刑法对该罪规定的法定刑是不同的，因而判处的刑罚自然存在差异。这是立法的变化所导致的结果，不是刑罚适用不公正的问题。

导致刑罚适用不公正的原因有很多，有的是无意所致，例如，审判人员缺乏正确的法律意识和刑罚观以及对刑法条文理解上的错误，导致刑罚适用中出现不公正的情况；也有的是有意为之，例如，审判人员因接受他人的请托、干预或者收受贿赂，从而故意作出枉法裁判。

对于刑罚适用不公的致罪性，英国哲学家培根曾正确地指出：一次不公正的裁判，其恶果甚至超过十次犯罪。因为，犯罪是无视法律——好比污染了水流，而不公正的裁判则毁坏法律——好比污染了水源。刑罚本身是惩罚邪恶、伸张正义的工具，刑罚适用中的不公正损害了司法公正和权威，使人们对刑罚的正义性产生怀疑，动摇社会公众对刑法的信仰和尊重；同时，作为刑罚承受者的犯罪人也会不服判决，认为自己受到了不公正的处罚，这种认识会降低甚至抵消其内心原先可能具有的负罪感，代之以一种“被害意识”（即认为自己成了刑事司法的被害者、牺牲者），进而产生逆反和仇恨心理，引发实施极端的反抗行为。

2. 刑罚适用的必然性和及时性

刑罚预防作用的发挥还受到刑事司法过程中其他因素的影响，例如，犯罪行为受到刑罚追究的可能性（刑罚的必然性）以及刑罚追究的效率（刑罚的及时性）。

首先，刑罚的不可避免性，即刑罚的必然性，是影响刑罚功能的前提性因素。贝卡里亚就曾经指出：“对于犯罪最强有力的约束力量不是刑罚的严酷性，而是刑罚必定性……即使刑罚是有节制的，它的确定性也比联系着一线不受处罚希望的可怕刑罚所造成的恐惧更令人印象深刻。因为，即使是最小的恶果，一旦成了确定的，就总令人心悸。”[①] 从理论上讲，如果犯罪行为都能够被最大限度地揭露，则刑罚预防犯罪的功能将是十分巨大的。如果社会上有大量的犯罪行为存在而未被揭露，犯罪分子有较大的侥幸逃脱惩罚的现实可能性，那么，即使刑法上规定了严厉的刑罚，潜在犯罪人对刑罚也难以产生畏惧之心；而至于那些受到刑罚追究的少数犯罪人，则会将自己之所以受到刑罚处罚归咎于“运气太差”，这不但不会使犯罪人认真悔过，反省自己的行为，反而可能刺激其进一步提高犯罪的技巧和反侦查的本领，变得更加谨慎狡猾，甚至可能产生愤愤不平的情绪（如看到比自己罪行更重的人都没有受到刑事追究）并在以后的犯罪行为中变本加厉。所以，在一个社会中人们对刑罚的必然性缺乏内心确信的情况下，不仅难以期望刑罚的一般预防作用，而且刑罚的特殊预防也难以发挥其预期的效果。

其次，刑罚追究的效率，即刑罚适用的及时性，也影响着刑罚预防效果的发挥。犯罪与刑罚之间的时间隔得越短，在人们心中，犯罪与刑罚这两个概念的联系就越突出、越持续，因而，人们就很自然地把犯罪看作是起因，把刑罚看作是不可缺少的必然结果。这种观念上的因果联系对于预防犯罪是非常必要的，因为只有使犯罪和刑罚衔接紧凑，才能指望相连的刑罚概念使那些粗俗的头脑从诱惑他们的、有利可图的犯罪图景中立即猛醒过来。[②] 而这正是刑罚一般预防所追求的效果。如果刑罚不及时，一方面会助长犯罪人的“有可能逃脱制裁”的侥幸心理，降低人们对司法机关的信任；另一方面，姗姗来迟的刑罚虽然也可以让人感受到罪与刑之间的因果联系，但由于犯罪所造成的恐惧和震动已经随着时间的推移渐渐减弱甚至消失，所以这种罪刑因果联系在人们心理上的深刻性也会有所减弱。

事实上，一方面，相对于实际发生的犯罪，被揭露出来的犯罪往往并不是多数。对此，现代犯罪统计研究已经予以了确证。另一方面，刑罚适用的及时性往往也难以实现。除了犯罪揭露时间的限制之外，现代社会的犯罪追究程序越来越复杂，也为及时处罚犯罪形成了制度性障碍。在这个问题上，效率只能让位于公正。这正是在理性层面不能对刑罚预防犯罪的功能期望过高的重要原因。

3. 刑罚的执行是否恰当、有效

首先，刑罚执行方式的选择，直接影响刑罚预防的效果。在不同时期、不同国家，由于刑罚目的不同，行刑方式各异，其预防效果也大不同。

---

① ［意］贝卡里亚著，黄风译：《论犯罪与刑罚》，59 页，北京，中国大百科全书出版社，1993。

② 参见［意］贝卡里亚著，黄风译：《论犯罪与刑罚》，56～57 页，北京，中国大百科全书出版社，1993。

封建时代的刑罚目的主要强调对犯罪人的惩罚和对社会公众的威吓，行刑方式野蛮残忍，公开行刑使刑罚执行几乎成为一种表演。然而，这种行刑活动所起的作用是消极的，其与预防犯罪的联系相当脆弱。残酷的行刑虽然给受刑人造成了肉体的痛苦和暂时的恐惧，但是，比这种痛苦和恐惧持续时间更为长久的却是其内心对国家和统治阶层的仇恨，这样很容易导致激烈的反抗性的行为。就死刑而言，对于受刑人的特殊预防虽然得以实现，但行刑所追求的一般预防效果并不理想。国家适用并公开执行死刑是希望通过刑场的示范效果，唤起人们对于法律的畏惧感。然而，刑场上国家与受刑人的强弱对比是如此悬殊，加之旁观者通常与犯罪人所实施的犯罪行为并没有直接的利害关系，死刑场面的强烈刺激往往容易使旁观者将受刑人视为受欺凌的弱者，从而对罪犯产生某种“愤愤不平的怜悯感”，这就反而使死刑执行的社会效果适得其反。

进入科学时代以后，报应的刑罚观失去了对刑罚的主宰地位，刑罚目的转向以预防犯罪、改造犯罪人作为其宗旨。同时，现代刑法观念的确立，使各国的行刑方式也不断向文明化、人道化方向发展，封建的、残酷摧残肉体的行刑方式遭到摒弃，监禁环境和条件也不断得到改善。但是，监禁刑自身的特质导致其行刑手段与目的、过程与效果之间产生了尖锐的矛盾，随着对监禁刑导致的“交叉感染”、服刑人员的再社会化障碍等弊端日益深入的认识，近些年来，以西方国家为先导的行刑社会化潮流成为行刑体制的又一次重大改革，从过去较严厉、封闭式的行刑状态向较缓和、较开放式的方向转变。行刑社会化通过放宽服刑人员的自由，拓宽服刑人员与社会的联系，促使服刑人员掌握生活技能与相关社会知识，塑造服刑人员符合社会正常生活的人格，最终促成服刑人员顺利回归社会。这对于解决重新犯罪问题，实现特殊预防，保障整个社会的安全稳定具有十分重要的意义。

其次，刑罚执行过程中存在的弊端直接影响着行刑的质量，进而影响刑罚预防的效果。以监禁刑为例，我国目前在执行过程中存在一些问题，例如，罪犯交付执行刑罚迟延，已判处有期徒刑的罪犯长期被关押在看守所，法院不及时下达执行通知书，致使已受判决的罪犯不能及时被送达监狱等执行场所；审判时没有被羁押的罪犯不能按期交付执行，形成执行盲区；各执行主体之间缺乏互动，造成刑罚执行过程中主刑和附加刑脱节，社会服刑与监狱内服刑脱节；在行刑中，片面强调劳动改造，忽视对服刑人员的教育和矫正；对服刑人员分监不当或者管束不严，使各种犯罪分子有可能相互传授犯罪技术或感染犯罪恶习；对缓刑、假释、暂予监外执行罪犯的监管不能落实到位，造成漏管、脱管；在刑罚执行和监管活动中，存在侵犯公民权利的现象，体罚、虐待被监管人员，甚至造成被监管人员死亡或伤残的事件；减刑、假释的尺度不一，监狱与看守所之间、监狱与监狱之间掌握的标准存在差异，造成刑罚执行上的不公正；监管人员的渎职行为；等等。刑罚执行过程中存在的这些弊端或者问题必然会妨碍对犯罪人的教育改造，降低行刑质量，削弱刑罚特殊预防功能的发挥，甚至可能导致有些犯罪分子由于关押期间的“交叉感染”，犯罪性进一步得到增强。

另外，刑罚执行不当还可能激发或制造矛盾，甚至引起新的犯罪。这是在刑罚执行过程中应当着力避免的。

【问题与思考】

1. 如何理解刑罚预防的含义？
2. 如何看待刑罚预防在犯罪预防体系中的地位？

3. 刑罚预防具有哪些特征?
4. 如何认识刑罚的一般预防功能?
5. 影响刑罚特殊预防功能发挥的因素主要有哪些?
6. 如何看待刑罚预防的局限性?
7. 如何实现刑罚的预防功能?

【推荐阅读书目】

1. [挪] 约翰尼斯·安德聂斯著，钟大能译．刑罚与预防犯罪．北京：法律出版社，1983
2. [意] 恩里科·菲利著，郭建安译．犯罪社会学．北京：中国人民公安大学出版社，1990
3. [意] 贝卡里亚著，黄风译．论犯罪与刑罚．北京：中国大百科全书出版社，1993
4. 张远煌．犯罪学原理．2版．北京：法律出版社，2008
5. 许章润．犯罪学．北京：法律出版社，2004
6. 王牧主编．新犯罪学．北京：高等教育出版社，2005

第十五章 犯罪预测

内容导读

犯罪预测是指依据一定经验材料，推测未来整体的犯罪状态及个体犯罪风险。犯罪预测既是“合理地组织对犯罪的反应”的基础前提条件之一，也是切实提高犯罪预防决策和预防活动科学性的重要保障。依据不同标准，犯罪预测可划分为多种不同类别。建立在因果性与规律性、惯性与周期性、相似性与相关性以及系统性等原理基础上的犯罪预测，具有相当的可靠性，但同时也具有局限性。绝大多数适宜于社会预测的方法都能被运用于犯罪预测，但犯罪现象及犯罪预测目的的特殊性，决定了犯罪预测方法具有自己的发展方向与路径。本章学习的重点包括：犯罪预测的概念与分类；犯罪预测的原理；犯罪预测的价值与局限。

第一节　犯罪预测的概念与分类

一、犯罪预测的概念

犯罪预测的概念与其实践活动密不可分。国内犯罪预测多围绕社会整体犯罪状况展开，犯罪预测的概念自然更强调对社会整体犯罪状况的预测。譬如，将犯罪预测定义为“在调查、统计、对比、分析的基础上，对一定区域内未来时间内犯罪的种类、数量及走势所作的推断”①。

与此不同的是，“（西方的）现代犯罪预测是 20 世纪 30 年代以来，随着数理统计方法

① 张旭：《犯罪学要论》，196 页，北京，法律出版社，2003。

在个体犯罪预测领域内的应用而发展起来的"[①]。1915 年，犯罪精神病学家希利运用跟踪研究的方法，对犯罪者未来的动向进行了预测；1923 年，犯罪学家 S. B. Warner 对麻省矫正院 680 名服刑者进行研究，提出了是否假释犯人的判断标准；1928 年，芝加哥大学的 Ernest W. Burgess 教授依据其对伊利诺伊州监狱罪犯的研究，编制了假释预测表；其后，哈佛大学的格卢克夫妇先后对 510 名假释犯人进行了假释预测研究，对 500 名少年院学生和 500 名正常少年进行了初犯可能性研究，取得了一系列重要研究成果。[②] 受这一学术传统影响的犯罪预测定义，自然会强调个体犯罪预测的地位，从而将犯罪预测定义为"借与犯罪有关的过去之事实及今天之数据而推测未来犯罪之整体趋势、规模、类型、分布和个体是否陷于犯罪的实践活动"[③]。

不过，这种犯罪预测的概念在预测依据的表现形式上存在过度强调数据、忽略非数据经验材料的倾向。有学者明确指出，"犯罪预测是一种以数据为基础，在从过去到现在和从现在到将来的发展趋势中对犯罪事件和犯罪进程作出的预测"[④]。诚然，"只有当社会世界能够用数学语言来表达时，它的各个部分之间的确切关系才能得到证实"[⑤]。然而，并不是任何研究议题都适合、都能够或都必须采用定量方法的，犯罪预测也可用定性方式展开。譬如，某项立法可能带来犯罪手段的变化，具体如何变化？完全可依据个案研究的成果，运用逻辑方法对可能的变化形态作出定性预测，为犯罪预防和司法反应提供有益参考。

故此，犯罪预测的概念可定义为：犯罪预测是依据与犯罪有关的经验材料，采用数学、逻辑等方法推测未来犯罪之整体状态以及个体之犯罪风险的实践活动。

二、犯罪预测的分类

(一) 整体犯罪预测与个体犯罪预测

根据预测对象不同，犯罪预测可分为整体犯罪预测与个体犯罪预测。

1. 整体犯罪预测

整体犯罪预测是依据一定区域内犯罪现象的历史、现状以及与犯罪相关的各种社会、自然因素，运用一定方法推测未来一定时期之犯罪状态的预测类型。

从区域上看，整体犯罪预测所预测的犯罪现象可以是全球性的、全国性的，也可以是一个或几个省、市范围内的，还可以是一个区、一个村或者一个街区的；从内容上看，整体犯罪预测可对犯罪的规模、趋势、分布、类型、主体（犯罪者的年龄、职业、性别等）、对象、手段、形态（单独犯罪、普通共同犯罪、犯罪集团、黑社会组织等）、原因、危害等犯罪指标进行预测。

准确的整体犯罪预测可提供可靠的未来犯罪全景图，便于国家和社会"合理地组织对犯罪的反应"[⑥]，科学配置控制犯罪的社会资源，提前干预相关变量，缓和或避免可能发生

① 孔一：《犯罪预防实证研究》，15 页，北京，群众出版社，2006。

② 参见康树华、张小虎主编：《犯罪学》，2 版，176～177 页，北京，北京大学出版社，2009。

③ 孔一：《犯罪预防实证研究》，15 页，北京，群众出版社，2006。

④ 康树华、张小虎主编：《犯罪学》，2 版，175 页，北京，北京大学出版社，2009。

⑤ ［英］哈拉兰博斯：《社会学基础》，60 页，上海，上海社会科学院出版社，1986。

⑥ 合理地组织对犯罪的反应是新社会防卫论提出的一个刑事政策口号，是新社会防卫论整个理论的基石。参见卢建平主编：《刑事政策学》，82 页，北京，中国人民大学出版社，2007。

的犯罪及其危害。例如，我们可以针对某种可能蔓延的新型诈骗手段设计出有效的识别方法和防范措施，提前告知公众或某些易害群体，防止被害发生；又如，我们可以根据犯罪区域的可能变化，对警力配备作出适当调整，避免警力闲置或不足；如此等等。

2. 个体犯罪预测

个体犯罪预测是依据个体的心理与生理特征、家庭状况、受教育经历、职业经历、交友状况、犯罪经历、受刑经历等主体因素及环境因素，运用一定的方法推测个体犯罪可能性的预测类型。

相对于整体犯罪预测，个体犯罪预测的结果能够更为直接地运用于具体的犯罪预防实践以及司法实务中的具体个案。从新社会防卫论的人道主义立场看，初犯预测的结果可以用来帮助“潜在的犯罪人”避免其陷入犯罪，以达到保护他们的目的；同时，这种努力也可帮助“潜在的被害人”避免其陷于被害，从而收到防卫社会的效果。再犯预测中的缓刑预测和假释预测，其结果直接服务于缓刑和假释的适用，可以充分发挥缓刑和假释的积极效用，尽量减少不必要的监禁，回避短期自由刑的流弊，最大限度地利于犯人的社会复归，降低行刑成本、提高行刑效率，意义重大；此外，准确的再犯风险评估，亦可防止再犯、防卫社会，降低缓刑、假释的适用对社会安全所造成的潜在威胁。

（二）犯罪预测与被害预测

犯罪是加害与被害的一体两面，任何犯罪都是致罪因素与被害因素交织互动的结果，不了解被害问题，就不能很好地解决犯罪问题。[①] 基于此，20 世纪中叶以来的犯罪学开始关注被害与被害人问题，犯罪学研究也由传统以犯罪（人）为中心的单轨研究，转入加害—被害、犯罪人—被害人二元互动的双轨研究。在这一背景下，犯罪预测的触角开始从传统的犯罪现象、犯罪风险向被害现象、被害风险延伸。人们“运用调查、统计、心理诊断和计算机技术等科学理论与方法，在综合分析被害人（包括可能的被害人）的行为表现、心理状态、职业、家庭状况、教育背景以及所处社会、自然环境等因素的基础上，对原本潜在的被害可能以及社会未来的被害态势……（作出）估计、设想和推断”[②]，被害预测逐渐成为一个区别于传统狭义犯罪预测的犯罪预测类型。至此，犯罪预测可根据预测视点的不同而被划分为（狭义）犯罪预测与被害预测。

（三）长期预测、中期预测、近期预测、短期预测

犯罪学主流观点一般以预测时期的长短为标准，将犯罪预测分为长期预测、中期预测和短期预测。对犯罪预测进行分类并不是一种纯粹的逻辑过程，其分类标准应反映犯罪预测的实际功用与状况，并与犯罪发生、变化的规律相协调。

在我国，对地方治安负有责任的各级政府、司法机关通常以 5 年为周期进行常规的人事调整，5 年之内虽也有可能进行微调，但微调的间隔时间一般不会小于 1 年。从我国的实际情况看，各政府部门、司法机关所制定的各种工作规划在人事状况（领导人）稳定的情况下一般能得以贯彻，一旦人事状况发生重大变动（领导人，尤其是主要领导人更换），所在部门的工作思路往往会有较大调整。与之相应，我国政府部门、司法机关针对犯罪的中期工作部署一般就在 1 至 5 年之间，将 1 至 5 年确定为中期犯罪预测的期限较符合我国的实际情况，对 5 年以上犯罪状况的预测宜归入长期预测。

---

① “无被害人犯罪”是一种特殊的立法现象，该如何认识，应予专题研究，此处不涉及。

② 许章润主编：《犯罪学》，155 页，北京，法律出版社，2007。

然而，对于直接应对犯罪的实务部门，1年以下的犯罪预测往往更有价值，这可帮助它们制订次年的工作计划，也可帮助它们设计出一些能够在一个工作年度内发挥明显效益的犯罪防控方案。此外，处于基层一线的实务工作者有时还需要对未来3个月之内或者某一临时性因素介入后的犯罪状态有所了解，以便对下一季度或者某一临时性因素介入后的犯罪状况作出灵敏的反应和有效的干预。比如，流动人口多的城市在农历春节前一到两个月会出现一个盗窃、抢劫案件的发案高峰，实务部门即可在这一时段部署一些针对盗窃、抢劫犯罪的防控措施；又比如，重要的足球赛事可能吸引众多外地球迷，警方需要综合考虑赛事性质等因素大致预测比赛期间的交通状况，球迷骚乱的可能性，扒窃、倒票、诈骗等犯罪活动的可能特点，以便制定出有针对性的工作预案。这样，1年以下的犯罪预测其实就可以3个月为界限，细分为近期预测和短期（临时性）预测。

另外，犯罪预测还可从其他角度进行分类。譬如，根据预测对象的特定性程度，犯罪预测可分为一般预测和特殊预测。前者如对某地犯罪率升降的预测，针对非特定类型之一般犯罪人再犯风险的预测；后者如对贪污贿赂犯罪手段变化的预测，对未成年犯罪人、非暴力犯罪人再犯风险的预测。① 又譬如，按照犯罪预测方法的不同，犯罪预测可分为定性犯罪预测与定量犯罪预测。诸如此类，不一而足。

第二节　犯罪预测的原理与局限

一、犯罪预测的原理

一百多年的犯罪预测实践表明，无论是对整体层面的犯罪现象，还是对个体层面的犯罪行为，都有可能作出预测、并且有可能较为准确地作出预测。那么，成功的犯罪预测所依据的原理是什么？其成功背后的机理又是什么？

（一）因果性与规律性

掌握了事物的因果性和规律性，就能够由因求果，对未来作出预测。不过，以波普尔为代表的哲学家认为，人们并不能像牛顿发现物体运动规律那样发现“社会的运动规律”。在社会领域，“人类历史的进程受人类知识增长的强烈影响”，但“我们不可能用合理的和科学的方法来预测我们的科学知识的增长”。非但如此，对社会现象的预测，还存在“俄狄浦斯效应”②，故“历史的未来进程是不可预测的”③。然而，我们“不能因为暂时不能认识

---

① 有学者用“一般预测”指称整体预测，用“特殊预测”指称个体预测，这是值得商榷的。参见张旭：《犯罪学要论》，197～198页，北京，法律出版社，2003。

② 所谓历史规律的“俄狄浦斯效应”，是借助于古希腊悲剧大师索福克勒斯笔下《俄狄浦斯王》里的故事，喻指人们的目的、预言与人的历史活动的结果往往相反的悖论性。英国哲学家波普尔曾把人们的预言会使所预言的事件发生与预言相反的变化，称之为“俄狄浦斯效应”。参见徐才：《历史和哲学的悖论：历史规律的“俄狄浦斯效应”》，载《理论探讨》，2001（1）。

③ ［英］波普尔：《历史决定论的贫困》，1～11页，北京，华夏出版社，1991。

社会运动的复杂性，就断言社会运动没有规律性，从而断言社会预测是不可能的”[①]。事实上，所有的社会规律都是在人类历史发展的长河中通过一代代人反复的探索和实践逐步发现的。

在犯罪问题上，人类已经形成了许多规律性认识，如社会控制理论、差别交往理论、紧张理论、学习理论、亚文化理论，等等。这些理论虽不能解释所有的犯罪现象，但在其适用范围内却是恰当的，至少反映了部分犯罪的部分规律。依据这些规律性认识对犯罪作出预测，是完全可能的。Albert K. Cohen 提出的少年亚文化理论的基本观点是：“在下层阶级贫民区中存在一种少年犯罪亚文化和少年犯罪亚文化群（帮伙），它们是下层阶级少年为克服社会适应困难或地位挫折感而产生的群体性反应；这些亚文化与中产阶级的文化相矛盾，遵从这种帮伙亚文化必然导致越轨与犯罪行为。”[②] 由此，我们有可能作出这样一种预测：在下层阶级贫民区中加入少年犯罪亚文化群（帮伙）的少年，较普通少年具有更大的犯罪风险。如果能借助一定的科学方法获得足够经验材料的支持，类似预测结果不仅可以获得证实，其预测的精确性还可不断提高。可见，尽管犯罪作为一种社会运动较自然运动更为复杂、更难以认识，但犯罪规律本身却是客观存在的，也是可能认识的。人们对犯罪规律性、因果性的认识越充分，犯罪预测的准确性、可信度也就越高。

（二）惯性与周期性

与牛顿在物理世界中发现的惯性定律相似，如果没有外来因素的作用与干扰，社会事物也会按其原有状态继续存在，这就是社会预测的惯性原理或延续性原理。当与犯罪相关的各种因素处于某种稳定状态时，一定区域内犯罪现象的发展变化也会处于相对稳定的状态，因而用时间序列外推法建立趋势外推模型，根据犯罪的历史数据预测未来犯罪趋势，在许多场合被证明是有效的。

与惯性相关，但比惯性更为复杂的是周期性。比利时统计学家凯特莱通过统计分析发现：“在一定的社会中，犯罪具有相对的稳定性，犯罪率以及犯罪形势则具有相对固定的反复规律。从数据上看，这种反复体现为周期性增减的基本曲线。”[③] 显然，如果能够通过长期的观察和统计分析，发现犯罪规模、犯罪种类的变化周期，人们就可以依据这种周期对未来的犯罪状况作出更为精确的预测。

在一定程度上，犯罪预测的周期性原理其实是对惯性原理的某种否定或修正。现实社会生活中绝对不变或绝对按原趋势发展的社会现象是不存在的，如果完全按照惯性原理对犯罪进行预测，预测结果很可能南辕北辙。20 世纪 80 年代末，一些犯罪学家根据我国 1983 年～1988 年青少年犯罪比例上升 25.58%的事实预测 20 世纪末青少年犯罪比例将上升 60%～80%。但后来的事实却是，从 1989 年起青少年犯罪比例一直缓慢下降，而这正与我国人口结构的周期性变化相吻合。[④] 由此，在依据犯罪的过往状态预测未来状态时，犯罪的惯性和周期性是需要同时考虑的。

（三）相似性与相关性

相似性普遍存在于人类社会。依据与预测对象相似事物之已然状况，可推测出预测对

① 阎耀军：《社会预测学基本原理》，225 页，北京，社会科学文献出版社，2005。

② 吴宗宪：《西方犯罪学史》，658 页，北京，警官教育出版社，1997。

③ 张筱薇：《比较外国犯罪学》，95 页，北京，百家出版社，1996。

④ 参见荆轲：《峰谷探迷——中国犯罪问题的数量分析与预测》，85 页，北京，中国人民公安大学出版社，2000。

象的未然状况。具体到犯罪领域，不同国家、地域、领域、时期的犯罪现象同样存在相当的相似性，这就为类比手段在犯罪预测中的运用提供了可能。新兴犯罪形式往往先在发达国家或地区出现，而后才向发展中国家或地区蔓延。由此，我们可依相似性原理，通过较发达国家、地区的犯罪现状预测欠发达国家、地区未来的犯罪趋势，从而提前制定应对措施。

相似性原理源于物质世界的统一性，自然或社会现象之间的相似性往往能从科学上获得一定程度的解释。然而，在另外一些现象之间，我们并不清楚是否存在这种能够合理解释的相似性甚或因果性，我们所知道的只是它们之间存在统计上的相关性——当一种现象出现时，另一种现象出现的可能性就会很大。这就为预测未然提供了一种类似于相似性而又不同于相似性的原理——预测的相关性原理。

主流观点认为，只有了解了犯罪原因，才能找到应对犯罪的有效方法。对这一看似严丝合缝的逻辑其实大可质疑。犯罪现象千变万化、极其复杂，其中机理未必能及时厘清，若非要等到犯罪原因水落石出再对症下药，几乎无异于放任犯罪对社会的侵害。基于此，在无法厘清某些犯罪内在机理的情况下，根据其他现象与犯罪之间的相关性对犯罪的未然状态作出预测，便为我们适时作出针对犯罪的社会反应，提供了一条颇具实用性和实效性的路径。

（四）系统性

系统论发展出了四大基本原则，分别是整体性原则、相互联系原则、有序性原则和动态性原则，这些原则对犯罪预测都非常重要。首先，犯罪现象不是某种单因素的存在，其内部因素异常复杂；其次，犯罪内部各因素之间，犯罪与其他社会、自然因素之间存在多样性的联系；再次，与犯罪相关的各因素的组合状态并不是随意的、无序的，而是具有一定结构和层次的有序存在；最后，犯罪及其相关因素有其自身的历史、现状和未来，始终处于运动变化之中。

在犯罪预测领域，未遵循这些基本原则的常见情况主要有两种：一是以某个单一因素或极少量的因素对犯罪进行预测，比如用 GDP 对犯罪率进行预测，用城市化程度对犯罪规模进行预测，用流动人口的比例变动对犯罪趋势进行预测，等等。不可否认，这种单因素预测在一定时空范围内可能与实际情况近似，但因未将影响犯罪的因素视为由多种要素集合而成的整体，与客观存在的犯罪发生机理并不吻合，其预测结果的可靠性相当有限。二是对所有已知的犯罪相关因素“一视同仁”，如将家庭、学校教育、不良资讯、交往等因素等量齐观地纳入未成年人犯罪原因系统，对未成年人犯罪风险进行预测。这种做法虽考虑到了致罪因子的多样性，但却忽视了致罪系统的结构性，很难对犯罪作出准确预测。事实上，在这些相关因素中，各因素对犯罪的促成机制与力度未必一致——有的是直接作用，有的是间接作用，也有的可能兼而有之。譬如，家庭结构不完整既可能直接诱发未成年人犯罪的发生，也可能通过促成未成年人的不良交往进而导致犯罪的发生，还可能同时通过这两种途径对未成年人犯罪发生作用。在这种情况下，唯有对犯罪原因系统进行某种结构性和层次性的梳理，才可能较为准确地由因求果，预测犯罪风险。不以系统的观念作指导，犯罪预测的效果很难令人满意。

二、犯罪预测的局限

（一）犯罪预测的技术性局限

从技术角度看，作为社会预测的犯罪预测无法达到自然预测（如预测天体运行）那样的精确程度。

第一，犯罪预测的主体（预测者）与客体（被预测的对象）之间存在某种博弈关系。譬如，内地警方根据相似性原理预测：近期在沿海经济发达地区出现的某种新型诈骗方式有可能向内地蔓延，并据此向内地居民发出预警。很明显，本欲采取该手法在内地行骗的犯罪人在得知这一情况后，必然会对该诈骗手法加以改进，以防被人识破。而经过改进的“升级版”诈骗手法一旦被警方发现，警方又会根据“升级版”诈骗手法采取新的防范措施。在此过程中，预测主体的预测活动先引发了预测客体的因应行为，而后又进一步引发了预测主、客体间的“互动反射”[①]，从而在犯罪预测的主体与客体之间形成博弈关系。这使犯罪预测很难一次成功，只有通过主体、客体“多次博弈”或“重复游戏”，预测客体的因应措施、行为特征、变化规律才可能较为清楚地为预测主体所把握。显然，这会大大增加预测的难度和不确定性。

第二，犯罪规律会因人为因素的介入而变得异常复杂。犯罪之所以发生，必然有其原因。不过，究竟是哪些因素构成了导致犯罪发生的“因果链条”？贫困、失业、家庭结构残缺、忽视人格养成的教育体制、世风日下的道德环境、犯罪亚文化的影响、社会适应力低下，所有这些都有可能成为这个链条中的一环。但是，为什么不是所有处于类似情状中的人都陷入了犯罪？甚至，为何大多数处于此类情状中的人都没有陷入犯罪呢？而且，那些富裕的、有体面职业的、家庭幸福的、受过良好教育的、身处上流社会的，乃至身居高位要职的、社会适应性极强的“成功人士”，又是如何陷入犯罪的？从社会整体层面分析，经济发展、GDP的增长究竟是抑制犯罪率上扬的积极因素还是相反？经济萧条期的犯罪率会上升，经济快速增长期的犯罪率为什么也会上升？如此等等。显然，对于由不同时代或地域的人组合而成的不同社会，上述问题的答案可能完全不同。差异化的人为因素的介入，使犯罪规律呈现出极强的复杂性，人们很难像把握自然规律那样准确把握犯罪规律。

第三，犯罪现象的不确定性与“测不准”。与事物发展的随机性相联系的是社会现象的不确定性，这导致犯罪预测呈现出类似量子力学中的“测不准”[②]。首先，犯罪预测主体、客体间的博弈，尤其是犯罪预测客体对预测结果的因应会导致犯罪预测“测不准”。其次，并非所有犯罪都是理性的产物，许多犯罪（如激情犯罪等）缘于犯罪人主观上的随意性、偶然性、模糊性和情绪性，对此难以精确预测。再次，犯罪作为一种异常行为、“敏感行为”，很难精确测量，犯罪统计中的“犯罪黑数”客观存在，犯罪的“初始状态”难以精确把握，其“未来状态”自然更难准确预测。最后，新的、不确定因素的介入使绝对准确的

---

① 社会预测会引发预测客体的因应行为，而当预测主体得知客体的因应行为后，会进行再次预测，此即社会预测主、客体间的“互动反射”现象。参见阎耀军：《社会预测学基本原理》，208页，北京，社会科学文献出版社，2005。

② “测不准原理”亦即“不确定性原理”“不确定关系”（uncertainty principle），是量子力学的一个基本原理，由德国物理学家海森堡于1927年提出。该原理表明：一个微观粒子的某些物理量（如位置和动量，或方位角与动量矩，还有时间和能量等），不可能同时具有确定的数值，其中一个量越确定，另一个量的不确定程度就越大。因为对粒子的位置进行一次精确测量，会影响到粒子动量的精确性，位置测量得越精确，它的动量就会越不精确，反之亦然。不确定性原理对人们的世界观有非常深远的影响，五十多年后，仍是许多争议的主题。不确定性原理使拉普拉斯科学理论，即一个完全宿命论的宇宙模型的梦想寿终正寝：如果人们甚至不能准确地测量宇宙的现在，就肯定不能准确预言将来的事件。当然，本书中的“测不准”，只是对这一物理学原理的借用。参见“不确定性原理”词条，见 http：//baike.baidu.com/view/51569.htm？fr=ala0_1_1，最后访问时间：2010-07-03。

犯罪预测成为绝对的不可能。譬如，2006年美国次贷危机最终引发了全球金融风暴，中国许多外贸企业的订单迅速减少，企业陷入困境，相关犯罪风险由此增大。工人被欠薪、原劳动合同不能履行、失去工作岗位等因素很容易诱发暴力犯罪、财产犯罪；企业经营者为渡过难关冒险实施诈骗、逃税等经济犯罪的风险随之增大；市场迅速转向则会导致经济纠纷增多且难以解决，这又为黑社会性质组织提供了更大的生存空间。所有这些犯罪情状的变化，在源头上都是由一次发生在大洋彼岸的、对中国人来说极不确定的，甚至事前都没有多少人知道的"次贷危机"所间接引发的。可见，新的、不确定因素的介入是犯罪预测"测不准"最难以克服的障碍。

大体上说，犯罪预测主客体间的博弈性、犯罪现象的极端复杂性、不确定性及"测不准"，是导致犯罪预测之技术性局限的主因。这些因素既互有联系，又相对独立。正是在它们的共同作用下，犯罪预测很难达到天气预报那样的精准程度，更不可能像预测日食、月食或彗星到来那样准确无误，甚至分秒不差。

(二）犯罪预测的价值性局限

犯罪预测的技术性局限决定了犯罪预测只能用来大体把握社会整体的犯罪趋势以及特定个体的犯罪风险，不能据以预知未来犯罪状态的细节或者某一个体是否会在未来陷于犯罪以及陷于何种犯罪。如此，犯罪预测的价值不可避免地带有相当的局限性。

其一，犯罪预测在精度及确定性上无法与自然预测相提并论，人们只能通过与预测客体的反复博弈、通过对各种社会反应的反复试错，最终达成犯罪预防和犯罪控制的价值目标。人们在依据犯罪预测结果确定具体犯罪因应策略时，应对先前的预测结果持有一种谨慎、持续的怀疑态度，随时准备根据因应策略的实际效果以及新发现的介入因素修正、调整甚至否定最初的预测结果。

其二，预测的价值源于预测的确定程度，犯罪预测结果的不确定性使社会在据以采取犯罪因应策略时处于两难境地。全面考虑各种可能性虽"万无一失"，但犯罪因应成本过高，与降低决策成本这一预测活动的本来价值目标相悖；仅考虑较大的可能性，决策风险过大，犯罪预测结果甚至可能成为妨碍人们选择正确犯罪因应方式的误导性因素。

其三，犯罪预测的误差和不确定性，迫使基于犯罪预测的社会反应必须同时考虑相反的可能性。譬如，当整体层面的犯罪预测结果倾向于社会治安状况向好时，为节约司法、执法资源，降低社会控制成本，当然可以适当减少相关部门的人员编制及开支，适度放松社会控制的力度，以提高公共资源的利用效率，激发社会运行的活力。但这样做的前提是建立应对预测失误的应急机制和预案，不至于因犯罪预测的失误导致社会对突然激增的犯罪束手无策。

其四，即便犯罪预测能够做到准确无误，也不能搞"预先处罚"。历史教训表明，刑事制裁若不立足于"已然之罪"而立足于"未然之罪"，刑事法律就会沦为专制者破坏民主、践踏人权的工具。正因如此，人权保障的重要性在第二次世界大战后被重新认识，法治原则、"行为主义"、罪刑法定主义、法律的正当程序重新得到了应有的强化。在这一观念的支配下，出于防卫社会目的，依据犯罪预测的结果对尚处于未然状态的"犯罪人"处以"预先处罚"，被认为是危险且不可接受的。

但无论如何，一定准确度的犯罪预测毕竟是"合理地组织对犯罪的反应"的基础性前提条件之一。积极展开对犯罪的预测活动，深入探寻犯罪预测的原理、方法、手段，是犯罪学及预测学的重要课题，也是犯罪预防实践的迫切要求。

第三节　犯罪预测的方法示例

早在20世纪80年代，预测学的方法就多达两百余种①，其中绝大多数适宜社会预测的方法都能在犯罪预测中运用。近年来，新技术向犯罪预测领域加速渗透②，犯罪预测方法的种类更为庞杂，难以尽陈。本节展示、分析了三个具有代表性的犯罪预测案例，试图用这种感性直观、贴近实际运用的方式帮助读者了解犯罪预测的基本方法。

示例一：《未来五年崇文区犯罪增长趋势预测和行动对策》③

（一）论文节选

为了进一步从宏观上正确把握崇文区刑事发案的实际状况……我们对未来五年（2006—2010年）犯罪增长趋势进行了预测……主要是根据犯罪现象的历史和现实资料……

表15-1　1995—2004年崇文区全部刑事案件及抢劫案件立案数一览表

年度	年度序号	全部刑事案件立案数（起）	抢劫案件立案数（起）	抢劫案件占刑事案件比重
1995	1	587	86	14.65%
1996	2	480	51	10.63%
1997	3	521	81	15.55%
1998	4	1 481	165	11.14%
1999	5	1 296	114	8.80%
2000	6	1 826	226	12.38%
2001	7	1 610	226	14.04%
2002	8	1 142	136	11.91%
2003	9	1 146	157	13.70%
2004	0	1 944	205	10.55%

从表15-1可以看出：近十年来，崇文区无论是全部刑事案件立案数还是抢劫案件立案数均呈现出上升趋势，且在上升过程中有较大波动……用全区全部刑事案件立案数据进行预测，误差性可能会很大。因此……选用了抢劫案件立案数作为预测分析的基础数据。其理由：一是抢劫案件作为严重的犯罪行为之一，被侵害人报案积极，公安机关重视，立案的真实程度较高，相对来说能够较为客观地反映犯罪行为自身发展变化的规律；二是从

---

① 参见刘灿璞：《试论犯罪预测》，载《法治论丛》，1989（1）。

② 由美国开发的一套被称为“未来特征屏蔽技术”的系统就是如此。它通过包括摄像头、热成像传感器、激光雷达在内的各种传感器阵列，对人体的生理特征（例如呼吸、心律、皮肤温度甚至面部表情等）进行分析，以判断目标是否有恶意或者在隐藏自己的行动意图（形迹可疑）。

③ 该文作者为王仲伸，文章发表于《北京人民警察学院学报》2006年第1期。

十年来的犯罪统计数据看，抢劫案件立案数在全部刑事案件立案数中所占比重较为稳定，一般在12%左右；三是抢劫案件立案数的线性上升变化趋势比较明显，用线性直线 Y=a+bx 的预测模型进行拟合较为理想……

表 15－2　　通过长期趋势预测模型计算结果

年度	全部刑事案件预测值（上限 S）	全部刑事案件预测值（下限－S）	备　　注
2005	2 258	1 475	①抢劫案件占全部案件比重为 12% ②｜B｜=0.704 ③a=65.28 ④b=14.44 ⑤S=47 ⑥运算过程省略
2006	2 383	1 600	
2007	2 500	1 717	
2008	2 617	1 883	
2009	2 741	1 958	
2010	2 858	2 075	

（二）方法评析

该预测属整体犯罪预测，预测依据是研究对象过去的历史数据，本质上是一种趋势外推性的定量预测。

该预测的可取之处在于以下方面。

(1) 没有“贪大求全”，依据预测主体所能收集到的定量数据及其所熟悉的定性材料对一个区的犯罪现象进行预测，在一定程度上保障了预测的针对性和精确性。

(2) 选用抢劫案件的立案数作为预测分析的基础数据较为合理，在一定程度上规避了官方犯罪统计数据的缺陷。

(3) 预测模型简单，数据分析方便，易于操作。

该预测的不足之处在于以下方面。

(1) 用于建立预测模型的样本数据较少，难以全面反映刑事案件发生在时间序列上的规律，所建模型的误差难以控制。

(2) 以线性预测模型对未来犯罪状况进行预测，其所依据的是预测的惯性原理，对预测的周期性未予考虑。

(3) 本预测本质上是用回归方法对一个时间数列进行的自我预测，但犯罪原因是多方面的，单靠时间数列来预测犯罪现象难以精准。

示例二：张甘妹教授之再犯预测研究

（一）研究简介[①]

选取 1979 年 1 月 1 日—12 月 31 日期间出狱至 1984 年 8 月 31 日为止未再犯者 160 名、再犯者 157 名作为调查样本。调查项目分为犯罪经历、家庭经历、社会经历、职业经历、学校经历、狱中状况、生理与心理状态等 7 大类因素，共 66 个子项目……经过筛选，有 6 项因子与是否再犯显著相关……对这 6 项预测因子分别以 A 式、B 式给出点数。A 式与 B 式预测数计算法（以犯罪类型为例）如表 15－3。

① 参见孔一：《犯罪预防实证研究》，34～37 页，北京，群众出版社，2006。

表 15-3　　犯罪者类型与是否再犯的关系①

犯罪者类型	未再犯组（%）(1)	再犯组（%）(2)	再犯率（%）	A 式得分 (2)/〔(1)+(2)〕×100	B 式得分
初犯	72.5	27.4	27.4	27.4	0
累犯	7.5	22.9	75.3	75.3	1
再犯	14.5	12.1	45.5	45.5	0
常习犯	5.6	37.6	87.0	87.0	1

表 15-4　　6 项预测因子的总得分表

预测因子	A 式得分	B 式得分	预测因子	A 式得分	B 式得分
1. 犯罪者类型			4. 第一次犯罪年龄		
初犯	27.4	0	12—18 岁未满	65.7	1
累犯	75.3	1	18—25 岁未满	54.7	1
再犯	45.5	0	25 岁以上	38.00	
常习犯	87.0	1	5. 配偶的状态		
2. 判决刑期			未婚	58.41	
6 月—1 年未满	47.6	0	结婚（包括同居）	33.80	
1 年—2 年未满	59.2	1	死亡或离婚	60.31	
2 年—3 年未满	48.7	0	6. 文身状况		
3 年—5 年未满	58.5	1	无	42.40	
5 年以上	21.9	0	有	67.11	
3. 收容前之受刑经验					
0 次	32.4	0			
1—2 次	74.4	1			
3—4 次	93.7	1			
5 次以上	100	1			

依据总得分表计算每一个个案的得分。如一个有文身的、未婚的、第一次犯罪年龄为 17 岁的、在收容前有两次受刑经验的、被判处 2 年零 6 个月的常习犯的得分为：

A 式得分＝87.0＋48.7＋74.4＋65.7＋58.4＋67.1＝401.3

B 式得分＝1＋0＋1＋1＋1＋1＝5

根据以上预测表计算出的因子得分的总体分布情况制成 A 式、B 式再犯预测表。将四级再犯预测表列示如表 15-5、表 15-6：

表 15-5　　A 式四级再犯预测表

得分	再犯组人数	未再犯组人数	再犯可能率（%）
200 以下	0	9	0
200—299	52	125	29.4
300—399	86	24	78.2
400 以上	19	2	90.5
合计	157	160	

① B 式得分与 A 式得分的关系是：当 A 式得分大于 50.0 时，B 式得分为 1，反之为 0。

表 15-6 B式四级再犯预测表

得分	再犯组人数	未再犯组人数	再犯可能率（%）
0	3	27	10.0
1—2	32	82	28.1
3—4	70	42	62.5
5—6	52	9	85.2
合计	157	160	

至此，犯罪预测表制作完成。成型的犯罪预测表可用于临床预测，并需要根据实践情况判断预测的准确性，以便进一步修订完善。

（二）方法评析

本预测属个体预测中的再犯预测，本质上是一种建立在因果性和相关性基础上的犯罪行为风险预测。

该预测的可取之处在于：

（1）实践性强，建立了测量对象再犯风险的量表，能有效帮助司法部门提高假释、缓刑适用的适当性；

（2）预测因子选取较为全面；

（3）运用卡方检验筛选与再犯风险显著相关的预测因子，增强了预测量表的简洁性和实务操作性；

（4）量化程度较高，便于排除实务部门在决定缓刑、假释适用时的随意性。

该预测的不足之处在于以下方面。

（1）样本量较小，有可能使某些在总体中显著的预测因子在样本中失去统计意义。

（2）没有采取更合适的数据分析方法（如回归分析[①]）以尽量排除预测因子与再犯风险之间的“虚假关系”，这极可能在预测中产生较大的预测误差。

（3）某些预测因子（自变量）之间可能存在相关关系，要进一步提高预测的准确性，就必须设计出更具层次感和立体感的预测模型（如通径分析）。[②]

示例三：女性性工作者被害情境经验研究[③]

（一）论文节选

一、研究方法

（一）调查对象：……主考察点X市的384名女性性工作者……

（二）研究工具：“有关女性性工作者从业风险及权利状况的调查问卷”。

（三）资料分析方法：对数回归模型。

二、变量设计

本文所关心的是女性性工作者被害与其工作情境之间的关联……

三、工作情境对女性性工作者被害与否的回归分析

① 示例三即回归分析的实例。

② 相关分析方法可参考社会学统计分析的专门书籍。

③ 参见赵军：《女性性工作者被害情境定量研究——以对数回归模型为分析工具》，载《云南大学学报（法学版）》，2010（3）。

表 15－7 是“年龄”“文化程度”“被害报警”“求警意愿”等 4 项控制变量，以及“场所类型”“经营规模”“有无包房”“服务地点”“收费监控”“其他监控”等 6 项女性性工作者工作情境变量，对女性性工作者是否遭遇刑事被害的对数回归分析结果，共包含 7 组分析模型。模型 1 仅置入了控制变量对女性性工作者被害的影响，模型 2 至 7 则是将 6 项与女性性工作者工作情境相关的变量分别与控制变量组合而形成的 6 组分析模型。由此，可清楚地观察到各个变量组合对女性性工作者被害所产生的影响……

表 15－7　控制变量与工作情境对女性性工作者被害与否的多变量对数回归分析结果

分析模型 变量	1 B(odds ratio)	2	3	4	5	6	7
年龄	−.085** (.919)	−.118*** (.889)	−.155*** (.857)	−.052 (.949)	−.104*** (.902)	−.134*** (.875)	−.086** (.918)
文化程度	−.914*** (.401)	−.423 (.655)	−.596** (.551)	−.589* (.555)	−.774*** (.461)	−.620** (.538)	−.772*** (.462)
被害报警	.580 (1.787)	.444 (1.560)	.643 (1.903)	1.580*** (4.856)	.306 (1.358)	.627 (1.871)	.464 (1.591)
求警意愿	.513 (1.671)	.227 (1.254)	.316 (1.372)	.967* 2.631	.276 (1.318)	.214 (1.239)	.481 (1.618)
场所类型		1.243*** (3.466)					
经营规模			−1.074** (.342)				
有无包房				−.246 (.782)			
服务地点					.750*** (2.117)		
收费监控						−1.302*** (.272)	
其他监控							−.545** (.580)
常数	1.670	−.990	5.175**	−1.311	.633	5.009**	2.440
Model X^2	25.084	56.212	35.849	19.242	41.416	57.210	32.758
df	4	5	5	5	5	5	5
P-value	.000	.000	.000	.002	.000	.000	.000

注：1. 表中数字为回归系数值 b，括弧内数字为发生比（odds ratio）；

2. * 表 p⩽.05，** 表 p⩽.01，*** 表 p⩽.001。

…………

（二）场所类型

……模型 2 的数据显示，在控制“年龄”“文化程度”“被害报警”“求警意愿”等 4 项变量后，场所类型对因变量的预测力极为显著。女性性工作者所在场所的类型从“桑拿、洗浴、保健、按摩、休闲城（中心、会所）”，到“卡拉 OK、KTV、夜总会或宾馆饭店内设的美容美发部（中心）”，再到“街边发廊、小休闲”乃至“站街”，其出台或离开所在场所为客人提供性服务的可能性每上升一个层级，则其被害的发生比将上升至3.466倍……

（三）经营规模

……模型3的数据显示……女性性工作者所在场所的从业人数从1～2名，到3～19名，再到20名以上，经营规模每上升一个层级，则从业女性性工作者的被害发生比将下降至34.2%……

（四）有无包房

……模型4的数据显示……所在工作场所有无专门向客人提供性服务的独立包房或房间，对女性性工作者被害与否并无显著预测力……

（五）服务地点

模型5的数据显示……女性性工作者为客人提供服务的地点从工作场所的包房，到“不一定”，再到离开工作场所到其他地方，服务地点的“非场所包房性”每上升一个层级，则女性性工作者的被害发生比就会增大至2.117倍……

（六）收费监控及其他监控

……模型6的数据显示，女性性工作者通常的收费方式从“直接向客人收钱”，到“不一定”，再到“通过老板、妈咪、场所收银员收钱”或“通过鸡头、男朋友或老公等其他人收钱”，女性性工作者收费方式的“间接性”每上升一个层级，其被害的发生比就会下降至27.2%……

模型7的数据显示，女性性工作者在向客人提供性服务时的状况从附近“没有”熟悉的人，到“有时有”，再到“有”，其工作时受到熟人监控的程度每上升一个层级，则其被害的发生比就将下降至58.0%……

（二）方法评析

从犯罪预测角度看，本研究是针对特定群体被害风险的定量预测，可归属于个体被害风险预测的范畴。

该预测的可取之处在于以下方面。

（1）抽象的、概括的、具有“广泛解释力”的被害人理论往往难以解决实际发生的具体被害问题，对女性性工作者这一特殊易害群体的被害风险展开预测，顺应了犯罪学及被害人学发展的当代潮流。

（2）以性工作者的工作情境为自变量预测其被害风险，具有极强的实用价值。通过对不同性工作情境被害风险的测算，可据以采取相应的干预措施，减少或消除性工作情境的被害性，防止性工作者被害。

（3）分析方法得当，模型建立合理，分析的细致程度以及预测的量化程度较高。控制变量的导入，切断了四个自变量的干扰，让工作情境变量对被害风险预测力的大小得以清晰呈现。

该预测的不足之处在于以下方面。

（1）预测样本的抽取仅限于一地，且为非概率样本，分析结论对总体的推断力无法保证。

（2）用性工作情境因素预测性工作者被害风险，具有相当的专门性和实用性，但对其他与性工作者被害风险相关的因素未予考虑。

（3）有关工作情境的自变量之间具有一定相关性，存在一定重合，变量设计有进一步细化的余地。

（4）预测模型的层次感、结构感尚显不足，未完整反映各自变量之间的联系。

本节所选取的三个犯罪预测示例，分别代表了整体预测和个体预测、狭义的犯罪预测和被害预测、时间序列的犯罪预测以及因素相关的犯罪预测，且都是建立了数学模型或量表的定量犯罪预测，能够为实际的犯罪预测活动提供有益且实用的启示。

【问题与思考】

1. 犯罪预测有哪些类型？
2. 犯罪预测应遵循哪些基本原则？
3. 犯罪预测的价值是什么？
4. 犯罪预测有哪些局限性？
5. 犯罪预测的方法有哪些？

【推荐阅读书目】

1. 孔一．犯罪预防实证研究．北京：群众出版社，2006

2. 黄兴瑞．人身危险性评估与控制．北京：群众出版社，2004

3. 荆轲．峰谷探迷——中国犯罪问题的数量分析与预测．北京：中国人民公安大学出版社，2000

4. 阎耀军．社会预测学基本原理．北京：社会科学文献出版社，2005

5. S. Glueck and E. T. Glueck. Unraveling Juvenile Delinquency. Cambridge，MA：Harvard University press，1950

第十六章　犯罪的综合治理

内容导读

综合治理是我国治理犯罪的根本方针。它是指在各级党委统一领导和政府主导下，动员和组织全社会的力量，运用政治的、法律的、行政的、经济的、文化的、教育的多种手段，打防结合，预防为主，标本兼治，对违法犯罪问题进行综合性整治，从根本上预防和减少犯罪，维护社会秩序，保障社会稳定。通过本章的学习，应掌握综合治理的基本内容及原则，了解综合治理方针提出的历史背景和最新发展，把握综合治理的领导体制和工作机制。

犯罪的发生有着复杂的原因，既有个体因素，也有社会因素，是各种原因综合作用的结果。尽管犯罪预防工作可以针对引起犯罪发生的某一个具体原因而进行，但是，由于犯罪原因是一个复杂系统，仅仅针对犯罪原因系统的某一方面采取预防措施，难以取得令人满意的整体效果，只有针对犯罪的原因系统进行综合治理，才是预防和减少犯罪的根本途径。综合治理是党和政府在改革开放、社会转型的历史背景下提出的一项基本刑事政策，是解决犯罪和其他社会治安问题的基本方针，对于治理犯罪和其他社会治安问题具有方向性、全局性的指导意义，对犯罪的刑事惩罚或者社会预防，都必须在这一方针指引下进行。

第一节　综合治理的内涵

综合治理，就是在各级党委统一领导和政府主导下，动员和组织全社会的力量，运用政治的、法律的、行政的、经济的、文化的、教育的多种手段，打防结合，预防为主，标本兼治，对违法犯罪问题进行综合性整治，从根本上预防和减少犯罪，维护社会秩序，保障社会稳定。具体地说，综合治理的内涵包括六个方面。

一、打击违法犯罪活动

运用各种惩罚方法，打击违法犯罪活动，是综合治理的首要环节。打击各种违法犯罪活动，一方面可以警戒其他有违法犯罪可能的人不去实施违法犯罪行为，另一方面也可以教育矫治实施违法犯罪行为的人，使其不再实施违法犯罪行为，从而遏制违法犯罪行为的发生，维护社会秩序。在犯罪问题整体较为严重或者特定类型的犯罪较为严重的情形下，还可以在全国范围或一定区域内开展集中统一的专项打击活动。打击违法犯罪活动可以为贯彻落实其他综合治理的各项措施创造良好条件。

二、严密管理制度，加强治安防范

积极的预防工作，是减少各种治安危害和维护社会治安秩序的基本措施。一方面，应当坚持“打防结合，预防为主”的方针，对社会成员进行治安形势和违法犯罪发展趋势的教育，提高其治安防范意识；另一方面，要在社会各个方面健全治安防范制度，加强预防设施建设，检查、堵塞各种治安漏洞，同时建立预警制度，通过治安信息的收集与分析，不断提高对治安危害的预见性，加强超前控制，尽可能预防和减少犯罪。

三、加强防治治安危害的社会教育

围绕社会治安问题，加强对全体公民特别是青少年的思想教育和法制教育，提高其文化和道德素质，增强其法制观念，这些是维护社会治安的战略性措施。防治治安危害的社会教育是多层次、多方面的，它包括：（1）对社会成员普遍进行正面教育；（2）结合可能酿成违法犯罪、治安事件、治安事故的因素，有重点地开展教育；（3）对造成治安危害的人员在执法过程中进行教育；（4）对刑满释放或少年收容教养及执行治安处罚后的人员，进行帮教工作，使他们吸取教训，不再重犯。

上述各种社会教育活动，要注意充分发动宣传、教育、新闻、出版等部门的作用，加强宣传教育的组织工作，把教育工作做深、做细，促使消极因素转化为积极因素。

四、加强长效行政管理

通过加强长效行政管理，堵塞管理漏洞，及时发现和处理违法犯罪，提高公民的治安意识，这些是减少治安危害，建立良好社会治安秩序的基础性手段。

治安行政管理既有行政强制性，又有行政说服性。在管理过程中，不仅要坚持依法管理、严格管理，更要坚持科学管理、文明管理和人性化管理，以此充分发挥行政管理的社会效能；同时，还应积极依靠和发动社会力量，努力发展群众的自治管理。在行政管理中，除了治安行政管理工作之外，其他方面的行政管理，如市场、财贸、税务、卫生、海关、教育、流动人口等方面的管理，有关部门能否认真履行职责和相互配合，也直接关系到长效行政管理机制的建立和社会治安的状态。

五、加强综合治理的思想、组织和制度建设

思想建设，就是要使全社会，特别是各级决策者和管理者，用综合治理的理论与知识武装头脑；组织建设，就是建设好办事机构和城乡基层组织，制定并组织实施社会治安责

任制；制度建设，是要建立健全有关综合治理的法律、法规体系。这三方面的建设要同步进行，以取得治理工程的整体效能。

六、加强对违法犯罪人员的教育、挽救、改造工作

对违法犯罪分子的改造工作，是教育人、挽救人和防止重新犯罪的特殊预防工作。刑罚执行和矫正机关要坚持“改造第一，生产第二”和“教育、感化、挽救”的方针，进一步提高教育改造质量，实行改造工作的“向前、向外延伸”，动员全社会参与和支持改造矫正工作。

以上六个方面的工作环环紧扣，相辅相成，缺一不可。它们共同构成了综合治理的基本内容和实践运行体系。

第二节　综合治理方针的提出与发展

综合治理，是党和国家在我国改革开放和现代化建设的进程中提出的基本刑事政策，是新的历史时期我国社会治安工作的总方针，是解决我国犯罪问题的根本出路。

一、综合治理方针思想的形成

20 世纪 70 年代末、80 年代初，各种社会矛盾导致犯罪率尤其是青少年犯罪率急剧上升。党和政府认识到，犯罪和其他社会治安问题是社会各种矛盾的综合反映；社会治安问题不仅是一个社会问题，也是一个重大的政治问题。基于上述认识，党和政府提出，解决犯罪和其他社会治安问题必须坚持综合治理方针。

1979 年 6 月，针对青少年犯罪率明显上升的情况，中宣部、教育部、文化部、公安部、国家劳动总局、全国总工会、共青团中央、全国妇联等八个单位联合向党中央提出《关于提请全党重视解决青少年违法犯罪问题的报告》。同年 8 月，中共中央批转了这个报告，并在批转通知中明确指出：从现在起，各级党委都要把加强对青少年的培养教育，包括解决其中极少数人的违法犯罪问题，放到重要议事日程上来。主要领导同志要亲自过问，党委分管青少年工作的同志，要督促、帮助共青团组织把这一项工作认真抓起来。还要统一组织宣教、政法、财经等部门和工会、妇联等人民团体齐心协力，有计划有目的地进行调查研究，及时交流情况，总结经验，按照各自的职责范围，努力做好工作，切切实实抓出成效来。这里虽然还未使用“综合治理”一词，但其中已包含了较为清晰的综合治理思想。

二、综合治理方针的提出

明确提出“综合治理”这一概念并将其作为我国犯罪治理的总方针是在 1981 年。1981 年 5 月，中央政法委员会召开了京、津、沪、穗、汉等五大城市治安座谈会，讨论了当时

我国社会治安的形势、任务、政策和措施，座谈会纪要中明确提出要全党动手，实行全面综合治理。中共中央批转了座谈会纪要，对“全党动手，实行全面综合治理”的提法予以肯定和确认，至此，综合治理作为我国预防犯罪和治理社会治安的总方针被确定下来。中共中央以及中央政法委员会等中央有关部门在以后下发的有关文件和所作的有关指示中，对综合治理的内容作了进一步的阐发和完善。

三、综合治理方针的发展

1991年2月19日，中共中央、国务院发出《关于加强社会治安综合治理的决定》，明确提出社会治安综合治理的方针是解决中国社会治安问题的根本出路。1991年3月2日第七届全国人民代表大会常委会第十八次会议通过了《关于加强社会治安综合治理的决定》，强调加强社会治安综合治理，是解决我国社会治安问题的根本途径。要把社会治安综合治理作为全社会的共同任务，长期坚持下去。作为国家立法机关的全国人大常委会作出的上述《决定》，不仅规范了综合治理概念，而且明确提出了社会治安综合治理的指导思想、基本原则、主要任务和工作措施，标志着我国的综合治理工作已经开始步入法制化、规范化的轨道，也标志着我国犯罪预防的总体思路和战略更趋成熟。党中央、国务院和全国人大常委会分别作出的关于加强社会治安综合治理的决定，后来被合称为两个《决定》。在上述两个《决定》颁布之后，社会治安综合治理工作在全国普遍展开。

自两个《决定》发布以后，党和政府的一系列重要相关文件都对综合治理工作给予了高度重视和强调。1992年中国共产党第十四次全国代表大会把“加强社会治安综合治理，保持社会长期稳定”作为中国共产党的一项重要工作任务写入了新修改的《中国共产党章程》的总纲。1995年9月，党的十四届五中全会审议通过的《关于制定国民经济和社会发展“九五”计划和2010年远景目标的建议》强调，“加强社会治安综合治理，维护社会长期稳定，保障人民群众安居乐业……积极防范和依法严厉打击各类严重刑事犯罪和经济犯罪活动，坚决扫除各种社会丑恶现象，把社会治安综合治理的各项措施落实到城乡基层单位”，并将此作为全党的奋斗目标之一。

1996年2月，中共中央、国务院在《关于加强社会治安综合治理的决定》中提出了社会治安综合治理的基本任务：在各级党委和政府的统一领导下，各部门协调一致，齐抓共管，依靠广大人民群众，运用政治的、经济的、行政的、法律的、文化的、教育的等多种手段，整治社会治安，打击犯罪和预防犯罪，保障社会稳定，为社会主义现代化建设和改革开放创造良好的社会环境。社会治安综合治理的主要目标是：社会稳定，重大恶性案件和多发性案件得到控制并逐步有所下降，社会丑恶现象大大减少，治安混乱的地区和单位的面貌彻底改观，治安秩序良好，群众有安全感；社会治安综合治理的工作范围主要包括“打击、防范、教育、管理、建设、改造”六个方面。1997年9月，党的十五大报告提出，加强综合治理，要坚持“打防结合，预防为主”的指导思想。

进入21世纪以来，我国面临着复杂的国内犯罪形势。鉴于此，2001年9月5日，中共中央、国务院提出了《关于进一步加强社会治安综合治理的意见》，这是一个与前述两个《决定》具有同等重要意义的综合治理指导性文献。该《意见》指出，“实践证明，加强社会治安综合治理是建立和保持良好的社会治安秩序、维护社会政治稳定的基本方针，是解决社会治安问题的根本途径”。

中共中央、国务院《关于进一步加强社会治安综合治理的意见》除了重申和强调前述两个《决定》中所明确的综合治理基本任务、基本原则和制度外，还有一些新的提法值得注意：(1) 强调要把社会治安综合治理工作作为一项重要任务，纳入各地经济社会发展的总体规划和年度计划之中，各级政府在安排财政预算时，对社会治安综合治理的经费要予以保证。(2) 综合治理的工作方针在基本内涵上虽无实质性变化，但有了新的表述，由过去的“打防并举，治标和治本兼顾，重要治本”表述为“打防结合，预防为主”。(3) 提出要进一步健全和完善全社会齐抓共管的社会治安综合治理工作机制。

为了规范本地区的综合治理工作，各省、自治区、直辖市还分别制定了综合治理地方性法规（社会治安综合治理工作条例）。

四、综合治理方针的新进展

党的十八大以来，根据国内外形势新变化、经济社会发展新常态和国家治理中的新问题，党作出了中国特色社会主义进入新时代的重大论断。在新时代中国特色社会主义思想指导下，综合治理方针有了新进展。

党的十八大报告指出：“深化平安建设，完善立体化社会治安防控体系，强化司法基本保障，依法防范和惩治违法犯罪活动，保障人民生命财产安全。”党的十八届三中全会通过的《关于全面深化改革若干重大问题的决定》提出，加强社会治安综合治理，创新立体化社会治安防控体系，依法严密防范和惩治各类违法犯罪活动。党的十八届四中全会审议通过的《中共中央关于全面推进依法治国若干重大问题的决定》指出：要“完善立体化社会治安防控体系，有效防范化解管控影响社会安定的问题，保障人民生命财产安全。”党的十八届五中全会通过的中共中央《关于制定国民经济和社会发展第十三个五年规划的建议》提出，完善党委领导、政府主导、社会协同、公众参与、法治保障的社会治理体制，推进社会治理精细化，构建全民共建共享的社会治理格局。2015 年 4 月 13 日，中共中央办公厅、国务院办公厅印发了《关于加强社会治安防控体系建设的意见》，该意见指出，社会治安防控体系的目标任务是形成党委领导、政府主导、综治协调、各部门齐抓共管、社会力量积极参与的社会治安防控体系建设工作格局，健全社会治安防控运行机制，编织社会治安防控网，提升社会治安防控体系建设法治化、社会化、信息化水平，增强社会治安整体防控能力。

党的十九大将加快社会治安防控体系、打击违法犯罪活动、保护人民合法权益结合起来一体推进。党的十九大报告指出：要“打造共建共治共享的社会治理格局。加强社会治理制度建设，完善党委领导、政府负责、社会协同、公众参与、法治保障的社会治理体制，提高社会治理社会化、法治化、智能化、专业化水平。加强预防和化解社会矛盾机制建设，正确处理人民内部矛盾。树立安全发展理念，弘扬生命至上、安全第一的思想，健全公共安全体系，完善安全生产责任制，坚决遏制重特大安全事故，提升防灾减灾救灾能力。加快社会治安防控体系建设，依法打击和惩治黄赌毒黑拐骗等违法犯罪活动，保护人民人身权、财产权、人格权。加强社会心理服务体系建设，培育自尊自信、理性平和、积极向上的社会心态。加强社区治理体系建设，推动社会治理重心向基层下移，发挥社会组织作用，实现政府治理和社会调节、居民自治良性互动。”

随着网络的不断普及，利用计算机信息网络实施的传统犯罪、攻击计算机信息网络、破坏网络秩序、危害网络安全等网络犯罪日益严重，鉴于此，党的十九大报告指出：要“加强互联网内容建设，建立网络综合治理体系，营造清朗的网络空间。”2019 年 7 月 24 日，在中央全面深化改革委员会第九次会议上，审议通过了《关于加快建立网络综合治理体系的意见》，并强调，要坚持系统性谋划、综合性治理、体系化推进，逐步建立起涵盖领导管理、正能量传播、内容管控、社会协同、网络法治、技术治网等各方面的网络综合治理体系，全方位提升网络综合治理能力。网络犯罪的综合治理成为犯罪综合治理的重要内容和组成部分。

自党的十八大以来，在坚持综合治理方针的基础上，一些新的表述和提法值得注意：(1) 将综合治理纳入社会治理的体系之中，社会治安综合治理成为社会治理的重要组成部分，其根本目标在于建设平安中国。健康有序的社会治安环境能为经济社会健康发展提供社会保障。(2) 要打造共建共治共享的社会治理格局。共建强调社会治安需要多元化的社会主体参与，需要整合多方面社会资源，只有将政府的行政管理、市场的资本运作和社会的自我调节有机结合起来，形成多个层面、多个主体、多种手段和多种机制共同参与社会治安的局面，才能形成社会治安的合力效应。共治强调多元主体的平等权利，在法律框架内权力与权利之间的平等合作关系，着力创新社会治安共治机制。共享着力解决的是我国经济社会发展不平衡的问题。(3) 提出要建立和完善社会治安防控体系。这需要不断加强社会治安防控网建设，推进治安管理信息系统建设，提高社会治安防控体系建设的科技水平，完善社会治安防控运行机制，运用法治思维和法治方式推进社会治安防控体系建设。建立健全社会治安防控体系建设工作格局，加强党委和政府对社会治安防控体系建设的领导，把社会治安防控体系建设列入国民经济和社会构建共建共治共享的社会治安共同体。(4) 提出了要建立网络综合治理体系。

第三节 综合治理的基本原则

综合治理是一项复杂的社会系统工程。要构建并有序地运作这样一个具有长期性、广泛性、复杂性和综合性的社会防治系统，必须确立并遵循符合犯罪规律与社会治理需要的基本原则。

一、预防为主、重在治本原则

运用各种惩罚手段对犯罪进行打击，是综合治理的重要内容。要贯彻宽严相济的刑事政策，在特定情况下，依法从重从快严厉打击严重危害社会治安的刑事犯罪，整治治安混乱的地区，解决突出的治安问题，把集中打击、专项整治和一般性打击结合起来。同时，对一些符合法定条件的犯罪人要从宽处理。

尽管对犯罪进行打击必不可少，但犯罪学的研究和世界各国与犯罪作斗争的经验都反复证明，惩罚、打击只是治标，不可能从根本上减少违法犯罪。违法犯罪现象滋长蔓延的基本原因，并不在于对违法犯罪行为的制裁不够严厉，而主要在于现行社会结构的缺陷和制度运行的不良。因此，预防犯罪要想取得良好效果，就必须注重从抑制和消除产生犯罪现象的原因和条件入手，全面深入研究和分析犯罪现象产生的各种原因和条件，并积极寻求消除这些原因和条件的正确途径与有效措施，只有这样才能最大限度地减少和防止犯罪及各种违法行为的发生，达到治本之目的。因此，要注重从观念上、制度建设与机制建设上重视预防工作，避免重打击轻预防，将“打防结合，预防为主”方针落到实处。

坚持预防为主、重在治本，是综合治理工作最基本的立足点和出发点，是预防和减少犯罪的根本所在。在预防实践的推动上，要立足于现实的客观分析，科学制定维护社会治安的战略性规划；要切实加强社会治安基层组织建设和制度建设，形成持续推进综合治理的运行机制，并增强基层组织防治违法犯罪的能力；要依法加强各方面的行政管理工作，及时堵塞诱发或促成违法犯罪的空隙；要有针对性地加强思想、道德、法纪、文化等方面的教育，提高公民素质，抑制社会成员的违法犯罪动机。

强调预防为主、重在治本，并不意味着可以忽视对违法犯罪的打击，放弃治标手段。事后惩罚不仅是一种特殊的预防手段，同时也是推进事前预防和巩固预防成果的必要补充和保障条件。只有事后的打击与事前的预防相互配合，才能使预防为主、重在治本的原则更为完善并落到实处。

二、法治原则

法治是现代社会的核心要素和基本特征之一。推进综合治理法治化，是建设法治社会的重要组成部分。综合治理的法治原则，是指综合治理的各项工作都必须依照宪法和法律进行，综合治理的各项措施都不应当违反宪法和法律，不能以破坏法治的方式来推进犯罪预防。综合治理必须实现规范化和制度化，符合法律的各种要求，以此保证综合治理活动的连续性、稳定性和权威性。

坚持法治原则，首先要做到使综合治理工作有法可依、有制可循。这不仅要求完善刑事立法和治安管理法规，更重要的是，要制定和健全规范综合治理工作的基础性法律和制度，而且这些法律和制度要符合我国的现实国情，要能够得到切实遵守和执行。这就要求立法机关及时制定良好的关于综合治理的法律法规，为实现“良法”之治奠定基础。其次，综合治理的组织、领导机构，尤其是政府部门在运用综合治理的各项具体措施的过程中，要遵守宪法和法律，运用法治思维和法治方法解决各种社会矛盾和问题，要注意行使权力的边界，防止因滥用、错用国家权力而侵犯公民权利。这要求行政机关在执行法律法规的过程中要做到依法行政，只能在法律规定的范围内行使行政执法权，合理运用自由裁量权，公正合理地解决社会冲突，化解矛盾，维护社会和谐，实现“善治”。最后，在惩治犯罪的过程中，司法机关要严格按照刑法和刑事诉讼法的规定追究犯罪人的刑事责任，对案件进行公正审理，使犯罪人罚当其罪，保障无辜的人不受刑事追究，最大限度地维护社会正义。

三、协调原则

社会治安综合治理作为一项宏伟的社会系统工程，不是各种社会组织、法律制度、政策措施和治理活动的简单相加与无序堆砌，而是各个子系统和诸因素有机结合、相辅相成、协调运作的动态大系统。综合治理的最大优势，就是通过系统的内在协调，充分发挥各种参与力量的整体综合效应。因此，各主要系统的协调运作，对于推动社会治安综合治理工作至关重要。

（一）党政系统

社会治安综合治理工作涉及全党全社会各个方面，必须由党委统一组织和领导。同时，政府也要担负起重要的主导责任，大量的工作要由政府去组织实施。要将社会治安综合治理列入各级党委和政府的重要议事日程，各级党委和政府要认真研究解决存在的各种问题，作出正确的决策，指挥协调各方面的工作，切实担负起社会治安综合治理的领导责任。

中央政法委员会①是党中央负责综合治理的组织和领导机构。中央政法委员会在社会治安综合治理方面的主要职责是：负责组织协调、推动和督促各地区、各有关部门开展社会治安综合治理工作，汇总掌握社会治安综合治理动态，协调处置重大突发事件，研究社会治安综合治理有关重大问题，提出社会治安综合治理工作对策建议等。各地政法委员会是地方党委综合治理的组织和领导机构。其职责主要为：（1）研究和制定各地社会治安综合治理方针、政策及实施方案，供党委、政府决策。（2）组织、协调和推动各地区、各部门社会治安综合治理工作，努力探索并逐步完善社会治安综合治理的各项措施。（3）总结推广综合治理经验等。

（二）立法系统

各级立法机关要及时了解和研究综合治理实践中的各种立法需求，及时制定和完善与综合治理有关的法律、法规，并保证各有关法律、法规的协调发展；对现有立法存在的相互抵触或脱节现象，要及时通过法规的立、改、废加以妥善解决；同时，要依法监督检查政府和司法机关在综合治理过程中的各项工作，促进其协调运作。

（三）司法系统

人民法院、人民检察院与公安、国家安全、司法行政机关，是打击现行犯罪和完成违法犯罪人员矫正工作的专门机关。它们通过依法履行自己的职责，推进综合治理工作的开展：在侦破、起诉、审判各种刑事案件中严格执法，向社会传递法律的公平与权威；及时查处违法犯罪者，威慑社会中的不稳定分子；做好民事、经济、行政等案件的审理工作，及时消除社会不安定因素；结合办案，加强法制宣传教育，并运用司法建议等形式，协助有关部门和单位堵漏建制；提高对违法犯罪者矫正改造的质量，减少其重新违法犯罪。

（四）群防系统

有计划地建立和健全各种群防群治组织，逐渐形成立体式、网络化、综合型的治安防范体系，不仅能有效地弥补国家社会控制力量的不足，而且能及时有效地预防各种违法犯罪行为的发生，使综合治理不断走向良性发展。这一系统主要包括以下内容。

1. 民间调解组织。加强民间调解组织建设，充分发挥民间调解组织及时疏导和化解各种社会矛盾与民间纠纷的功能，避免矛盾激化、纠纷升级。

2. 内保组织。加强机关、学校、企事业单位内部的安全保卫工作和技术防范措施，强

---

① 1991年3月21日，中共中央决定成立中央社会治安综合治理委员会，作为协助党中央、国务院领导全国社会治安综合治理工作的常设机构。2011年9月16日召开的中央社会治安综合治理委员会第一次全体会议上宣布，中央社会治安综合治理委员会更名为中央社会管理综合治理委员会。2014年7月，为了集中精力抓好平安建设，中共中央决定将中央社会管理综合治理委员会恢复为中央社会治安综合治理委员会。2018年3月，中共中央印发了《深化党和国家机构改革方案》，不再设立中央社会治安综合治理委员会及其办公室，有关职责交由中央政法委员会承担。

化违法犯罪风险内控机制建设，使其切实担负起“看好自己的门，管好自己的人”的责任。

3. 基层治保组织。要在积极维护当地治安秩序的同时，大力加强城乡联防、工农联防、地段联防、军警民联防等，消除街道、乡村的治安死角，有效地压缩违法犯罪的空间。

4. 保安服务公司。应当推进保安服务业的规范管理与提高从业人员的素质，针对社会需求提供专业的安全保卫服务，提高及时发现、制止违法犯罪的能力。

（五）教育系统

教育系统不仅指各类学校，还包括宣传部门以及新闻机构、工青妇组织，以及其他负有社会教育职能的单位和组织，如网络企业、网络服务商等。学校教育必须重在育人，不仅要大力引导学生全面发展，特别要做好后进生的转化工作，而且要把法治教育纳入课堂教学，增强学生的守法意识与维权意识；宣传、文化、艺术、影视、出版以及网络企业等部门要增强社会责任感，不仅多出健康有益的文化产品，剔除文化垃圾，杜绝有害网络信息的生产与传播，而且要结合自身的职能特点和业务优势，进行有针对性的预防宣传和教育；共青团、工会、妇联要与单位、街道、乡村、学校、家庭密切配合，加强对青少年的教育，尤其是要做好后进青少年、轻微违法犯罪青少年的教育挽救工作。

（六）管理系统

各类行政管理和监督部门，特别是城市管理、市场管理、税务、海关、金融、审计等部门，要增强依法行政意识，结合自身的职能活动，通过不断加强和完善管理与监督工作，及时堵塞易于滋生各种违法犯罪的管理漏洞。

四、专门机关和人民群众相结合的原则

专门机关与人民群众相结合，是党的民主作风和群众路线在综合治理中的具体体现。这一原则要求，在综合治理工作中公安及司法等专门机关必须发挥组织和领导作用，承担起主要任务，同时必须广泛发动和组织群众，取得广大人民群众的支持与配合，并且指导、推动人民群众进行自我管理和自我防卫。在发动和组织群众方面，各级党委和政府应承担起应有的责任。各级人民政府应当动员和组织城镇居民和农村村民以及机关、团体、企事业单位建立群众性自防自治的治安保卫组织，开展各种形式的治安防范活动和警民联防活动；市、县人民武装部门要积极组织民兵参与维护社会治安；要加强基层组织建设和制度建设，把各项措施落实到基层单位，形成群防群治网络；要充分发挥村民委员会、城市居民委员会维护社会治安的积极作用；地方各级政府要切实加强对群众性治安保卫组织的指导和监督，治保组织应严格依法办事，保护公民的合法权益。

五、科学原则

综合治理要取得成效，其方案的设计与实施必须遵照科学原则。

首先，实施综合治理，必须掌握并尊重犯罪规律。综合治理思路的形成和措施的采用，必须以对犯罪现象的实际状况及形成的主要原因有明确而清晰的把握为基础。只有对症下药，才能提高治理活动的针对性和实效性。

其次，应当进一步加强对综合治理的理论研究。综合治理的内容涉及社会生活的方方面面，有必要在政府的统筹和协调下，调动相关学术团体和研究机构的力量共同开展深入

研究，为健全综合治理的运行机制和提高综合治理的效率，提供强有力的理论指导。

最后，要根据社会发展趋势和社会治安形势的变化，立足于现实条件，建立适应综合治理要求的组织体系和运行机制，调动各方面的积极性、创造性，尤其是要注意通过制度和机制创新，有效整合国家力量和社会力量，保障综合治理活动持续开展和深入发展。

第四节　综合治理的领导体制与工作机制

一、综合治理的领导体制

为了保证综合治理工作顺利进行，必须坚持党委统一领导和政府主导。实践中，综合治理工作实行党委统一领导和政府主导，专门办事机构具体指导和协调，各部门、各单位各负其责的领导体制。其具体要求是，犯罪预防和综合治理工作实行“条块结合，以块为主”的属地管理原则，各级党委和政府在思想政策、组织协调和具体工作上对综合治理实行统一领导，并设立专门的机构具体组织实施，以保证各部门、各单位、各方面各负其责，齐抓共管，积极参与。各级党委和政府应当采取组织措施，协调、指导有关部门和方面做好综合治理工作，并且要建立综合治理目标管理责任制和领导责任制，把抓好社会治安综合治理工作、确保一方平安作为各级党委、政府和各部门党政领导干部的任期目标之一，并同政绩考核、晋职晋级和奖惩直接挂钩。各级人大常委会对政府的社会治安综合治理工作实行监督和检查，县级以上的社会治安综合治理领导机构对本辖区内的各部门、各单位行使综合治理一票否决权。目前，以领导责任制、目标管理责任制、一票否决权制为框架的社会治安综合治理责任体系已基本形成，成为推动社会治安综合治理工作持续深入开展的重要抓手。

随着违法犯罪活动的手段和方式日趋网络化、信息化、动态化、智能化，违法犯罪活动日益复杂，呈现出许多新的特点，犯罪的治理活动因此变成专业性非常强的领域，这就需要增强政法干警、综治干部等专业队伍的综合素质和专业技能，不断提升专业队伍打击违法犯罪活动、维护社会秩序的专业技能和水平。

二、综合治理的工作机制

经过多年的实践，综合治理工作已经初步形成了党委统一领导，政府主导，各部门各方面各负其责、齐抓共管，社会协同，广大人民群众积极参与，以法治作为有力保障的工作机制与格局。

这一工作格局有以下主要特征：（1）在各级党委统一领导、政府主导下，各部门和社会各方面参与社会治安综合治理，不断推动综合治理的深入开展。（2）实行目标管理责任制，建立奖惩制度。党政军各部门各人民团体实行“谁主管谁负责”的原则，各负其责，充分发挥职能作用，积极参与综合治理工作；企事业单位包括非公有制经济组织按照“属地管理”原则，自觉服从所在地党委、政府的统一领导，接受综合治理机构的指导、协调和监督，加强单位内部的治安管理和防范工作，并积极参与所在地区的社会治安综合治理工作。(3) 强调多元化的社会参与，整合多方面的社会资源，鼓励和调动社会各方参与综合治理的积极性，形成综合治理的合力效应，并共同分享综合治理的成果。在我国，预防犯罪和综合治理是整个社会的共同责任，动员整个社会力量是社会治安综合治理的一个基本内容和要求，因此，不论是作为社会组织管理者的国家，还是作为社会组成部分的社会团体、组织以及公民个人，都应当是预防犯罪和综合治理的行动主体。国家（执政党以及国家立法、司法、行政机关）、社会团体和组织以及公民个人共同构成了综合治理的力量体系。(4) 逐步建立和完善“打、防、控”一体化的工作机制。其中，打击严重刑事犯罪是首要环节，必要时开展专项治理；建立立体化社会治安防控体系，依法严密防范和惩治各类违法犯罪活动是关键环节；发现和寻找犯罪原因，从根本上预防犯罪发生则是最终目标。

结合我国综合治理的实践经验，综合治理工作需要重视以下问题。

(一) 依法打击严重刑事犯罪，有针对性地开展专项治理

对于刑事犯罪活动必须露头就打，不能让其形成气候。只有依法严厉打击严重刑事犯罪，才能震慑犯罪、伸张正义，树立人民群众维护社会治安的信心。对于社会治安混乱地区和某些猖獗一时的犯罪活动，应及时开展集中整治和专项治理。专项治理具有较强针对性，是对一定时期内存在的突出问题，集中治安精干力量进行精准治理，具有见效快和灵活性高的优势。

(二) 坚持源头治理

实践表明，一些严重的犯罪往往是由一些较小的社会冲突和矛盾引起的，起因于社会矛盾和冲突得不到及时解决。坚持源头治理，就是要及时化解社会矛盾，将治理重心前移，而不是强调社会矛盾、冲突发生后再来被动处理，注重从社会治理源头防止社会矛盾和冲突的产生，更加重视社会管理动态协调机制建设，使社会矛盾得以及时解决，有效控制违法犯罪风险。这就需要重视完善社会治安体制，实施动态管理。同时，通过健全社会民主协商机制，构建各级社会协商沟通平台，充分发挥人大、政协、社会团体、社会组织、媒体、社区等在表达、协调、维护利益关系上的作用。

(三) 强化道德约束、法治教育的功能，将教育作为综合治理的根本措施

综合治理各部门应当加强道德约束、法治教育等综合治理手段的调节功能，鼓励健康向上、崇尚道德的社会氛围，培育以德为先、信仰法律的社会风气，通过社会道德的感召和内化于心的法律约束，阻断社会成员违法犯罪动机的滋生，遏止一般行为向违法行为发展的趋势，将社会治安问题消灭在萌芽之中。良好的社会道德与法治氛围是降低社会治安成本、提高社会治安绩效的基础性条件。

学校教育必须坚持以育人为中心，要适应推动全社会树立法治意识和深入开展法制宣传教育、把法制教育纳入国民教育体系的新形势，切实抓好学生的品德教育与法治教育，使学生养成懂规矩、守法律、敬法律的思想意识与行为倾向；相关部门要多为青少年提供健康有益的文化产品，发挥促进青少年健康人格养成的功能；共青团、工会、妇联要结合自身的特点，有针对性地加强对青少年的思想政治教育，尤其是要做好后进青少年、轻微违法犯罪青少年的教育挽救工作；要创造条件，建立青少年法制教育基地。

(四) 发挥社区在综合治理工作中的作用

随着社会结构的深刻变化，社区已经日益成为预防犯罪的主战场，应当充分发挥社区在综合治理工作中的作用，提升社区自治的能力和水平。

1. 健全综合治理的领导机构和办事机构，发展壮大治安防范队伍

一方面，街道要健全由街道办事处主要负责人牵头，公安派出所、交通队以及驻街单位等的主要负责人组成的综合治理机构，并由该机构领导、部署、组织、推动本辖区的综合治理工作。另一方面，驻街各单位和各居民委员会要建立、健全以主要负责人为首组成的综合治理领导小组，组织推动本单位、辖区内的综合治理工作，负责落实街道社区综合治理机构的各项部署。

与此同时，应当发展壮大多层次的群防群治队伍和治安专业队伍：(1) 发展壮大居委会辖区的义务巡逻队伍；(2) 发展壮大驻街各单位的专职或兼职保安队伍；(3) 把同一幢楼的居民组织起来，成立治安联防户，推荐符合条件的居民担任安全员。努力做到各街道里巷、农贸摊群市场都有治安巡逻队员和联防队员，各居民委员会都有义务巡逻队，各居民楼栋都有义务安全员，驻区单位都有保安人员和安全联络员，形成社区社会治安的组织网络体系。

2. 协助司法机关打击违法犯罪活动

依法打击各种违法犯罪活动是综合治理的重要保证。只有这样，才能有效地制止各种违法犯罪行为，保证人民群众安居乐业。在这方面，街道、居委会等社区组织要注重开展调查研究，熟悉和掌握社区内的人员情况，积极向公安机关提供线索，配合司法机关依法及时查禁和取缔卖淫、嫖娼、赌博、吸毒、传播和贩卖淫秽书刊物品等违法犯罪行为，及时报告和制止其他扰乱社会秩序的活动。

3. 加强对失足青少年和刑释人员的帮助教育

刑满释放人员和失足青少年是社会不安定因素之一，对他们进行帮助教育，防止他们重新犯罪，是社会治安综合治理的重要一环。在这方面，基层社区组织特别是居委会组织要通过以下途径发挥作用：一是通过调查、家访和个别谈心等方式，摸清本社区帮教对象的底数，为有针对性地进行帮助教育打下基础；二是建立由街道干部、公安干警和居委会成员组成的“三结合”帮教小组，对帮教对象进行定期的集中教育和不定期的个别教育；三是尊重帮教对象的人格，关心他们的生活，充分运用社区力量，帮助他们就业，教育他们自食其力，以此防止他们重新违法犯罪。

4. 积极开展人民调解工作

人民调解工作，是指基层社区人民调解委员会依据法律、法规、政策和道德原则，集中教育、疏导纠纷当事人自愿达成和解协议，清除隔阂的活动。调解的范围包括一般民事纠纷及简单的经济纠纷。通过调解达成的协议，主要靠双方当事人相互承诺，用信用、社会舆论和道德规范来约束和履行，因而是一种群众自我教育、自我管理、自我化解矛盾的自治活动。做好人民调解工作，有利于消除社会矛盾，改善人际关系，促进社区安定，是搞好社区治安的一条重要途径。

(五) 建立和完善立体化社会治安防控体系

在综合治理的过程中，建立和完善立体化社会治安防控体系具有重要地位和意义。社会治安防控体系的目标是形成党委领导、政府主导、综治协调、各部门齐抓共管、社会力量积极参与的社会治安防控体系建设工作格局，健全社会治安防控运行机制，编织社会治安防控网，提升社会治安防控体系建设法治化、社会化、信息化水平，增强社会治安整体防控能力，以使人民群众安全感和满意度明显提升，社会更加和谐有序。

1. 加强社会治安防控网建设，建立社会面，重点行业，乡镇（街道）和村（社区），机

关、企事业单位，信息网络的防控网。根据场所性质、人口分布和地理位置等因素，科学划分巡逻区域，合理配置防控力量，重点加强公交站、火车站、地铁站、机场、码头等重点部位的安全保卫。完善学校、幼儿园、商场、金融机构等重点场所的安全防范机制。加强对偏远农村、城乡接合部、城中村等社会治安重点地区、重点部位以及各类社会治安突出问题的排查整治。加强社会面治安防控网建设。切实加强旅馆业、旧货业、公章刻制业、机动车改装业、废品购买业、娱乐服务业等重点行业的治安管理工作，落实法人责任，推动实名制登记，推进治安管理信息系统建设。加强乡镇（街道）和村（社区）治安防控网建设，把网格化管理列入城乡规划，将人、地、物、事、组织等基本治安要素纳入网格管理范畴，做到信息掌握到位、矛盾化解到位、治安防控到位、便民服务到位。进一步加强机关、企事业单位内部治安保卫工作，严格落实单位主要负责人治安保卫责任制，加快公共安全视频监控系统建设。

2. 提高社会治安防控体系建设的科技水平。整体规划社会治安防控信息化建设，要将社会治安防控信息化纳入智慧城市建设总体规划，充分运用新一代互联网、物联网、大数据、云计算和智能传感、遥感、卫星定位、地理信息系统等技术，创新社会治安防控手段，提升公共安全管理数字化、网络化、智能化水平，重点推进公共区域视频监控系统覆盖密度，逐步推进对城郊接合部、农村公共区域视频监控建设，逐步实现城乡视频监控一体化。

3. 完善社会治安防控运行机制。健全政法综治机构组织协调下的社会治安形势的整体研判、动态检测机制，加强对社会治安重点领域、热点问题、敏感问题、社会舆情、治安动态的分析预测，及时发现苗头性、倾向性问题，建立健全治安形势预警播报机制，提升有效应对能力。公安部门要建立实战指挥机制，加强实战型指挥中心建设，及时有效地调整用警方向和强度，推行扁平化勤务指挥模式。强化部门执法合作，整合各部门资源力量，建立完善跨部门联席会议制度、重点地区治安协调会议和社会治安日报月报制度等，增强打击违法犯罪、加强社会治安防控工作合力。健全区域协作机制，共同应对跨区域治安突出问题，在预警预防、矛盾化解、打击犯罪等方面互援互助、协调联动，以区域平安保全国平安。

4. 运用法治思维和法治方式推进社会治安防控体系建设。充分发挥法治的引导、规范、保障、惩戒作用，做到依法化解社会矛盾、依法预防打击犯罪、依法规范社会秩序、依法维护社会稳定。围绕加强社会治安防控体系建设的总体需要，推动相关法律法规的立、改、废、释和相关政策的制定完善工作。各地要以重大问题为导向，针对社会治安领域的重点难点问题，适时出台相关地方性法规、地方政府规章，促进从法治层面予以解决。完善维护公民、法人等合法权益的途径，从源头上预防侵权案件发生。深化司法体制改革，贯彻宽严相济刑事政策，在依法严厉打击极少数严重刑事犯罪分子的同时，最大限度地减少社会对抗，努力化消极因素为积极因素。加强和改进法治宣传教育工作，着力增强法治宣传教育的针对性和实效性，推动全社会树立法治意识，增强全民法治观念。建立以公民身份号码为唯一代码、统一共享的国家人口基础信息库，建立健全相关方面的实名登记制度。建立公民统一社会信用代码制度、法人和其他组织统一社会信用代码制度，加强社会信用管理，促进信息共享，强化对守信者的鼓励和对失信者的惩戒，探索建立公民所有信息的一卡通制度。

5. 建立健全社会治安防控体系建设工作格局。加强党委和政府对社会治安防控体系建设的领导，把社会治安防控体系建设列入国民经济和社会发展总体规划，认真研究解决警力配置、经费投入、警察等职业保障、基础设施和技防设施建设、考核奖惩等重要问题。要充分发挥基层党组织作用，特别是在农村和城市社区，党组织要发挥领导核心作用，切实保障推进社会治安防控体系建设的各项任务走完“最后一公里”。充分发挥政法各机关和其他各有关部门的职能作用，做到各负其责、各司其职，通力协作、齐抓共管，增强整体合力。坚持党委和政府领导下的多方参与、共同治理，发挥市场、社会等多方主体在社会治安防控体系建设中的协同协作、互动互补、相辅相成作用。大力支持工会、共青团、妇联等人民团体和行业协会商会类、科技类、公益慈善类、城乡社区服务类等社会组织参与到社会治安体系建设中，将适合由社会组织承担的社会治安事项纳入政府购买服务目录，通过竞争性选择等方式，交给相关社会组织承担，发挥好他们在社会治安防控体系建设中的重要作用。要坚持人民主体地位，进一步拓宽群众参与社会治安防控的渠道，依法保障人民群众的知情权、参与权、建议权、监督权，使广大公众积极参与到治安防控体系中来。

【问题与思考】

1. 什么是犯罪的综合治理？主要内容是什么？
2. 综合治理有哪些原则？
3. 综合治理作为一个系统工程，主要包括哪几个子系统？
4. 综合治理方针是如何形成的？
5. 如何把握综合治理的领导体制？
6. 如何理解综合治理的工作机制？

【推荐阅读书目】

1. 刘新华．解决社会治安问题的根本出路是综合治理．宁波大学学报（人文科学版），2001（2）
2. 张行珍．对社会治安综合治理的几点思考．湖北社会科学，2003（10）
3. 张玮．关于社会治安综合治理实施方式的思考．法学论坛，2002（6）
4. 张天福．社会治安综合治理学．郑州：河南人民出版社，1995
5. 杨正鸣，姚建龙．社会转型与社会治安综合治理工作的转型．政治与法律，2004（2）
6. 康均心、周亮．从“综治”到“法治”：犯罪控制的科学之路．法治研究，2011（8）
7. 王焱．社会治安综合治理模式转型与要素整合．江苏警官学院学报，2009（2）
8. 廖宝光．习近平新时代社会治安理论体系探析．江西警察学院学报，2018（4）

图书在版编目（CIP）数据

犯罪学/张远煌主编．--4版．--北京：中国人民大学出版社，2020.6
现代刑事法学系列教材
ISBN 978-7-300-28272-5

Ⅰ.①犯… Ⅱ.①张… Ⅲ.①犯罪学-高等学校-教材 Ⅳ.①D917

中国版本图书馆CIP数据核字（2020）第104696号

"十二五"普通高等教育本科国家级规划教材
中国刑法学研究会推荐教材
现代刑事法学系列教材
犯罪学（第四版）
主　编　张远煌
副主编　吴宗宪　袁　林
Fanzuixue

出版发行	中国人民大学出版社		
社　　址	北京中关村大街31号	**邮政编码**	100080
电　　话	010－62511242（总编室）		010－62511770（质管部）
	010－82501766（邮购部）		010－62514148（门市部）
	010－62515195（发行公司）		010－62515275（盗版举报）
网　　址	http：//www.crup.com.cn		
经　　销	新华书店		
印　　刷	北京昌联印刷有限公司	**版　　次**	2007年6月第1版
规　　格	185 mm×260 mm　16开本		2020年8月第4版
印　　张	20.5插页2	**印　　次**	2021年11月第8次印刷
字　　数	510 000	**定　　价**	45.00元

《　　　　　　》※任课教师调查问卷

为了能更好地为您提供优秀的教材及良好的服务，也为了进一步提高我社法学教材出版的质量，希望您能协助我们完成本次小问卷，完成后您可以在我社网站中选择与您教学相关的 1 本教材作为今后的备选教材，我们会及时为您邮寄送达！如果您不方便邮寄，也可以申请加入我社的**法学教师 QQ 群：83961183（申请时请注明法学教师）**，然后下载本问卷填写，并发往我们指定的邮箱（cruplaw@163. com）。

邮寄地址：北京市海淀区中关村大街 31 号中国人民大学出版社 806 室收

邮　　编：100080

再次感谢您在百忙中抽出时间为我们填写这份调查问卷，您的举手之劳，将使我们获益匪浅！

基本信息及联系方式：※

姓名：__________ 性别：__________ 课程：__________

任教学校：__________ 院系（所）：__________

邮寄地址：__________ 邮编：__________

电话（办公）：__________ 手机：__________ 电子邮件：__________

调查问卷：※

1. 您认为图书的哪类特性对您使用教材最有影响力？（　　）（可多选，按重要性排序）
   A. 各级规划教材、获奖教材　　B. 知名作者教材
   C. 完善的配套资源　　D. 自编教材
   E. 行政命令
2. 在教材配套资源中，您最需要哪些？（　　）（可多选，按重要性排序）
   A. 电子教案　　B. 教学案例
   C. 教学视频　　D. 配套习题、模拟试卷
3. 您对于本书的评价如何？（　　）
   A. 该书目前仍符合教学要求，表现不错将继续采用。
   B. 该书的配套资源需要改进，才会继续使用。
   C. 该书需要在内容或实例更新再版后才能满足我的教学，才会继续使用。
   D. 该书与同类教材差距很大，不准备继续采用了。
4. 从您的教学出发，谈谈对本书的改进建议：__________

____

____

选题征集：如果您有好的选题或出版需求，欢迎您联系我们：

联系人：黄　强　联系电话：010-62515955

索取样书：书名：__________

书号：__________

备注：※ 为必填项。